Mosaik
bei GOLDMANN

Buch

Mann und Frau, zwei Welten, wie sie unterschiedlicher nicht sein können. Auch wenn sie sich lieben und versuchen, miteinander auszukommen, machen Verständnisprobleme, Irrtümer und Fehldeutungen ein gemeinsames Leben schwer. Das Miteinander wird schnell zum Nebeneinander oder zum Gegeneinander.
Doch John Gray zeigt Möglichkeiten, die Probleme abzubauen und durch offene Kommunikation Verständnis für das Verhalten des anderen Geschlechts zu entwickeln. Eine gefühlvolle und stabile Partnerschaft ist auf Toleranz und Ehrlichkeit aufgebaut. Finden Sie in diesem Buch den Weg zu einer modernen und einfühlsamen Beziehung zwischen Mann und Frau!

Autor

Dr. John Gray widmet sich seit mehr als zwanzig Jahren in Seminaren und Vorträgen dem Thema Kommunikation zwischen Mann und Frau. Der weltweit bekannte Paar- und Familientherapeut lebt mit seiner Frau Bonnie und seinen drei Kindern in Mill Valley, Kalifornien.

Von John Gray sind bei Goldmann außerdem erschienen:

Männer sind anders. Frauen auch. (16107)
Mars, Venus & Eros (13936)
auseinander geliebt (14114)

JOHN GRAY
Mars, Venus & Partnerschaft

Vertrautheit, Nähe und Liebe durch offene Kommunikation

Aus dem Amerikanischen
von Bringfried Schröder

Umwelthinweis:
Alle bedruckten Materialien dieses Taschenbuches
sind chlorfrei und umweltschonend.

Vollständige Taschenbuchausgabe Oktober 1998
© 1996 John Gray
© 1996 der deutschsprachigen Ausgabe
Wilhelm Goldmann Verlag, München
in der Verlagsgruppe Bertelsmann GmbH
Originalverlag: HarperCollins, New York
Originaltitel: Mars and Venus together forever
Umschlaggestaltung: Design Team München
unter Verwendung folgender Fotos:
Umschlag: Gruner und Jahr, photocina, Barnaby Hall
Umschlaginnenseiten: Mauritius/AGE
Druck: Presse-Druck Augsburg
Verlagsnummer: 16134
Kö · Herstellung: Sebastian Strohmaier
Made in Germany
ISBN 3-442-16134-7

1 3 5 7 9 10 8 6 4 2

Dieses Buch
ist meinen Eltern David und Virginia Gray
in Dankbarkeit und Liebe gewidmet

Ihre unerschütterliche Liebe, ihr Vertrauen
und ihre Ermutigungen haben mir
auf meinem Weg als Lehrer, Ehemann und Vater
sehr geholfen.

Inhalt

Dank 9

Einleitung 15

1. Mars, Venus und Partnerschaft 25

2. Was Frauen am nötigsten brauchen, und was
   Männer wirklich wollen 33

3. Eine neue Stellenbeschreibung für
   Zweierbeziehungen 58

4. Wodurch sich Männer und Frauen voneinander
   unterscheiden 95

5. Wie er lernt, ihr zuzuhören, ohne aus der Haut zu
   fahren 134

6. Was sie tun muß, damit er ihr zuhört 173

7. »Männersprache«, »Frauensprache« 215

8. Warum Männer so vergeßlich sind und Frauen
   sich immer an alles erinnern können 241

9. Männer kommen immer noch vom Mars, Frauen
   von der Venus 278

10. Liebe und Leidenschaft ein Leben lang 321

11. Tanzschritte für den Reigen des intimen Lebens . . . 358

Dank

Ich danke meiner Frau, daß sie mich wieder einmal auf meiner schriftstellerischen Reise begleitet hat. Ich danke ihr für ihre Geduld und Hilfe. Sie hat mir geholfen, ein guter, liebevoller Partner und Vater unserer Kinder zu sein. Ich danke ihr außerdem, daß sie mir erlaubt hat, unsere eigenen Geschichten zu veröffentlichen. Ihr verdanke ich es, daß ich gelernt habe, den Standpunkt einer Frau besser verstehen zu können. Ihre klugen Vorschläge und Kommentare waren für mich ein wichtiger und notwendiger Ausgleich.

Ich danke unseren drei Töchtern Shannon, Juliet und Lauren für ihre Liebe und Bewunderung. Die Freude, die wir als Eltern hatten, war für mich immer ein wichtiger Ausgleich für den Streß unseres unsteten Lebens. Ich danke ihnen für ihre warmherzige Art, für ihre Klugheit und dafür, daß sie meine Arbeit gewürdigt haben. Ich möchte vor allem Lauren dafür danken, daß sie ein Schild gemalt und in mein Arbeitszimmer gestellt hat, auf dem stand: »Papa, bitte sieh zu, daß das Buch fertig wird. Hurra!«

Ich danke David Gray, meinem Vater, daß er an meinen Seminaren über Beziehungen teilgenommen hat. Seine Unterstützung und sein Glaube an mich und meine Arbeit waren für mich immer eine große Hilfe und sind es auch heute noch. Die Offenheit, mit der er mir von seinen Erfolgen und Mißerfolgen berichtet hat, die er selbst in seinen Beziehungen erlebt hat, hat mir geholfen, die Generationsunterschiede besser zu verstehen. Obwohl er nicht wußte, wie man zu einer reiferen Intimität finden kann, hat er sein Bestes gegeben. Von ihm habe ich gelernt, daß man Fehler machen darf und trotzdem ein liebenswerter Mensch sein kann. Für viele Menschen war er ein liebevoller, charmanter und großzügiger Mann.

Ich danke Virginia Gray, meiner Mutter, für die vielen amüsanten Gespräche, die wir miteinander geführt haben. Von ihr weiß ich, wie sich die Männer und Frauen ihrer Generation verhalten haben. Ich danke ihr, daß sie es mir gestattet hat, Geschichten aus ihrer Ehe zu veröffentlichen. Und ich danke ihr für die unerschütterliche Liebe, mit der sie mich ständig begleitet und bei all meinen Projekten unterstützt hat.

Auch meinen fünf Brüdern und meiner Schwester möchte ich für die langen Gespräche danken, die wir in unseren gemeinsamen Ferien geführt haben und die manchmal bis tief in die Nacht gedauert haben. Meinem älteren Bruder David und seiner Frau Doris danke ich für die klugen Kommentare, mit denen sie meine neuen, kreativen Ideen gewürdigt haben, und für ihre Anregungen. Ich danke meinem Bruder William und seiner Frau Edwina, daß sie mir die eher traditionellen Perspektiven nahegebracht haben. Und noch einmal möchte ich meinem Bruder Robert für die brillanten Einfälle danken, die praktisch alles, was ich sagen will, unterstützen. Meinem Bruder Tom danke ich, weil er mich unablässig ermutigt hat und stolz auf meinen Erfolg ist. Ich möchte ihm an dieser Stelle auch für die vielen persönlichen Gespräche danken, in denen er mir seine Ansichten über Männer und Frauen dargelegt hat. Ich danke meiner Schwester Virginia für ihre Offenheit und ihr liebevolles Interesse an meinem Leben und für die ehrliche, kluge Art, wie sie sich selbst als Frau sieht. Ich danke meinem verstorbenen, jüngeren Bruder Jimmy für seine ganz besondere Liebe und seine Großmut. Die Erinnerung an ihn hilft mir immer noch in schweren Zeiten.

Ich danke Lucille Brixey, die mich schon seit meinem sechsten Lebensjahr liebevoll unterstützt. Sie war immer für mich da und ist es auch heute noch. In ihrem Geschäft, dem Aquarian Age Bookshelf in Houston, liegen meine Bücher seit über zehn Jahren in der ersten Reihe. Ich danke ihr, daß sie immer an mich geglaubt hat.

Meiner Agentin Patti Breitmann danke ich für ihre Hilfe, für die kluge und kreative Art und für den Enthusiasmus, mit dem sie dieses Buch von Anfang bis Ende begleitet hat. Sie ist mein guter Geist. Ich danke Carol Bidnick, die uns bei unserem ersten gemeinsamen Projekt *Men Are from Mars, Women Are from Venus (Männer sind anders. Frauen auch*, Goldmann Verlag 1992, 1993) einander vorgestellt hat.

Susan Moldow, meiner Redakteurin, möchte ich für ihren Witz und ihren klaren Blick danken. Obwohl sie nur den Anfang bearbeitet hat, haben sich ihre gescheiten Kommentare auf das ganze Buch ausgewirkt. Ich danke Nancy Peske für die Hartnäckigkeit und Kreativität, mit der sie den ganzen Prozeß begleitet hat. Carolyn Fireside möchte ich für ihre redaktionellen Anmerkungen danken. Und ich danke Jack McKeown für sein Interesse und dafür, daß er das Projekt von Anfang an mit großem Engagement unterstützt hat. Das gleiche gilt für alle Leute bei HarperCollins, die jederzeit auf meine Wünsche eingegangen sind.

Michael Nagarian und seiner Frau Susan möchte ich für die erfolgreiche Organisation zahlreicher Seminare, und Michael außerdem für die vielen Überstunden danken, die er für die Planung aufgewendet hat. Darüber hinaus danke ich ihm für seine klugen Kommentare, mit denen er die Bearbeitung und Überprüfung des Textes begleitet hat. Ich möchte darüber hinaus den vielen Menschen danken, die mit Leib und Seele an der Organisation und Förderung der Seminare mitgearbeitet haben und es mir ermöglicht haben, die Seminare abzuhalten, mit deren Hilfe ich das Material für dieses Buch sammeln konnte: Ely und Ian Coren in Santa Cruz, Ellis und Consuelo Goldfrit in Santa Cruz, Sandee Mac in Houston, Richi und Debra Mudd in Honolulu, Gary Francell von den Heart-Seminaren in Honolulu, Bill und Judy Elbring von *Life Partners* in San Francisco, David Farlow und Julie Ricksacker in San Diego, David und Marci Obstfeld in Detroit, Fred Kleiner und Mary Wright in Washington, D. C., Clark und Dotti Bartells in Seattle, Earlene und Jim Carillo in Las Vegas, Bart und Merril Berens in L. A. und Grace Merrick von der Dallas Unity Church.

Ich danke Richard Bohn und Cindy Black und der Belegschaft des Verlags »Beyond Words Publishing« für ihre unermüdliche Unterstützung bei Herausgabe meines Buches *Men, Women and Relationships,* in dem die Ideen zu diesem Buch geboren wurden.

Ich danke John Vestman von »Studio One Recordings« für die fachmännischen Tonaufnahmen meiner Seminare. Dave Morton und der Belegschaft der Cassette Express möchte ich für die ausgezeichnete Bearbeitung dieses Textes danken. Bonnie Solow danke ich für ihre kompetente und freundliche Unterstützung bei der Produktion der Tonkassetten dieses Buches, das gleiche gilt der Belegschaft der Firma Harper Audio.

Ich danke Ramy El-Batrawi von der Firma Genesis Nuborn Associates und seiner Frau Ronda für die von ihnen produzierten Fernsehsendungen meiner Seminare.

Ich danke meiner Assistentin Ariana Husband für die schwere Arbeit, die sie geleistet hat, für ihr Engagement und die Effizienz, mit der sie mein Büro und meinen Terminkalender gemanagt hat.

Ich danke Terry Safford, meinem Chiropraktiker. Er hat mir in den entscheidenden sechs Monaten dieses Projekts sehr geholfen. Raymond Himmel möchte ich für die vielen Akupunktursitzungen danken, die mich gegen Ende dieses Projekts auf wunderbare Weise von den Schwindelanfällen und von der Erschöpfung geheilt haben. Und ich danke Renée Swisko für die Therapiesitzungen, die sie mit mir und dem Rest der Familie durchgeführt hat und die eine erstaunlich positive Wirkung hatten.

Ich danke meinen Freunden und Geschäftspartnern für die offenen, ehrlichen und hilfreichen Anregungen und das Feedback, das sie mir gegeben haben: Clifford McGuire, Jim Kennedy und Anna Everest, John und Bonnie Grey, Reggie und Andrea Henkart, Lee und Joyce Shapiro, Marcia Sutton, Gabriel Grunfeld, Harold Bloomfield und Sirah Vettese, Jordan Paul, Lenny Eiger, Charles Wood, Jacques Earley, Chris Johns, Mike Bosch und Doug Aarons.

Ich danke Oprah Winfrey für ihre warmherzige und sehr persönliche Unterstützung. Sie gab mir Gelegenheit, meine Gedanken in ihrer Sendung vor dreißig Millionen Zuschauern darzustellen.

Ich danke den Tausenden von Teilnehmern an meinen Beziehungsseminaren, die mir ihre Geschichte erzählt haben. Sie gaben mir den Mut, dieses Buch zu schreiben. Die positive und liebevolle Unterstützung und Tausende von Anrufen und Briefen, die ich von meinen Lesern bekommen habe, sind für mich immer noch eine große Hilfe bei der Weiterentwicklung und Überprüfung der Prinzipien, die in diesem Buch entwickelt werden.

Vor allem möchte ich den Millionen Lesern meines vorangegangenen Buches danken, die meine Bücher nicht nur weitergegeben haben, sondern in ihrem Leben und in ihren Beziehungen von den darin dargestellten Ideen profitieren.

Ich danke Gott, daß er mir eine Gelegenheit gab, etwas in dieser Welt zu bewirken, und ich danke ihm für die einfachen, aber sehr effektiven Erkenntnisse, die ich in diesem Buch dargestellt habe.

Einleitung

In den fünfziger Jahren, in denen ich groß wurde, hat mein Vater meiner Mutter gestanden, daß er fremdging. Er hatte sich zunächst vermutlich nur verliebt, dann wurde das Verhältnis mit der Zeit jedoch immer ernster, bis mein Vater meine Mutter schließlich um die Scheidung bat.

Meine Mutter, die meinen Vater liebte, war zutiefst verletzt. Anstatt mit ihm über ihren Schmerz zu reden und ihm zu zeigen, wie sehr sie ihn liebte und brauchte, wurde sie ganz stark und sagte in der liebevollsten Weise: »Wenn du das so willst, lasse ich mich von dir scheiden. Laß uns noch einen Monat darüber nachdenken, dann kannst du dich entscheiden.«

Dann mischte sich das Schicksal ein: Eine Woche später entdeckte meine Mutter, daß sie schwanger war und ihr siebtes Kind erwartete. Mein Vater fühlte sich verantwortlich und beschloß, sich nicht von ihr zu trennen und die Familie nicht im Stich zu lassen. Meine Mutter war darüber sehr froh, und über seine »anderen Interessen« wurde nie mehr geredet. Einige Jahre lang ging mein Vater fremd, wenn er auf Reisen war, aber er sprach nie darüber.

Obwohl sie sich nie scheiden ließen, war das der Wendepunkt in ihrer Beziehung. Sie liebten sich weiter wie Mann und Frau, unterstützten sich gegenseitig, aber irgend etwas fehlte. Nach und nach verschwand das Spielerische, Romantische und die Verliebtheit aus ihrem Leben.

Als Erwachsener hörte ich die Gerüchte über die Affären meines Vaters und stellte ihn zur Rede. Seine Antwort war: »Halte dich lieber daran: Was ich nicht weiß, macht mich nicht heiß.« Als ich nicht lockerließ und weitere Fragen stellte, schwieg er.

Mir wurde klar, daß er auf diese Weise sein Fremdgehen rechtfertigte. Er wollte meiner Mutter nicht weh tun und hatte seine Affären geheimgehalten.

Tatsächlich schien es meiner Mutter gutzugehen, offenbar machten ihr seine Affären nichts aus, sie schnitt das Thema nie an und bat ihn auch nie, damit aufzuhören. Beiden war jedoch nicht klar, daß die Gefühle der Liebe und Zärtlichkeit, die sie zusammengebracht hatten, nach und nach verschwanden. Wie so viele andere Ehepaare hielten sie es für normal, daß körperliche Attraktion und Leidenschaft mit der Zeit nachlassen.

Nachdem mein Vater gestorben war, fanden meine Mutter und ich zufällig ein Foto von ihm und einer seiner Geliebten. Als meine Mutter das Bild sah, liefen ihr die Tränen über das Gesicht, Tränen, die sie nicht vergossen hatte, als er noch lebte. Und ich wußte genau, warum sie weinte.

Ich spürte, wie weh es ihr tat, ihn so offen und frei mit einer anderen Frau sehen zu müssen, das Blitzen in seinen Augen zu erkennen, das früher einmal ihr gegolten hatte, dann aber nach und nach verschwunden war.

Und mir selbst tat es auch weh, meinen Vater so glücklich zu sehen. Er war ein liebevoller Vater, oft aber auch launisch, zornig oder deprimiert gewesen. Auf diesem Foto, in seiner geheimen Welt, erschien er charmant, hilfsbereit und glücklich. Das war der Vater, nach dem ich mich immer gesehnt hatte und dem ich nacheifern wollte.

Als ich meine Mutter fragte, warum er denn das Bedürfnis gehabt hätte fremdzugehen, sagte sie: »Dein Vater und ich haben uns sehr geliebt. Aber nach einigen Jahren wurde ich Mutter, und dein Vater wollte eine Frau.« Ich war erstaunt, daß sie seine Untreue so einfach hingenommen hatte. Sie erklärte mir: »Ich bewunderte deinen Vater, weil er bei uns geblieben ist. Er hat uns ein großes Opfer gebracht. Es ist ihm sehr schwergefallen, aber er hat uns nicht im Stich gelassen.«

An diesem Tag wurde mir endlich klar, warum er sie betrogen hatte: Er fühlte sich erotisch nicht mehr von ihr angezogen und wußte nicht, wie er das ändern sollte. Er wußte nicht, wie man gemeinsam die Verantwortung für eine Familie tragen kann, ohne die erotische Attraktion zu verlieren. Er wußte nicht, wie er Leidenschaft und Freude in ihre Beziehung zurückbringen konnte. Wenn er es gewußt hätte, hätte er nicht resigniert und wäre nicht fremdgegangen.

Mir wurde darüber hinaus klar, daß meine Mutter ihr Bestes gegeben hatte. Sie wußte zwar, wie man eine gute Mutter ist, aber sie hatte keine Ahnung, wie man eine Liebesbeziehung lebendig hält. Sie folgte dem Beispiel ihrer Mutter und der Mutter ihrer Mutter, die alle in einer völlig anderen Welt gelebt hatten, in der andere Gesetze galten.

Als meine Mutter jung war, das heißt, in der Wirtschaftskrise nach dem Zweiten Weltkrieg, ging es ums nackte Überleben. Für Romantik und emotionale Bedürfnisse war da kaum Zeit. Die Menschen gaben ihre Gefühle nicht preis. Meine Mutter hatte alle Hände voll zu tun, sechs und später sieben Kinder großzuziehen, da blieb ihr wenig Zeit, sich um ihre Gefühle kümmern zu können. Selbst wenn sie es getan hätte, wäre es ihr nie in den Sinn gekommen, unserem Vater von ihrem Kummer zu erzählen. Sie hätte auch nicht gewußt, wie sie sich ihm hätte anvertrauen können, ohne daß er das Gefühl gehabt hätte, kontrolliert zu werden, und hätte ihn nur in die Defensive gedrängt.

Als mein Vater sich entschlossen hatte, uns nicht zu verlassen, fiel meiner Mutter ein Stein vom Herzen, denn das bedeutete, daß die Familie intakt bleiben würde. Wie bei ihren weiblichen Vorfahren nahm für sie die Familie den ersten Platz ein, erst dann kamen ihre persönlichen Bedürfnisse. Auch für meinen Vater war die Familie das Wichtigste, deshalb ließ er sich nicht scheiden. Und wie seine männlichen Vorfahren hatte auch er nebenbei seine Affären, von denen niemand etwas wissen sollte. Und trotz allem, versicherte mir meine Mutter, hätten sie sich sehr geliebt und wären sich in mancher Hinsicht im Laufe der Jahre immer nähergekommen.

Eine Geschichte wie die meiner Mutter und meines Vaters war in der Generation unserer Eltern und Großeltern nichts Ungewöhnliches. Heute erwarten Männer und Frauen allerdings mehr von ihren Beziehungen. Wir leben in einer Zeit, in der sich die gesamte Grundlage der Ehe dramatisch verändert hat. Wenn wir uns heute miteinander verbinden, geht es uns nicht mehr nur ums pure Überleben und Beschütztwerden, sondern um Liebe, Erotik und Glück. Viele der Regeln und Strategien, mit denen unsere Eltern ihre Ehe zusammengehalten haben, sind heute überholt und nicht mehr produktiv.

Leider haben wir alle etwa achtzehn Jahre lang von unseren Eltern gelernt, wie man eine Beziehung gestaltet. Dabei haben wir unbewußt ihr Verhalten und ihre Reaktionsweisen übernommen. Das ist auch der Grund, warum die Erfahrungen, die wir in der Kindheit gemacht haben, einen so großen Einfluß auf die Qualität unserer späteren Beziehungen ausüben.

Sicher haben unsere Eltern uns sehr geliebt, aber sie konnten uns nur das vermitteln, was sie selbst wußten. Sie konnten uns keine Lösungen für Probleme anbieten, die es in ihrer Zeit gar nicht gab. Wir, ihre Erben, sind Pioniere, wir werden mit Problemen konfrontiert, für deren Bewältigung wir neue Strategien brauchen. Wir müssen nicht nur lernen, wie man eine Beziehung gestaltet, sondern müssen uns auch noch mit dem herumschlagen, was wir von unseren Eltern gelernt haben und was wir mühsam wieder verlernen müssen. Wie sehen diese neuen Lektionen und Regeln aus? Was müssen wir tun, um glücklich zu werden?

Der Frau von heute reicht es nicht mehr, einen Mann zu haben, der sie materiell versorgt und beschützt. Sie möchte auch emotional versorgt werden. Und die Männer wollen mehr als nur eine gute Hausfrau und Mutter ihrer Kinder. Die Frau soll sich auch um ihre emotionellen Bedürfnisse kümmern, ohne sie jedoch zu bemuttern oder wie Kinder zu behandeln.

Ich will damit nicht sagen, daß unsere Eltern keine emotionale Unterstützung gebraucht hätten, aber das war damals nicht das Entscheidende. In der Regel war die Mutter zufrieden, wenn der Vater Arbeit hatte und die Familie ernähren konnte. Und der Vater war zufrieden, wenn die Mutter das Haus besorgte, sich um die Kinder kümmerte und nicht ständig an ihm herumnörgelte.

Aber das, womit unsere Eltern zufrieden waren, ist für uns zu wenig. Wir sind nicht mehr bereit, derart große persönliche Opfer zu bringen. Wir möchten mit unserem Partner auf Dauer glücklich sein, wir brauchen Intimität und Leidenschaft, und wir haben all das auch verdient. Wenn unsere Bedürfnisse nicht befriedigt werden, sind wir bereit, die Ehe zu opfern. Unser persönliches Glück ist plötzlich wichtiger geworden als die Familie.

Neue Statistiken, die in allen Staaten der USA erhoben wurden, haben ergeben, daß im Durchschnitt zwei von vier Ehen wieder geschieden werden, und die Rate steigt weiter an. (In Kalifornien sind es bereits drei von vier Ehen.) Über fünfzig Prozent der amerikanischen Schulkinder stammen aus einem zerbrochenen Elternhaus, während dreißig Prozent der Kinder unehelich zur Welt kommen. Gewalt in der Ehe, Verbrechen, Drogenabhängigkeit und der Konsum von Psychopharmaka nehmen ständig zu. Es besteht nicht der geringste Zweifel, daß der Zusammenbruch der Familie für diese erschreckenden Zahlen mitverantwortlich ist.

Diese neuen Probleme werfen kritische Fragen auf. Müssen wir die Uhr zurückdrehen, unsere persönlichen Bedürfnisse hintanstellen und der Familie plötzlich wieder mehr Beachtung schenken? Müssen wir eine Ehe ertragen, die uns emotional nicht befriedigen kann? In der Vergangenheit haben diese Strategien unser Überleben gewährleistet. Heute, wo das Glück des einzelnen im Vordergrund steht, müssen wir andere Möglichkeiten suchen.

In den meisten Fällen lassen sich die Probleme weder durch Scheidung noch durch Selbstaufopferung lösen. Wir müssen lernen, unsere Beziehungen und die Ehe so zu gestalten, daß beide Partner glücklich werden. Das ist nicht nur möglich, sondern auch unerläßlich.

Es ist weder narzistisch noch verwerflich, wenn wir von unserem Leben mehr erwarten als unsere Eltern. Die Zeiten haben sich geändert und mit ihnen die Werte.

Da unser materielles Überleben und unsere Sicherheit in der heutigen zivilisierten Welt weitgehend gewährleistet sind, können wir es uns leisten, wir selbst zu sein. Heute werden wir nicht mehr von den Urtrieben, sondern von höheren Bedürfnissen motiviert, wir erwarten mehr von uns und von unserem Leben. Aus diesem Grund erwarten wir von unserem Partner, daß er uns hilft, all das zu werden, was wir sein können.

In einer Generation, die sich der Idee der Ganzheit verschrieben hat, entwickeln die Frauen die männliche Seite ihres Wesens und Männer die weibliche. Frauen wollen mehr sein als nur Hausfrauen und Mütter. Sie wollen auch in der Welt außerhalb der eigenen vier Wände etwas darstellen. Und die Männer wollen nicht mehr nur Krieger und Arbeitsmaschine sein. Sie wünschen sich zu Hause eine liebevolle Partnerin, mehr Freizeit und wollen einen größeren Beitrag zur Erziehung der Kinder leisten.

Die Grenzen der alten Rollenverteilung zwischen Mann und Frau verwischen sich. Das hat zunächst eine große Verwirrung ausgelöst und zu Frustrationen geführt. In diesem Übergangsstadium ist es schwer, von seinem Partner die notwendige emotionale Unterstützung zu bekommen.

Neuen Statistiken zufolge spielen Millionen von Ehepaaren mit dem Gedanken an eine Trennung. Dieses Buch zeigt auf klare und einfache Weise, warum Probleme in einer Beziehung unvermeidlich sind, und bietet zahlreiche praktische Vorschläge an, wie man seine Beziehung liebevoller und befriedigender gestalten kann.

Sollte Ihre Ehe völlig in Ordnung sein, kann sie dadurch nur noch besser werden. Sie werden lernen, die scharfen Kanten abzuschleifen und die erotische Spannung der ersten Jahre wiederzubeleben. Tausende von Paaren, die an meinen Beziehungsseminaren teilgenommen haben, waren begeistert, weil sie feststellten, daß ihre Leidenschaft größer war als je zuvor. Außerdem wird sich Ihre Ehe mit Hilfe der hier dargestellten neuen Methoden für ein besseres Zusammenleben auch weiterhin positiv entwickeln.

Auch wenn Sie allein leben, wird das Buch Ihnen die Augen öffnen und Ihnen zeigen, daß auch Sie bessere Beziehungen haben könnten. Sie werden erkennen, welche Fehler Sie in der

Vergangenheit gemacht haben, ohne Schuldgefühle haben zu müssen. Es wird Ihnen leichter fallen, den Menschen zu verzeihen, die Sie verletzt oder enttäuscht haben. Wenn Ihnen bewußt geworden ist, daß die anderen Fehler gemacht haben, weil sie es nicht besser wußten, werden Sie Ihnen nicht länger nachtragend sein. Die neue Offenheit wird Ihnen eine Last vom Herzen nehmen, und Sie werden einen Partner finden, der genau zu Ihnen paßt. Darüber hinaus werden Sie neue Techniken kennenlernen, mit deren Hilfe Sie verhindern können, daß Sie diesen neuen Partner, ohne es zu wollen, wieder vergraulen.

Wenn Sie zur Zeit Probleme in Ihrer Beziehung haben, wird Ihnen dieses Buch zeigen, daß Sie nicht allein sind. Wahrscheinlich werden Sie feststellen, daß Sie oder Ihr Partner völlig in Ordnung sind. Die Schwierigkeit ist nur entstanden, weil Ihre Eltern Ihnen nicht beigebracht haben, wie man eine Beziehung gestaltet, und dazu auch gar nicht in der Lage gewesen wären.

Es kommt immer wieder vor, daß sich ein Ehepaar, das kurz vor der Scheidung stand, auf wunderbare Weise wieder ineinander verliebt. Da beide ihre Fehler erkannt und analysiert haben, fühlen sie sich nicht mehr ohnmächtig und schöpfen wieder Hoffnung. Ihre Herzen öffnen sich wieder, und beide erkennen, in welchem Maße sie selbst an dem Problem beteiligt waren. Dann hören die Schuldzuweisungen auf, und beide Partner wenden statt dessen die neuen Methoden an. Da sie damit sehr bald Erfolge haben werden, wird sich ihre Beziehung von Grund auf verändern.

Nach dreiundzwanzig Ehejahren waren Linda und Daryl soweit, daß sie sich scheiden lassen wollten. Wie so viele andere Paare wollten sie sich eigentlich gar nicht trennen, aber da jeder von seinem Partner nicht das bekam, was er brauchte, und keine Alternative finden konnte, blieb nur die Scheidung. Beiden war klar, daß eine Fortführung der Beziehung einem seelischen Tod gleichkam. Als sie jedoch die neuen Methoden für ein besseres Zusammenleben gelernt hatten, wurde plötzlich alles ganz anders.

Was Linda lernte: »Ich hatte immer geglaubt, mein Mann

weigere sich, das tun, was ich von ihm erwartete, weil er mich nicht liebte und ihm nichts an mir läge. Ich war ziemlich verzweifelt und glaubte nicht, daß ich jemals das bekommen würde, was ich mir wünschte. Als ich versuchte, mit ihm darüber zu reden, verschloß er sich, und alles wurde nur noch schlimmer. Heute weiß ich, daß er nur das getan hat, was sein Vater getan hat. Mir wurde plötzlich klar, daß er mich in Wirklichkeit glücklich machen wollte, mich aber nicht verstehen konnte. Nachdem ich jetzt gelernt habe, anders mit ihm umzugehen, ist er auf einmal ein anderer Mensch geworden. Er hört mir auf einmal zu, und ich bin ihm dafür ungeheuer dankbar. Er hat nicht nur mich glücklich gemacht, sondern auch sich selbst.«

Was Daryl gelernt hat: »Sehr oft wußte ich nicht, was sie von mir wollte. Und wenn sie mit mir redete, wurde alles immer nur noch schlimmer, ganz gleich, was ich sagte. Wenn ich zum Beispiel versuchte, ihr zu erklären, was für ein Mensch ich bin, regte sie sich noch mehr auf. Inzwischen weiß ich, daß es ihr hauptsächlich darum ging, daß ihr jemand zuhört. Inzwischen habe ich gelernt, weniger zu sagen und mehr zuzuhören, und das klappt tatsächlich. Jetzt, wo ich erlebe, wie glücklich sie ist, möchte ich noch mehr für sie tun. Es ist mir irgendwie peinlich, das zu sagen, aber ich fühle mich plötzlich wieder lebendig und wußte gar nicht, daß ich vorher sozusagen schon halb tot war.«

Um ihre Ehe zu retten, brauchten Linda und Daryl nur etwas zu lernen, was ihre Eltern ihnen nicht beibringen konnten. Daryl lernte, wie wichtig es war, Lindas Gefühle ernst zu nehmen, und Linda lernte, wie man einen Mann glücklich macht. Durch *kleine,* aber entscheidende Verhaltensveränderungen konnten sie ihre Beziehung sehr schnell verbessern.

Erst nach diesen kleinen Veränderungen können die großen Dinge in Angriff genommen werden. Das Geheimnis des Erfolges dieser Methode beruht darauf, daß keiner der beiden Partner sich selbst verleugnen muß.

Es ist zum Beispiel völlig unrealistisch, von einem schweigsamen Mann zu erwarten, daß er sich von einem Tag auf den anderen öffnet und plötzlich gesprächig wird. Trotzdem kann derselbe Mann sich bemühen, ein besserer Zuhörer zu werden, man muß ihm nur Mut machen. Wenn man in der richtigen Weise auf ihn zugeht, kann er sein Verhalten verändern, auch wenn er das in seinem Elternhaus nicht gelernt hat. Statt immer nur darüber zu reden, was wir nicht können oder nicht tun, zeigt Ihnen dieses Buch, was Sie sehr wohl tun können und wie Sie dabei vorgehen sollten.

Viele Leute, die ohne ihre Partner an meinen Beziehungsseminaren teilgenommen haben, berichten mir über große Erfolge. Da sie aus ihren eigenen Fehlern gelernt hatten, konnten sie ganz allein außerordentlich positive Veränderungen bewirken.

Das gleiche gilt für dieses Buch. Auch wenn Ihr Partner es nicht liest, können Sie ganz allein etwas für Ihre Beziehung tun. Schon heute sollten Sie anfangen zu lernen, wie Sie mehr aus Ihrer Beziehung machen können, um das zu bekommen, was Sie verdient haben. Wenn Ihr Partner jedoch auch das Buch liest, werden sich die Veränderungen natürlich schneller einstellen. Aber selbst, wenn er oder sie nicht interessiert sein sollten, beruht das Geheimnis des Erfolges darauf, daß sie die Prinzipien, die in diesem Buch dargestellt werden, lernen und anwenden.

Wie kann eine Frau ihren Mann davon überzeugen, daß er das Buch lesen sollte? Männer muß man in einer ganz besonderen Weise ansprechen. Wenn man einem Mann das Buch mit den Worten: »Das solltest du lesen, du hast es nötig«, in die Hand drückt, erzeugt man nur noch größeren Widerstand. Wenn Sie jedoch einen Abschnitt aufschlagen, in dem die Männer beschrieben werden, und ihn fragen, ob das, was dort steht, stimmt, könnte sein Interesse geweckt werden.

Diese Strategie funktioniert aus zwei Gründen. Zunächst möchte jeder Mann gern ein Experte sein, und Sie sprechen ihn in diesem Fall als Experten auf dem Gebiet der Männer an. Außerdem wird er beim Lesen bestimmter Abschnitte schnell erkennen, daß sich das Buch weder gegen die Männer richtet noch versucht, sie zu ändern. Es ist im Gegenteil hundertprozentig »männerfreundlich«.

Tatsächlich sind Frauen oft erstaunt, wie viele Männer an meinen Seminaren teilnehmen. Sie trauen ihren Augen kaum, wenn sie sehen, wie sie zuhören, zustimmend nicken, ja sogar lachen. Ich weise immer wieder darauf hin, daß Männer genauso daran interessiert sind, ihre Beziehungen zu verbessern, wie die Frauen. Sie müssen dazu nur bestimmte Strategien lernen, ohne gleich unbedingt feminin zu werden.

Seit dem Erscheinen meines letzten Bestsellers *Männer sind anders. Frauen auch* haben Tausende ihre Beziehungen glücklicher gestalten können. Im ersten Jahr bekam mein Büro fünfzehntausend Briefe von Lesern, die mir schreiben, daß »das Buch« ihre Beziehung gerettet hätte. Einige baten um Rat: »Was sollte ich tun, wenn...« oder »Was bedeutet es, wenn...« oder »Wie kann ich ihn dazu bringen, daß er...« oder »Was sage ich, wenn...« oder »Wann soll ich...« Dieses Buch beantwortet auch solche Fragen.

Mars, Venus und Partnerschaft beantwortet die Fragen, auf die unsere Eltern keine Antwort wußten. Es gibt uns eine neue Orientierung und liefert die notwendigen Informationen zur Gestaltung einer liebevollen, dauerhaften und glücklichen Beziehung.

Das Buch ist nicht nur eine Sammlung profunder Erkenntnisse, sondern bietet auch praktische Tips an, von denen ich selbst profitiert habe. Ich hoffe, daß sie auch Ihnen helfen werden.

John Gray, Ph. D.
22. November 1993
Kalifornien

1. KAPITEL

Mars, Venus und Partnerschaft

Vor langer, langer Zeit lebten Männer und Frauen in einer unwirtlichen Welt voller Gefahren friedlich zusammen. Die Frau wußte, daß ihr Mann sie achtete und liebte, denn er setzte jeden Tag sein Leben aufs Spiel, um sie zu versorgen. Sie erwartete von ihm nicht, daß er außerdem auch noch einfühlsam oder zärtlich war. Gute Kommunikationsfähigkeiten wurden in seiner Stellenbeschreibung nicht erwähnt. Es reichte, daß er ein guter Jäger war und immer wieder den Weg nach Hause fand. Fähigkeiten, die etwas mit der Beziehung zu seiner Frau zu tun hatten, wurden nicht von ihm verlangt. Und der Mann fühlte sich als Ernährer von seiner Frau geliebt und geachtet. Der Kampf ums Überleben war hart, die Beziehungen waren dagegen relativ einfach.

Männer und Frauen lebten in verschiedenen Sphären. Um ihr Überleben zu garantieren, mußten sie sich aufeinander verlassen können. Essen, Sex, Kinder, das Dach über dem Kopf und das Streben nach Sicherheit waren die Dinge, die sie motivierten zusammenzuarbeiten, denn die Befriedigung dieser Grundbedürfnisse erforderte spezielle Fähigkeiten und die Übernahme unterschiedlicher Rollen. Der Mann war der Ernährer und Beschützer, die Frau war für das Haus und für die Erziehung der Kinder zuständig.

Das war eine natürliche Rollenverteilung. Da die Frauen die Kinder zur Welt brachten, trugen sie auch die Verantwortung für die Erziehung und für das Haus. Der Mann akzeptierte diese Rollenverteilung und war bereit, in die Wildnis zu gehen und dort zu jagen oder sie und die Kinder zu bewachen. Obwohl die Männer oft tagelang in eisiger Kälte oder glühender Hitze ihr Beutetier verfolgen mußten, waren sie stolz auf die Opfer, die

25

sie brachten, weil sie die Frau, die Lebensspenderin, sehr verehrten. Und da beide voneinander abhängig waren, um überleben zu können und ein gewisses Maß an Sicherheit zu haben, war es nur natürlich, daß sie sich gegenseitig achteten.

Inzwischen hat sich das Leben jedoch drastisch verändert. Da wir nicht mehr auf Gedeih und Verderb von unserem Partner abhängig sind, sind die Regeln und Strategien unserer Vorfahren überholt. Zum erstenmal in der Geschichte der Menschheit suchen wir beim anderen vor allem Liebe und Erotik, nicht Sicherheit oder eine Überlebensgarantie. Glück, Intimität und eine dauerhafte erotische Beziehung sind heutzutage die Kriterien für ein glückliches Zusammenleben.

Was Ihre Mutter Ihnen nicht sagen konnte, und was Ihr Vater nicht wußte, ist, wie man die emotionalen Bedürfnisse des Partners befriedigt, ohne selbst auf ein erfülltes Leben verzichten zu müssen. Und das ist nur zu erreichen, wenn man neue Beziehungstechniken erlernt und einübt.

Die Zeiten haben sich geändert

In den letzten vierzig Jahren haben die gesellschaftlichen und ökonomischen Veränderungen die traditionellen männlichen und weiblichen Rollen enorm verändert. Die Tatsache, daß Frauen das Haus verlassen haben, um außerhalb zu arbeiten, hat den Wert der Frau in der traditionellen Vorstellung der Männer erheblich sinken lassen. Da die Frauen heute in immer größerem Maße selbständig sind und sich selbst versorgen können, haben sie nicht mehr das Bedürfnis, vom Mann ernährt oder beschützt zu werden.

Eine moderne Frau nimmt ihr Leben selbst in die Hand, so wie sie auch ihre Rechnungen selbst bezahlt. Wenn sie in eine gefährliche Situation gerät, kann sie sich mit der chemischen Keule wehren oder die Polizei rufen. Und was noch wichtiger ist: Sie kann selbst entscheiden, wann sie Kinder haben will, und wieviel. Vor der Entdeckung der Pille und der zahlreichen anderen Verhütungsmittel waren die Frauen biologisch dazu bestimmt, Kinder zu bekommen, und dadurch völlig abhängig von den Männern. Das ist jetzt vorbei.

Erst heute begreifen wir, in welchem Maß die weitverbreitete Anwendung der verschiedenen Methoden der Geburtenkontrolle und die daraus resultierende sexuelle Revolution die Beziehungen zwischen Männern und Frauen verändert haben. Wir leben in einer dramatischen Übergangszeit voller sexueller Spannungen.

In einem gewissen Sinne könnte man sagen, daß die Männer ihre Jobs verloren haben, die sie seit Jahrtausenden innehatten. Sie werden nicht mehr als Versorger und Beschützer geschätzt. Wenn sie heute nur das tun, was sie immer schon getan haben, reicht das plötzlich nicht mehr aus, um den Partner glücklich zu machen. Die Frauen wollen etwas anderes, sie wollen mehr als das, was ihre Mütter bekommen haben.

Daher kommt es, daß die Frauen überarbeitet sind. Sie sind nicht nur Mütter, Erzieherinnen und Hausfrauen, sondern haben außerdem oft noch die Aufgabe, die Familie zu ernähren und zu beschützen. Niemand schützt sie heute noch vor der harten, kalten Wirklichkeit der Arbeitswelt. Kann man von einer Frau erwarten, daß sie entspannt, empfindsam und lieb zu ihrem Mann ist, wenn sie sich kurz zuvor mit einem anderen Mann um ein Taxi streiten mußte? Die meisten Frauen haben heute keine Lust mehr, nach Feierabend einen Mann zu versorgen. Die Männer wollen dagegen immer noch genauso bedient werden wie ihre Väter.

Die Zeiten haben sich geändert, und wir müssen uns mit ihnen ändern, ob uns das gefällt oder nicht. Für den Mann muß eine neue Stellenbeschreibung entwickelt werden. Wenn er auch in Zukunft noch das Gefühl haben will, daß ihn seine Partnerin braucht und ihn schätzt, muß er neue Fähigkeiten entwickeln. Aber auch das Bewußtsein der Frauen muß sich ändern, denn sie müssen tagsüber im Beruf ihren »Mann« stehen und abends ihrem Mann eine zärtliche Partnerin sein. Sie müssen lernen, weiblich und gleichzeitig stark zu sein.

Was wir nicht gelernt haben

Unsere Mütter konnten ihren Töchtern nicht beibringen, wie man seine Gefühle einem Mann gegenüber äußert, ohne daß er sich dadurch in die Defensive gedrängt fühlt, oder wie man ihn um Hilfe bitten muß, wenn man sich von ihm eine positive Reaktion wünscht. Sie wußten nicht, wie man sich um einen Mann kümmern muß, ohne ihn zu bemuttern oder ihm zuviel zu geben. Sie wußten nur, wie man einem Mann das Leben so angenehm wie möglich machen konnte, wenn man sich selbst dabei aufopferte.

Unsere Mütter waren einfach nicht in der Lage, ihren Töchtern beizubringen, wie man weiblich und gleichzeitig stark sein konnte. Sie wußten nicht, wie sie ihren Partner unterstützen und trotzdem die emotionale Hilfe bekommen konnten, die ihnen zustand.

Unsere Väter konnten ihren Söhnen nicht beibringen, wie man mit einer Frau redet, ohne unbedingt nachgeben zu müssen oder sich zu streiten. Den Männern von heute fehlt ein Vorbild, sie wissen nicht, wie ein Familienoberhaupt aussieht, das auch die Ansichten des Partners respektiert. Sie wissen nicht, daß man stark bleiben und gleichzeitig den anderen emotional unterstützen kann.

Wir dürfen unseren Eltern nicht vorwerfen, daß sie uns nicht beigebracht haben, wie man sich in einer partnerschaftlichen Beziehung verhält, denn sie wußten es selbst nicht.

Unsere Väter konnten sich nicht in die Seele einer Frau einfühlen. Aber die Frau von heute braucht das. Unsere Väter hatten keine Ahnung von der Bedeutung der Monogamie und wußten nicht, wie man einer Frau das Gefühl vermittelt, etwas ganz Besonderes zu sein. Unsere Väter konnten die Frauen einfach nicht verstehen, aber auch der Mann von heute muß erst die notwendigen Fähigkeiten entwickeln, um in seiner Beziehung die emotionale Unterstützung zu finden, die er braucht.

Unsere Eltern konnten uns diese Methoden nicht beibringen, die wir brauchen, um in der Welt von heute zurechtzukommen. Wenn man das erkannt hat, wird man sich selbst und den Partner milder beurteilen und Verständnis für die Fehler haben, die man immer wieder macht. Diese Erkenntnis läßt uns neue Hoffnung schöpfen.

Die neuen Methoden für ein besseres Zusammenleben

In diesem Buch stelle ich die Methoden vor, die wir anwenden müssen, um die neuen emotionalen Bedürfnisse unseres Partners/unserer Partnerin befriedigen zu können. Als Lohn bekommen wir dafür genau das, was wir brauchen, um selbst in einer dauerhaften erotischen Intimbeziehung glücklich werden zu können. Einige der Ideen mögen Ihnen bekannt oder altmodisch vorkommen, aber sie werden hier in einem völlig neuen Licht erscheinen.

So vertrete ich zum Beispiel die Auffassung, daß eine Frau für ihren Mann dasein sollte, was man als sexistische Einstellung interpretieren könnte. Im Zusammenhang mit den neuen Methoden ist das keinesfalls so gemeint, denn sie soll nur für ihn dasein, damit sie ihn aktiv dabei unterstützen kann, seinerseits für sie dazusein. Anstatt ihn passiv zu bedienen, lernt sie jetzt, wie sie von ihm die Unterstützung bekommt, die sie braucht.

In gewissem Sinne muß sie ihm zwar immer noch helfen, aber die Sache ist ein wenig komplizierter: Sie lernt, wie sie ihm helfen kann, ihr zu helfen, damit sie ihm das Leben so angenehm wie möglich machen kann und er seinerseits in die Lage versetzt wird, ihre Bedürfnisse und Wünsche zu befriedigen.

---◄o►---

*Die neuen Methoden setzen die traditionellen
weiblichen Fähigkeiten voraus, die jedoch mit etwas
Neuem verbunden sein müssen, und dieses Neue sorgt
dafür, daß die Frau das zurückbekommt, was sie
braucht.*

---◄o►---

Früher waren die Männer nur für die finanzielle und materielle
Versorgung zuständig. Jetzt wird von ihnen verlangt, daß sie
ihre Partnerin auch emotional unterstützen. Um dieses Ziel
erreichen zu können, ist es jedoch weder notwendig noch rat-
sam, daß sie sich wie eine Frau öffnen und ihre Gefühle zum
Ausdruck bringen.

---◄o►---

*Der neue Mann muß sich auf seine alten Jagdinstinkte
besinnen – er muß stillschweigend warten und
beobachten – und seiner Frau zuhören.*

---◄o►---

Wenn ein Mann das erst einmal begriffen hat, kann er eine
Fähigkeit zum Einsatz bringen, die sich in Jahrtausenden entwickelt hat. Sein uralter Jagdinstinkt wird ihm zu Hilfe kommen, wenn seine Frau mit ihm redet. Entscheidend ist, daß er
lernt, sich zu verteidigen, *ohne* seine Partnerin anzugreifen.

Wenn wir von uns selbst und vom Partner zuviel verlangen,
wird die Beziehung problematisch. Eine pädagogische Theorie
besagt, daß man etwas Neues zweihundertmal hören (und/oder
anwenden) muß, bevor man es wirklich gelernt hat. Falls Sie
ein Genie sind, vielleicht nur hundertfünfzigmal.

Es ist völlig normal, daß man hin und wieder etwas vergißt,
was man gelernt hat. Alte Verhaltensweisen treten wieder auf
und machen uns Schwierigkeiten. Von jetzt an werden Sie
herausbekommen, welchen Anteil Sie selbst an den Problemen

haben, und nicht mehr ausschließlich dem Partner oder sich selbst die Schuld geben. Es ist manchmal gar nicht so leicht, sich zu bessern, aber es wird Ihnen mit jedem Schritt leichter fallen und mehr Spaß machen. Und wenn Sie diese Fertigkeiten erst einmal gelernt haben, wird das sowohl für Ihr Leben als auch für die Beziehung zu Ihrem Partner eine Bereicherung sein.

Mit Rückschlägen rechnen

Dennoch ist es außerordentlich wichtig, sich auf vorübergehende Rückschläge einzustellen. Außerdem müssen Sie bereit sein, bestimmte Lektionen so oft zu wiederholen, bis das Erlernte zu Ihrer zweiten Natur geworden ist. Wenn wir das verstanden haben, werden wir nicht verzweifeln, sondern uns in Geduld fassen und unserem Partner in liebevoller Weise verzeihen.

―――◄o►―――

Ganz entscheidend ist, daß wir von unserem Partner nicht erwarten, daß er jederzeit genau weiß, was wir gerade brauchen. Wir müssen es ihm sagen.

―――◄o►―――

Auch wenn man anfangs glaubt, man würde diese neuen Fertigkeiten nie erlernen, macht es doch auch Spaß. Sobald Sie angefangen haben zu üben, können Sie aus den konkreten Erfolgen, die sich sofort einstellen werden, neue Hoffnung schöpfen. Schon wenn Sie die ersten Schritte auf diesem Weg getan haben, den Ihre Eltern nie beschreiten konnten, kann sich Ihre Beziehung dramatisch verbessern. Sobald Sie mehr Übung haben, wird sich diese positive Entwicklung weiter fortsetzen.

Wenn Sie diese elementaren Fähigkeiten erlernt haben, können Sie auf Dauer ein hohes Maß an Intimität, erotischer Spannung und Glück erreichen. Das Feuer in Ihrer Ehe muß nicht erlöschen, das Glück, das Sie in der ersten Zeit der jungen Liebe genossen haben, muß nicht verschwinden, und die Intimität kann weiterwachsen und ein Quell des Glücks werden. Im nächsten Kapitel werden wir untersuchen, was die Frauen am dringendsten brauchen, und was die Männer wirklich wollen. Denn nur wenn wir das wissen, können wir auf Dauer wahre Intimität gewährleisten.

2. KAPITEL

Was Frauen am nötigsten brauchen, und was Männer wirklich wollen

Die Frauen, die an meinen Seminaren teilnehmen, sind immer überrascht, wenn sie feststellen, daß das Publikum zur Hälfte aus Männern besteht. Es fällt ihnen schwer zu glauben, daß Männer tatsächlich nach Möglichkeiten suchen, ihre Frauen glücklicher zu machen. Aber Männer sind ebenso daran interessiert, ihre Partnerschaft zu verbessern. Das Problem ist, daß ihre althergebrachten Methoden bei den Frauen nicht gut ankamen.

Wenn es zu Hause Probleme gibt, versucht der Mann, sie dadurch zu lösen, daß er bei seiner Arbeit noch erfolgreicher ist. Es wäre ihm nie in den Sinn gekommen, ein einschlägiges Seminar zu besuchen oder sich ein Buch über Beziehungsprobleme zu kaufen. Statt dessen nimmt er an einer Weiterbildungsveranstaltung teil oder kauft sich eines der zahlreichen Erfolgsbücher. Warum? Weil der Mann seine Frau seit undenklichen Zeiten glücklich gemacht hat, indem er ein noch besserer Versorger war.

In den Tagen der Jäger und Sammler war er damit zweifellos erfolgreich. Selbst für unsere Väter hatte das Prinzip noch Gültigkeit. Inzwischen hat sich die Situation jedoch verändert. Heutzutage verläßt eine Frau ihren Mann nicht mehr, weil er ein schlechter Ernährer ist, sondern weil sie seelisch und erotisch zu kurz kommt. Wenn ein Mann kein Verständnis für diese neuen Bedürfnisse einer Frau hat, dürfte das kaum überraschen. Die ständig zunehmende Unzufriedenheit der Frau treibt schließlich auch den Mann aus dem Haus. Kaum ein Mann verläßt heutzutage seine Frau, weil er sie nicht mehr liebt, sondern er trennt sich von ihr, weil er glaubt, sie nicht glücklich machen zu können. Häufig sind beide enttäuscht:

33

Männer begreifen nicht, was die Frauen brauchen, und die Frauen verstehen nicht, was die Männer wirklich wollen, oder wissen nicht, wie sie es ihnen geben können.

Wenn wir erst einmal erkannt haben, wie stark sich die Verhältnisse für beide Geschlechter verändert haben, wird es uns leichter fallen, das notwendige Einfühlungsvermögen aufzubringen, um neue Methoden des Zusammenlebens finden zu können, bei denen ein Partner den anderen unterstützt.

Warum die Frauen von heute unglücklich sind

Die Frau von heute arbeitet zuviel, leidet unter Streß und fühlt sich aus gutem Grund im Stich gelassen: Nie zuvor wurde soviel von ihr verlangt. Mindestens fünfmal die Woche zieht sie ihre Uniform an und zieht in die Schlacht, die von acht Uhr morgens bis fünf Uhr nachmittags dauert. Wenn sie dann nach Hause kommt, wartet der Haushalt auf sie: Putzen, Kochen, Waschen, Kinder. Außerdem soll sie immer lieb und freundlich sein, einen glücklichen Eindruck machen und auf die erotischen Wünsche ihres Partners eingehen. Das ist einfach zuviel und erzeugt bei ihr das Gefühl, daß alle an ihr zerren.

Am Arbeitsplatz erwartet man von einer Frau, daß sie sich dem alten Rollenverständnis von einem Mann anpaßt. Zu Hause soll sie dann plötzlich wieder warmherzig, hingebungsvoll und weiblich sein. Unter diesen Umständen ist es kein Wunder, daß manche Frauen sich bitter beklagen und sagen, eigentlich wäre es ihnen lieber, wenn sie nach Feierabend eine Frau zu Hause zärtlich begrüßen würde.

Selbst eine Frau, die nicht berufstätig ist, hat es heute schwerer als ihre Mutter. Die meisten anderen Mütter arbeiten, die Spielkameraden der Kinder sind im Kindergarten, so daß sie mit ihren Kindern allein ist und die Gesellschaft anderer Frauen vermißt.

Früher bekannten sich die Frauen voller Stolz dazu, ausschließlich Hausfrau und Mutter zu sein. Heute ist es ihnen beinahe unangenehm, wenn sie gefragt werden: »Was tun Sie eigentlich?« Da ihnen die Unterstützung anderer Frauen fehlt, müssen sie alles allein machen, und das, was sie für die Familie tun, wird von der Außenwelt kaum honoriert.

Obwohl die Frauen heute mehr Unterstützung brauchen als je zuvor, vermissen auch die Männer die Bestätigung, die sie früher von ihren Frauen bekommen haben, und darunter leidet ihr Selbstbewußtsein.

Warum die Männer unzufrieden sind

Der Mann von heute hat das Gefühl, daß er zu schlecht bezahlt und nicht genügend gewürdigt wird. Er ist enttäuscht. Auch er erlebt, wie hoch der Preis für eine Ehe ist, in der beide Partner berufstätig sind.

Wenn er früher zu seiner Frau nach Hause kam, fiel es ihr nicht schwer, ihm zu zeigen, wie sehr sie ihn schätzte, weil er fleißig war und sich für die Familie aufopferte. Da sie kaum unter Streß litt, war sie froh, ihn auf selbstlose Weise umsorgen zu können. Heute befindet sich das Heim, das für den Mann früher einmal der Platz war, an dem er sich rundherum wohl fühlte, plötzlich in einem Belagerungszustand.

Nie zuvor war die Zweierbeziehung für den Mann so schwierig.

Viele Männer müssen heute noch genauso schwer arbeiten wie ihre Väter und Großväter, manche sogar noch schwerer. Trotzdem schaffen sie es kaum, ihr Familie zu ernähren. Das Selbstbewußtsein des Mannes leidet unter der Erkenntnis, daß er nicht mehr der alleinige Ernährer der Familie ist. Manchmal wird ihm das nicht bewußt, aber es entmutigt ihn natürlich, wenn er sehen muß, daß seine Partnerin nicht glücklich ist.

Das wichtigste Ziel eines Mannes

Wenn ein Mann eine Frau liebt, ist es sein wichtigstes Ziel, sie glücklich zu machen. Er mußte sich schon immer mit der feindlichen Welt des Wettbewerbs auseinandersetzen, aber er hat es gern getan, denn am Ende des Tages wurde er durch die Dankbarkeit seiner Frau belohnt. Ihr Glück war der Lohn für seine Mühe.

Heute arbeiten die Frauen selbst zuviel und fühlen sich deshalb verständlicherweise unausgefüllt. Jetzt erwarten beide am Endes des Tages, daß der Partner Anerkennung und Dankbarkeit zeigt. »Ich muß genauso schwer arbeiten wie er«, sagt sie sich. »Warum muß ich ihn dann immer wieder aufpäppeln?« Sie ist zu erschöpft, um ihren Mann emotional so zu unterstützen, wie er es seiner Meinung nach verdient hätte.

Wenn seine Frau unglücklich ist, bedeutet das für ihn, daß er versagt hat. »Warum soll ich mich dann noch mehr anstrengen?« fragt er sich. »Das, was ich tue, wird ohnehin nicht anerkannt.« Der Schaden, den dieses verhältnismäßig neue Verhaltensmuster anrichtet, wird sowohl von den Frauen als auch von den Männern häufig unterschätzt.

———◄◊►———

Wenn der Mann von heute nach Hause kommt, fühlt er sich in der Regel wie ein Versager und nicht wie ein Sieger. Wenn er sieht, daß seine Partnerin unglücklich ist, weiß er, daß er versagt hat.

———◄◊►———

Womit man Frauen glücklich machen kann

Als die meisten Frauen noch ausschließlich Hausfrauen waren, leisteten sie einander tagsüber Gesellschaft. Eine Frau konnte ihre Arbeit unterbrechen, sich ausruhen und mit den anderen Frauen reden, ohne mit ihnen in irgendeiner Form konkurrieren zu müssen. Es war ein ständiges Geben und Nehmen. Sie konnte es sich leisten, die Wohnung zu verschönern und sich um den Garten und um die Angelegenheiten der Gemeinde zu kümmern. Sie kümmerte sich um andere, und die anderen kümmerten sich um sie. Ein solcher Tagesablauf kam ihrem weiblichen Naturell entgegen. Ihre Hilfsbereitschaft und die Beziehungen zu anderen Menschen gaben ihrem Leben einen Sinn und halfen ihr, auch Krisen zu bewältigen.

Man erwartete nicht von der Frau, daß sie sich die Doppelbelastung aufbürdete, gleichzeitig berufstätig und Hausfrau zu sein. Die Männer waren mit ihrer Rolle als alleinige Ernährer der Familie zufrieden. Die Arbeit im Haus überließen sie den Frauen, die auch dafür zu sorgen hatten, daß dort eine liebevolle Atmosphäre herrschte. In der heutigen, von Männern dominierten Arbeitswelt, die ausschließlich vom Konkurrenzdenken geprägt ist, hat sich die Bedeutung der Zweierbeziehung völlig verändert. Zum erstenmal in der Geschichte der Menschheit müssen die Frauen in einem Umfeld leben, das ihrem weiblichen Naturell nicht gerecht wird.

Eine Männerimitation

Eine Teilnehmerin an einem meiner Seminare drückte das so aus: »Ich komme mir vor wie eine Männerimitation. In der Arbeitswelt gibt es für Frauen kein weibliches Rollenmodell für den Erfolg. Mir ist nicht klar, wie eine Frau gleichzeitig stark und selbstsicher und trotzdem weiblich sein kann. Ich habe das Gefühl, den Bezug zur Realität zu verlieren. Ich weiß nicht mehr, wer ich eigentlich bin.«

Wenn eine Frau sich tagsüber wie ein Mann verhalten muß, fällt es ihr sehr schwer, weiblich zu bleiben. Sie muß sich an strenge Terminpläne halten, Entscheidungen treffen, bei denen es ausschließlich um Geld und nicht um die Gefühle anderer Menschen geht, Anordnungen treffen, ohne sie vorher mit den anderen zu besprechen, taktische Schritte planen, um sich selbst vor Angriffen zu schützen, Bündnisse schließen, die nichts mit Freundschaft zu tun haben, sondern bei denen es ausschließlich um den Profit geht, Zeit und Kraft einsetzen, um selbst weiterzukommen, nicht um anderen zu helfen – all das führt zu einer Verarmung des Weiblichen in der Seele der Frau.

Die Arbeitswelt fördert in keiner Weise das weibliche Element und beeinflußt dadurch auf dramatische Weise die Qualität der Intimbeziehung.

Die berufstätige Frau, die gleichzeitig Hausfrau ist

Frauen sind vom Streß des Berufslebens bedeutend stärker betroffen als Männer, denn sie leiden unter einer Doppelbelastung. Im Beruf müssen sie genausoviel leisten wie die Männer, und wenn sie abends nach Hause kommen, sollen sie weiter die Gebende sein.

Wenn eine Frau abends nach Hause kommt, fällt es ihr schwer, die Probleme des Tages zu vergessen und sich zu entspannen. Ihre Programmierung sagt ihr: »Du mußt kochen, saubermachen, lieb zu deinem Mann sein, dich unterhalten, dich um alles kümmern, hingebungsvoll sein usw. usw.«

Am Arbeitsplatz ist einer Frau bewußt, daß sie arbeiten muß, um das Überleben zu sichern, zu Hause wird sie durch ihre Instinkte motiviert.

Führen Sie sich das einmal vor Augen: Aufgaben, die früher über den ganzen Tag verteilt waren, müssen jetzt in ein paar Stunden erledigt werden. Da sie zusätzlich Geld verdienen muß, fehlt ihr die Zeit und die Kraft, die dem Wesen der Frau eigene Sehnsucht nach dem Schönen zu befriedigen, nach einem gemütlichen Heim und einer liebevollen, harmonischen und gesunden Familie. Sie fühlt sich ganz einfach überfordert.

Diese Programmierung kann sehr stark sein, wobei es unerheblich ist, ob sie nun genetisch bedingt ist oder von der Mutter gelernt wurde. Oft ist der Druck noch größer, wenn die Frau sich entschließt, ein Kind zu bekommen, oder schon Kinder hat. Auch wenn diese Gefühle aus dem Inneren kommen, beruhen sie doch auf der konkreten Veränderung der Lebensbedingungen, mit denen unsere Mütter, die ausschließlich Hausfrauen waren, noch nicht konfrontiert wurden. Um mit diesen Problemen fertig zu werden, müssen heute nicht nur die Frauen neue Methoden lernen, sonden auch die Männer, denn von ihnen wird erwartet, daß sie ihre Frauen so gut wie möglich unterstützen.

Der Mann im Beruf und zu Hause

Die Männer haben im Laufe der Geschichte den Streß des Lebenskampfes besser ertragen können, weil sie zu Hause eine Frau hatten, die sich auf liebevolle Weise um sie kümmerte. Tagsüber war der Mann leistungsorientiert, abends entspannte er sich, spielte oder wurde zärtlich umsorgt. Seine Frau erwartete nicht von ihm, daß er sich an der Hausarbeit beteiligte. Sie liebte ihn auch so.

Wenn heute eine Frau ihrem Mann erzählt, daß sie sich überfordert fühlt, glaubt der Mann gewöhnlich, sie werfe ihm vor, er arbeite nicht genug, oder er versteht es als Aufforderung, mehr zu tun. Beides geht ihm absolut gegen den Strich, denn seine Programmierung sagt ihm: »Jetzt bist du zu Hause. Entspanne dich und ernte die Früchte deiner Arbeit.«

*Für den Mann ist das Zuhause immer eine Art
Urlaubsort gewesen. Für die Frau ist es der Mittelpunkt
ihres aktiven Lebens.*

Geben und Nehmen

Männer sind so programmiert, daß sie sich bei der Arbeit völlig verausgaben. Wenn sie dann nach Hause kommen, wollen sie dafür belohnt werden. Frauen können dagegen gleichzeitig geben und nehmen. Sie geben gern, müssen aber immer wieder Gelegenheit bekommen, neue Kraft zu schöpfen. Wenn sie immer nur geben, ohne etwas zu empfangen, haben sie sich schließlich völlig verausgabt und fühlen sich leer und sind verstimmt.

Daraus ergibt sich, daß eine Frau, die den ganzen Tag über in einer von Männern beherrschten und vom Konkurrenzdenken geprägten Arbeitswelt lebt, nicht die emotionale Unterstützung bekommt, die sie in einer mehr weiblich geprägten Umgebung bekommen würde, in der man sich um sie kümmert. Im Beruf muß sie ständig geben, erfährt aber weder eine Bestätigung noch Unterstützung. Wenn sie dann nach Hause kommt, ist sie völlig ausgebrannt, aber statt sich zu entspannen, hört sie nicht auf zu geben.

Das ist ein entscheidender Unterschied zwischen Mann und Frau. Wenn ein Mann müde ist, hat er gewöhnlich das starke Bedürfnis, seine Probleme zu vergessen, sich zu entspannen und auszuruhen. Und wenn er nicht die Unterstützung bekommt, die er braucht, hört er automatisch auf, freiwillig mehr zu tun. Vor allem, wenn er sich in seinem Beruf verausgabt hat und dafür nicht die gebührende Anerkennung bekommen hat, möchte er sich zu Hause entspannen und endlich belohnt werden, zumindest möchte er ein bißchen Zeit für sich selbst haben.

Wenn eine Frau spürt, daß sie nicht unterstützt wird, fühlt sie sich sofort selbst verantwortlich und glaubt, immer noch mehr tun zu müssen. Sie macht sich dann Sorgen, weil ihr die Kraft fehlte, alle anstehenden Probleme zu lösen. Je größer das Gefühl der Überforderung ist, um so schwerer fällt es ihr, sich zu entspannen und bestimmte Dinge aufzuschieben, die sie jetzt einfach nicht mehr schaffen kann und die eigentlich auch noch warten können.

Wenn sie sich überfordert fühlt, fällt es ihr schwer, zwischen dem, was wirklich getan werden muß und dem, was noch warten kann, zu entscheiden. Manchmal kommen dabei unbewußt die Erwartungen ihrer Mutter ins Spiel, die eine bestimmte Vorstellung davon hatte, wie ein ordentlicher Haushalt auszusehen habe. Solche instinktiven Reaktionen treten am ehesten dann auf, wenn sie sich überfordert und im Stich gelassen fühlt. Sie versucht dann womöglich unbewußt, ihren Haushalt auf ein Niveau zu bringen, das dem einer Zeit entspricht, in der die Frauen sich ausschließlich der Hausarbeit widmen konnten und auch die Zeit und Energie hatten, das alles zu schaffen.

Vor allem wenn eine Frau es sich nicht leisten kann, eine Putzhilfe anzustellen, kann sie leicht das Gefühl bekommen, sie leiste nicht genug. Instinktiv glaubt sie, sie müsse mehr tun, obwohl das völlig unrealistisch ist. Es sieht dann so aus, als wäre sie die Sklavin einer überholten Programmierung, die sie zwingt, alles allein zu machen.

Oft verstärkt der Mann in solchen Fällen auch noch diese Tendenz, denn auch er ist Sklave seiner Programmierung, die ihm sagt, daß seine Frau das alles tun müßte. Ihr fällt es schwer, sich zu entspannen und weniger zu arbeiten, ihm fällt es genauso schwer, ihr zu helfen.

———◄○►———

Seine Programmierung sagt ihm, daß er seine Arbeit erledigt hat, wenn er nach Haus kommt, während sie glaubt, sie müsse immer noch mehr tun.

———◄○►———

Wenn beide Partner das erst begriffen haben, werden sie bedeutend mehr Verständnis füreinander haben:

Scott und Salley

Scott arbeitet ganztags, um die Familie zu ernähren, Salley hat eine Halbtagsstelle und versucht gleichzeitig, eine gute Mutter und Hausfrau zu sein. Wenn Scott nach Hause kommt, sieht es zunächst so aus, als würde er sie gar nicht beachten. Wenn sie ihn jedoch um etwas bittet, reagiert er sauer. Beim Abendessen ist sie kühl, und er versteht die Welt nicht mehr.

Als ich sie fragte, wie sie sich dann fühlt, sagte sie mir: »Ich bin sauer, weil er mich nicht einmal fragt, wie es mir den ganzen Tag über ergangen ist, es scheint ihm egal zu sein. Er fragt mich nicht einmal, ob er mir helfen kann, sondern sitzt auf der Couch und läßt sich von mir bedienen.«

Scott sagt: »Ich sitze auf der Couch, weil ich mich von der Arbeit ausruhen will. Wenn ich sie fragen würde, wie denn ihr Tag gewesen wäre, bekäme ich immer wieder das gleiche zu hören: Sie muß zuviel arbeiten, und ich sollte ihr helfen. Wenn ich nach Hause komme, muß ich erst einmal ausspannen. Ein Chef im Büro reicht mir. Wenn Sie meint, daß sie zuviel arbeitet, muß sie das eben ändern.«

Salley sagt dazu: »Glaubst du etwa, ich würde mich abends nicht auch lieber ausruhen? Aber ich habe dazu keine Zeit. Irgend jemand muß schließlich das Abendessen richten, saubermachen und sich um die Kinder kümmern. Warum kannst du nicht auch etwas tun oder mir wenigstens dankbar sein, daß ich das alles mache?«

Scott schaut mich an und sagt: »Sehen Sie, das meine ich.«

Damit meint er: »Sehen Sie, deshalb höre ich ihr nicht zu, wenn ich abends nach Hause komme. Wenn ich es täte, müßte ich von Tag zu Tag mehr tun. Und soweit darf ich es nicht kommen lassen.«

Salley kann sich nicht damit abfinden, daß ihr Mann nicht bereit ist, ihr zu helfen. Scott ist sauer, weil er nicht immer hören will, daß ihr das, was er tut, zuwenig ist. Sie dagegen möchte, daß er ihr seine Aufmerksamkeit schenkt, sich um sie kümmert und ihr hilft. Er hat dagegen das Gefühl, daß seine Arbeit im Beruf nicht gebührend anerkannt wird. Er ist der Meinung, daß es sein gutes Recht ist, sich nach Feierabend zu Hause auszuruhen. Das Problem läßt sich nur lösen, wenn man zunächst erkennt, daß keinen von beiden eine Schuld trifft. Erst dann kann man das Verhaltensschema durch die Anwendung neuer Methoden verändern.

Wenn Scott sagt, Salley solle doch einfach weniger tun, ist es dasselbe, als würde er einem Fluß sagen, er solle aufhören zu fließen. Frauen sind von der Natur für die Liebe bestimmt, sie sind die Gebenden, und diese Tendenz sollte nicht unterdrückt werden. In der heutigen Zeit brauchen sie jedoch vor allem ein höheres Maß an Zuwendung von ihren Männern. Es wäre jedoch unrealistisch zu erwarten, daß Scott abends neue Energie bekommt und die Hausarbeit übernimmt. Genausogut könnte man einem Fluß den Befehl geben, plötzlich in eine andere Richtung zu fließen.

Wenn man Verständnis für die Bedürfnisse beider Partner hat, läßt sich auch eine neue Lösung finden. Wir werden sehen, daß Männer und Frauen lernen können, ihre Kommunikation erheblich zu verbessern. Von den Männern wird dabei gar nicht viel verlangt, aber das wenige bedeutet den Frauen viel. Beide Partner können neue Methoden einüben, die leicht zu erlernen sind. Die Frauen fühlen sich dann emotional unterstützt, und der Mann bekommt die Anerkennung, die er sich wünscht.

Wenn eine Frau das Gefühl hat, daß ihr Partner sie emotional unterstützt, wird sie auch die notwendige innere Ruhe finden. Sie steht dann nicht mehr ständig unter dem Druck, noch mehr tun zu müssen, und wird gelassener, weil sie weiß, daß ihre Zeit und ihre Kraft begrenzt sind. Sie erledigt das Notwendige und läßt das andere liegen. Und wenn ihr Mann abends nach Hause kommt und sie ihm das Gefühl vermittelt, daß sie die Arbeit, die er tagsüber geleistet hat, wirklich anerkennt, wird er sich allmählich auch mehr an der Hausarbeit beteiligen. Was noch wichtiger ist: Er wird seiner Partnerin sofort mit größerem Einfühlungsvermögen und Verständnis begegnen, und das ist genau das, was sie braucht, um ihm auch in Zukunft etwas geben zu können.

◄○►

Es ist nicht nötig, daß die Frau von heute ihre Liebesimpulse unterdrückt. Sie braucht in der Beziehung zu ihrem Mann nur ein größeres Maß an Zuwendung.

◄○►

Warum Frauen sich ausgebrannt fühlen

Heute arbeiten die Frauen zur gleichen Zeit wie die Männer. Sie haben weder die Zeit noch die Kraft oder Gelegenheit, sich gegenseitig so zu helfen, wie es noch ihre Mütter getan haben. Heute muß die Frau ständig geben, und da sie das Gefühl hat, daß niemand ihr dabei hilft, ist sie abends in der Regel völlig erschöpft. Dazu kommt, daß berufstätige Frauen, die finanziell nicht mehr ausschließlich von ihren Männern abhängig sind, heute nicht mehr so freigebig und großzügig sind wie früher. Wenn eine Frau etwas leistet, um Geld zu verdienen, ist das etwas anderes, als wenn sie etwas aus freien Stücken tut.

◄○►

Und das entfremdet sie von ihrer eigentlichen Weiblichkeit.

◄○►

Berufstätige Frauen werden dazu gezwungen, sich wie Männer zu verhalten. Sie können ihre Weiblichkeit nicht mehr durch Mütterlichkeit ausdrücken, das heißt in einer kooperativen und liebevollen Beziehung oder durch Tätigkeiten wie Sammeln (Einkaufen) und Hausarbeit. Diese Entwicklung zum Männlichen hat zur Folge, daß die Frauen heutzutage immer schneller erschöpft und unzufrieden sind.

Früher war das anders, denn die Umgebung, in der sie arbeiteten, entsprach viel eher der weiblichen Natur. In der modernen Arbeitswelt kommt das weibliche Element zu kurz, deshalb haben auch viele Frauen sehr schnell das Gefühl, ausgebrannt zu sein.

———◄○►———

Es kommt nicht darauf an, wieviel eine Frau arbeitet.
Viel wichtiger sind die Beziehungen zu anderen
Menschen und die Unterstützung, die sie von ihnen
erfährt. Das allein macht den Unterschied zwischen
Burn-out und Zufriedenheit aus.

———◄○►———

Was man aus der Vergangenheit lernen kann

Früher war eine Frau stolz darauf, Mutter zu sein. Die Mutterschaft stand in hohem Ansehen und wurde sogar als heilig betrachtet. In einigen Kulturen war die Frau Gott näher, denn nur ihr allein hatte Gott die Macht verliehen, neues Leben hervorzubringen. Die Frauen wurden wegen ihrer Fähigkeit, Kinder zu bekommen, geehrt, und die Männer waren mit ihrer Rolle als Krieger zufrieden. Sie setzten gern ihr Leben ein, um Mutter und Kinder zu ernähren und zu beschützen.

In der Generation meiner Mutter war es noch nicht schwer, Frauen zu finden, die sich in ihrer Mutterrolle durchaus wohl fühlten. Als ich schon erwachsen war, habe ich meine Mutter einmal gefragt, ob sie gern Mutter gewesen sei. Ohne auch nur einen Augenblick zu zögern, sagte sie: »Weißt du, John, ich bin immer noch Mutter, und ich finde es immer noch schön. Ich bin sehr glücklich, sieben so schöne Kinder zu haben.«

Ich war überrascht, daß sie sich immer noch so stark mit ihrer Mutterrolle identifizierte und stolz war, obwohl die Kinder inzwischen schon erwachsen waren. Ich war im nachhinein froh, daß sie nie berufstätig gewesen ist. Ich habe es in meiner Kindheit sehr genossen, daß meine Mutter immer zu Hause gewesen ist und sich um mich kümmern konnte, während unser Vater die Familie ernährte.

Heute ist es den wenigsten Frauen vergönnt, sich ausschließlich um Haus und Kinder kümmern zu können. Wenn man Kinder großziehen muß und gleichzeitig berufstätig ist, muß man sich die Zeit sehr genau einteilen. Heute müssen die Frauen neue Methoden lernen, die ihnen ihre Mütter nicht beigebracht haben und auch nicht beibringen konnten. Ohne diese wird das Ganze zu einem Drahtseilakt zwischen Mutterrolle und Beruf. Man kann durchaus verstehen, daß viele Frauen es sich zweimal überlegen, bevor sie sich entschließen, ein Kind zu bekommen.

Sie dürfen mich nicht mißverstehen, ich will auf keinen Fall die Uhr zurückdrehen und die Frauen wieder in die Küche zurückschicken. Trotzdem ist es wichtig, daß wir uns darüber klarwerden, was wir aufgegeben haben. In unserem Streben, für Männer und Frauen eine bessere neue Welt zu schaffen, dürfen wir die Weisheiten der Vergangenheit nicht aus dem Auge verlieren und müssen immer dann auf diese Erkenntnisse zurückgreifen, wenn die Situation es erfordert. In diesen alten Weisheiten sind Elemente enthalten, ohne die weder die Männer noch die Frauen Zufriedenheit finden können.

Wir sollten nie die alten Weisheiten aus dem Auge verlieren, die Männern und Frauen früher zu einem erfüllten Leben verholfen haben.

Wenn wir das erkannt haben, können wir neue Methoden entwickeln, mit deren Hilfe wir die Beziehung zu unserem Partner verbessern, unseren Instinkten gerecht werden, neue Ziele erreichen und unsere Träume erfüllen können.

Die Arbeit einer Frau ist nie getan

Ich kann mich an ein Gespräch erinnern, das für das Problem der heutigen Mütter bezeichnend ist. Während ich in einer Buchhandlung eines meiner Bücher signierte, unterhielt sich meine Frau mit drei anderen Frauen darüber, wie schwer es heute ist, Mutter zu sein. Als eine der Frauen erklärte, sie habe selbst sieben Kinder, drückte eine andere sofort ihre Bewunderung und Sympathie aus.

»Ich habe nur zwei«, sagte sie, »und ich dachte schon, ich hätte es schwer. Wie schaffen Sie das?«

Eine dritte Mutter fügte hinzu: »Ich habe nur ein Kind, und das schafft mich schon ganz schön.«

»Ich habe drei Kinder«, sagte meine Frau. »Bisher habe ich geglaubt, das wäre schon viel. Ich kann mir überhaupt nicht vorstellen, wie Sie mit sieben fertig werden.«

»Ob man eins, zwei, drei oder sieben Kinder hat, ist ganz gleich, man gibt ihnen ohnehin alles, was man hat«, erwiderte die Mutter der sieben Kinder. »Man hat eine bestimmte Menge, die man geben kann, und jede Mutter gibt alles, was sie hat, ganz gleich, wie viele Kinder sie hat.«

Da wurde den drei anderen Müttern plötzlich klar, daß sie tatsächlich alle in der gleichen Situation waren. Jede gab als Mütter alles, was sie hatte, und alle folgten dabei einer uralten Weisheit.

Diese Erkenntnis veränderte meine Beziehung zu meiner Frau völlig. Wenn sie vorher geklagt hatte, sie müsse zuviel arbeiten, war ich immer davon ausgegangen, daß sie erst zufrieden wäre, wenn sie es endlich fertigbringen würde, weniger zu tun. Jetzt wurde mir klar, daß das Problem nicht darin bestand, daß sie zuviel tat, denn sie würde immer so viel tun, wie sie konnte. Ich gab mir deshalb die größte Mühe, den weiblichen Teil ihrer Seele zu unterstützen. Das machte sie nicht nur glücklich, sondern hatte zur Folge, daß sie es tatsächlich schaffte, etwas weniger zu tun und ein wenig auszuspannen.

Nicht jeder Mensch, der sich verausgabt, ist ein Neurotiker

Wenn eine Frau sich verausgabt, wird das erst zu einem Problem, wenn ihr die emotionale Unterstützung fehlt, die sie braucht, um weiter für die anderen dasein zu können. In vielen populärwissenschaftlichen Büchern werden Frauen, die zuviel geben, als »coabhängig« oder gestört bezeichnet, obwohl das in vielen Fällen gar nicht zutrifft. Sie folgen ganz einfach nur ihren weiblichen Instinkten und sind aus freien Stücken für die anderen da.

◀◦▶

Diese für das Wesen der Frau typische Eigenschaft wird nur dann problematisch, wenn sie in ihren persönlichen Beziehungen und an ihrem Arbeitsplatz keine emotionale Unterstützung erfährt.

◀◦▶

Je konzentrierter, verantwortungsbewußter, ehrgeiziger und aggressiver sie an ihrem Arbeitsplatz sein muß, um so schwerer fällt es ihr, zu Hause wieder die Rolle der zärtlichen Frau zu spielen und auch an sich selbst zu denken. Die Frau kümmert sich auch dann noch um andere Menschen.

Wenn die Frau von heute nach Hause kommt, ist sie nicht mehr in der Lage, sich ihrem Haushalt so zu widmen, wie ihre Mutter das noch getan hat. Anstatt froh zu sein, endlich die Beine einmal hochlegen zu können, steht eine Frau immer unter Druck, sie glaubt, immer noch mehr tun zu müssen. Obwohl sie instinktiv spürt, daß sie mehr tun müßte, fehlt ihr einfach die Kraft, sie ist erschöpft.

Wenn er sich um sie kümmert, geht es ihr gleich viel besser

Wenn ein Mann sich intensiv um seine Frau kümmert, bekommt sie wieder Aufwind. Dann macht ihr die Arbeit wieder Spaß, und sie wird mit dem Zwang, immer noch mehr tun zu müssen, besser umgehen können. Wenn eine Frau das Gefühl hat, erschöpft zu sein, dann hängt das damit zusammen, daß sie sich nicht um den weiblichenTeil ihrer Seele kümmern konnte.

———◄○►———

Wenn eine Frau spürt, daß der weibliche Teil ihrer Seele unterstützt wird, funktioniert ihr Körper wieder normal, und das Gefühl der Erschöpfung ist plötzlich wie weggeblasen.

———◄○►———

Das heißt nicht, daß die Frau von heute bei der Hausarbeit ohne Hilfe auskommt. Es ist sogar sehr wichtig, daß die Männer einsehen, daß sie ihren Frauen heute im Haushalt helfen müssen. Es ist jedoch genauso wichtig, daß eine Frau einsieht, daß ihre Vorstellung von dem, was im Haus getan werden muß, mitunter unrealistisch ist und sich am Standard einer Generation orientiert, in der die Frauen noch mehr Zeit für den Haushalt hatten. Es ist nicht gerade fair, dem Ehemann diesen hohen Standard anzulasten, aber es ist genausowenig fair, wenn der Mann die gerechtfertigten Ansprüche seiner Frau ignoriert und ihr nicht hilft.

Wie man dieses Problem lösen kann, hängt von der jeweiligen Situation ab. Und die dadurch entstehenden Konflikte lassen sich leicht vermeiden, wenn beide Partner geduldig sind und Verständnis füreinander haben.

Was er tun kann

Wenn der Mann sich an drei oder vier Wochentagen täglich etwa zwanzig Minuten Zeit nimmt, kann er Wunder vollbringen. Seine Frau wird glücklicher sein, und er selbst wird erleben, daß er abends die Anerkennung bekommt, die ihm vorher so sehr gefehlt hat. Selbst wenn seine Frau überarbeitet und erschöpft ist, wird sie wieder glücklich sein, wenn er sich in liebevoller Weise um sie kümmert.

Wenn ein Mann dagegen nicht weiß, wie wichtig es ist, daß er den weiblichen Teil der Seele seiner Frau unterstützt, und sie einfach im Stich läßt oder ihr empfiehlt, weniger zu tun, fühlt sie sich von ihm allein gelassen. Beides funktioniert nicht und kann zwischen den Partnern zu einer Entfremdung führen. In der Regel macht er dann Bemerkungen, die er für hilfreich hält, die in Wirklichkeit jedoch alles nur noch schlimmer machen.

Was er meint, wenn er sagt:	Was sie hört:
»Du nimmst dir zuviel vor.« In Wirklichkeit meint er: »Du brauchst mehr Unterstützung.«	*»Du hast nicht genug Zeit für mich.«* Sie denkt: »Er würdigt meine Arbeit nicht und will nur, daß ich noch mehr tue.«
»Du solltest dir deshalb keine Sorgen machen.« In Wirklichkeit meint er: »Ich liebe dich, und ich werde dir helfen, wenn das Problem noch größer wird.«	*»Du machst dir wirklich Sorgen um jede Kleinigkeit.«* Sie denkt: »Ihm ist egal, was mir wichtig ist.«
»So schlimm ist das nun auch wieder nicht.« In Wirklichkeit meint er: »Ich traue dir zu, daß du damit fertig wirst. Du bist eine tüchtige und kompetente Frau. Ich bin sicher, daß du das schaffen wirst. Ich traue dir das zu.«	*»Du machst schon wieder aus einer Mücke einen Elefanten, regst dich immer gleich auf und steigerst dich in etwas hinein.«* Sie denkt: »Er nimmt keine Rücksicht auf meine Gefühle. Ich bin ihm nicht wichtig.«

Was er meint, wenn er sagt:	Was sie hört:
»Du verlangst zuviel von dir.« In Wirklichkeit meint er: »Du bist eine so wunderbare Frau, und du gibst anderen Menschen soviel von dir selbst. Ich finde das toll, was du machst, und ich meine, du hättest viel mehr Unterstützung verdient.«	*»Du mußt dich nicht immer über jede Kleinigkeit aufregen.«* Sie denkt: »Er sieht nicht, was ich durchmache und warum es mir so schlecht geht. Niemand versteht, was ich durchmachen muß.«
»Beklage dich nicht, laß es doch einfach liegen.« In Wirklichkeit meint er: »Ich liebe dich, und ich möchte nicht, daß du etwas tust, was du nicht wirklich tun möchtest. Du machst schon soviel, du hättest es verdient, einmal auszuspannen.«	*»Du hast immer eine negative Einstellung. Jede andere Frau würde das schaffen, nur du nicht.«* Sie denkt: »Er glaubt, ich dächte nur an mich. Er sieht nicht, was ich alles für andere tue.«
»Wenn du keine Lust hast, dann laß es doch einfach.« In Wirklichkeit meint er: »Du gibst schon soviel, ich erwarte nicht, daß du noch mehr gibst. Du hättest es verdient, daß du mehr von dem bekommst, was du möchtest.«	*»Eine wirklich liebevolle Person wäre glücklich, wenn sie noch mehr tun könnte.«* Sie denkt: »Er hält mich für egoistisch und meint, ich hätte kein Recht auszuspannen, um einmal etwas für mich tun zu können.«
»Niemand zwingt dich, soviel zu tun.« In Wirklichkeit meint er: »Was du tust, ist schon so viel, daß ich nicht von dir erwarte, daß du noch mehr tust.«	*»Das ist doch alles gar nicht nötig. Du verschwendest damit nur deine Zeit.«* Sie denkt: »Da er das, was ich tue, nicht würdigen kann, werde ich von ihm nie die Unterstützung bekommen, die ich so dringend brauche.«

Wenn er mehr Verständnis für sie hat und spürt, was sie wirklich empfindet, wird es ihm nicht schwerfallen, auf solche Bemerkungen zu verzichten. Und allein das kann schon einen enorm positiven Effekt haben.

Eine Frau, die überarbeitet ist und weder Zeit noch eine

Gelegenheit hat, sich um den weiblichen Teil ihrer Seele zu kümmern, weiß unter Umständen nicht einmal genau, was ihr fehlt. Die Folge ist, daß sie auch nicht weiß, wie sie ihre Weiblichkeit zurückgewinnen kann. Sie braucht dazu eine gesunde Dosis »Beziehung«. Alles, was der Mann tut, um ihre Weiblichkeit zu fördern, hilft ihr und stärkt ihre Liebesfähigkeit.

Wenn eine Frau sich überarbeitet fühlt, sollte ihr Mann sich um den weiblichen Teil ihrer Seele kümmern, der dringend der Zuwendung bedarf.

Wenn ein Mann sich um diese weibliche Seite seiner Frau kümmert, kann er auch dann einfühlsam auf sie reagieren, wenn sie überarbeitet und erschöpft ist. Dadurch, daß er den männlichen und den weiblichen Teil ihrer Seele klar voneinander trennt, versetzt er sie in die Lage, sich wieder auf sich selbst zu besinnen.

Keine Gegensätze, sondern eine ideale Ergänzung

Eine Frau ist durchaus in der Lage, mit dem Streß einer nur zweckorientierten Arbeitswelt fertig zu werden. Voraussetzung ist jedoch, daß sie nach Feierabend in den Genuß der Liebe und Fürsorge ihres Mannes kommt und in einer Beziehung lebt, in der sich beide Partner gegenseitig helfen. Tagsüber vermißt sie an ihrem Arbeitsplatz vor allem eine zweckfreie Unterhaltung. Wenn sie Gelegenheit hat, sich abends mit ihrem Partner zu unterhalten, ohne daß unbedingt etwas dabei herumkommen muß oder Probleme gelöst werden, kann sie sich von der Dominanz des männlichen Teils ihrer Seele befreien.

Eine solche Unterhaltung ist besonders wertvoll, wenn ihrem Zuhörer klar ist, daß sie sich allein durch das Reden von ihren Sorgen und Problemen befreien kann.

Die meisten Männer gehen anders mit Problemen um, sie

reden nicht darüber. Sobald man in Gegenwart eines Mannes ein Problem zur Sprache bringt, hat er das Gefühl, man erwarte von ihm, daß er es löse. Für Männer ist es wichtig, nicht zu reden, Frauen müssen dagegen reden. Wir werden jedoch feststellen, daß sich dieser scheinbare Gegensatz schnell auflöst und sich beide auf eine ideale Weise ergänzen.

Wenn eine Frau das Gefühl hat, reden zu müssen, erwartet sie nicht von ihrem Mann, daß er etwas dazu sagt. Wenn er zuviel sagt, kann es sogar sein, daß sie sich nicht öffnet. Und wenn er sich zu sehr auf das konzentriert, was er selbst sagen will, lenkt ihn das nur von dem ab, was sie ihm mitteilen will.

Jeder Mann kann ein guter Zuhörer werden, man muß ihn nur in der richtigen Weise ansprechen. In gar keinem Fall darf man zu ihm sagen: »Du hörst mir nie zu« oder »Wir reden viel zuwenig miteinander«. Für einen Mann klingt das wie ein Vorwurf, und obwohl er auch möchte, daß seine Frau glücklich ist, fühlt er sich angegriffen und geht in die Defensive.

———◄○►———

Jeder Mann kann ein guter Zuhörer werden, wenn man ihm zeigt, daß man viel von ihm hält und ihm dankbar ist.

———◄○►———

Wie sie ihn dazu bringen kann zuzuhören

Meine Frau wendet zu diesem Zweck eine sehr gute Methode an: Sie bittet mich einfach, ihr zuzuhören. Sie sagt zum Beispiel: »Ich bin froh, daß du wieder zu Hause bist. Ich hatte einen so schweren Tag. Ist es dir recht, wenn wir jetzt darüber reden? (Pause) Du brauchst auch nichts zu sagen. (Kleine Pause) Ich weiß genau, daß es mir anschließend bedeutend besser gehen wird.«

Wenn sie mich auf diese Weise einlädt, bietet sie mir eine Gelegenheit, sie glücklich zu machen, und das ist genau das, was ich mir wünsche – und sie selbst bekommt das, was sie am dringendsten braucht – eine Gelegenheit zu reden und sich um den weiblichen Teil ihrer Seele zu kümmern.

Wenn eine Frau ihrem Mann eine Gelegenheit bietet, ihr zu helfen, können beide nur gewinnen. Mit ein wenig Übung kann der Mann lernen, ein aufmerksamer, einfühlsamer Zuhörer zu werden. Und was besonders interessant ist: Er kann seiner Frau das geben, was sie so dringend braucht, ohne sich selbst dabei anstrengen zu müssen.

Der Mann muß natürlich lernen, auf eine ganz spezielle Art zuzuhören, aber seine Begabung auf diesem Gebiet ist Tausende von Jahren alt. Da sich die Jäger in der Vorzeit unbemerkt an das Wild heranpirschen mußten, sind Männer in dieser Beziehung ziemlich geschickt. Wenn ein Mann erst einmal gelernt hat, diese Urbegabung einzusetzen, um seiner Partnerin zuzuhören, kann er ihr seine ungeteilte Aufmerksamkeit schenken, was sie sehr genießen wird.

Die Kunst des Zuhörens

Gutes Zuhören soll nicht heißen, daß man Problemlösungen oder Ratschläge anbietet. Der Mann sollte sich nur darauf konzentrieren, der Frau zu helfen, einen inneren Ausgleich zwischen Männlichkeit und Weiblichkeit zu schaffen.

Durch diese neue Stellenbeschreibung wird das Ziel genau definiert, und er kann lernen, aufzupassen und zuzuhören. Sie möchte nur sein Mitgefühl und keine Lösungsvorschläge.

———◄○►———

Ein Mann darf nie vergessen, daß eine Frau, die über ihre Probleme spricht, nur die weibliche Seite ihrer Psyche pflegen möchte und keine Lösungen sucht.

———◄○►———

Um ein guter Zuhörer zu sein, muß der Mann sofort erkennen können, daß eine Frau, die unter Druck steht und offenbar Problemlösungen sucht, das nur tut, weil sie noch von der männlichen Seite ihrer Seele beherrscht wird. Wenn er ihr trotzdem keine Lösungen anbietet, hilft er ihr indirekt, wieder Kontakt mit dem weiblichen Teil ihrer Seele zu bekommen. Es wird ihr dann sehr bald wieder besser gehen. Männer erliegen oft dem Irrtum, sie könnten ihre Frau glücklich machen, indem sie ihr Lösungen anbieten.

Solche Überlegungen sind besonders wichtig, wenn der Mann das Gefühl hat, daß seine Frau wütend auf ihn ist. Wenn er ihr jetzt erklären würde, daß sie keinen Grund hätte, wütend auf ihn zu sein, würde er alles nur noch schlimmer machen. Er hat sie womöglich auf irgendeine Weise enttäuscht. Trotzdem darf er nie vergessen, daß sie sich in Wirklichkeit darüber beklagt, daß er ihr nicht zuhört und sie nicht als Frau würdigt.

————◄○►————

Wenn seine Partnerin wütend auf ihn ist, muß der Mann sich klarmachen, daß sie nur vorübergehend vergessen hat, was für ein wunderbarer Mensch er ist. Wenn er ihr aufmerksam zuhört, wird sie sich wieder daran erinnern.

————◄○►————

Bevor sie sich wieder daran erinnern kann, muß ihre Weiblichkeit gepflegt werden. Erst dann ist sie wieder in der Lage, ihn so zu behandeln, wie er es verdient hat.

Was Männer wirklich wollen

Wenn heute ein Mann nach Hause kommt, ist seine Frau nicht nur überarbeitet, sondern bedarf selbst dringend des Zuspruchs. Die Liebe mag sehr wohl in ihrem Herzen sein, aber er kann sie nicht sehen.

Deshalb erwartet der Mann auch im Grunde seines Herzens, daß seine Frau seine Leistungen würdigt und glücklich ist. Wenn er spürt, daß sie nicht froh ist, ihn wiederzusehen, wird ein sehr gefährlicher Prozeß in Gang gesetzt. Sein ursprünglich von Liebe und Leidenschaft geprägter Wunsch, ihr zu gefallen, sie zu beschützen und für sie zu sorgen, wird schwächer und verschwindet schließlich vollständig.

Ein Mann nimmt in der Regel selbst nicht genau wahr, was in ihm vorgeht, denn er konzentriert sich immer nur darauf, seine Frau glücklich zu machen. Je unglücklicher sie wirkt, um so größer ist die Gefahr, daß im Inneren des Mannes etwas abgeschaltet wird. Wenn seine harte Arbeit nichts wert ist, haben weder sein Leben noch die Beziehung zu seiner Frau für ihn einen Wert.

Sie dürfen nie vergessen: Ein Mann will vor allem seine Frau glücklich machen. Wenn er eine Frau liebt, geht ihm ihr Glück über alles. Wenn sie glücklich ist, weiß er, daß er geliebt wird. Ihre Liebe ist für ihn der Spiegel, in dem er sich als strahlender Sieger sieht.

◄○►

Wenn eine Frau unglücklich ist, fühlt sich der Mann wie ein Versager und macht nach einer gewissen Zeit keine Anstalten mehr, sie glücklich zu machen.

◄○►

Verständnis für die Unterschiede

Wenn ich um Verständnis für die Männer bitte, soll das nicht bedeuten, daß einer Frau nicht genausoviel am Glück ihres Partners liegt. Wenn sie einen Mann liebt, möchte sie selbstverständlich auch, daß er glücklich ist. Es gibt jedoch zwischen Mann und Frau einen entscheidenden Unterschied:

Ein Mann kann abends abgearbeitet nach Hause kommen und trotzdem glücklich sein, vorausgesetzt seine Frau ist mit ihm zufrieden und selbst auch glücklich. Wenn er spürt, daß seine Leistungen gewürdigt werden, erholt er sich schnell wieder. Ihr Glück ist für ihn wie eine erfrischende Dusche, die den ganzen Streß des Tages wegspült.

Wenn eine Frau dagegen erschöpft nach Hause kommt und

dort einen glücklichen Mann vorfindet, hilft ihr das wenig. Sie findet es zwar auch toll, daß er anerkennt, wie hart sie arbeitet, um die Familie mit zu versorgen, aber sie fühlt sich deshalb kaum wohler. Sie braucht dazu ein Gespräch, in dem sie das Gefühl bekommt, daß ihr Mann sich um sie sorgt. Erst dann kann sie sich ihm allmählich wieder in Liebe zuwenden.

Ein Mann braucht Anerkennung, denn dadurch wird der männliche Teil seiner Seele angesprochen. Eine Frau lebt von der Kommunikation, weil dadurch die weibliche Seite ihrer Persönlichkeit direkt gefördert wird.

Wenn uns dieser Unterschied klargeworden ist, können wir in einer für beide Teile glücklichen Beziehung leben.

Selbst wenn Sie nur dieses eine Kapitel lesen sollten und die darin enthaltenen Erkenntnisse in die Praxis umsetzen, wird sich Ihre Beziehung mit der Zeit immer weiter verbessern. Um diese Erkenntnisse jedoch optimal verwerten zu können, lesen Sie zunächst die neue »Stellenbeschreibung« für jeden der beiden Partner. Ähnlich wie im Geschäftsleben müssen wir auch auf diesem Gebiet unsere Fähigkeiten auf den letzten Stand bringen, zu diesem Zweck müssen wir eine Art »Umschulung« durchführen.

3. KAPITEL

Eine neue Stellenbeschreibung
für Zweierbeziehungen

Nur weil der eine den anderen nicht versteht, gibt es heute so viele Beziehungsprobleme. Vor allem die Männer wissen nicht, was eine Frau zu ihrem Glück braucht. Die Frauen wissen dagegen nicht, wie sie es den Männern beibringen können, daß ihnen etwas fehlt. Die alten Methoden lassen sich heute nicht mehr anwenden und wirken sich mitunter sogar negativ aus. Erst wenn wir erkannt haben, unter welchem Druck die Menschen heute stehen und was sie vom Leben erwarten, können wir für die Zweierbeziehung eine neue Stellenbeschreibung entwerfen, die Männern und Frauen gleichermaßen zugute kommt. Früher genügte es, wenn der Mann ein guter Ernährer war und seine Familie beschützen konnte. Von der Frau erwartete man, daß sie ihrem Mann das Leben so angenehm wie möglich machte. Genaugenommen ist das, was früher gut funktioniert hat, heute das Problem. Wenn sich der Mann von heute ausschließlich darauf konzentriert, ein guter Ernährer zu sein und seine Familie möglichst gut zu beschützen, bleibt ihm vor lauter Arbeit nur wenig Zeit für seine Frau.

Die Zeiten haben sich geändert. Als die Männer noch Jäger waren, war die Zweierbeziehung bedeutend unproblematischer. Wenn der Mann abends einmal zu spät nach Hause kam, machte das nichts. Wenn er endlich zu Hause war, war die Frau überglücklich, daß er noch am Leben war.

Je härter und länger er arbeitete, um so mehr fühlte er sich zu Hause umsorgt. Wenn er heute zu spät nach Hause kommt, bedeutet das, daß ihm nichts an seiner Frau liegt, und dann wird er von ihr in die Hundehütte geschickt. Unsere Väter hatten es da bedeutend leichter; sie wurden nicht nur nicht zurückgewiesen, sondern brauchten nicht einmal zu Hause anzurufen.

Andererseits hatten die Frauen früher nichts dagegen, dem Mann eine angenehme Partnerin zu sein und ihn zu umsorgen. Denn wenn er nach Hause kam, war er in der Regel hundemüde und ging sofort ins Bett. Heutzutage verbringen die Männer mehr Zeit zu Hause, und die Frauen haben das Gefühl, ihnen mehr zu geben, als sie zurückbekommen. Diese etwas spielerische Betrachtung zeigt uns, daß es unsere Mütter bedeutend leichter hatten, weil die Männer länger von zu Hause weg waren.

Wenn die Frau von heute versucht, ihrem Mann eine liebevolle Partnerin zu sein, kommt sie sich wie eine Märtyrerin vor, die ihre Bedürfnisse auf dem Altar der harmonischen Beziehung opfert. Frauen, die ihre Beziehungen nach den alten Methoden gestalten, sind dagegen eine Zeitbombe. Nach einer gewissen Zeit sind sie so überarbeitet, daß sie explodieren. Sie sind erschöpft, fühlen sich im Stich gelassen und lasten das ihrem Partner an. Sie lieben ihn zwar, aber es fällt ihnen unter diesen Umständen sehr schwer, *lieb* zu sein. Wenn der Mann dann merkt, daß seine Frau nicht glücklich ist, glaubt er, als Ernährer versagt zu haben, und zieht sich nach und nach ganz zurück.

Gegen die Verzweiflung und zur Vermeidung einer Scheidung gibt es nur ein Mittel: Man muß die neuen Methoden anwenden, die auf der Grundlage neuer Stellenbeschreibungen für den Mann und für die Frau entwickelt wurden.

Unsere Eltern haben uns darauf nicht vorbereitet

Wenn sich eine Frau unbewußt so verhält wie früher, das heißt, wenn sie – so wie meine Mutter – ihrem Mann eine liebevolle Partnerin ist, wird ihr Mann nie merken, daß auch sie eigentlich seine Unterstützung braucht, wenn auch auf eine andere Art. Mein Vater hatte keine Ahnung, wonach meine Mutter sich wirklich gesehnt hat. Er stand ständig unter Druck und glaubte, er müsse die Familie noch besser versorgen. Meine Mutter beklagte sich nur selten, aber wenn es einmal vorkam, glaubte mein Vater, sie sei nicht mit ihm zufrieden. Da er nicht wußte, wie er etwas daran ändern sollte, ging er bei solchen Gelegenheiten einfach aus dem Zimmer. In einer solchen Situation ist das das typisch männliche Verhalten. Wenn ein Mann, der sich noch an den alten Methoden orientiert, das Gefühl hat, daß man ihm die gebührende Anerkennung versagt, tut er noch weniger. Wenn das, was er tut, nicht ausreicht, hat es keinen Sinn, sich noch mehr anzustrengen; das sind seine Überlegungen. Es ist kein Wunder, daß viele Frauen heute so verzweifelt sind.

Wenn die Frauen von den Männern das bekommen wollen, was sie brauchen, müssen sie neue Methoden erlernen.

In früheren Generationen genügte es, wenn die Frauen ihren Männern angenehme, genügsame Partnerinnen waren. Die Männer waren gut ausgebildet und kannten sich in ihrem Beruf aus, und die Frauen brauchten keine Hilfe, um ihre Wünsche zu artikulieren, denn die Männer hatten von ihren Vätern und ihrer Kultur eine klar definierte Stellenbeschreibung bekommen. Eine Frau brauchte ihrem Partner nichts beizubringen, von ihr wurde nur erwartet, daß sie seine Leistungen anerkannte und ihm seine Fehler verzieh.

Weniger tun, mehr helfen

Abgesehen von der Verbesserung der Kommunikation brauchen die Frauen heute vor allem einen Mann, der ihnen auch im Haushalt hilft. Viele Männer, die gebeten werden, zusätzliche Arbeiten zu übernehmen, glauben, das sei ein Hinweis darauf, daß sie bisher nicht genug getan hätten. Darunter leidet ihre Motivation, so daß es ihnen besonders schwerfällt, sich aufzuraffen und solche Arbeiten zu übernehmen.

Sobald einem Mann klar ist, daß seine Frau nicht von ihm erwartet, daß er ihre Probleme löst oder mehr im Haushalt hilft, sondern daß es ihr vor allem darum geht, daß er ihr zuhört, wenn sie mit ihm reden möchte und seine seelische Unterstützung braucht, kann er sich entspannen und ist dann automatisch ein guter Zuhörer.

Wenn es der Frau gelingt, ihrem Mann klarzumachen, daß es ihr lieber ist, wenn er weniger tut und ihr statt dessen besser zuhört, wird er nach einer gewissen Zeit mehr Energie haben und ihr von sich aus anbieten, ihr im Haus zu helfen. Wenn ein Mann ein Problem erst einmal richtig verstanden hat, werden in ihm Kräfte frei, die ihm helfen, es zu lösen. Wenn man ihm dagegen erklärt, er selbst sei das Problem, weil er nicht genug tue, fühlt er sich schwach und sträubt sich.

Die Frauen hätten gern, daß die Männer mehr im Haus tun. Die Männer möchten dagegen das Gefühl haben, daß sie bereits genug tun. Aus diesem Grund sollte man zuerst die Kommunikation verbessern, so daß der Mann spürt, wie sehr man seine Empfindsamkeit und seine verständnisvolle Art schätzt. Wenn er dann ein besserer Zuhörer geworden ist und von seiner Frau gelobt wird, weil er ihr auf diese Weise eine große Hilfe ist, wird er plötzlich wie durch ein Wunder auch mehr im Haus tun.

Eine Frau muß lernen, ihre Bedürfnisse und Wünsche nicht in einem fordernden Ton zu äußern. Wir werden sehen, daß ihr Mann sie in den meisten Fällen glücklicher machen kann, wenn er weniger tut und sich statt dessen an die neuen, bedeutend effektiveren Regeln hält und sie in anderer Weise unterstützt. Wenn ein Mann das begriffen hat, wird er bedeutend stärker motiviert sein, die Dinge anders anzugehen.

Viele Männer machen den Fehler zu glauben, sie allein seien für die Befriedigung aller Bedürfnisse ihrer Frauen verantwortlich, und das erzeugt bei ihnen ein Gefühl der Frustration. Sie wissen nicht, daß ihre Frau bedeutend glücklicher wäre, wenn sie ihr aufmerksamer zuhören und erst dann nach und nach ein wenig im Haushalt aushelfen würden.

Wenn beide Partner sich gegenseitig die Unterstützung geben, die sie so dringend brauchen, werden sie nach und nach bereit sein, immer mehr zu geben. Er wird seiner Frau das geben, was sie braucht, und umgekehrt.

———◄○►———

Wir beobachten heute eine deutliche Veränderung der ehemals starren Geschlechterrollen, die eine ganzheitliche Auffassung nahelegt.

———◄○►———

Als es noch keine Empfängnisverhütung gab

Um die typisch weiblichen und männlichen Verhaltensmuster analysieren zu können, wollen wir einen kurzen Blick auf die Vergangenheit werfen, als der Mann noch der alleinige Ernährer war und die Frau sich um die Familie kümmerte. Religion und Gesellschaft betonten die Unterschiede zwischen Mann und Frau und wiesen ihnen spezifische Rollen zu. Diese Arbeitsteilung überdauerte Jahrtausende und war sogar noch zu Lebzeiten unserer Eltern aktuell.

Der Jäger mußte sich tagsüber vielen Gefahren aussetzen und war im wesentlichen ausschließlich damit beschäftigt, die Beute zu erlegen und das Haus zu beschützen. Von seiner Geschicklichkeit, seinem Selbstbewußtsein und seiner Aggressivität hing das Leben der Familie ab. Der Mann hatte sich im Laufe der Zeit so entwickelt, daß er diese »Männerarbeit« erfolgreich leisten konnte.

Eine Hausfrau und Mutter mußte dagegen eine Reihe bestimmter Aufgaben erledigen, die der Versorgung der Kinder, der Familie und der Gemeinde dienten und sich ständig wiederholten. Das gesamte Familienleben hing von ihrer Fähigkeit ab, sich den anderen mitzuteilen, zu verhandeln, die Familie zu versorgen und mit anderen zu kooperieren. Auch die Frauen haben sich in einer spezifischen Weise entwickelt, um mit dem Streß der »Frauenarbeit« fertig werden zu können.

Heute verwischen sich die Grenzen zwischen den Aufgabenbereichen der beiden Geschlechter mehr und mehr. Wenn wir begreifen, auf welche Weise unsere Vorfahren Streß bewältigt haben, und ihre Lebensart respektieren, können wir uns heute, in einer Zeit dramatischer Veränderungen, gegenseitig besser helfen.

Wie unsere Vorfahren mit dem Leben fertig wurden

Grundsätzlich haben sich unser Gehirn und unser Körper im Laufe der Jahrtausende so entwickelt, daß wir in der Lage waren, mit dem spezifischen Streß, den die traditionelle Männer- und Frauenarbeit mit sich brachte, fertig zu werden. Obwohl diese alte Rollenverteilung heutzutage immer seltener anzutreffen ist, hinkt die Evolution hinterher. Wir müssen erst entsprechende Überlebensstrategien entwickeln.

Für die Frau steht seit jeher die Kommunikation im Mittelpunkt, sie ist ihre wichtigste Strategie. Früher war es für eine Frau, die Kinder erziehen mußte, von größter Bedeutung, daß sie in der Lage war, in einer nicht ausschließlich zweckorientierten Weise zu reden. Sie mußte sowohl ihr eigenes Mitgefühl ausdrücken als auch das der anderen Menschen erfassen können. Das war entscheidend für ihren Seelenfrieden und vermittelte ihr ein Gefühl von Sicherheit und Zugehörigkeit. Frauen waren früher mit ihren Kindern ziemlich schutzlos und vom guten Willen anderer Menschen abhängig. Als es noch keine öffentlichen Wohlfahrtsprogramme gab, die Frauen noch nicht so viele Rechte besaßen wie heute und noch nicht so viele Ausbildungsmöglichkeiten hatten, waren sie, was ihre Sicherheit anbetraf, von anderen Menschen abhängig. Wenn ihr Mann starb oder sie verließ, war die Frau darauf angewiesen, daß sich ihre Familie oder die Gemeinde um sie kümmerte. Aus diesem Grund war es wichtig, daß sie zu den Menschen in ihrer Umgebung enge Beziehungen unterhielt. Das Reden verband sie mit diesem »sozialen Netz« und vermittelte ihr ein Gefühl der Sicherheit. Wenn heutzutage eine Frau unter Druck steht und reden kann, entsteht in ihr automatisch dieses alte Gefühl der Sicherheit.

Warum Frauen über ihre Probleme reden müssen

Früher war es allgemein üblich, daß Frauen, die eine Familie zu versorgen hatten, mit anderen über ihre Probleme redeten. Es ging ihnen dabei jedoch nicht um direkte Hilfe, sondern um das Gefühl der Sympathie und der Geborgenheit in einer Gemeinschaft. Die Lösung der Probleme kam erst an zweiter Stelle, entscheidend waren diese Gefühle. Frauen unterstützten sich gegenseitig, ohne daß man sie darum bitten mußte oder daß sie eine Gegenleistung erwarteten. Die Gespräche festigten die Beziehungen innerhalb der Gemeinde und waren eine Garantie dafür, daß die Frau und ihre Kinder auch dann überleben würden, wenn der Mann sterben sollte.

Über Probleme zu sprechen, Gefühle mitzuteilen, Wünsche zu äußern, wurde für die Frau ein bedeutsames Ritual, durch das die Intimität und die Loyalität der Gemeinde gegenüber gefördert wurden. Wenn eine Frau heute zu einem Eheberater geht, hofft sie, dort die gleiche Art der Unterstützung zu bekommen. Die meisten Eheberater und Psychotherapeuten sind daher auch entsprechend geschult: Sie hören zu und bieten keine Problemlösungen an. Eine solche Therapie hilft den Frauen, mit dem alltäglichen Streß fertig zu werden.

Wenn eine Frau in der Therapiesitzung reden kann und das Gefühl hat, daß man ihr zuhört, fühlt sie sich hinterher erleichtert und kann ihre Probleme anschließend in einer entspannteren Art und Weise angehen.

Wenn Männer Ratschläge erteilen

Männer – wenn sie nicht Therapeuten sind – haben für diese Problematik in aller Regel kein Verständnis. Nie haben sie gelernt, wie man eine Frau emotional unterstützt. Wenn sie über ihre Gefühle redet, geht er davon aus, daß sie ihn um Hilfe bittet und von ihm erwartet, daß er ihre Probleme löst. Also bietet er ihr instinktiv Hilfe an oder gibt ihr Ratschläge.

Wenn ein Mann, der einer Frau zuhört, unruhig wird, dann nicht, weil er sie nicht liebt, sondern weil ihm jede Zelle seines Körpers sagt: Wenn es irgendwo brennt, müssen wir sofort löschen. Wenn es ein Problem gibt, müssen wir sofort etwas unternehmen, statt nur darüber zu reden.

Viele Männer müssen erst noch lernen, daß die Frau von heute vor allem über ihre Gefühle reden möchte, ohne gleich die Probleme lösen zu wollen, die diese Gefühle ausgelöst haben. Wenn der Mann dann empfindsam und verständnisvoll reagiert, stärkt er den weiblichen Teil der Seele der Frau, und dann fühlt sie sich nicht mehr überfordert.

———◄o►———

Ein Mann braucht seiner Frau nur aufmerksam zuzuhören, um sie von der Last ihrer Probleme zu befreien. Und dann wird sie sich wieder daran erinnern, was für ein phantastischer Typ er doch ist.

———◄o►———

Wenn eine Frau unglücklich ist und über ihre Probleme spricht, muß der Mann sich immer wieder ins Gedächtnis zurückrufen, daß nicht er, sondern die Kultur, in der beide leben, dafür verantwortlich zu machen ist. Die Frau hat zwei Berufe – sie ist Hausfrau, muß zusätzlich Geld verdienen und den damit verbundenen Streß ertragen. Wenn ihm klar wird, daß nicht er der Grund für ihre Frustration ist, hat er nicht jedesmal Schuldgefühle, wenn sie unglücklich ist. Sobald ihm das klargeworden ist, kann er ihr sein Mitgefühl zeigen und muß sich nicht mehr verteidigen.

Wie Männer mit Streß umgehen

Männer gehen in der Regel anders mit Streß um als Frauen. Wenn es zum Beispiel um Dinge geht wie Autofahren, Tennisspielen oder Golfspielen, ordnet ein Mann zuerst einmal seine Gedanken und verschafft sich einen Überblick über seine

Wertvorstellungen und Prioritäten. Erst dann entwirft er einen Aktionsplan. Diese Art des Vorgehens vermittelt ihm ein Gefühl der Sicherheit.

Erinnern wir uns daran, daß das Überleben eines Jägers davon abhängt, daß er sich zunächst ganz leise heranpirscht und dann plötzlich zuschlägt. Diese Fähigkeit hat ihn in die Lage versetzt, die Sicherheit seiner Familie zu gewährleisten. Im Grunde seines Herzens ist auch der Mann von heute unbewußt immer noch ein Jäger, der sich wohl fühlt, wenn es ihm gelungen ist, mit einer Papierkugel den Papierkorb an der anderen Wand zu treffen.

Sobald ein Mann seine Gefühle in Aktivität umwandeln kann, glaubt er, alles wieder unter Kontrolle zu haben. Wenn er frustriert ist, läuft er im Zimmer auf und ab und findet auf diese Weise die gleiche Erleichterung, die eine Frau erlebt, wenn sie redet. Wenn Männer und Frauen diesen tiefgreifenden Unterschied erkannt haben, können sie sich gegenseitig bedeutend besser helfen.

Solange er nicht weiß, daß sie nur den Wunsch hat, daß er ihr zuhört, wird er sie immer wieder unterbrechen und ihr Problemlösungen anbieten. Und wenn sie die nicht akzeptiert, wird er wütend. Anstatt die Hilfe zu bekommen, die sie braucht, um mit ihren Problemen zurechtzukommen, gerät sie jetzt noch mehr unter Streß. Und er fühlt sich als Versager, weil er ihr Problem nicht lösen konnte.

Wenn sich die beiden ein paarmal in dieser Weise gestritten haben, sagt sie nichts mehr, um nicht alles noch schlimmer zu machen. Auf lange Sicht wird der Streß dadurch natürlich noch größer. Sie fühlt sich zunehmend überfordert, und die Kommunikation wird immer schwieriger.

Schweigend auf dem Stein sitzen

Schon immer haben Männer sich irgendwo hingesetzt und in aller Ruhe über eine Lösung nachgedacht. Die alten Jäger setzten sich auf einen Stein, suchten schweigend den Horizont ab, lauschten dabei auf jedes Geräusch, das die Tiere machten, oder sie blickten über die Ebene, beobachteten ihr Beutetier, studierten seine Bewegungen und planten ihren Angriff.

Wenn sie so still dasaßen, abwarteten und Pläne machten, konnten sie sich entspannen und ihre Kräfte für die folgende Jagd aufsparen. Und die Beschäftigung mit den verschiedenen Dingen lenkte sie von der Angst ab, womöglich angegriffen zu werden oder das Ziel zu verfehlen. Wenn der Mann dann sein Ziel erreicht hatte, kehrte er glücklich und ohne Streß nach Hause zurück.

————◄○►————

Frauen bauen Streß ab, indem sie sich anderen mitteilen, Männer, indem sie Probleme lösen.

————◄○►————

Warum Männer so gern fernsehen

Wenn der Mann von heute nach Hause kommt, setzt er sich gewöhnlich in seinen Lieblingssessel und liest die Zeitung oder er sieht fern. Wie der Jäger der Urzeit, der sich von den Anstrengungen des Tages erholen mußte, findet auch er instinktiv seinen Stein, auf den er sich setzt und ins Tal blickt.

Wenn er liest oder die Nachrichten hört, blickt er in Wirklichkeit auf die Welt oder sucht den Horizont ab. Wenn er die Fernbedienung in die Hand nimmt und über die einzelnen Sender geht oder die Seiten der Zeitung umblättert, hat er wieder einmal alles unter Kontrolle. Er ist immer noch der Jäger.

In diesem Zustand bekommt er ein Gefühl der Sicherheit. Er meint dann, alles wieder im Griff zu haben, und kann sofort besser mit dem Streß umgehen, der dadurch entsteht, daß er nicht für jedes Lebensproblem sofort eine Lösung finden kann.

Das instinktive Ritual erlaubt es ihm, seine beruflichen Probleme vorübergehend zu vergessen, so daß er nach einer gewissen Zeit wieder in der Lage ist, sich seinem Partner zuzuwenden.

Wenn eine Frau ihren Mann nicht verstehen kann

Wenn der Mann von heute einmal gern allein sein möchte, mißversteht seine Frau das in der Regel. Sie glaubt dann, er habe eigentlich den Wunsch, daß sie ein Gespräch beginnt, daß er nur darauf wartet, daß sie bemerkt, wie schlecht es ihm geht, und daß sie ihn fragen soll, wo ihn der Schuh drückt. Ihr ist nicht klar, daß er eigentlich nur allein sein will.

Wenn sie dann hartnäckig weiter fragt, wird seine Laune immer schlechter, bis er ihr schließlich unmißverständlich mitteilt, daß sie ihn gefälligst in Ruhe lassen soll, aber doch wohl nicht so unmißverständlich, denn sie deutet auch diesen Hinweis falsch. Hier ist ein Beispiel, wie so etwas oft abläuft:

Sie sagt:	Er sagt:
»Wie war es heute?« Sie will damit sagen: »Wir wollen ein bißchen miteinander reden. Ich möchte wissen, wie es dir heute ergangen ist, und ich hoffe, du interessierst dich auch für das, was ich erlebt habe.«	»Gut.« Er will damit sagen: »Ich bin so kurz angebunden, weil ich ein bißchen Zeit für mich brauche.«
»Wie war der Termin mit dem neuen Kunden?« Sie will damit sagen: »Ich frage dich, damit du spürst, daß mir wirklich etwas an dir liegt und ich mich dafür interessiere, was du heute erlebt hast. Und ich hoffe, du bist auch daran interessiert, wie es mir ergangen ist. Ich habe dir viel zu erzählen.«	»Das lief ganz gut.« Er will damit sagen: »Ich versuche, höflich zu sein und dich nicht vor den Kopf zu stoßen, würdest du bitte aufhören, mich mit weiteren Fragen zu behelligen?«
»Waren sie mit deinen Vorschlägen einverstanden?« Sie will damit sagen: »Ich glaube, es fällt dir schwer, darüber zu reden. Ich werde dir am besten zu Anfang ein paar neu-	»Ja.« Er will damit sagen: »Paß mal auf. Ich will jetzt nicht reden. Kannst du mich nicht einmal in Ruhe lassen? Du gehst mir auf die Nerven. Merkst du denn nicht,

Sie sagt:	Er sagt:
trale Fragen stellen. Es macht mir nichts aus, daß du erst einmal so zugeknöpft bist. Ich bin für dich da, und ich interessiere mich für deine Angelegenheiten. Ich weiß, daß dir das recht ist. Danach wirst du dann bestimmt hören wollen, was ich dir zu sagen habe.«	daß ich jetzt allein sein möchte? Wenn ich Lust hätte zu reden, würde ich reden.«
»Stimmt was nicht?« Sie will damit sagen: »Ich merke, daß du dich über irgend etwas geärgert hast. Du kannst mit mir darüber reden. Ich höre dir zu, ich liebe dich doch. Ich bin sicher, wenn du erst einmal darüber geredet hast, wird es dir besser-gehen.«	»Alles in Butter.« Er will damit sagen: »Ich kann allein damit fertig werden. Es wird nicht lange dauern, dann habe ich meine Probleme vergessen und stehe dir wieder zur Verfügung. Tu einfach so, als ob ich gar nicht da wäre. Hinterher bin ich dann wieder ganz offen und interessiere mich für deine Angelegenheiten. Jetzt muß ich erst einmal abschalten, um innerlich richtig nach Hause zu kommen.«
»Ich merke doch genau, daß etwas nicht stimmt. Was ist los?« Sie will damit sagen: »Ich weiß genau, daß etwas nicht stimmt, aber wenn du nicht darüber redest, wird es nur noch schlimmer. Du mußt unbedingt darüber reden!«	Er sagt nichts und geht einfach aus dem Zimmer. Er will damit sagen: »Wenn ich jetzt nicht sofort gehe, werde ich wütend. Ich bin gleich wieder da und werde dann nicht wütend auf dich sein, weil du mir so auf die Nerven gegangen bist.«

Wie eine Frau reagiert, wenn ihr Mann nicht bereit ist, mit ihr zu reden

Wenn ein Mann sich weigert, mit seiner Frau zu reden, und die Frau nicht versteht, warum er in diesem Augenblick allein sein möchte, um sich vom Streß des Tages erholen zu können, kommt es zu zahlreichen Mißverständnissen – manche Frauen geraten sogar in Panik. Hier einige Beispiele:

Sie denkt:	*Ihre Reaktion:*
Sie denkt, er wolle nicht mit ihr zusammensein, weil es in ihrer Beziehung größere Probleme gäbe.	Sie fühlt sich brüskiert. Um die Situation zu klären, besteht sie darauf, daß er mit ihr über ihre gemeinsame Beziehung redet.
Sie denkt, er habe kein Vertrauen zu ihr und glaube ihr nicht, daß sie sich Sorgen um ihn macht.	Sie ist mitfühlend, stellt eine Menge Fragen und versucht, ihm zu beweisen, daß sie ihn liebt. Nach einer gewissen Zeit ist sie frustriert, weil er ihre Hilfsangebote ausschlägt.
Sie denkt, er habe sich über sie geärgert.	Sie hat Minderwertigkeitsgefühle und ist verwirrt.
Sie denkt, er wolle nicht mit ihr reden, weil er irgend etwas vor ihr verbergen will, über das sie sich aufregen könnte.	Sie macht sich Sorgen, was das wohl sein könnte.
Sie denkt, er sei ein Egoist, der sich nur um seine eigenen Sachen kümmert und nichts für sie übrig hat.	Sie bezweifelt, daß er sie liebt.
Sie denkt, er wolle sie bestrafen, indem er sie links liegen läßt.	Sie wird genauso wütend und zieht sich ebenfalls zurück.
Sie denkt, er sei nicht mit ihr zufrieden.	Sie hat das Gefühl, daß er das, was sie für ihn tut, nicht anerkennt.
Sie denkt, er sei einfach nur zu bequem.	Sie ist wütend, weil sie das Gefühl hat, daß sie mehr für ihn tut als er für sie.
Sie denkt, er habe das Interesse an ihr verloren.	Sie fühlt sich vernachlässigt und isoliert. Sie ist nicht mehr in der Lage, ihre Bedürfnisse zu befriedigen. Womöglich glaubt sie sogar, daß er sie nicht mehr attraktiv, sondern langweilig findet, und daß sie es nicht mehr wert ist, daß er sie liebt.

Sie denkt:	*Ihre Reaktion:*
Sie denkt, er habe große Angst vor Intimität, die auf seine neurotische Vergangenheit zurückzuführen sei und therapiert werden müßte.	Sie fühlt sich ohnmächtig, weil sie glaubt, ihre Bedürfnisse erst dann befriedigen zu können, wenn er wieder geheilt ist.
Sie denkt, er verberge etwas vor ihr.	Sie hat Angst, daß sie oder er etwas Schlimmes angerichtet haben.
Sie denkt, sie habe sich mit dem falschen Mann eingelassen.	Sie ist der Meinung, daß andere Männer nicht so sind und sehnt sich nach einem mitfühlenden Mann, mit dem sie besser reden kann.

In all diesen Beispielen beruht die Reaktion der Frau auf einem Mißverständnis.

Wenn sie ihrem Mann helfen will, wieder in die Beziehung zurückzufinden, muß sie sich an der neuen Stellenbeschreibung orientieren, und die besagt, daß sie diese Unterschiede zwischen Mann und Frau kennen und seinen Wunsch nach Freiraum akzeptieren muß.

Wie wir sehen werden, bedeutet das nicht, daß sie deshalb auf die Befriedigung ihrer Bedürfnisse verzichten muß. Es geht dabei vor allem um das Gespür für den richtigen Zeitpunkt.

Warum Männer sich zurückziehen

Wenn eine Frau gelernt hat, ihre Bedürfnisse vorübergehend aufzuschieben, und dem Mann Zeit läßt abzuschalten, schafft sie die Voraussetzung dafür, daß er seine Liebe zu ihr wiederentdeckt und auch zum Ausdruck bringt. Sobald er sich an diese Art der Unterstützung gewöhnt hat, wird er schon vorab damit rechnen. Dann genügt ihm schon der Gedanke, bald wieder zu Hause zu sein, um ein Gefühl der Entspannung auszulösen. Je öfter sie ihn auf diese Weise unterstützt, um so seltener wird er sich zurückziehen.

Ohne diese Strategie hindert die Frau den Mann unbewußt daran, den Übergang von der Arbeitswelt zu seinem Zuhause zu finden. Weil sie nur noch mehr Arbeit von ihm verlangt oder kein Verständnis für sein Bedürfnis nach Zeit für sich hat, kann er sich nicht so entspannen, daß er sich richtig zu Hause fühlt. Wenn dieser Teufelskreis nicht unterbrochen wird, verliert der Mann den Kontakt zu seinen Liebesgefühlen. Es kann sogar so weit kommen, daß er glaubt, seinen Partner nicht mehr zu lieben.

Wenn ein Mann nach Hause kommt und sofort damit konfrontiert wird, daß seine Frau etwas von ihm will, zieht er sich zurück.

Nur wenn seine Partnerin ihn nicht gleich unter Druck setzt, kann er den Arbeitsstreß abschütteln.

Wenn er dagegen nach Hause kommt und seine Frau ihn zunächst in Ruhe läßt, kann er in aller Ruhe ausspannen und abschalten. Danach kann er sich seiner Frau so liebevoll widmen, wie sie es verdient hat. Tausende von Frauen, die die neuen Methoden für ein besseres Zusammenleben gelernt haben, berichten, daß allein diese Erkenntnis ihre Beziehung auf magische Weise verändert hat.

Wenn ein Mann nicht das Gefühl hat, daß sie mehr von ihm verlangt, ist er plötzlich von sich aus bereit, mehr zu tun.

Wenn Männer Frauen nicht verstehen

Wenn eine Frau seelischen Kummer hat, glaubt der Mann, sie wolle ein wenig allein sein, dann ginge es ihr wieder besser. Er schließt dabei von sich auf seine Frau. Er läßt sie allein und gewährt ihr viel Freiraum, weil das genau das ist, was ihm in der gleichen Situation guttun würde. Aber wenn er sie dann allein läßt, ist es das Schlimmste, was er tun kann.

Selbst wenn er sich nach ihrem Befinden erkundigt, begreift er womöglich nicht, was sie wirklich braucht. Hier ein repräsentatives Beispiel:

Tom fragt Mary: »Was ist los? Hast du dich geärgert?«

Mary: »Ach, nichts weiter.« Eigentlich meint sie: »Ich habe keine Probleme, es sei denn, dir liegt wirklich etwas an mir. Das kannst du mir beweisen, indem du mich weiter fragst.«

Tom sagt: »Na gut«, und geht weg. Er sagt sich: »Wenn du nicht darüber reden willst, auch gut. Ich kann verstehen, daß du allein sein willst. Ich helfe dir, indem ich so tue, als sei alles in Ordnung. Ich traue dir zu, daß du allein damit fertig wirst.«

Tom glaubt tatsächlich, er würde ihr auf diese Weise helfen, dabei ahnt er nicht, daß er gerade durch eine Prüfung gefallen ist. Die meisten Männer denken so wie Tom, aber fast jeder Frau wäre sofort klar, was Mary meint, wenn sie sagt: »Ach, nichts weiter.« Sie möchte, daß er weiter fragt und in sie dringt.

————◄○►————

Wenn eine Frau sagt: »Ist schon gut«, dann stimmt in der Regel irgend etwas nicht. Sie möchte dann mit jemandem reden, der ihr zuhört, sich für sie interessiert und sich Sorgen um sie macht. Sie möchte so gefragt werden, daß ihr die Fragen helfen, sich zu öffnen.

————◄○►————

Schauen wir uns einige weitere Möglichkeiten an, wie Männer Frauen mißverstehen können.

Er fragt:	Sie sagt:
»Möchtest du mit mir über etwas Bestimmtes reden?«	»Nein«, meint aber in Wirklichkeit »Ja, und wenn dir wirklich etwas an mir liegt, wirst du weiter fragen.«
»Kann ich dir irgendwie helfen?«	»Nein, ich werde schon alleine damit fertig«, meint aber in Wirklichkeit »Ja, und wenn du mir wirklich helfen willst, dann paß genau auf, was ich tue, und hilf mir dabei.«
»Habe ich irgend etwas falsch gemacht?«	»Nein«, meint aber in Wirklichkeit »Ja, und wenn dir wirklich etwas daran liegt, es besser zu machen, dann kannst du das leicht herausbekommen, indem du mich weiter fragst.«
»Ist alles in Ordnung?«	»Ja«, meint aber in Wirklichkeit »Nein, aber wenn du wissen möchtest, was los ist, dann frag mich doch, worüber ich mich geärgert habe.«

In jedem dieser Beispiele testet die Frau den Mann, um genau zu wissen, ob sie offen über ihre Gefühle reden kann. Wenn er begreift, was sie damit meint, fühlt sie sich sicher und kann sich ihm mitteilen. Dann weiß sie, daß er sie versteht und ihr helfen wird, ihre Bedürfnisse zu befriedigen.

Ohne eine klare Stellenbeschreibung, die ihm sagt, wie er sich in solchen Situationen zu verhalten hat, tappt der Mann im dunkeln und glaubt nur, er würde seiner Frau helfen.

Wenn Frauen über Gefühle reden

Wenn eine Frau sich schon längere Zeit vernachlässigt fühlt und mit ihrem Mann darüber reden möchte, kommt es auch wieder zu Mißverständnissen. In der Regel deutet er ihre Beschwerde falsch und glaubt, er müsse besser für sie sorgen; dabei möchte sie nur, daß er ihr mehr Aufmerksamkeit schenkt und sich etwas mehr um sie kümmert. Schauen wir uns noch einmal einige typische Beispiele an:

Sie beschwert sich:	*Wie er sie mißversteht:*
Wenn sie sich über irgend etwas im Haus beschwert, möchte sie nur ihre Frustrationen loswerden und erwartet von ihm, daß er ihr zuhört.	Er glaubt, er müsse mehr verdienen, damit sie sich ein größeres Haus leisten könnten, erst dann wäre sie glücklich.
Wenn sie sich über ihre Arbeit im Beruf beschwert, möchte sie im Grunde nur, daß ihr Partner weiß, wie sie ihren Tag verbracht hat, sie möchte damit zu Hause eine vertraute Beziehung aufbauen.	Er glaubt, er müsse mehr verdienen, damit sie zu Hause bleiben kann, erst dann wäre sie glücklich.
Wenn sie sich darüber beschwert, daß sie die ganze Hausarbeit machen muß, will sie ihm damit nur sagen, daß sie sich ganz allgemein überfordert fühlt, und bittet ihn, ihr zu helfen, falls er dazu noch in der Lage ist.	Er glaubt, er müsse entweder eine Haushaltshilfe einstellen oder selbst im Haushalt helfen, erst dann wäre sie glücklich.
Wenn sie sich über das Wetter oder über andere Probleme beschwert, für die es keine Lösung gibt, möchte sie eigentlich nur, daß er sie ein wenig bemitleidet, weil sie soviel hinter sich hat.	Im Grunde seines Herzens ist er davon überzeugt, daß er mehr verdienen müßte, damit sie in eine Gegend ziehen könnten, wo das Wetter besser ist, erst dann wäre sie glücklich.

Sie beschwert sich:	*Wie er sie mißversteht:*
Wenn sie sich darüber beschwert, daß er zu hart arbeitet, möchte sie ihm nur sagen, daß sie ihn vermißt und mehr Zeit mit ihm verbringen möchte.	Er glaubt, daß er mehr verdienen und weniger arbeiten sollte, dann wäre sie glücklich.

Wenn die Frau unglücklich ist, geht der Mann automatisch davon aus, daß er härter arbeiten müsse, um die Familie besser versorgen zu können. Dieser Instinkt hat zur Folge, daß er noch weniger zu Hause ist. Wenn er dann mehr Erfolg hat oder sich die größte Mühe gibt, ihre Probleme zu lösen, sie jedoch trotzdem noch unglücklich oder unausgefüllt ist, fühlt er sich in noch größerem Maße frustriert, weil er offenbar nicht in der Lage ist, sie glücklich zu machen. Um mit dieser Frustration fertig zu werden, verdrängt er seine Liebesgefühle und kümmert sich nicht mehr darum, ob sie glücklich ist.

Männer, die sich nicht binden wollen

Das gilt auch für unverheiratete Männer. Wenn es ihnen nicht gelingt, die Frau ihrer Träume zu finden, glauben sie, es läge daran, daß sie nicht genug Geld verdienen. Anstatt einzusehen, daß sie sich etwas mehr um ihre sozialen Fähigkeiten kümmern müßten, haben sie nichts anderes im Kopf als das leidige Geld.

Manche Männer geben aus diesem Grund den Gedanken an eine Ehe ganz auf. Oder sie meinen, um so viel Geld verdienen zu können, müßten sie zu große Opfer bringen. Manch einer hat die Frau seiner Träume sogar gefunden, kann sich jedoch nicht binden, weil er glaubt, nicht genug zu verdienen.

Jackie und Dan sind hierfür ein gutes Beispiel. Sie lebten bereits neun Jahre miteinander. Sie wollte heiraten, er war dagegen. Er versicherte ihr immer wieder, daß er sie liebe, aber irgend etwas in ihm hielt ihn davon ab, sie zu heiraten. Als sich die beiden eines Abends über einen Film unterhielten, sagte sie:

»Ich würde dich auch lieben, wenn du immer arm bleiben würdest.«

Am nächsten Tag kaufte er die Ringe.

Dan brauchte von Jackie die klare Bestätigung, daß sie auch glücklich mit ihm wäre, wenn er nicht soviel Geld verdienen würde. Danach war er bereit, sich zu binden. Wie die meisten Männer konnte auch er sich erst binden, als er sicher war, daß seine Möglichkeiten, für seine Frau zu sorgen, ausreichten, um Jackie glücklich zu machen.

Nicht alle Männer sind von dem Gedanken ans Geldverdienen besessen. Trotzdem müssen sie das Selbstvertrauen haben, eine Frau ernähren zu können. Erst dann sind sie bereit zu heiraten. Mit Hilfe der neuen Methoden können solche Männer erkennen, daß es der emotionale Rückhalt ist, der eine Frau glücklich macht, und nicht das Geld.

Warum Männer sich in ihre Arbeit vergraben

Wenn ein Mann unter Streß leidet, weil er glaubt, seine Familie sei unglücklich, konzentriert er sich automatisch noch mehr auf seine Arbeit. Das kann so weit gehen, daß er selbst gar nicht mehr merkt, wie lange er von zu Hause weg ist. Für ihn vergeht die Zeit sehr schnell, während sie der Frau, die zu Hause auf ihn wartet, endlos erscheint. Ihm ist nicht klar, daß seine Anwesenheit zu Hause für sie zumindest genauso wichtig ist wie sein beruflicher Erfolg. Je größer der Streß ist, dem ein Mann in seinem Beruf ausgesetzt ist, um so stärker konzentriert er sich auf Problemlösungen. In solchen Zeiten fällt es ihm außerordentlich schwer, sich von einer Aufgabe zu lösen und wieder ganz seiner Partnerin zuzuwenden. Er kann sich so in seine Arbeit vergraben, daß er alles andere vergißt und, ohne daß es ihm bewußt ist, seine Frau und die Familie vernachlässigen.

Er leidet dann unter einer Einengung des Gesichtsfelds, das heißt, er nimmt nur das wahr, was zur Erreichung seines Zieles notwendig oder nützlich ist.

*Weil er vollständig auf die Lösung seines Problems
fixiert ist, merkt er gar nicht, daß er dem Menschen, den
er liebt, überhaupt nicht mehr zuhört.*

In solchen Augenblicken vergißt er, was wirklich wichtig für
ihn ist. Ihm ist nicht klar, daß er dabei die Menschen, die er am
meisten liebt, vor den Kopf stößt.

Wenn ein Mann seine Familie einfach nicht mehr wahrnimmt

Wenn ein Mann sich aus der Intimsphäre der Familie entfernt,
um sich ganz auf seine beruflichen Probleme konzentrieren zu
können, fällt es der Frau schwer zu erkennen, daß es sich dabei
um eine automatische Reaktion handelt. Sie erlebt das Ganze
als einen bewußten Akt, der von Gefühlskälte und Gleichgül-
tigkeit zeugt. Denn wenn sich eine Frau ausschließlich auf ihre
beruflichen Probleme konzentriert und die Familie links liegen
läßt, muß dem eine bewußte Entscheidung vorausgegangen
sein. In den meisten Fällen würde das bedeuten, daß ihr nichts
mehr an der Familie liegt.

Wenn ein Mann sich ganz auf seine Arbeit konzentriert,
heißt das nicht, daß er sich bewußt gegen seine Frau entschieden hat. Er vergißt sie ganz einfach. Wenn er die Tochter nicht
von der Schule abholt, tut er das nicht absichtlich, sondern er
hat es vergessen, weil er sich zu sehr auf seine Arbeit konzentriert. Und es soll vor allem nicht bedeuten, daß ihm die restli-
chen Familienmitglieder gleichgültig sind. Wenn überhaupt, ist
es ein Zeichen, daß ihm zwar immer noch etwas an den anderen
liegt, daß er jedoch zur Zeit überfordert ist.

Aus den gleichen Gründen tendieren Männer dazu, Dinge
auf die lange Bank zu schieben, die sie eigentlich sofort erledigen wollten. Oft bittet eine Frau ihren Mann um etwas, das er

dann prompt vergißt, obwohl er den guten Willen hatte, es sofort hinter sich zu bringen. Da eine Frau so etwas in der gleichen Situation nicht so leicht vergißt, geht sie davon aus, daß er sich in Wirklichkeit nur drücken will. Im Gegensatz zu seinen Vorfahren kann der Mann von heute nicht mehr einfach das Wild erlegen und dann zu Hause seinen Erfolg feiern. Das Leben ist bedeutend komplizierter geworden. Es kann Monate dauern, bis er ein bestimmtes Projekt zum Abschluß gebracht hat, also im übertragenen Sinne das Wild erlegt hat. Während der ganzen Zeit muß er immer wieder darüber nachdenken, wie sich die Probleme am besten lösen lassen. Im Büro, zu Hause und noch im Schlaf denkt er an nichts anderes. Er hat ständig jede Einzelheit des Projekts im Kopf und vergißt prompt, auf dem Heimweg Milch mitzubringen, obwohl seine Frau ihn immer wieder daran erinnert hat.

Umschalten von der Arbeit auf das Privatleben

Daß ein Mann sich so in seine Arbeit vergräbt, ist nicht nur für seine Frau, sondern auch für ihn selbst ein Problem. Erst wenn er die neuen Methoden für ein besseres Zusammenleben gelernt hat und sich in stärkerem Maße um die Gefühle seiner Frau kümmert, wird er sich nicht mehr instinktiv auf seine Arbeit zurückziehen, wenn sie einmal verärgert oder unzufrieden ist.

Es gibt grundsätzlich drei Möglichkeiten, wie ein Mann nach der Arbeit abschalten und sich wieder auf seine Frau und die Familie konzentrieren kann. Und sie müssen bis zu einem gewissen Grad alle drei gleichzeitig gegeben sein.

1. Erfolg
Wenn ein Mann von der Arbeit nach Hause kommt und das Gefühl hat, erfolgreich gewesen zu sein, wird es ihm nicht schwerfallen, seine Probleme zu vergessen und den Feierabend mit seiner Frau zu genießen. Ein erfolgreicher Arbeitstag vermittelt ihm das Gefühl, daß die Jagd vorüber ist und er sich

entspannen kann. Wenn er nicht so erfolgreich war, wie er es erwartet hat, sind die beiden nächsten Möglichkeiten wichtig.

2. Zerstreuung

Um sich von den Problemen des Tages lösen zu können, braucht ein Mann etwas, das ihn auf andere Gedanken bringt. Er muß die Möglichkeit haben, sich auf seinen »Lieblingsstein« zu setzen, das heißt, fernzusehen, die Zeitung zu lesen, Musik zu hören, ins Kino zu gehen oder sonst irgend etwas zu tun, was keine besondere Konzentration erfordert.

Auch sportliche Betätigungen sind gut geeignet. Er kann Leistungssport treiben oder etwas Leichteres tun, zum Beispiel einen Spaziergang machen. Um seine beruflichen Probleme vorübergehend vergessen zu können, braucht er irgend etwas, das ihn ablenkt.

Am ehesten vergißt er seine Probleme, wenn man ihm die Gelegenheit bietet, sich auf etwas anderes zu konzentrieren, zum Beispiel auf ein Problem, das sich leicht lösen läßt oder gar nicht gelöst werden muß. Spiele, Basteln, eine Fußballmannschaft anfeuern, Sport treiben oder die Tagesschau sehen sind die beliebtesten Mittel, um Streß abzubauen. Wenn er die Probleme der Welt löst oder darüber nachdenkt, was seine Mannschaft tun muß, um zu gewinnen, fühlt er sich kompetent und kann sich am nächsten Tag wieder seinen echten Problemen zuwenden.

———◄○►———

Ohne ein Hobby wäre mancher Mann nicht in der Lage, sich von seiner Arbeit zu lösen, und würde sehr bald unter Streßsymptomen leiden.

———◄○►———

Wenn man möchte, daß ein Mann die weibliche Seite seiner Seele aktiviert und über seine Probleme redet, geht ihm das in den meisten Fällen gegen den Strich. Manchmal verstärkt es sogar den Streß, wenn er über seinen Arbeitstag reden soll, bevor er sich entspannen darf, weil er dadurch wieder an die

Arbeit mit all ihren Frustrationen, Enttäuschungen und Sorgen erinnert wird.

Zuerst muß der Mann sich von seinen Problemen gelöst haben, erst dann hat er das Gefühl, daß er etwas Positives anzubieten hat. Er wird sich dann automatisch an das erinnern, was für ihn das Wichtigste ist – an seine Frau und seine Familie oder an den Wunsch, eine zu besitzen. Diese Verlagerung des Bewußtseins auf das, was wirklich wichtig ist, braucht er außerdem, um neue Energie schöpfen zu können.

3. Anerkennung

Die dritte Möglichkeit abzuschalten besteht darin, daß sich der Mann schon auf dem Heimweg von der Arbeit auf seine Frau und ihre liebevolle Unterstützung freut. Selbst wenn er bei der Arbeit seine Ziele nicht erreicht hat, hat er dann das Gefühl, erfolgreich gewesen zu sein.

Allein der Gedanke daran, nach Hause zu kommen und die Frau, die er liebt, wiederzusehen, läßt einen großen Teil seines Stresses verschwinden. Wenn er dann trotzdem noch allein sein will, dann nur für kurze Zeit.

Wenn er jedoch vorab schon weiß, daß ihn zu Hause eine unglückliche Frau erwartet, vergräbt er sich noch mehr in seine Arbeit, und es fällt ihm dann bedeutend schwerer abzuschalten.

In meiner Beziehung zu Bonnie habe ich viele Möglichkeiten, mir diese Anerkennung zu verschaffen. Das kostet überhaupt keine Mühe. Ich gehe zu ihr, nehme sie in den Arm, frage sie, wie sie den Tag verbracht hat, höre ihr ein paar Minuten lang zu und spüre sofort, daß sie das gern hat. Und wenn ich merke, daß sie froh ist, daß ich wieder bei ihr bin, fällt es mir leicht, die Arbeit zu vergessen. Abgesehen davon ziehe ich jeden Tag im Büro Bilanz und registriere meine Erfolge, so daß es mir abends nicht schwerfällt, mich von den Tagesproblemen zu lösen.

Eine neue Stellenbeschreibung

Auch für eine Frau gibt es Situationen, in denen sie Zeit braucht, um sich ihrem Partner öffnen zu können. Wenn sie sich das vor Augen führt, wird es ihr leichter fallen zu verstehen, daß ihr Mann nach Feierabend etwas Zeit für sich braucht, bevor er sich auf sie einlassen kann. Wenn er zum Beispiel nach einem anstrengenden Tag mit ihr schlafen will, braucht sie Zeit, besondere Zuwendung und Zärtlichkeit und möchte zuerst ein wenig mit ihrem Mann reden.

◄○►

Genauso geht es dem Mann, wenn er von der Arbeit nach Hause kommt. Er braucht Zeit, einen gewissen Freiraum und die Anerkennung seiner Frau, bevor er wirklich abschalten kann.

◄○►

Wenn eine Frau begriffen hat, daß ihr Mann dazu neigt, sich auf eine Sache zu konzentrieren und alles andere zu vergessen, kann sie ihm mit mehr Verständnis begegnen. Sie wird es ihm dann nicht mehr übelnehmen, wenn er sich vorübergehend zurückzieht. Wenn sie gelernt hat, sein Verhalten zu akzeptieren, und ihre Kommunikationstechnik verbessert, wird sie nicht nur das erreichen, was sie sich gewünscht hat, sondern hilft gleichzeitig ihrem Mann, sich vom Streß des Arbeitstags zu befreien, damit er sich ihr wieder öffnen kann.

Und wenn der Mann seine Frau besser versteht und die neuen Methoden anwendet, wird er sie seelisch unterstützen, ohne immer gleich ihre Probleme lösen zu wollen. Er kann lernen, seiner Frau zuzuhören, ohne dabei das Gefühl haben zu müssen, daß sie mehr von ihm erwartet. Wenn er die neuen Methoden gelernt hat, wird er erfreut feststellen, daß er seine Frau seelisch unterstützen kann, ohne sich selbst zu verleugnen und ohne deshalb mehr arbeiten zu müssen.

Der emotionale Rollentausch

Wenn eine Frau sich stärker an der männlichen Seite ihrer Seele orientiert und ihre Weiblichkeit verleugnet, findet in ihrer Seele ein Rollentausch statt, der zur Folge hat, daß die Bedürfnisse der männlichen Seite ihrer Seele ihr Leben bestimmen. Auch wenn sich die Frauen heutzutage über viele Ungerechtigkeiten beklagen und sich mit zahlreichen Problemen auseinandersetzen müssen, ist in Wirklichkeit dieser Rollentausch der wahre Übeltäter – was jedoch nicht heißen soll, daß ihre Klagen nicht berechtigt wären.

Eine Frau kann sich in einer Zweierbeziehung nur wohl fühlen, wenn das Männliche und Weibliche in ihr gut ausgewogen sind. Mann und Frau müssen gemeinsam dafür sorgen, daß die Frau ihre weibliche Seele wiederfindet.

——◄○►——

Die neue Stellenbeschreibung des Mannes sieht vor,
daß er ihr am Ende eines langen Arbeitstages hilft, ihre
weibliche Seite wiederzufinden.

——◄○►——

Die Probleme des emotionalen Rollentauschs

Dieses ständige Hin und Her zwischen der männlichen und weiblichen Seite hat verheerende Auswirkungen auf die Liebe, die Erotik und die Intimität, auch wenn sie nicht ohne weiteres zu erkennen sind. So wie eine Kugel, die einen Abhang hinunterrollt, immer schneller wird, so gleitet die Frau immer tiefer in die Frustration, es sei denn, sie sorgt ganz bewußt dafür, daß der dabei entstehende Streß abgebaut wird. Wenn der Mann diese verborgene Dynamik nicht erkennt, können seine Versuche, die Beziehungsprobleme mit den Mitteln der Logik zu lösen, katastrophale Folgen haben.

Sobald dieser emotionale Rollentausch stattgefunden hat,

und die Frau sich in stärkerem Maße an ihrer männlichen Seite orientiert, hat sie ein gesteigertes Bedürfnis, Probleme zu lösen. Sie kann dann nicht mehr einfach etwas tun und sich anschließend bei einem Gespräch über das, was noch zu tun ist, entspannen. Sie steht unter großem Druck und glaubt, sie müsse erst alle Probleme lösen, bevor sie abschalten dürfe.

Wenn das der Fall ist, kann der Mann ihr am besten helfen, indem er ihr einfach nur zuhört. Ich kann mich noch genau daran erinnern, was ich erlebt habe, als ich diesen Rollentausch in meiner eigenen Ehe zum erstenmal bemerkte. Damals wußte ich nicht, wie ich meiner Frau helfen sollte.

Wir waren gerade von einem Tennismatch nach Hause gekommen, das uns beiden Spaß gemacht hatte.

»Ich freue mich schon auf den Mittagsschlaf«, sagte ich. Sie stimmte mir zu: »Klingt gut. Ich würde mich auch gern ein wenig hinlegen.«

Als ich die Treppe zum Schlafzimmer hinaufging, bemerkte ich plötzlich, daß sie nicht mitgekommen war. Ich rief hinunter: »Kommst du nicht?«

»Ich würde ja gern«, rief sie von unten, »aber ich habe keine Zeit. Ich muß den Wagen waschen.«

Wieso war an einem freien Tag plötzlich das Wagenwaschen wichtiger als der Mittagsschlaf? dachte ich bei mir. In diesem Augenblick hatte ich das Gefühl, wir lebten in verschiedenen Welten.

Ich konnte damals noch nicht wissen, daß sie sich gerade auf ihrer männlichen Seite festgefahren hatte und unbedingt alle Probleme lösen mußte. Ich wußte damals noch nicht, daß es in dieser Situation wichtig gewesen wäre, ihre weibliche Seite zu unterstützen und mit ihr zu reden. Das hätte ihr geholfen, sich von der ganzen Last der Verantwortung zu befreien. Da ich das nicht begriffen hatte, ging ich nach oben und schlief sofort ein.

Als ich wach wurde, war ich gut ausgeruht und freute mich auf einen romantischen Abend. Als ich jedoch herunterkam, sah ich sofort, daß Bonnie schlecht gelaunt war.

Beiläufig sagte ich: »Du hättest dich auch hinlegen sollen. Ich fühle mich phantastisch.« Das hätte ich besser nicht gesagt.

Eisig sagte sie: »Ich kann es mir nicht leisten, mich hinzulegen. Ich muß noch waschen, den Kindern bei den Hausaufgaben helfen, putzen und das Abendessen machen.«

Mir war damals nicht klar, daß sie eigentlich mit mir reden wollte. Also versuchte ich, ihr Problem zu lösen, indem ich den Vorschlag machte, in ein Restaurant zu gehen.

»Du verstehst mich nicht«, sagte sie. »Ich habe Sachen in der Tiefkühltruhe, die müssen gegessen werden. Und Laura hat ihre Hausaufgaben noch nicht gemacht.«

Ich sagte: »Es ist doch Wochenende. Du solltest ausspannen.«

»Ich kann nicht ausspannen«, sagte sie. »Du verstehst das einfach nicht.«

Inzwischen hatte auch meine Stimmung den Nullpunkt erreicht. Alle romantischen Gefühle waren wie weggeblasen. Bonnies Laune wurde noch schlechter, weil ich ihr nicht zugehört hatte. Und ich war verstimmt, weil ich mit meinen Lösungsvorschlägen bei ihr nicht ankommen konnte.

Wenn Bonnie heute einmal das Gefühl hat, zuviel zu tun zu haben, laufen unsere Gespräche völlig anders ab. Ich weiß, daß sich ihre Gefühle nicht gegen mich richten und gehe deshalb auch nicht in die Defensive, weil ich genau weiß, was ich zu tun habe. Sie muß reden, um ihre weibliche Seite wieder aktivieren zu können, und dabei braucht sie meine Unterstützung. Hier ist ein Beispiel, wie ein solches Gespräch abläuft, wenn Bonnie überarbeitet ist und Schwierigkeiten hat, ihre weibliche Seite wiederzufinden:

John: »Was ist los?«

Bonnie: »Ich weiß es nicht, ich hab' einfach zuviel um die Ohren.«

John: »Aha.«

Bonnie: »Ich hab' einfach nicht genug Zeit.«

John: »Erzähl mal!«

Bonnie: »Ich muß noch waschen, und ich hätte längst anfangen müssen, das Abendessen vorzubereiten.«

John: »Hmmm.«

Bonnie: »Außerdem habe ich vergessen, daß Pearl einen Termin beim Zahnarzt hatte.«

John: »Und was hast du gemacht?«

Bonnie: »Ach, ich darf gar nicht dran denken.«

John: »Hmmm.«

Bonnie: »Pearl hat sich solche Sorgen gemacht, sie dachte, irgend etwas Schlimmes wäre passiert. (Pause) Normalerweise vergesse ich so etwas nie.«

Ich habe nichts gesagt, sondern nur tief Luft geholt und den Kopf geschüttelt.

Bonnie: »Ich hab' das dann wieder geregelt. Wir haben einen neuen Termin bekommen.«

John: »Gut.«

Bonnie: »Ich weiß nicht, was ich kochen soll. Ich habe nichts geplant.«

John: »Hmm, mir fällt auch nichts ein.«

Bonnie: »Hättest du etwas dagegen, wenn wir heute abend Reste essen würden?«

John: »Gute Idee. Was haben wir denn noch?«

Bonnie: »Ich weiß nicht. Und eigentlich habe ich auch keine große Lust zu kochen.«

John: »Gehen wir doch einfach auswärts essen, dann haben wir noch ein bißchen Zeit für uns.«

Bonnie: »Phantastisch!«

Was ein paar Jahre Übung ausmachen! Wenn ich damals nicht gewußt hätte, wie ich Bonnie durch ein gutes Gespräch helfen konnte, hätten wir uns wahrscheinlich weiter gestritten, Reste gegessen und wären dann frustriert und schlecht gelaunt ins Bett gegangen.

Warum Frauen mehr reden müssen

Wenn es einer Frau einmal schwerfällt, mit ihrem Partner zu reden, ist das ein sicheres Zeichen dafür, daß sie sich nicht wohl fühlt, weil ihre weibliche Seite nicht unterstützt wird. Noch schlimmer ist, daß eine Frau, die den Kontakt zu ihrer weiblichen Seite verloren hat, auch das Bewußtsein für ihre eigenen Bedürfnisse verliert. Sie spürt dann nur noch, daß ihr »etwas fehlt« und gibt gewöhnlich dem Mann die Schuld daran.

Je mehr die Frau den Kontakt zu ihrer weiblichen Seite verliert, um so schwerer fällt es ihr, sich von ihrem Mann helfen zu lassen. Die Folge ist, daß er frustriert ist, weil er ihre Bedürfnisse nicht befriedigen kann und keine Möglichkeit sieht, die Situation zu verändern.

Um mit dem zusätzlichen Streß des Berufslebens fertig werden zu können, braucht eine Frau heute in weit größerem Maße die Unterstützung ihres Mannes. Wenn sie nach Hause kommt, muß sie mit ihm reden können. Um sich ihm öffnen zu können, muß sie sich sicher und geborgen fühlen. Dabei müssen die Gefühle, über die sie redet, nicht immer vernünftig sein. Sie muß spüren, daß jemand begreift, was sie erlebt hat, und mit ihr fühlt.

Wenn er jedoch versuchen sollte, die Probleme seiner Frau zu »lösen«, geschieht folgendes:

Anatomie eines Mißverständnisses

Sie behauptet: »Du hörst mir überhaupt nicht zu« oder »Du verstehst mich nicht.«

Er erklärt ihr, daß er sehr wohl zugehört hat, wie hätte er sonst einen so phantastischen Vorschlag machen können.

Sie läßt sich nicht davon abbringen, daß er ihr nicht wirklich zugehört hat. Sie wirft ihm vor, daß er nicht versteht, wo ihr eigentliches Problem liegt.

Er wird langsam frustriert und versucht zu beweisen, daß er sie doch versteht und daß seine Lösung die einzig richtige ist.

Sie beginnen, sich zu streiten.

Er ist davon überzeugt, daß sie glaubt, er verstünde das Problem nicht, oder daß sie seine Lösung für falsch hält. In Wirklichkeit leidet sie jedoch darunter, daß sie von ihm nicht das Mitgefühl bekommt, das sie so dringend braucht. Wenn sie sagt »Du verstehst das nicht«, meint sie in Wirklichkeit »Du willst einfach nicht begreifen, was ich mir von dir wünsche. Ich möchte nur, daß du mir zuhörst und mit mir fühlst«.

Die meisten Männer wissen nicht, wie man sich einer Frau gegenüber verhalten muß, die abgearbeitet ist. Von ihren Vätern konnten sie das nicht lernen. In den meisten Fällen haben unsere Mütter tagsüber die weibliche Seite ihrer Seele pflegen können, indem sie mit anderen Frauen geredet haben. Ich kann mich nicht erinnern, daß sich meine Mutter jemals darüber beschwert hätte, daß mein Vater nie mit ihr geredet hätte. Wenn er nach Hause kam, hatte sie bereits genug geredet. Die Frauen unserer Generation leben nicht in einem solchen Luxus. Sie müssen beim Reden immer auf die Zeit achten und schnell zur Sache kommen. Dadurch werden sie gezwungen, sich immer stärker am Verhalten der Männer zu orientieren.

Ein Komiker hat einmal gesagt: Gott hat den Frauen durchschnittlich sechstausend und den Männern zweitausend Worte pro Tag zugestanden. Normalerweise haben beide am Ende eines Arbeitstages jeweils zweitausend Worte verbraucht. Wenn sie nach Hause kommt, hat sie also noch viertausend Worte übrig. Kein Wunder, daß sie sich vernachlässigt fühlt. Sie möchte reden, während er sein Kontingent von zweitausend Worten bereits verbraucht hat.

Das ist zwar ein Witz, aber er hat einen sehr realen Hintergrund.

Mangel an Kommunikation ist der Hauptgrund, warum die Frau von heute in ihrer Zweierbeziehung unzufrieden ist.

Nachdem die Männer begriffen hatten, daß sie ihren Frauen besser zuhören müssen, haben sich Tausende von Zweierbeziehungen in erstaunlicher Weise verbessert.

Man darf nie vergessen, daß Männer, die über Probleme reden, gewöhnlich eine Lösung suchen. Meistens hat ein Mann, der sich von den Strapazen des Tages erholen will, jedoch keine

Lust zu reden. Im Gegensatz zur Frau kann er sich besser entspannen, wenn er nichts sagt.

Ein Mann darf nie vergessen, daß es einer Frau vor allem darauf ankommt, daß man ihr zuhört und Verständnis zeigt. Der Zuhörer sollte nicht versuchen, ihr etwas auszureden oder ihre Probleme zu lösen. Das gilt auch dann, wenn sie ihm eine ganze Liste von Problemen vorlegt, die eigentlich gelöst werden müßten.

─────◄○►─────

Eine Frau muß sich immer vor Augen halten, daß ihr Mann nur deshalb nicht zuhört, weil ihm nicht klar ist, wie wichtig es für sie ist, daß man ihr zuhört.

─────◄○►─────

Wenn der Mann erst einmal begriffen hat, daß seine Frau in der Arbeitswelt nicht dazu kommt, etwas für die weibliche Seite ihrer Seele zu tun, um Glück empfinden zu können, wird er auch verstehen, warum es für eine Frau so wichtig ist, daß man ihr zuhört. Die meisten Männer wollen ihre Frauen glücklich machen, sie wußten bisher nur noch nicht, wie sie das anstellen sollten.

Ein Mann leidet viel weniger unter dem Mangel an weiblichen Werten, durch den die Arbeitswelt gekennzeichnet ist, denn er kommt schon seit eh und je abends nach Hause und findet dort eine Frau vor, die für den nötigen Ausgleich sorgt. Da eine berufstätige Frau jedoch selten in einer weiblichen Umgebung arbeitet und zu Hause keine Frau auf sie wartet, fällt es ihr bedeutend schwerer, diesen Ausgleich zu schaffen.

Frauen haben letztendlich nicht gelernt, Männer in der richtigen Weise um diese Hilfe zu bitten. Sie erwarten entweder, daß die Männer Hellseher sind und ahnen, was ihnen fehlt, oder sie stauen ihre Bedürfnisse so lange auf, bis es ihnen wirklich schlecht geht, und das nehmen sie dann den Männern übel. Beides kann nicht gut gehen.

Warum Frauen nicht gern um etwas bitten

Wenn Frauen heute höhere Ansprüche an ihre Partnerschaft stellen, wissen sie doch selbst nicht so genau, was ihnen fehlt. Wenn in der Generation unserer Eltern ein Mann eine Frau liebte, tat er das, was sie wollte, ohne daß sie ihn darum bitten mußte.

Er hatte von seinem Vater gelernt, was eine Frau wollte, und die Frau hatte von ihrer Mutter gelernt, was sie von ihrem Mann erwarten konnte. Er hatte von seinem Vater gelernt, daß es seine Pflicht ist, seine Familie gut zu versorgen. Das brauchte sie ihm nicht erst beizubringen. Sie erwartete auch nicht von ihm, daß er ihr im Haushalt half. Er erwartete dagegen von ihr, daß sie nicht überarbeitet und gestreßt war, wenn er nach Hause kam.

Männer, die sich selbst motivieren

Wenn ein Mann früher eine Frau liebte, versorgte er sie gut und war bereit, sie mit seinem Leben zu beschützen. Für sie war das ein kostbares Geschenk. Sie brauchte ihm nicht sagen, was er zu tun hatte. Wenn er sie liebte, motivierte er sich selbst und sorgte für sie. Auf diese Weise zeigte er ihr, daß er sie liebte.

Heute erwarten die Frauen von einem Mann Dinge, die sein Vater noch nicht tun mußte.

◄○►

Wenn eine Frau möchte, daß ihr Mann ihr hilft, muß sie ihn zuerst erziehen und ihm dann ihre Wünsche auf eine möglichst freundliche Weise nahebringen.

◄○►

Frauen fällt es nicht leicht, um etwas zu bitten. Wenn eine Frau erst bitten muß, hat sie das Gefühl, nicht wirklich geliebt zu werden. Außerdem hat sie auch wenig Erfahrung, wie sie sich verhalten muß, wenn sie um etwas bittet. Ich empfehle daher allen, zuerst die Kommunikation zu verbessern und erst dann die Kunst des Bittens zu erlernen. Wenn die Kommunikation gut funktioniert und der Mann die Gefühle seiner Frau wirklich versteht, wird er auch ihre Probleme besser erkennen und ihr nach und nach mehr helfen können.

Jahrhundertelang war es für die Frau eine Art Liebesbeweis, wenn sie nicht erst um etwas bitten mußte. Wenn sie heute das Gefühl hat, daß ihr Mann keine Lust hat, ihre Wünsche zu erfüllen, schadet das ihrem Selbstbewußtsein. Sie fühlt sich gedemütigt und hat das Gefühl, daß sie es nicht wert ist, von ihm geliebt zu werden.

Wenn ein Mann das Gefühl hat, daß seine Frau zuviel von ihm verlangt, schadet das zwar nicht unbedingt seinem Selbstbewußtsein, aber er denkt andererseits auch nicht daran, mehr für sie zu tun. Er kommt abends von der Arbeit nach Hause und ist völlig erschöpft.

Soll man ihn nun bitten oder nicht

Früher war es das quietschende Rad des Kinderwagens, das geölt werden mußte. Heute wird ein solches Teil natürlich sofort ersetzt. Wenn eine Frau ihren Mann zu oft um etwas bittet, wird das leicht als Nörgelei aufgefaßt. Männer haben das nicht gern, und die Frauen haben keine Lust, alles selber machen zu müssen. Wenn eine Frau ihrem Mann keine goldene Brücke baut und ihm so hilft, ihr besser zuhören zu können, bleiben ihr nur zwei Alternativen übrig. Sie wird entweder zur Märtyrerin und gibt sich mit dem zufrieden, was sie hat, oder sie nörgelt weiter herum.

Beides funktioniert nicht. Wenn sie die notwendige Unterstützung bekommen will, muß sie lernen, sich auf das Wesentliche zu konzentrieren. Sie muß ihn bitten, ihr zuzuhören, und erst wenn er begriffen hat, was sie in Wirklichkeit empfindet, kann sie dazu übergehen, ihn konkret um Hilfe zu bitten.

*Wenn eine Frau die Liebe und die positiven Gefühle
lebendig halten will, muß sie lernen, ihre Gefühle und
Bedürfnisse so auszudrücken, daß sowohl sie selbst als
auch ihr Mann davon profitieren können.*

Ich will damit keineswegs andeuten, daß Frauen sich nicht
ausdrücken könnten. Wenn sie jedoch sicher sein wollen, daß
ihr Mann ihnen auch zuhört, müssen sie die neuen Methoden
beherrschen und die neue Stellenbeschreibung kennen.

Womit sie rechnen muß

Wenn sie einen Mann in der richtigen Weise und in einem
günstigen Moment anspricht, ist er froh, daß er etwas für seine
Frau tun kann. Wenn sie ein paar Monate lang gute Gespräche
miteinander geführt haben und sie ihm gegenüber nicht mit
Anerkennung gegeizt hat, wird er gern mehr im Haus tun. Was
»mehr« bedeutet, darüber können Männer und Frauen allerdings durchaus verschiedener Meinung sein.

Man kann von einem Mann nicht verlangen, daß er von
heute auf morgen freiwillig fünfzig Prozent der Hausarbeit
übernimmt, denn er hat bisher viel weniger getan. Und wenn er
ein eher stiller Typ ist, kann seine Frau nicht damit rechnen,
daß er sich ihr sofort öffnet und ihr seine Gefühle offenbart.

Genauso unwahrscheinlich ist es, daß eine Frau ihren Mann
plötzlich begeistert und voller Bewunderung begrüßt, wenn er
abends nach Hause kommt, und das als ihre Erfüllung betrachtet, wenn sie vorher den ganzen Tag über im Haus gearbeitet
hat. Solche unrealistischen Erwartungen führen nur zu großer
Unzufriedenheit und entfremden Mann und Frau voneinander.

Sowohl den Männern als auch den Frauen kann geholfen
werden, aber nicht unbedingt von einem Tag auf den anderen.

Wenn man im Geschäftsleben erfolgreich sein will, muß man hart arbeiten, engagiert sein und neue Strategien anwenden. In einer Zweierbeziehung muß man sich in Geduld und Ausdauer üben, und man muß sich an einer neuen Stellenbeschreibung orientieren, die die Anwendung neuer Methoden vorsieht.

Wenn eine Frau erst einmal erkannt hat, daß sie ihren Mann um alles bitten kann, wenn sie ihm damit nicht auf die Nerven geht oder ständig herumnörgelt, wird es ihr nicht mehr schwerfallen, ihm jeden Tag die Anerkennung zu zollen, die er so dringend braucht. Sie kann ihm dann ohne weiteres ihre Wünsche mitteilen und sicher sein, daß sie auch erfüllt werden. Sie erwartet nicht, daß ihr Mann instinktiv weiß, was sie braucht, sondern zeigt ihm immer wieder, wie dankbar sie ihm für das ist, was er bereits für sie getan hat. Und dann kann sie allmählich mehr von ihm verlangen.

Wir müssen unsere Erwartungen an die Realität anpassen

Eine Frau darf nicht automatisch von ihrem Mann erwarten, daß er ihr aufmerksam zuhört, wenn sie ihm erzählen will, wie sie sich fühlt. Genausowenig kann sie ohne weiteres davon ausgehen, daß er ihr bei allen Hausarbeiten hilft. Der Mann kann dagegen nicht erwarten, daß seine Frau immer nur freundlich mit ihm spricht, keine Ansprüche an ihn stellt und schon zufrieden ist, wenn er abends nach Hause kommt. Eine Frau muß lernen, daß ihr Mann nicht alles tut, was sie von ihm verlangt, so wie er nicht von ihr erwarten kann, daß sie immer lieb und glücklich ist.

Wenn er die neuen Methoden anwendet und sich nicht aus der Ruhe bringen läßt, wenn sie einmal unzufrieden ist, kann er sich überlegen, was er tun kann, damit es ihr wieder besser geht. Wenn eine Frau das Gefühl hat, daß sie von ihrem Mann nicht die Unterstützung bekommt, die sie braucht, sollte sie die Initiative übernehmen und dafür sorgen, daß sie das bekommt, was ihr fehlt. Sie kann bei dieser Gelegenheit ausprobieren, wieviel Macht – auf eine weibliche Art – sie hat. Und das konnte ihre Mutter ihr nicht beibringen.

Wenn eine Frau unglücklich ist und über ihre Probleme reden möchte, ist das für den Mann kein Grund, Schuldgefühle zu haben. Er kann sich davon befreien, indem er Verständnis dafür zeigt, daß sie mit jemandem über ihre Sorgen reden will. Wenn sie sagt, sie habe das Gefühl, in ihrer Beziehung fehle etwas, muß ihm klar sein, daß das nicht sein Fehler ist (auch wenn es sich immer so anhört), sondern daß der weibliche Teil ihrer Seele in der Welt von heute nicht genügend unterstützt wird. Er braucht sich nicht zu verteidigen, sondern sollte statt dessen sein Verständnis und Mitgefühl zum Ausdruck bringen. Und das ist genau das, was von ihm erwartet wird.

Wenn eine Frau von ihrem Partner enttäuscht ist, sollte sie das nicht auf sich beziehen. Sie muß erkennen, daß er es eigentlich gut meint und ihr in Wirklichkeit gern mehr helfen würde, wenn auch nur in kleinen Schritten. Wenn sie ihre Erwartungen zurückschraubt, kann sie endlich die weibliche Seite ihrer Seele wieder aktivieren. Dann erwartet sie von ihm nicht mehr, daß er vollkommen ist, sondern liebt ihn so, wie er ist. Sie erkennt dann, daß er sie nicht verletzen will, sondern von seinem Vater nicht lernen konnte, wie man die neuen Bedürfnisse der Frau von heute befriedigt.

Im nächsten Kapitel werden wir untersuchen, wie man diese neuen Methoden anwenden kann, wenn man erst einmal begriffen hat, wie verschieden Männer und Frauen sind.

4. KAPITEL

Wodurch sich Männer und Frauen voneinander unterscheiden

Wenn man weiß, wie sehr sich Männer und Frauen voneinander unterscheiden, versucht man gar nicht erst, den Partner zu ändern, auch wenn man einmal nicht das von ihm bekommt, was man erwartet. Das Verständnis füreinander fördert die Liebe.

Wenn wir unsere eigene Entwicklungsgeschichte kennen, können wir das aus der Vergangenheit übernehmen, was uns nützen kann, und es an die heutige Zeit anpassen. Das gibt uns die Möglichkeit, uns weiterzuentwickeln und unserem Ideal näherzukommen.

Wenn die Unterschiede nicht beachtet werden, hat das zwangsläufig Desorientierung und Frustration zwischen den Geschlechtern zur Folge. Die Verallgemeinerungen, die ich im Hinblick auf Männer und Frauen mache, lassen sich natürlich nicht auf jeden Einzelfall anwenden, trotzdem treffen sie auf viele Menschen zu. Wenn sich diese Verallgemeinerungen einmal nicht mit Ihrer persönlichen Situation vereinbaren lassen oder Ihrer eigenen Erfahrung widersprechen, sollten Sie sie einfach ignorieren. Wichtig ist, daß Sie im entscheidenden Augenblick über eine Methode verfügen, die Ihnen hilft, Probleme zu lösen, die auf diese Unterschiede zurückzuführen sind.

Sie sollten diese groben Vereinfachungen zunächst einmal ganz unkritisch akzeptieren, denn sie werden Ihnen helfen, *mit* ihnen, statt gegen sie arbeiten zu können. Ich habe die Erfahrung gemacht, daß die geschlechtsspezifischen Unterschiede besonders stark hervortreten, wenn zwei Menschen eine Intimbeziehung aufnehmen; in manchen Fällen noch verstärkt, wenn die Kinder dazukommen.

Unterschiedliche Gehirne

In den letzten Jahren haben zahlreiche Untersuchungen gezeigt, daß sich das männliche und das weibliche Gehirn und die Art und Weise, wie beide Geschlechter es benützen, klar voneinander unterscheiden. Es ist zur Zeit jedoch noch zu früh, um schon eine Aussage über die Bedeutung dieser Unterschiede machen zu können.

Ganz allgemein neigen Frauen eher dazu, beide Hirnhälften gleichzeitig zu benützen, während Männer abwechselnd die eine oder die andere einsetzen. Das heißt, ein Mann benutzt entweder die linke, sprachorientierte oder die rechte, raumorientierte Hälfte, während Frauen beide gleichzeitig nutzen.

Die Untersuchungen haben außerdem gezeigt, daß bei manchen Frauen das Corpus callosum, die Verbindung zwischen den beiden Hirnhälften, stärker ausgeprägt ist. Das könnte eine Erklärung für die gleichzeitige Nutzung beider Hälften sein. Obwohl dieses Gewebe normalerweise bei anderen Frauen nicht so stark ausgeprägt ist, haben Ultraschalluntersuchungen gezeigt, daß auch sie dazu neigen, beide Hälften gleichzeitig zu nutzen. Obwohl es Männer gibt, bei denen das Corpus callosum stärker ausgeprägt ist als bei manchen Frauen, nutzen sie doch jeweils nur eine der beiden Hirnhälften. Die Auswirkungen dieses Unterschieds sind ganz enorm.

Wir warten gespannt auf weitere Untersuchungen, die uns womöglich zeigen werden, wie unterschiedlich Männer und Frauen ihr Gehirn benützen. Die Ergebnisse, die uns zur Zeit bereits vorliegen, haben uns im Hinblick auf das Rätsel der Unterschiede zwischen den Geschlechtern jedoch schon erheblich weitergebracht.

Körper, Gehirn und Hormone

Im Laufe der Evolution haben sich Körper, Gehirn und das hormonelle System des Mannes und der Frau so spezialisiert, daß sie sich in idealer Weise für die unterschiedlichen Rollen und Tätigkeiten eignen. Ein Mann ist zum Beispiel so programmiert, daß er starke Gefühle verarbeitet, indem er schweigt und sich auf das Lösen von Problemen konzentriert. In der Wildnis hat er sich in seiner Rolle als Jäger und Beschützer im Laufe der Zeit so an die Verhältnisse angepaßt, daß er Gefühle wie Furcht, Wut und Verlust schweigend verarbeiten kann. Er entwickelte Methoden, wie er sich und seine Familie besser schützen konnte, und verarbeitete dabei gleichzeitig seine Gefühle.

Die Frauen haben sich dagegen an ihre Mutterrolle angepaßt und gelernt, Gefühle und Probleme vor allem durch Reden mit anderen Familienmitgliedern oder in der Gemeinde zu verarbeiten. Das spiegelt die Neigung der Frau wider, beide Hirnhälften gleichzeitig zu benutzen. Darüber hinaus haben wiederholte Tests gezeigt, daß Frauen auf dem sprachlichen Sektor – der in der linken Hirnhälfte lokalisiert wird – stärker sind, während bei den Männern das Räumliche – also die rechte Hirnhälfte – dominiert.

Reden ist ein integrativer Bestandteil des Weiblichen. Das läßt sich auch daran erkennen, daß das weibliche Gehirn so angelegt ist, daß die Frau ihre Gefühle besser ausdrücken kann. Das zusätzliche Bindegewebe, das aus Milliarden von neuralen Verbindungen besteht, die sich zwischen dem Gefühlszentrum und dem Sprachzentrum im Gehirn befinden, ist der Grund, warum kleine Mädchen früher als Jungen sprachliche Fähigkeiten entwickeln. In der Regel benützen Mädchen bedeutend mehr Wörter als Jungen im gleichen Alter. Dieser Unterschied wurde durch zahlreiche Tests bestätigt.

Während sich im Gehirn des Mädchens vor allem die Kommunikationsfähigkeiten entwickeln, bilden sich beim Jungen eher die räumlichen Fähigkeiten aus. Er kann zum Beispiel besser werfen, zielen und laufen, wenn er Hilfe holen muß, und er verläuft sich seltener. Die Entwicklung der räumlichen Fähigkeiten gibt dem Jungen die Möglichkeit, »etwas zu tun«, wenn er Kummer hat. Für ihn sind räumliche Fähigkeiten untrennbar mit dem Problemlösen verbunden.

Eltern wissen, daß ein kleines Mädchen gern redet, auch wenn es mitunter ohne nachzudenken einfach drauflos plappert. Wenn es dabei das Gefühl hat, daß die anderen ihm zuhören, keine Angst haben muß, zurückgewiesen zu werden, und kein Liebesverlust droht, entwickeln sich die neuralen Verbindungen mit der Zeit so stark, daß es später gleichzeitig fühlen, sprechen und denken kann.

Wenn die erwachsene Frau dann einmal wütend ist und nicht mehr klar denken kann, wird sie instinktiv mit jemandem reden wollen, der bereit ist, ihr zuzuhören. Das hilft ihr, die Gedanken wieder mit den Gefühlen zu verbinden, so daß sie die Situation besser verstehen kann und weiß, was sie zu tun hat. Wenn eine Frau Kummer hat, sucht sie sich jemanden, dem sie ihre Gefühle anvertrauen kann und der ihr zuhört.

Wenn ein Junge dagegen weiß, daß er aktiv werden kann, ohne Angst vor Strafe oder Liebesentzug haben zu müssen, hat er die Möglichkeit, sich frei zu bewegen und auch Fehler zu machen. Hinterher kann er sich dann Gedanken machen, was er angestellt hat und wie er sein Verhalten beim nächstenmal ändern muß. Dieser Mechanismus der Selbstkorrektur gibt ihm Gelegenheit, aus seinen Fehlern zu lernen. Mit der Zeit entwikkeln sich bei ihm die notwendigen neuralen Verbindungen, die es ihm ermöglichen, erst zu fühlen, dann nachzudenken und schließlich zu handeln.

Wenn ein Mann so wütend ist, daß er nicht mehr klar denken kann, verspürt er einen starken Bewegungsdrang. Er muß dann auf und ab laufen, weil er noch nicht so recht weiß, was er eigentlich unternehmen soll, sich jedoch irgendwie beschäftigen muß. Während er verzweifelt versucht, mit Hilfe seiner rechten Hirnhälfte herauszufinden, was zu tun ist, ist ihm jede noch so geistlose Tätigkeit recht.

Bei Spielen wie Baseball, Fußball oder Football wird das gleiche räumliche Denken verlangt, das der Jäger früher bei der Pirsch, beim Speerwerfen und zu seiner Orientierung gebraucht hat. Wenn wir uns vor Augen führen, wie lange die Männer darauf spezialisiert waren, Jäger und Beschützer zu sein, brauchen wir uns nicht zu wundern, daß ihr Gehirn sich von dem der Frauen unterscheidet.

Der Mann muß erst über ein Gefühl nachdenken, bevor er darüber reden kann. Eine Frau kann gleichzeitig fühlen, reden und denken.

Einer Frau fällt es leichter, über ihre Gefühle zu sprechen, während der Mann schneller bei der Hand ist, wenn es darauf ankommt, ein Problem zu lösen. Sie möchte erst einmal ausführlich über das Problem reden, während ihr Mann sofort unruhig wird und es gleich lösen möchte. Man kann nicht sagen, daß die eine Methode besser ist als die andere. Am besten ist es, wenn beide zusammenarbeiten.

Schon in der Vorzeit mußte der Mann seinen Speer ins Ziel bringen, wenn er überleben wollte. Für die Frau hatten das Reden und die Aufnahme von Beziehungen zu anderen Menschen die gleiche Bedeutung. Es ist daher kein Wunder, daß sich unsere Gehirne so unterschiedlich entwickelt haben. Eine Frau ist darauf spezialisiert, ihre Gefühle mitzuteilen, während der Mann in der Lage ist, seine Gefühle zu unterdrücken, um eine Problemlösung zu finden.

Unterschiedliche Hirnstrukturen

Wir müssen uns vorstellen, daß im Gehirn eines Mädchens zwischen den Gefühlszentren und dem Sprachzentrum Milliarden von neuralen Verbindungen gebildet werden. Im Gehirn eines Jungen sehen die Prioritäten anders aus. Die rechte Seite, die er braucht, um mit Pfeil und Bogen jagen und anschließend wieder nach Hause zurückfinden zu können, entwickelt sich zuerst. Nach einer gewissen Zeit bildet sich dann auch sein Sprachzentrum aus, genauso wie sich beim Mädchen das Handlungszentrum entwickelt. Als Erwachsene benützen beide Geschlechter diese Zentren jedoch auf eine sehr unterschiedliche Weise. Wegen dieses unterschiedlichen Entwicklungsverlaufs sind die Gefühle eines Mannes enger mit dem Problemlösen verbunden und weniger mit dem Reden, während die Gefühle einer Frau zuallererst mit dem Bereich der Kommunikation und erst dann mit dem des Problemlösens verbunden sind.

Im Gehirn des Mannes entwickeln sich zuerst die neuralen Verbindungen zwischen dem Gefühls- und dem Handlungszentrum. Wenn er aufgebracht ist, muß er normalerweise irgend etwas tun. Seine erste Priorität liegt dann im Bereich der Problemlösung. Natürlich versucht auch die Frau, ihre Probleme zu lösen, aber wegen der unterschiedlichen Entwicklung ihres Gehirns muß sie zuerst darüber reden.

Zwischen dem Gefühls- und dem Sprachzentrum befinden sich im Gehirn der Frau Milliarden von neuralen Verbindungen. Man könnte sagen, daß es zwischen den Gefühlen und der Sprache regelrechte Autobahnen gibt. Wenn ein Mann versucht, seine Gefühle auszudrücken, muß er erst nachdenken, was er sagen will. Da in seinem Gehirn solche Autobahnen nicht existieren, muß er sich über kurvenreiche, kleine Straßen quälen.

Zuerst entsteht in ihm ein Gefühl, dann will er etwas tun. Und erst wenn er das Gefühl analysiert hat und weiß, was zu tun ist, beschließt er, darüber zu reden. Er muß dazu zur linken Seite seines Gehirns umschalten, um die Worte, die seine Gefühle beschreiben, formulieren zu können. Wenn er gesprochen hat und neue Gefühle auftauchen, beginnt dieser Prozeß wieder von neuem. Das ist für eine Frau nicht leicht zu verstehen, denn sie kann, wie schon gesagt, gleichzeitig fühlen, reden und denken.

Jungen sind Jungen, Mädchen sind Mädchen

Man kann diese unterschiedliche Entwicklung des Gehirns am besten am kindlichen Verhalten nachweisen. Eine bestimmte Untersuchung zeigt diese Unterschiede in einer besonders anschaulichen Weise. Bei dem Experiment wurde die Mutter in ein Zimmer geführt, in dem ihr Kind bereits saß. Mutter und Kind waren durch eine Glaswand voneinander getrennt. Sie sollte sich mit einem unbeteiligten Gesichtsausdruck vor diese Glasscheibe stellen. Mädchen und Jungen reagierten bei diesem Experiment völlig verschieden.

Wenn der Junge die Mutter sah, war er unglücklich, weil sie ihn nicht auf den Arm nahm, und krabbelte auf sie zu. Sobald er an der Glaswand angekommen war, versuchte er, sie umzustoßen oder darüber zu klettern. Nach einer gewissen Zeit griff die Mutter dann über die Glaswand und nahm ihn auf den Arm.

Wenn das Mädchen seine Mutter sah, war es ebenfalls unglücklich, weil es nicht auf den Arm genommen wurde. Aber anstatt zu ihr hinzukriechen und zu versuchen, über die Glaswand zu klettern, nahm das Mädchen Blickkontakt auf und begann zu weinen. Alle Jungen drückten ihre Gefühle durch Aktivität aus, während die Mädchen das gleiche auf verbalem Wege taten.

Die Entwicklung der kognitiven Funktionen bei Mann und Frau

In einer späteren Phase der Entwicklung des Gehirns werden bei Jungen und Mädchen die für das logische Denken zuständigen Zentren ausgebildet. Auch in dieser Phase entstehen Milliarden von neuralen Verbindungen zwischen den kognitiven Zentren, und auch hier lassen sich Unterschiede zwischen der Entwicklung beim Mann und bei der Frau erkennen.

Wenn eine Frau aufgebracht ist, möchte sie zuallererst darüber reden, erst während des Redens setzen dann allmählich ihre kognitiven Funktionen ein. Erst dann kann sie über ihre augenblicklichen Gefühle und über das, worüber sie gerade redet, nachdenken und das Ganze analysieren. Bei ihr beginnt der Prozeß in dem Teil des Gehirns, der für das Fühlen zuständig ist, durchläuft den kommunikativen Teil und erreicht erst dann die kognitiven Zentren. Das ist für sie der natürliche Weg, denn ihre Fähigkeiten entwickelten sich in ebendieser Reihenfolge. Nach und nach bildet sich dann die Fähigkeit heraus, gleichzeitig zu fühlen, zu reden und zu denken.

Beim Mann läuft dieser Prozeß anders ab, denn bei ihm haben sich diese Fähigkeiten in einer anderen Reihenfolge entwickelt. Erst bildet sich das Gefühlszentrum aus, dann das Aktivitätszentrum und schließlich das Denkzentrum. Wenn er erregt ist, möchte er zuerst etwas tun, um die Situation zu verändern, denn wenn er aktiv ist, kann er besser denken. Erst mit der Zeit entwickelt sich bei ihm die Fähigkeit, gleichzeitig zu fühlen, zu handeln und zu denken.

Wegen dieser unterschiedlichen Entwicklung des Gehirns ist auch das Verhalten und die Art der Kommunikation bei Männern und Frauen außerordentlich verschieden. Männer benützen ihre kommunikativen Fähigkeiten hauptsächlich, um Probleme zu lösen oder ein Ziel zu erreichen. Auch die Frauen benützen die Kommunikation zu diesem Zweck, aber sie brauchen diese Fähigkeit auch, um sich Klarheit über ihre Gefühle und Gedanken verschaffen zu können. Das ist auch der Grund, warum die Kommunikation für Frauen eine viel größere Bedeutung hat.

Beim Mann steht das Handeln im Vordergrund, es hat bei ihm die Funktion einer Pumpe, durch die die Denkfunktionen angeregt werden. Frauen werden zwar auch aktiv, wenn sie ein Problem lösen wollen, für den Mann hat das Handeln jedoch eine viel größere Bedeutung. Ihm verschafft die Aktivität geistige Klarheit und ermöglicht ihm so, seine Gefühle auszudrükken.

Wie sich diese Unterschiede auf unsere Beziehung auswirken

Frauen können nicht ohne weiteres verstehen, warum ein Mann erst schweigend über seine Gefühle nachdenken muß, während sie in der gleichen Situation viel lieber reden würden. Genausowenig können die Männer verstehen, warum Frauen unbedingt über ihre Probleme reden müssen. Dieser Mangel an gegenseitigem Verständnis ist auch der Grund, warum es zwischen den Geschlechtern immer wieder zu frustrierenden Konflikten kommt. Die Frauen beschweren sich in der Regel über folgendes:

1. Wenn er sich geärgert hat, redet er nicht mit mir.
2. Wenn wir einander ganz nahe waren, zieht er sich hinterher wieder zurück und hat keine Lust zu reden.
3. Wenn ich über meine Gefühle rede, hört er mir nicht zu und kann sich überhaupt nicht vorstellen, was ich empfinde. Statt dessen fängt er an, Probleme zu lösen.
4. Wenn ich weine, ist ihm das sehr unangenehm.
5. Er sagt mir so gut wie nie, daß er mich liebt.
6. Er ist verschlossen und spricht kaum über seine Gefühle.
7. Wenn ich mich über etwas aufrege, will er einfach nicht begreifen, was mir fehlt.
8. Wenn wir uns streiten, muß er immer recht behalten.

Wenn man weiß, wie unterschiedlich sich das männliche und das weibliche Gehirn entwickelt, fällt es einem nicht schwer, Verständnis für diese Klagen zu haben. Wenn Frauen erregt oder verärgert sind, versuchen sie, ihre Gefühle durch Reden abzureagieren. Während sie reden, können sie über ihre Gefühle nachdenken, sie analysieren oder verarbeiten, und eine Lösung finden.

Bei Männern läuft dieser Verarbeitungsprozeß ganz anders ab. Sie erleben ihre Gefühle schweigend, denken darüber nach, was sie bekümmert, und versuchen dann, das Problem zu lösen. Der Mann benützt dazu seine rechte Hirnhälfte, gewinnt dadurch vorübergehend Abstand von seinen Gefühlen und kann sich dabei automatisch wieder beruhigen. Genau das passiert, wenn ein Mann sich »in seine Höhle zurückzieht, um wieder einen klaren Kopf zu bekommen«, wie ich es in *Männer sind anders. Frauen auch* beschrieben habe.

Den Mann verstehen lernen

Wenn eine Frau weiß, wie unterschiedlich unsere Gehirne angelegt sind, kann sie ihre wichtigsten Fragen selbst beantworten, die sich in ihrer Beziehung zu Männern stellen. Werfen wir einen Blick auf die acht Punkte der Beschwerdeliste und überlegen uns, wie Männer und Frauen diese Probleme gemeinsam lösen könnten. Später werden wir die speziellen Fertigkeiten beschreiben, die nötig sind, um diese neuen Erkenntnisse anzuwenden.

1. Wenn er sich geärgert hat, redet er nicht mit mir.
Es ist nicht unbedingt die Angst vor der Intimität, die den Mann dazu veranlaßt, sich in sich zurückzuziehen und ihn daran hindert, über seine Gefühle zu reden. Er kann so am besten mit intensiven positiven oder negativen Gefühlen umgehen. Sein Gehirn ist so angelegt, daß die Intensität der Gefühle beim Problemlösen abnimmt, so daß er sich wieder in den Griff bekommen kann.

Aber auch wenn viele Männer sich normalerweise so verhalten, können sie mit der Zeit lernen, sich zu öffnen. Voraussetzung ist allerdings, daß sie ihr Problem analysiert haben. Erst dann können sie mit anderen darüber reden, was sie bekümmert.

2. Wenn wir einander ganz nahe waren, zieht er sich hinterher wieder zurück und hat keine Lust zu reden.
Wenn Mann und Frau intim miteinander sind, kommen starke Gefühle auf. Bis zu einem gewissen Grad verliert der Mann

dann die Kontrolle über sich selbst und kann nicht mehr klar denken. Wie bereits erwähnt, fällt es ihm schwer, gleichzeitig zu fühlen und zu denken. In einer solchen Situation ist er unbeholfen und weiß nicht, was er tun oder sagen soll. Um sein inneres Gleichgewicht wiederzufinden, muß er unbedingt etwas tun, sich also zum Beispiel mit einer leichten Problemlösung beschäftigen. Erst dann kann er sich wieder der Intimität zuwenden.

Es ist durchaus nicht ungewöhnlich, wenn sich ein Mann nach einer gewissen Zeit der Intimität und Nähe wieder zurückzieht. Die Zeit, die er für sich selbst braucht verkürzt sich jedoch, wenn er spürt, daß seine Partnerin Verständnis für sein Verhalten hat. Wenn sie dagegen ständig ganz nah bei ihm sein will, wird sein Bedürfnis, sich zurückzuziehen, immer größer.

3. Wenn ich über meine Gefühle rede, kann er sich überhaupt nicht vorstellen, was ich empfinde, sondern fängt statt dessen an, Probleme zu lösen.

Während eine Frau gleichzeitig fühlen, reden und denken kann, fällt das einem Mann viel schwerer. Er kann entweder zuhören und antworten (Aktivität der linken Hirnhälfte), oder er fühlt, denkt und löst Probleme (rechte Hirnhälfte). Wenn ein Mann seiner Frau zuhört (linke Hirnhälfte), verspürt er plötzlich das Bedürfnis, die unangenehmen Gefühle, die dadurch in ihm aufkommen, durch Problemlöseaktivitäten abzuschwächen (rechte Hirnhälfte).

Um umschalten zu können, muß er seine rechte Hirnhälfte benützen, das heißt, er hört nicht mehr zu, denn das kann er nur mit der linken Hirnhälfte. Vergessen Sie nicht, daß ein Mann gleichzeitig immer nur eine Hirnhälfte benützen kann, nicht beide wie die Frau. Für ihn mag das in Ordnung sein, die Frau stört das jedoch bei der Verarbeitung ihrer Gefühle.

Wenn ein Mann zuhören muß (linke Hirnhälfte), wird er in den meisten Fällen nach einer gewissen Zeit das Bedürfnis haben, das Problem, das ihm präsentiert wird, zu lösen (rechte Hirnhälfte). Das heißt jedoch nicht, daß er nicht trotzdem ein guter Zuhörer sein kann.

Wenn ein Mann erst einmal begriffen hat, daß es einer Frau, die Probleme hat, vor allem darum geht, daß ihr endlich einmal jemand zuhört, kann er sich weiter auf ihre Gefühle konzentrieren. Dann weiß er, daß er nicht unbedingt dafür verantwortlich ist, daß ihr Problem auch gelöst wird. Er kann dann besser zuhören, weil er motiviert ist, weiter seine linke Hirnhälfte zu benützen. Er hat begriffen, daß er ihr am meisten hilft, wenn er ihr einfach nur geduldig zuhört und versucht zu verstehen, warum sie sich so schlecht fühlt.

Ihr Problem kann er allein dadurch lösen, daß er Verständnis für das hat, was sie zur Zeit empfindet, ganz gleich, wie das Problem tatsächlich aussieht. Auf diese Weise wird die Aktivität seiner linken Gehirnhälfte nicht gestört, so daß er gut zuhören kann. Ein Umschalten auf die rechte Hirnhälfte ist dann überflüssig.

4. Wenn ich weine, ist ihm das sehr unangenehm.

Wenn ein Mann seiner Frau zugehört hat und begriffen hat, warum sie weint (linke Hirnhälfte), schaltet er auf die rechte Hirnhälfte um, um seine eigenen Gefühle, also seine Reaktion, zu erleben. Und sobald die Gefühle der rechten Hirnhälfte auftauchen, entsteht automatisch das Bedürfnis, das Problem zu lösen.

Wenn er dann verschiedene Lösungen angeboten hat, ist er mit seinem Latein am Ende, weil sie nicht in der Lage ist, seine Vorschläge gebührend zu würdigen. Er fühlt sich ohnmächtig, wird mit der Zeit immer frustrierter, was zur Folge hat, daß er weiter nach einer Lösung sucht und dadurch noch frustrierter wird.

Dieses Verhaltensmuster läßt sich leicht verändern, wenn der Mann erst begriffen hat, daß es ihr nur um ihre Gefühle geht. Wenn er die versteht, ist ihr Problem sozusagen schon gelöst. Dann kann er sich entspannen und braucht nicht frustriert zu sein, weil er weiß, daß er genau das Richtige tut.

5. Er sagt mir so gut wie nie, daß er mich liebt.

Wenn ein Mann sich zu einer Frau hingezogen fühlt, bekommt er plötzlich Formulierungsschwierigkeiten, wenn er sie ins Kino oder sonstwohin einladen will. Wenn seine Gefühle so intensiv sind, fällt es ihm sehr schwer, geradeaus zu denken und sich in der angemessenen Weise auszudrücken. Wir erinnern uns, daß es zwischen seinen Gefühlszentren (rechte Hirnhälfte) und dem Kommunikationszentrum (linke Hirnhälfte) weniger Verbindungen gibt.

Je stärker seine Gefühle sind, um so schwerer fällt es ihm, sie in Worten auszudrücken. Wenn er sehr verliebt ist, fehlen ihm ganz einfach die Worte. Das ist für eine Frau nur schwer zu verstehen, weil es bei ihr ganz anders ist.

Männer sagen natürlich auch »Ich liebe dich«, aber das ist bei ihnen keine spontane Gefühlsäußerung, die direkt in Sprache umgesetzt wurde, sondern hat die Bedeutung einer Problemlösung. Der Mann läßt die Frau auf diese Weise wissen, welche Absichten er hat. Wenn er sagt »Ich liebe dich«, dann hat das einen Grund. Und wenn er es einmal gesagt hat, sieht er nicht ein, warum er das ständig wiederholen soll.

Wenn ein Mann jedoch weiß, daß eine Frau diese Worte gar nicht oft genug hören kann, hat er einen guten Grund, sie häufiger zu wiederholen. Da er damit ein Problem löst, kann er das Gefühl bedeutend leichter in Sprache umsetzen. Mit ein bißchen Übung kann dieser Prozeß sogar ziemlich spontan werden. Davon hat nicht nur sie etwas, sondern auch er selbst wird erleben, welche Freude es ihm macht, wenn er bei diesen Worten jedesmal spürt, wie sehr er sie liebt.

6. Er ist verschlossen und spricht kaum über seine Gefühle.

Das ist für eine Frau besonders schwer zu verstehen. Wenn sie ein Problem hat, hat sie im allgemeinen das Bedürfnis, sich mitzuteilen. Dieser Unterschied zwischen den beiden Geschlechtern läßt sich auch bei Ultraschalluntersuchungen des Gehirns nachweisen. Wenn eine Frau die Sprachzentren in der linken Hirnhälfte aktiviert, benutzt sie gleichzeitig auch die Problemlösefähigkeiten, die sich in der rechten Hirnhälfte befinden.

Wenn ein Mann Schwierigkeiten hat, muß er sich zuerst beruhigen, indem er versucht, das Problem ganz allein zu lösen. Er setzt seine rechte Hirnhälfte ein, um das Problem in den Griff zu bekommen, um sich dann wieder entspannen zu können. Würde er direkt darüber reden, also seine linke Hirnhälfte einsetzen, liefe er Gefahr, von Gefühlen wie Angst, Frustration usw. übermannt zu werden. Im allgemeinen zieht er sich erst einmal zurück, um in Ruhe nachdenken zu können. Dann verliert das Problem an Gewicht, und seine negativen Gefühle verschwinden wieder. Er sagt sich: »So schlimm ist es nun auch wieder nicht.« Wenn er sich dann wieder seinem Partner zuwendet, weiß er nicht mehr, was er sagen soll, denn die Gefühle sind verschwunden. Für eine Frau kann das sehr verwirrend sein. In der Regel mißversteht sie ihn und glaubt, er würde sich ihr gegenüber verschließen, während es seiner Meinung nach nichts mehr gibt, worüber man reden müßte.

Wenn zwischen Mann und Frau Spannungen bestehen oder sie sich streiten, sollten beide erst einmal eine Pause machen. Das gibt dem Mann Gelegenheit, sich zu beruhigen und über das nachzudenken, was gerade geschehen ist.

Anschließend sollte der Mann die Initiative ergreifen und mit ihr über das, was passiert ist, reden. Das muß er allerdings erst lernen. Instinktiv glaubt er, daß es keinen Sinn habe, darüber zu reden, weil er seine Gefühle bereits verarbeitet hat und nicht weiß, worüber er noch reden sollte. Trotzdem muß er der Frau zuliebe reden, auch wenn er der Meinung ist, er habe nichts mehr zu sagen. Nach den neuen Methoden sollte der Mann das Gespräch eröffnen, nicht weil er gern reden möchte, sondern weil er weiß, daß sie reden muß, um sich wieder mit ihm verbunden zu fühlen.

Das ist sehr wichtig, denn eine Frau kann in Panik geraten, wenn er sich weigert, über etwas zu sprechen, was gerade passiert ist. Sie hat Angst, daß sich die Gefühle, die er ihrer Meinung nach unterdrückt, letzten Endes in Zorn verwandeln könnten, der sich gegen ihre Person richtet. Sie orientiert sich dabei an ihrem eigenen Verhalten: Wenn sie nicht mit ihm redet, ist sie wütend auf ihn.

Der Mann muß das erkennen, denn dann kann er mit der Zeit lernen, die Spannungen in einem Gespräch abzubauen, auch wenn er nicht viel zu sagen hat. Wenn er sich erst einmal beruhigt hat und es ihm wieder bessergeht, wird es ihm nicht mehr schwerfallen, ein Gespräch zu beginnen. Er gibt ihr damit die Gelegenheit zu reden, und sie freut sich, daß er ihr zuhört. Normalerweise verhalten Männer sich nicht so, weil sie ungern ein Gespräch führen, wenn sie wenig zu sagen haben. Das ändert sich jedoch in dem Augenblick, wo ihnen klar wird, wie wichtig das Gespräch für ihre Frau ist.

7. Wenn ich mich über irgend etwas aufrege, will er einfach nicht begreifen, was mir fehlt.

Wenn ein Mann sich aufregt, schaltet er automatisch auf seine rechte Hirnhälfte um, weil er sich dann wieder beruhigt. Er überlegt, wie er das Problem lösen kann, und fühlt sich gleich viel wohler, das heißt, er denkt darüber nach, warum er sich eigentlich so aufregt und was er dagegen tun kann. Und wenn seine Frau sich aufregt, bietet er ihr Problemlösungen an. Und das ist genau das Falsche, denn ihr geht es ums Reden und nicht um Problemlösungen. Ihm ist nicht bewußt, daß er damit alles nur noch schlimmer macht.

Wenn sie sagt: »Du hast mich nicht verstanden«, legt er sich noch mehr ins Zeug und bietet ihr weitere Problemlösungen an, um ihr zu beweisen, daß er sie sehr wohl verstanden hat. Wenn er die Problematik jedoch durchschaut hat, kann er nach und nach lernen, sich Gedanken darüber zu machen, warum sie so aufgebracht ist, statt ihr Lösungen anzubieten. Sobald er erkannt hat, wie sehr es ihr hilft, wenn er gar nichts sagt, sondern ihr nur zeigt, daß er mit ihr fühlt, wird es ihm viel leichter fallen, ein guter Zuhörer zu sein.

Wenn er gelernt hat, ruhig zu bleiben und seiner Frau aufmerksam und interessiert zuzuhören, schafft er neue Verbindungen zwischen seiner rechten und seiner linken Hirnhälfte. Nach einer gewissen Zeit wird er dann so weit sein, daß er in aller Ruhe über seine eigenen Gefühle reden kann.

8. Wenn wir uns streiten, muß er immer recht behalten.

Wenn ein Mann von Gefühlen überwältigt wird, muß er unbedingt seine rechte Hirnhälfte aktivieren, um eine Lösung des Problems zu finden und die Kontrolle über sich selbst wiederzugewinnen. Tut er das nicht, handelt er, ohne zu denken. Das ist auch der Grund, warum über neunzig Prozent der Gefängnisinsassen Männer sind. Die meisten von ihnen haben sich von ihren Gefühlen überwältigen lassen und gehandelt, ohne vorher nachzudenken. Es sind nicht unbedingt schlechte Menschen, sie waren nur nicht in der Lage, die Milliarden von neuralen Verbindungen in ihrem Gehirn daran zu hindern, sich von ihren Gefühlen überwältigen zu lassen. Man kann nur hoffen, daß sie im Gefängnis lernen, erst zu denken und dann zu handeln.

Ein Mann, der sehr erregt ist, muß nachdenken, um sich wieder beruhigen zu können, nur dann kann er wieder erfolgreich aktiv werden. Das ist auch der Grund, warum Männer in solchen Situationen unbedingt recht haben müssen. Wenn sie wütend sind, weil sie spüren, daß sie unrecht haben, können sie für sich und andere große Probleme schaffen.

Bei Frauen ist dieses Bedürfnis nicht so stark ausgeprägt, denn sie müssen in diesem Zustand nicht gleich aktiv werden. Wenn eine Frau sich über irgend etwas aufgeregt hat, redet sie in der Regel erst darüber, bevor sie etwas Unüberlegtes tut. Der Unterschied läßt sich auch statistisch an der Zahl der Frauen erkennen, die einen Therapeuten aufsuchen, mit dem sie über ihre Gefühle reden können. Neunzig Prozent der Menschen, die einen Psychotherapeuten aufsuchen, sind Frauen. Das ist nicht weiter verwunderlich, wenn man weiß, daß Frauen ihr Gehirn anders einsetzen.

Wenn eine Frau sich über etwas aufregt, geht es ihr nicht darum, »den richtigen Denkansatz zu finden, um das Problem zu lösen«. Sie möchte, daß man ihr zuhört, damit sie sich über ihre Gefühle klarwerden kann. Und wenn es dann ein Problem gibt, das gelöst werden muß, kann sie sich anschließend auf die Lösung konzentrieren.

Leider wirkt sich die Tendenz des Mannes, unbedingt recht

haben zu müssen, auf die Frau sehr negativ aus. Sie glaubt dann nämlich, daß ihre Gefühle sie trügen. Wenn sie sich über ihn geärgert hat, erklärt er ihr sofort, warum er mit dem, was er gesagt oder getan hat, recht hatte. Indirekt hat das zur Folge, daß sie glaubt, er wolle ihr damit sagen, sie habe kein Recht, sich über ihn zu ärgern.

Sobald der Mann dieses Problem erst einmal erkannt hat, kann er es auch lösen. Anstatt unbedingt recht haben zu wollen, kann er sich darauf konzentrieren, das Problem zu lösen, indem er »das Richtige tut«. Da er gelernt hat, daß es am besten ist, ihr einfach nur zuzuhören und ihre Gefühle zu bestätigen, kann er seine defensive Haltung aufgeben. Er wird nicht mehr versuchen, ihre Gefühle wegzudiskutieren, nur um recht zu haben.

Auch für eine Frau ist es sehr wichtig, diesen Unterschied zu erkennen. Wenn ein Mann sich aufregt und unbedingt recht haben will, gibt es für sie nur eine Möglichkeit: Sie muß die Diskussion so lange aufschieben, bis er sich wieder beruhigt hat. Je mehr er sich aufregt, um so wichtiger ist es für ihn, recht zu haben, und um so weniger kann er sich in ihre Lage versetzen und ihren Standpunkt verstehen.

Holen Sie tief Luft und zählen Sie bis zehn

Wir alle kennen diesen guten Rat. Vor allem Männer sollten sich das zu Herzen nehmen. Wenn ein Mann anfängt zu zählen oder Rechenaufgaben im Kopf löst, schaltet er zu dem Teil seines Gehirns um, der für Problemlösungen zuständig ist, und dann beruhigt er sich allmählich. Der Wechsel von der linken zur rechten Hirnhälfte vermittelt ihm größere Objektivität, es fällt ihm dann leichter zu erkennen, was mit ihm los ist und was er dagegen tun kann. Und es schützt ihn davor, sich ausschließlich von seinen Gefühlen leiten zu lassen, ohne vorher nachzudenken.

Diese Verlagerung ist besonders hilfreich, wenn er gerade seine linke Hirnhälfte benützt, weil er seine negativen Gefühle

111

zum Ausdruck bringen will. Am besten sagt er dann gar nichts, sondern leitet die Verlagerung auf die rechte Hirnhälfte ein, indem er zunächst bis zehn zählt oder versucht, Rechenaufgaben im Kopf zu lösen.

Diese Methode ist für Frauen nicht geeignet. Statt bis zehn zu zählen, um die rechte Hirnhälfte zu aktivieren, sollten sie lieber die linke benutzen. Wenn es der Frau gelingt, ihre Gedanken mit der linken Hirnhälfte zu formulieren und auszudrücken, fällt es ihr leichter, einen objektiven Standpunkt zu gewinnen, so daß sie sich selbst und die Gesamtsituation besser verstehen kann.

Männer gehen anders mit Gefühlen um

Wenn ein Mann seine Gefühle in Aktivität verwandelt, kann er sie analysieren. Einfache, zielorientierte Tätigkeiten, wie sie zum Beispiel beim Sport verlangt werden, aktivieren den für das Denken zuständigen Teil seines Gehirns, so daß er besser mit seinen Gefühlen umgehen kann.

Einer meiner besten Freunde erhielt die schlimme Nachricht, daß seine Tochter an Krebs leidet – was ich bereits von meiner Frau erfahren hatte, bevor er mich anrief. Nach den üblichen Begrüßungsfloskeln sagte er, er habe eine schlechte Nachricht erhalten, dann machte er eine Pause.

Um ihm das Ganze zu ersparen, kam ich ihm zuvor und sagte: »Ja, ich weiß, Bonnie hat es mir erzählt.«

Nach einer weiteren Pause fragte er mich, ob ich Zeit hätte, mit ihm Tennis zu spielen. Ich sagte ja, und wir trafen uns ein paar Minuten später auf einem Platz in der Nähe.

Als Bonnie hörte, wohin ich ging, hatte sie sofort Verständnis für die Situation und sagte mir, ich solle unseren Freund in ihrem Namen in den Arm nehmen.

Während des Spiels sprachen wir beim Seitenwechsel oder beim Einsammeln der Bälle kurz miteinander. Wir spielten eine Weile und unterhielten uns zwischendurch. Er spielte gern Tennis und war ein guter Spieler, das Spiel gab ihm Gelegenheit, seine Gefühle über das, was passiert war, auszudrücken. Während er mit mir sprach, konnte er seine Gedanken ordnen und bekam von mir das entsprechende Feedback und meine Unterstützung. Das Entscheidende war jedoch, daß er durch das Tennisspielen den Kontakt zu seinen Gefühlen herstellen konnte.

Während er seine ganze Aufmerksamkeit und Energie auf den Ball richtete, konnte er Kontakt zu seinen Gefühlen aufnehmen. Und er konnte seiner Frustration Ausdruck verleihen, weil er angesichts der Krankheit seiner Tochter völlig hilflos war: Wenn er den Ball zu weit schlug, erlebte er den Schmerz, kein perfekter Vater gewesen zu sein, und er dachte über all die Fehler nach, die er gemacht hatte. Wenn der Ball gut war, empfand er den Wunsch, das Richtige zu tun, und wollte der beste Vater der Welt sein. Das Gefühl, mich besiegen zu wollen und das Spiel zu gewinnen, stärkte seinen Wunsch, den Krebs besiegen zu können und seine Tochter zu retten.

Nach dem Spiel setzten wir uns auf eine Bank und sprachen darüber, wie man dem Mädchen in ihrem Leid helfen könnte. Während des gesamten Gesprächs hatte er Angst, seine Tochter zu verlieren, und er drückte dieses Gefühl auch aus. Und er sagte mir auch, wie sehr er sie liebe. An dieser Stelle nahm ich ihn auch in Bonnies Namen in den Arm.

Die Geschichte hat ein Happy-End. Die Tochter meines Freundes wurde erfolgreich behandelt, es geht ihr heute sehr gut.

Männer müssen etwas tun, um ihre Gefühle besser verarbeiten zu können. Das heißt jedoch nicht, daß es einem Mann nicht hilft, wenn er darüber redet.

———◄○►———

Die Seele eines jeden Mannes hat auch eine weibliche
Seite, und der tut es gut, wenn er redet. Er muß
allerdings zuerst Gelegenheit haben, nachzudenken
und sich zu beruhigen, erst dann kann er reden.

———◄○►———

Männer erleben die Liebe anders

Ein Mann kann seine Gefühle ganz unmittelbar erleben, wenn er aktiv ist. Vor allem, wenn man seine Aktivitäten würdigt und anerkennt, fühlt er sich besonders geliebt.

Wenn eine Frau die Entscheidungen und Handlungsweisen des Mannes würdigt und ihm seine Fehler verzeiht, findet sie einen direkten Weg zu seinem Herzen.

Wenn er sich auf diese Weise angenommen fühlt, erlebt er auch die Liebe am intensivsten. Frauen können das nicht so ohne weiteres verstehen, denn bei ihnen sind die Gefühle direkt mit den Sprachzentren – nicht mit den Handlungszentren – im Gehirn verbunden.

Viele Frauen machen den Fehler, ihre Männer so zu lieben, wie sie selbst gern geliebt würden, ohne dabei auf die speziellen Bedürfnisse des Mannes einzugehen. Wenn ein Mann Kummer hat, glaubt die Frau, sie könne ihm helfen, indem sie ihn ermuntert, ihr zu sagen, was ihn bedrückt. Ihr ist nicht klar, daß es in dieser Situation besser wäre, ihn einfach liebevoll zu akzeptieren und ihn ansonsten in Ruhe zu lassen. Wenn er dann bereit ist zu reden, kann sie ihm sagen, daß sie ihn liebt und froh ist, daß sie ihn hat. Wenn eine Frau weiß, wie ein Mann geliebt werden will, kann sie sich darauf einstellen und ihm eine gute Partnerin sein.

Wie Männer mit Streß umgehen

In der Vorzeit konnte es passieren, daß der Jäger ohne Beute nach Hause kam. Um mit dem Streß fertig zu werden, den er erlebte, weil er glaubte, seine Familie nicht angemessen versorgen zu können, entwickelte er Methoden, die ihm halfen, sich von den kritischen Problemen abzulenken und mit weniger wichtigen Dingen zu beschäftigen, die ihm auch weniger Schwierigkeiten bereiteten.

Männer haben im Laufe der Zeit die Fähigkeit entwickelt, ihre wahren Probleme vorübergehend zu vergessen, indem sie sich weniger wichtigen Dingen zuwandten. Sie haben Hobbys, treiben Sport und tun alles mögliche, um sich von ihrer Aufgabe als Versorger abzulenken. Die Männer von heute treten immer noch in die Fußstapfen ihrer Vorfahren und verlassen sich darauf, daß sie sich mit solchen Aktivitäten von einem schlimmen Tag im Büro ablenken können.

Die Bedeutung der Hobbys

Ein Hobby ist etwas, mit dem der Mann sich in seiner Freizeit beschäftigt und das von ihm gewisse Fertigkeiten verlangt, die in den meisten Fällen jedoch nicht sehr anspruchsvoll sind. Auch wenn das Hobby für die meisten Männer keine sehr große Bedeutung hat, verschafft es ihnen doch einen gewissen Seelenfrieden und schult ihre Fähigkeit, die wirklich wichtigen Probleme zu lösen. Ein Hobby oder eine sportliche Aktivität eignet sich jedoch erst dann zur Streßverarbeitung, wenn der Mann eine gewisse Fertigkeit entwickelt hat. Wenn er deprimiert ist, weil er im Beruf nicht das erreicht hat, was er sich vorgenommen hatte, geht es ihm sehr schnell wieder besser, wenn er etwas tut, was er gut kann. Und dieser Übergang erleichtert es ihm gleichzeitig, wieder Kontakt zu seiner Partnerin aufzunehmen.

Sportlicher Wettkampf

In sportlichen Wettkämpfen hat der Mann Gelegenheit, die Aggressionen und Frustrationen abzubauen, die womöglich dadurch entstanden sind, daß er bei seiner Arbeit ein bestimmtes Problem nicht lösen konnte. Statt wie früher den Bären zu erlegen oder potentielle Widersacher zu töten, braucht er heute nur seinen sportlichen Gegner oder die gegnerische Mannschaft zu schlagen.

◄○►

Die Instinkte, die der Mann früher gebraucht hat, um zu jagen, seinen Gegner zu töten und seine Familie zu beschützen, lassen sich im Sport frei ausleben.

◄○►

Wenn der Mann durch eine scheinbar unbedeutende Tätigkeit Abstand von seiner Arbeit gefunden hat, erinnert er sich nach und nach wieder daran, was für ihn das Wichtigste ist – die Liebe zu seiner Frau und zu seiner Familie, und der Wunsch, bei ihnen zu sein und immer für sie dazusein.

Jagen, Angeln, Tennis und Golf
Auch wenn ein Mann bei seiner Arbeit ein Problem nicht lösen konnte, heißt das noch lange nicht, daß er sich nicht an ein Stück Wild heranpirschen oder einen Fisch fangen kann. Deshalb sind Jagen und Angeln so wichtige Freizeitbeschäftigungen. Wenn er dabei Erfolg hat, regt sich tief in seiner Seele der alte Geist. Er war erfolgreich, also darf er sich jetzt entspannen und hat einen Anspruch auf die Liebe und Unterstützung seiner Partnerin.

Auch beim Tennis oder Golf kann sich der Mann ablenken und entspannen. Auch wenn zwei Männer zusammen sind, fühlen sie sich bedeutend wohler, wenn sie etwas zu tun haben.

Kino
Viele Männer gehen gern ins Kino, weil die Bilder dort überlebensgroß sind und sie so in Anspruch nehmen, daß sie sich völlig entspannen können. Sie identifizieren sich mit den Figuren auf der Leinwand und vergessen vorübergehend ihre eigenen Probleme. Besonders beliebt sind Action-Filme, wenn der Mann eine sitzende Beschäftigung hat. Spannende Krimis sind sehr hilfreich, wenn sein Job hauptsächlich aus Routine besteht. Filme, in denen Gewalt dargestellt wird, helfen ihm,

wenn er sonst immer lieb sein muß. Im Kino können Männer Gefühle haben, die ihr Alltagsjob ihnen nicht gestattet.

Lesen oder Tagesschau
Wenn ein Mann mit den Problemen konfrontiert wird, die die Welt bewegen, erscheinen seine eigenen plötzlich unbedeutend. Er kann sich entspannen, weil er sich für diese Weltprobleme nicht unmittelbar verantwortlich fühlt. Sie liegen außerhalb seiner Möglichkeiten.

Fernsehen und ins Kaminfeuer starren
Der heutige Mann sieht in seiner Freizeit am liebsten fern. Die meisten Frauen können das überhaupt nicht verstehen. Viele von ihnen mögen es gar nicht, wenn ihr Mann fernsieht, weil die Mattscheibe dann seine ganze Aufmerksamkeit bekommt. Manche glauben sogar, der Mann tue das, um sich an ihr zu rächen. Das Fernsehen ist zwar eine relativ neue Errungenschaft, aber das Zuschauen ist die moderne Form eines alten Rituals.

Als ich die Gemeinden besuchte, die so »rückständig« waren, daß es dort noch kein Fernsehen gab, beobachtete ich, daß Männer in der Abenddämmerung schweigend in einem Kreis saßen und in das Feuer starrten. Zur gleichen Zeit unterhielten sich die Frauen oder beschäftigten sich mit irgend etwas.

––––◄○►––––

Feuer ist das älteste und stärkste Mittel zur Streßbewältigung. Wenn ein Mann von heute fernsieht, ist das tatsächlich das gleiche. Es erlaubt ihm, sich zu entspannen, ohne nachdenken zu müssen. Diese Entspannung wirkt wie eine Verjüngungskur, baut Streß und die Spannungen des Tages ab.

––––◄○►––––

Wie Männer mehr erreichen können,
indem sie weniger tun

Wenn ein Mann, der versucht, Streß zu bewältigen, indem er die Probleme einfach vergißt, zu einem Partner nach Hause kommt, der mit ihm über Probleme reden will, gibt es in der Regel große Frustration. Das Problem läßt sich jedoch lösen, wenn der Mann lernt zuzuhören, ohne sich gleichzeitig für die Lösung der Probleme seiner Frau verantwortlich zu fühlen. Wenn er diese Technik beherrscht, kann er sich sogar dabei entspannen.

Ich kann mich am besten entspannen, wenn ich im Fernsehen die Nachrichten sehe. Das entspannt mich, weil es da um Probleme geht, die ich ohnehin nicht lösen kann. Als mir klar geworden war, daß ich die Probleme meiner Frau auch nicht lösen muß, damit es ihr besser geht, konnte ich mich beim Zuhören genauso entspannen wie bei den Nachrichten im Fernsehen. Und was noch besser ist: Im Gegensatz zum Fernsehen ist sie mir sogar noch dankbar dafür.

Den meisten Männern ist nicht klar, daß in einer Beziehung weniger mehr sein kann. Wenn sie ihrer Frau auf eine mitfühlende Art zuhören und sich weniger auf die Lösung ihrer Probleme konzentrieren, machen sie nicht nur ihre Frauen glücklicher, sondern können sich selbst dabei auch noch entspannen. Die häusliche Atmosphäre verbessert sich dadurch erheblich, aber es bedarf eines gewissen Anfangsaufwands, um diese neue Technik zu erlernen.

Normalerweise muß sich ein Mann nach einem harten Arbeitstag abends auch noch die Klagen seiner Frau anhören. Er bekommt dann automatisch das Gefühl, er müsse mehr für sie tun, um sie wieder glücklich zu machen. Wenn er das dann tut und es ihr trotzdem nicht besser geht, ist er natürlich enttäuscht und hat das Gefühl, daß seine Hilfe nicht gewürdigt wird. Das führt letzten Endes dazu, daß er nichts mehr für sie tut, weil er einfach nicht weiß, wie er seiner Frau helfen kann.

Wenn eine Frau überarbeitet ist, braucht sie vor allem emotionale Unterstützung. In den meisten Fällen möchte sie zuerst einmal mit einem verständnisvollen und mitfühlenden Partner über ihre Gefühle reden. Erst dann und nur dann kann sie seine Bemühungen honorieren, ihre Probleme tatsächlich zu lösen.

Wenn der Mann seiner Frau bestimmte Arbeiten abnimmt, damit sie nicht mehr soviel zu tun hat, wird sie dadurch nicht glücklicher.

Am besten hilft man einer Frau, wenn man ihre weibliche Seite unterstützt, damit sie nicht immer glaubt, sie müsse alles jetzt sofort tun. Männer können nicht ohne weiteres erkennen, daß sie ihrer Frau nicht helfen, wenn sie ihre Probleme für sie lösen. Wenn der Mann ihr wirklich helfen will, muß er sich daran erinnern, daß die Gefühle der Überforderung nur durch ein mitfühlendes Gespräch abgebaut werden können.

Wie bereits im 3. Kapitel erwähnt, ist die Arbeit einer Frau nie zu Ende. Es gibt immer noch etwas, das getan werden muß. Wenn der Mann jedoch lernt, wie man ein Gespräch eröffnet und seiner Frau mit einem gewissen Respekt zuhört, kann er sie von der Zwangsvorstellung befreien, sie müsse alles jetzt sofort erledigen. Sie kann dann in einer bedeutend entspannteren Weise das tun, was menschenmöglich ist.

Männer, die zuviel tun

Wenn ein Mann sich darauf konzentriert, ein bestimmtes Problem seines Partners zu lösen, anstatt ihn emotional zu unterstützen, wird alles nur noch schlimmer – auch wenn seine Bemühungen und Aktivitäten seiner Liebe und Fürsorge entspringen. Schauen wir uns einige typische Beispiele an:

Wie so viele Männer war Tom frustriert, weil Sharon, seine Frau, sich bitter beklagte, sie habe zuviel zu tun. Er versuchte das Problem zu lösen, indem er die Hausarbeit nach einem bestimmten Schlüssel einteilte, den sie auch für fair hielt. Obwohl diese Strategie zunächst die Lösung des Problems zu sein schien, brachte sie sie an den Rand der Scheidung.

Sie kamen zu mir, um sich beraten zu lassen, und weil sie darin die letzte Chance sahen, ihre Ehe zu retten. Tom eröffnete das Gespräch, indem er sich beklagte, daß seine Frau immer noch nicht glücklich sei, obwohl er inzwischen die Hälfte des Haushalts übernommen hatte. »Ich halte das nicht mehr aus«, erklärte er mir. »Ich würde sogar noch mehr im Haushalt tun, wenn ich wüßte, daß sie das glücklich machen würde. Aber wenn sie dann immer noch unglücklich ist, mache ich Schluß.«

Tom machte den klassischen Fehler, zu erwarten, daß er Sharon glücklich machen könne, indem er ihre Probleme für sie löste. Er wußte nicht, daß Sharon immer über ihre Probleme reden mußte. Ganz gleich, wie viele Probleme er für sie löste, würde es immer noch welche geben, über die sie reden wollte.

Es stellte sich heraus, daß Sharon genauso unzufrieden war wie Tom. Als er ihr bestimmte Arbeiten im Haus abnahm, hatte sie das Gefühl, sie dürfe sich nicht mehr beschweren. Wenn sie überarbeitet oder ärgerlich war, reagierte er überempfindlich, schüttelte automatisch den Kopf, zog sich zurück oder kritisierte sie, weil sie eine so negative Einstellung hatte.

Sie hatten sich zwar beide redliche Mühe gegeben, ihre Probleme zu lösen, das Ganze jedoch nur noch schlimmer gemacht. Schauen wir uns den Ablauf einmal an:

1. Tom nahm Sharon einen Teil der Hausarbeit ab und erwartete von ihr, daß sie dadurch glücklicher würde.
2. Wenn sie dann gelegentlich abgearbeitet war, fühlte er sich noch mehr frustriert und nicht gewürdigt.
3. Sie traute sich nicht mehr, offen über ihre Gefühle zu reden, weil sich Tom dann sofort aufregte.
4. Mit der Zeit fühlte Sharon sich immer mehr unter Druck gesetzt.
5. Je stärker sie ihre Gefühle unterdrücken mußte, um so stärker wurde auch ihr Bedürfnis, selbst Probleme zu identifizieren und zu lösen.

6. Sie konnte sich nicht mehr entspannen und daher das Leben und ihre Beziehung zu Tom nicht mehr genießen.

Weniger ist mehr

Als Tom und Sharon die neuen Strategien des Zusammenlebens gelernt hatten, waren sie in der Lage, kreative Lösungen für ihr Dilemma zu finden und ihre Ehe zu retten. In Toms neuer Stellenbeschreibung stand nichts mehr über Hausarbeit und Problemlösen. Statt dessen hörte er Sharon zu und tröstete sie. Er gab ihr moralische Unterstützung.

Sharon erklärte sich bereit, Toms Bemühungen an seinem Arbeitsplatz anzuerkennen, ohne von ihm zu verlangen, daß er außerdem noch mehr Hausarbeit übernahm. Sie bat ihn, ihr zuzuhören, zu verstehen, was sie empfand, und ließ ihn immer wissen, wie sehr sie seine moralische Unterstützung schätzte. Je besser er ihr zuhörte und je größer sein Verständnis für ihre Gefühle wurde, um so stärker konnte er sich nach und nach auch im Haushalt engagieren, ohne zu erwarten, daß sie deshalb gleich in Lobeshymnen ausbrach. Die beiden lösten das Problem in zwei Phasen.

Erste Phase: Keine Lösungen
Zu Anfang kamen beide überein, daß Tom nicht versuchen sollte, ihr mehr zu helfen, sondern sich aufs Zuhören konzentrieren sollte.

Er übte das, indem er Verständnis für ihre Gefühle zeigte, ohne ihre Probleme für sie zu lösen. Sharon hatte ihm bereits klargemacht, daß er ohnehin genug für sie tat, und daß sie nur den Wunsch hatte, sich mitteilen zu können.

Nachdem diese Dynamik Platz gegriffen hatte, konnte Tom Sharon zuhören, ohne dabei Gefühle der Frustration zu erleben. Er war selbst erstaunt, welche große Wirkung bloßes Zuhören hatte. Manchmal sagte sie einfach nur: »Danke, daß du mir zugehört hast, es geht mir jetzt schon viel besser.« Bei einer anderen Gelegenheit sagte sie: »Es geht mir jetzt schon bedeutend besser. Ich rede gern so mit dir. Es ist eine große Erleichterung für mich, mich so mit dir unterhalten zu können.« Dieses Feedback hatte zur Folge, daß Tom sehr bald genau wußte, was seine Frau von ihm erwartete. Es machte ihm nicht nur Spaß, sondern es war auch bedeutend einfacher, als ihre Probleme für sie zu lösen.

Sharon war erstaunt, wie aufmerksam Tom ihr zuhörte, seit er gelernt hatte, daß von ihm nichts anderes als Mitgefühl erwartet wurde. Er war jetzt so frei wie zu Beginn ihrer Beziehung und fühlte sich nicht mehr für Sharons Probleme verantwortlich und nahm nicht alles so persönlich. Da er nicht mehr tun mußte, war er freiwillig bereit, mehr zu tun. Nach einigen Wochen, in denen die beiden ihre Übungen mit Erfolg durchgeführt hatten, schlug er vor, zur zweiten Phase überzugehen.

Zweite Phase: Er bietet seine Hilfe an

Tom sollte weiter aufmerksam zuhören, durfte jetzt aber auch seine Hilfe bei der Lösung der Probleme, die Sharon drückten, anbieten: Er durfte jetzt mehr im Haus tun – aber nur in kleinen Schritten.

Ich schlug Tom vor, er sollte sich Sharons Probleme erst einmal anhören und ihr dann anbieten, ihr bei der Lösung des unbedeutendsten zu helfen. Es überraschte ihn, daß sie gar nicht von ihm erwartete, daß er ihre schwersten Probleme löste. Für sie war es wichtig, daß sie das Gefühl hatte, mit ihrem Problem nicht allein dazustehen. Tom stellte fest, daß es für Sharon eine größere Hilfe war, wenn er ihr bei Kleinigkeiten seine Hilfe anbot, als wenn er versuchen würde, eines der großen Probleme anzugehen.

————◄O►————

Wenn eine Frau genau weiß, daß sie mit ihren Problemen nicht allein dasteht, fühlt sie sich zutiefst getröstet.

————◄O►————

Tom fühlte sich nicht unter Druck gesetzt, Sharon erwartete nicht von ihm, daß er ihre Probleme löste. Das hatte zur Folge, daß er ein besserer Zuhörer wurde – wobei er seine eigenen Gefühle als Gradmesser benutze – und lernte, wieviel er für seine Frau tun konnte, ohne gleich von ihr zu erwarten, daß sie allein aus diesem Grund ständig glücklich wäre.

Wenn er das Gefühl hatte, daß seine Partnerin nicht glücklich war, nahm er das als Signal dafür, daß er zuviel für sie tat, und nicht, daß sie zuviel von ihm verlangte. Sharon war begeistert. Sie litt nicht mehr darunter, für Toms Gefühle verantwortlich zu sein, sie konnte offen mit ihm über ihre Gefühle reden. Der weibliche Teil ihrer Seele kam endlich wieder zu seinem Recht.

Als Tom spürte, wie dankbar sie für seine Bemühungen war, konnte er mit der Zeit immer mehr für sie tun – nicht damit sie ihre negativen Gefühle loswurde, sondern weil ihm inzwischen klargeworden war, was sie wirklich brauchte, und er ihr helfen wollte. Er hatte erkannt, daß sie in den meisten Fällen einfach nur reden wollte. Tom konnte seine Stellenbeschreibung neu formulieren, weil er sich gut darauf vorbereitet hatte.

Wie sie ihm beibringt, gut zuzuhören

Wenn eine Frau ihrem Mann gegenüber signalisiert, daß sie sich überfordert fühlt, neigt er dazu, Schuldgefühle zu haben und frustriert zu sein, obwohl das völlig falsch ist. Erstaunlicherweise genügt ein einfacher Satz, um ihm diese negativen Gefühle zu nehmen und aus ihm einen aufmerksamen Zuhörer zu machen. Ich selbst mußte auch erst lernen, daß meiner Frau nicht damit gedient war, daß ich ihre Probleme löste. Ich kann mich noch gut daran erinnern, wie Bonnie mir auf eine sehr clevere Weise beigebracht hat, ihr besser zuzuhören.

In den ersten Ehejahren fühlte Bonnie sich gelegentlich überfordert und beklagte sich bitter über das, was an ihrem Arbeitsplatz vorgefallen war.

Ich hörte ihr jedesmal ein paar Minuten zu und bot ihr dann meinen – wie ich meinte – guten Rat an. »Wenn dir die Arbeit keinen Spaß mehr macht, warum hörst du dann nicht einfach auf? So etwas mußt du dir doch nicht gefallen lassen.« Sie erzählte mir dann, worüber sie sich geärgert hatte oder was ihr Streß bereitet hatte. Ich gab ihr noch einmal den Rat, die Arbeitsstelle zu wechseln. Ich wiederholte immer wieder, daß sie kündigen sollte, und sie verteidigte ihren Job. Nach einer gewissen Zeit, konnte ich mir das nicht mehr anhören. Ich dachte bei mir, hör doch auf, dich ständig über etwas zu beklagen, was du doch nicht ändern willst.

Ihrer Meinung nach interessierte ich mich nicht für ihre Gefühle und war zu dominierend. Wir stritten uns oft.

Dann probierte sie eines Tages etwas anderes aus, und alles änderte sich. Sie sagte zu mir: »Ich würde gern mit dir über meinen Arbeitstag reden. Vorher möchte ich dir allerdings sagen, daß ich meinen Job liebe und nicht daran denke zu kündigen.« Dann kamen ihre Klagen. Ich war überrascht. Jedesmal, wenn sie eine Pause machte, wollte ich sagen, warum kündigst du dann nicht, aber sie hatte diese Frage ja bereits vorab beantwortet und erklärt, daß ihr die Arbeit gefiele. Da ich nichts dazu sagen konnte, hörte ich einfach nur zu, ohne etwas zu sagen oder Problemlösungen anzubieten.

Sie hatte mich gut vorbereitet.

Dann machte sie weiter. Nach einer gewissen Zeit erkannte ich, daß Bonnie ohne meine Lösungsvorschläge tatsächlich bedeutend glücklicher war.

Da sie mich auf diese Weise auf das vorbereitet hatte, was sie sagen wollte, fiel es mir viel leichter, ihr zuzuhören.

Eine Frau kann ihrem Mann beibringen, aufmerksam zuzuhören, indem sie ihm vorab erklärt, was sie braucht. Auf diese Weise kann er seine instinktiven Erwartungen in gelernte umwandeln. Wenn ein Mann zum Beispiel hart gearbeitet hat und an dem fraglichen Tag besonders erfolgreich gewesen ist, sind seine instinktiven Erwartungen bedeutend höher. Wenn sie dann über ihre Probleme redet, erwartet er automatisch, daß sie seine Lösungen begeistert annimmt, und kümmert sich überhaupt nicht um ihre eigentlichen Bedürfnisse, sich mitzuteilen und über ihre Probleme zu reden, weil es ihr hinterher dann wieder besser geht. Er geht davon aus, daß sie glücklich sein müßte, weil er an diesem Tag so erfolgreich war. Wenn sie ihn nicht entsprechend vorbereitet hat, wird er mit großer Wahrscheinlichkeit frustriert sein.

Erfolg und Beziehungen

Wenn ein Mann das Gefühl hat, den Höhepunkt seiner Karriere erreicht zu haben, während seine Partnerin immer noch nicht zufrieden ist, packt ihn die Verzweiflung, weil er von ihr nicht die Unterstützung bekommt, die er so dringend braucht. Während er auf der Karriereleiter ständig nach oben stieg, hörte er immer eine innere Stimme, die ihm sagte: »Ich muß nur noch ein bißchen mehr Erfolg haben, dann wird sie mich anerkennen. Wenn ich noch ein bißchen mehr Geld verdiene und eine schöne Urlaubsreise mit ihr mache, wird sie glücklich sein.« Wenn sich sein Einkommen dann nicht mehr weiter steigert, fällt es ihm immer schwerer, mit ihrer Unzufriedenheit fertig zu werden. Der Streß wird geringer, wenn er begreift, was sie wirklich braucht – nicht mehr Geld und keine Problemlösungen.

Frauen und Reichtum

Auch Frauen müssen bestimmte Hindernisse überwinden, wenn ihre Männer so viel Geld verdienen, daß sie nicht mehr zu arbeiten brauchen. Von einer Frau, die nicht mehr arbeiten muß, erwarten der Mann und die Umwelt automatisch, daß sie glücklich ist. Frauen leiden jedoch weniger unter dem Mangel an Reichtum als unter einer unbefriedigenden Partnerschaft.

Auch eine Frau, die nicht jeden Tag zur Arbeit gehen muß, braucht eine emotional befriedigende Beziehung.

Jeder Mensch, dem es finanziell gutgeht, wird bestätigen, daß Geld keine Probleme beseitigt. Es macht das Leben möglicherweise sogar noch komplizierter. Je größer der Wohlstand, um so folgenschwerer sind die Entscheidungen, wie man es ausgibt, einsetzt und schützt.

◄○►

Geld kann Frauen nicht davor schützen, sich überfordert zu fühlen.

◄○►

Wenn ein Mann sein Geld ausgibt, um mehr Zeit mit seiner Frau verbringen zu können, und wenn er Verständnis für ihre Frustrationen und Probleme hat, dann kann sich das Geld positiv auf die Beziehung auswirken.

◄○►

In der Regel müssen sich jedoch sowohl der Mann als auch die Frau ganz bewußt und diszipliniert bemühen, ihre Beziehung trotz des vielen Geldes nicht in Gefahr zu bringen. Er muß ihr zuhören, und sie muß ihn anerkennen.

◄○►

Frauen fühlen sich überfordert, wenn der weibliche Teil ihrer Seele in ihrer Beziehung nicht gefördert wird. Und das hat nichts mit Geld zu tun. Wohlstand kann ihr helfen oder sie daran hindern, die Befriedigung zu finden. Da Frauen, die selbst sehr reich sind, weniger Mitgefühl erfahren, geht es ihnen häufig schlecht. Die Frauen in ihrer Umgebung, denen es finanziell nicht so gut geht, wollen kaum etwas von ihren Problemen hören, und der Ehemann der reichen Frau wird mit der Zeit immer intoleranter, weil er instinktiv glaubt, daß ihr Geld sie glücklich machen müßte.

Aus diesem Grund muß eine wohlhabende Frau lernen, wie

sie ihrem Mann dabei helfen kann, ihr zu helfen. Manchmal genügen ein paar gut formulierte Sätze, um ihn dazu zu bringen, ihr zuzuhören. Wenn er das gelernt hat und versteht, was sie durchmacht, kann sie ihm ihrerseits die Anerkennung zollen, die er so dringend braucht.

Die negative Rolle des Reichtums

Jeff ist ein erfolgreicher Anwalt. Seine Frau Teresa ist Hausfrau und Mutter und nicht berufstätig. In den ersten Ehejahren waren sie verliebt, und ihre Beziehung war sehr gut. Wenn Teresa einmal unglücklich war, hatte Jeff Verständnis für ihre Gefühle, denn obwohl er viel arbeitete, hatten sie nicht viel Geld. Wenn sie sich beklagte, litt er mit ihr, denn ihm war klar, welche Opfer sie bringen mußte. Er wußte außerdem genau, daß er eines Tages Erfolg haben und viel Geld verdienen würde. Dann würde er sie endlich glücklich machen.

Nach und nach kam er zu Wohlstand, aber Teresa tat das, was Frauen seit Jahrhunderten tun, sie sprach mit ihm über ihre Probleme. Jetzt konnte er nicht mehr damit umgehen und nahm das Ganze persönlich. Er hatte das Gefühl, daß er sie nie glücklich machen könnte, ganz gleich, wieviel er verdiente. Immer wenn sie sich über irgend etwas beklagte oder mehr Zuwendung von ihm verlangte, glaubte er, sie würde nicht würdigen, daß er so schwer arbeiten mußte.

In der Eheberatung betonte Teresa immer wieder, daß es ihr nicht um Geld, Autos oder um das Haus ginge. Sie wollte Jeffs Liebe.

Ich bat sie sofort, an dieser Stelle eine Pause zu machen, weil Jeff durch diese Worte in eine angriffslustige Stimmung versetzt wurde. »Ich weiß, wie Sie sich fühlen«, sagte ich zu ihr, »aber ich weiß auch, wie das, was Sie sagen, auf Jeff wirken muß. Für ihn ist das Geld das kostbarste Geschenk, das er Ihnen machen kann. Er hat hart dafür gearbeitet. Wir müssen eine andere Möglichkeit finden, wie Sie ihm diese Gefühle mitteilen können, ohne daß er sich dadurch zurückgewiesen fühlt. Ich habe verstanden, daß es Ihnen um seine Liebe geht, aber genießen Sie nicht auch das Leben, das er Ihnen bietet?«

»Natürlich«, erwiderte Teresa. »Jeff sorgt sehr gut für mich. In der Beziehung bin ich sehr zufrieden.«

»Gut«, sagte ich. »Bevor Sie ihm beim nächstenmal sagen, wie Sie sich fühlen, sollten Sie ihn vorbereiten, indem Sie ihn wissen lassen, wie sehr Sie all das anerkennen, was er Ihnen bietet.«

Teresa brauchte nur eine kleine Richtungsänderung, um Jeff klarzumachen, um was es ihr wirklich ging. Sie drückte das folgendermaßen aus:

»Ich möchte dir zuerst einmal sagen, wie glücklich ich bin, daß ich dich geheiratet habe. Du arbeitest so hart und bietest mir ein Leben, um das mich meine Freundinnen beneiden. Einige von ihnen wissen nicht einmal, wovon sie die nächste Miete bezahlen sollen. Aber ich habe auch noch andere Gefühle. Du fehlst mir. Ich wäre so gern öfter mit dir zusammen. Ich habe das Gefühl, daß du nur noch für deine Mandanten da bist. Wenn du nach Hause kommst, bist du zu müde, um dich noch mit mir zu beschäftigen. In all den Jahren habe ich mich darauf gefreut, mehr Zeit mit dir verbringen zu können. Früher hattest du alle Hände voll zu tun, dafür zu sorgen, daß wir zurecht kamen. Heute wäre es für mich der größte Luxus, mehr Zeit mit dir verbringen zu können.«

Jeff konnte sich das anhören, ohne wie sonst in eine defensive Haltung zu geraten. Er wurde plötzlich bedeutend kooperativer. Ich erklärte ihm, wie wichtig es für eine Frau ist, daß man ihr zuhört und ihre Gefühle ernst nimmt. Jeff erkannte, daß es völlig normal war, daß seine Frau solche emotionalen Bedürfnisse hatte.

Mit der Zeit lernte Jeff zuzuhören, ohne gleich das Gefühl zu haben, daß Teresa ihn als Versorger nicht anerkennen würde. Beide mußten dieses neue Verhalten jedoch erst lernen, und das erforderte viel Geduld. Aber es gelang ihnen nach einer gewissen Zeit, ihre Stellenbeschreibungen neu zu formulieren und die neuen Strategien des Zusammenlebens erfolgreich anzuwenden.

Teresa nahm diesem Lernprozeß gegenüber eine spielerische Haltung ein, was Jeff sehr gut gefiel. Wenn sie mit Jeff über ihre problematischen Gefühle reden wollte, sagte sie, um ihn vorzubereiten: »Ich bin wirklich froh, daß wir soviel Geld haben. Das macht mich wirklich glücklich. Außerdem hatte ich einen schrecklichen Tag, hast du ein paar Minuten Zeit, damit ich dir erzählen kann, was alles passiert ist? Du brauchst auch nichts zu sagen, dann geht es mir schon besser.«

Mit der Zeit wurde Jeff ein immer besserer Zuhörer, und ohne daß Teresa ihn darum bitten mußte, verbrachte er mehr Zeit mit ihr. Die Kommunikation zwischen den beiden wurde immer besser, und gleichzeitig stieg Teresas Zufriedenheit. Wenn Jeff abends nach Hause kam, war sie froh, ihn wiederzusehen. Nach und nach half er ihr auch im Haushalt, aber entscheidend war, daß er Teresa zuhörte, ohne sich für die Lösung ihrer Probleme verantwortlich zu fühlen.

Wie sie ihm unbewußt die Stimmung verderben kann

Es kommt immer wieder vor, daß sich ein Mann über seine Frau ärgert, weil er nicht begreift, daß sie über ihre Gefühle und Probleme reden muß. Sie will sich einfach unterhalten und ihm dabei mitteilen, daß sie ihm mit Offenheit begegnet. Er mißversteht die Situation, und da er glaubt, er könne sie ohnehin nie glücklich machen, beschließt er, sich einfach herauszuhalten.

Ein zweiunddreißigjähriger, prominenter Junggeselle, der schon viele einschlägige Erfahrungen gemacht hatte, erklärte mir zum Thema Frauen und Beziehungen: Er habe sieben Beziehungen hinter sich, die seiner Meinung nach »etwas Besonderes« gewesen wären. Ich war neugierig und wollte wissen, was denn immer schiefgelaufen wäre. Nachdem er eine Zeitlang geredet hatte, sagte er: »Ich glaube, das ist mein Schicksal. Ich gerate immer an Frauen, die seelische Probleme haben.«

Ich lachte und sagte: »Mal sehen, ob ich raten kann, was

129

passiert ist. Am Anfang war die Frau herzlich und fühlte sich zu Ihnen hingezogen. Ihnen selbst ging es gut, wenn Sie mit ihr zusammen waren. Ihnen lag etwas an ihr und Sie wollten sie glücklich machen. Nach einer gewissen Zeit fing die Frau an, über ihre Probleme zu reden. Sie konnten sagen, was Sie wollten, immer wieder kam sie mit ihren Problemen.«

»Jawohl, genau so war es«, rief er überrascht aus. »Woher wissen Sie das?« Ich versicherte ihm, daß diese Frauen keine seelischen Probleme gehabt hatten, und erklärte ihm, warum Frauen sich so fühlen und was sie wirklich brauchen. Wie die meisten Männer war er erleichtert und erklärte mir, daß sein Interesse an der Beziehung, die er gerade beenden wollte, wieder geweckt worden sei.

Das mag eine ganz nette Geschichte sein, aber es gibt immer noch Millionen von Männern, die nicht wissen, wie sie sich verhalten müssen, wenn eine Frau über ihre Gefühle sprechen möchte. Wenn die Frauen weiblich bleiben und den Männern ihre Gefühle mitteilen wollen, müssen sie lernen, wie man aus einem Mann einen guten Zuhörer macht.

Oft reicht ein Satz aus, um den Mann auf spielerische Weise daran zu erinnern, wie sehr sie es schätzt, wenn er ihr zuhört, und daß sie weiß, wie schwer es ihm fällt zuzuhören, daß er nichts zu sagen oder zu tun braucht, und daß es ihr dann schon viel besser geht.

Wenn eine Frau gelernt hat, einen Mann in dieser Weise vorzubereiten, kann sie sich bedeutend freier ausdrücken, ganz gleich, ob sie gerade eine neue Beziehung beginnt oder schon länger mit dem Mann zusammenlebt. Keiner der beiden Partner muß sich dabei selbst verleugnen, es geht dabei nur um kleine Verhaltensänderungen.

Wie man erfolgreich geben und nehmen kann

Ohne sich dabei zu sehr anstrengen zu müssen, kann ein Mann lernen, seine Partnerin besser zu unterstützen. Durch ihre Anerkennung wird er bei jedem Schritt aufs neue motiviert, mehr zu tun. Dazu muß er keine großen Opfer bringen, und er wird auch nicht das Gefühl haben, unterm Pantoffel zu stehen.

Männer wollen für ihre Frauen sorgen, sie wollen, daß man ihnen das Verdienst zuschreibt, ihre Frauen glücklich gemacht zu haben, und ihnen tut es gut, wenn sie das schaffen. Sie brauchen dringend Zuspruch und Anerkennung. Das ist die Art Liebe, nach der sich ein Mann am meisten sehnt.

Mann und Frau ergänzen einander auf eine magische Weise.

———◄○►———

Dem Mann tut es gut, wenn er für seine Frau sorgen kann, und die Frauen fühlen sich wohl, wenn sie das Gefühl haben, daß der Mann sich um sie kümmert. Natürlich sind auch die Frauen froh, wenn sie sich um den Mann kümmern können, aber das Gefühl, daß sich der Mann um sie kümmert, ist stärker ausgeprägt. Ich habe noch nie eine Frau sagen hören: »Mein Partner läßt mich einfach links liegen, aber es macht mir trotzdem Freude, für ihn dazusein.« Genauso haben es die Männer gern, wenn man sich um sie kümmert, trotzdem ist es für sie wichtiger, ihre Frauen glücklich zu machen

———◄○►———

Warum Paare auseinandergehen

Ich habe mit Hunderten von Paaren gesprochen, die kurz vor der Trennung standen, und immer wieder dasselbe anhören müssen. Die Frauen beklagen sich, weil sie immer nur geben und keine Lust mehr haben, weil sie nichts zurückbekommen. Sie wollen mehr vom Leben.

Ähnlich unzufrieden sind die Männer, es gibt dabei nur einen entscheidenden Unterschied. Sie sagen: »Ich gebe immer nur, aber es reicht nie, um meine Frau glücklich zu machen.« Und wenn sie nicht glücklich ist, ist er nicht glücklich.

Männer, die nicht bereit sind, mehr für ihre Frauen zu tun,

fühlen sich nicht gebührend anerkannt. Bevor eine Frau ihren Mann bittet, sich mehr um sie zu kümmern, muß sie ihm erst klarmachen, daß er eigentlich schon genug tut. Wenn sie ihm eine lange Liste der Dinge präsentiert, was er alles falsch macht, erzeugt sie nur noch mehr Widerstand. Das Geheimnis besteht darin, das anzuerkennen, was er tut, und dann in kleinen Schritten besondere Wünsche anzumelden.

Diese vereinfachte Darstellung erweckt den Eindruck, als sei der Mann der Gebende und die Frau die Nehmende. Aber das soll nicht heißen, daß der Mann die Frau nicht braucht oder daß die Frauen nicht geben sollen. Frauen werden immer geben, und die Männer werden immer glücklich sein, wenn sie nehmen können. Das ist nicht das Problem.

────◄○►────

Problematisch wird es, wenn die Frau zuviel gibt und sich überarbeitet fühlt, während die Männer nur das geben, was ihre Väter ihren Frauen gegeben haben, und von ihren Frauen erwarten, daß sie sie in der gleichen Weise unterstützen.

────◄○►────

Warum Frauen das Gefühl haben, mehr zu geben

Die Frau von heute hat das Gefühl, mehr zu geben, und erwartet von ihrem Mann, daß auch er mehr gibt.

Das Problem ist nicht, daß der Mann weniger gibt. Er gibt das, was die Männer schon immer gegeben haben. Wenn Männer und Frauen das verstanden haben und auf Schuldzuweisungen verzichten, sind sie motiviert, ihren jeweiligen Anteil zu der Lösung des Problems beizutragen.

Zunächst muß man jedoch erkennen, daß es nicht wirklich darum geht, daß sie mehr tut als er. Wichtig ist, daß sie nicht das bekommt, was sie zu ihrem Glück braucht. Und um es noch einmal deutlich zu sagen, das wahre Bedürfnis einer Frau, das nicht befriedigt wird, ist, daß ihr Mann ihr zuhört.

Wenn der Mann die neuen Strategien des Zusammenlebens gelernt hat und seine Frau moralisch unterstützt, dann und nur dann spürt die Frau Wärme und Anerkennung. Und wenn der Mann das merkt, motiviert ihn das, mit der Zeit auch mehr im Haus zu tun.

So wie ein Gewichtheber seine Muskeln nach und nach aufbaut, indem er mit immer schwereren Gewichten trainiert, wird ein Ehemann mit der Zeit immer mehr für seine Partnerin tun.

Wenn ein Mann erst einmal spürt, daß seine Frau seine Bemühungen anerkennt, verschwindet nach und nach sein Widerstand, mehr zu tun. Er fühlt sich dann nicht wie ein Kind, daß von der Mutter kontrolliert wird, sondern ist froh, wenn sie sich noch mehr von ihm wünscht.

Im nächsten Kapitel werden wir untersuchen, in welcher Weise Männer auf die alten Mechanismen aus der Jägerzeit zurückgreifen, wie sie abtauchen und ausweichen, wenn sie das Gefühl haben, in einem Gespräch verbal attackiert zu werden. Indem wir diesen alten Mechanismen einen neuen Touch geben, zeigen wir den Männern, wie sie einer Frau zuhören können, ohne sich dabei aufzuregen. Danach werden wir uns mit den neuen Strategien beschäftigen, die Frauen benutzen können, wenn sie wollen, daß die Männer ihnen zuhören und sie auch wirklich verstehen.

5. KAPITEL

Wie er lernt, ihr zuzuhören, ohne aus der Haut zu fahren

Um eine Frau emotional so zu unterstützen, wie sie es braucht, muß der Mann lernen, auf eine neue Art zuzuhören. Wenn sie sich aufregt, kann er ihr am besten helfen, indem er ihr zuhört, ohne sich dabei selbst aufzuregen. Das ist ziemlich einfach, und er braucht sich deshalb nicht zu ändern. Er muß sich nur auf seine alten Jagdinstinkte besinnen.

Wenn er glaubt, angegriffen oder kritisiert zu werden, oder meint, man mißtraue ihm, muß er geschickt ausweichen und darf sich nicht provozieren lassen. Mit der Zeit lernt er dann, geduldig zuzuhören, ohne dabei das Gefühl zu haben, demontiert zu werden. Wenn er diese Kunst beherrscht, können ihn ihre Worte und Gefühle nicht mehr verletzen, und er kann ihr in aller Ruhe zuhören.

Aber selbst wenn er in der Lage ist, diese neue Methode anzuwenden, fällt es ihm immer noch nicht so leicht, wie manche Frau glaubt. Wenn ihm seine Partnerin dabei ganz bewußt hilft, kann der Lernprozeß erheblich beschleunigt werden.

Wir haben bereits darüber gesprochen, daß es dem Mann besonders schwerfällt, seiner Frau zuzuhören, wenn sie über ihre Probleme redet, weil er ihr entweder Lösungen anbietet, die sie nicht hören will, oder glaubt, er allein sei schuld daran, daß sie solche Schwierigkeiten habe.

Wenn ein Mann, der die neuen Methoden noch nicht kennt, versucht, länger als zehn Minuten ganz passiv zuzuhören, ohne irgendwelche Bemerkungen zu machen oder sich zu verteidigen, fühlt er sich frustriert und ist verärgert.

Auch wenn seine Frau gar nicht die Absicht hat, ihn anzugreifen oder ihm die Schuld zu geben, sondern nur über ihre Gefühle reden möchte, glaubt er das nicht.

———◄○►———

*Er kommt sich dann vor, als stünde er vor einem
Erschießungskommando.*

———◄○►———

Wenn sie anfängt zu reden, möchte er sich entweder verteidigen oder sich eine Binde vor die Augen legen lassen.

Statt sich durch die Worte seiner Partnerin verletzen zu lassen, kann der Mann die neuen Methoden anwenden, die es ihm ermöglichen auszuweichen. Wenn er sich angegriffen fühlt, kann er sie aktiv unterstützen, indem er den Angriff nicht auf sich bezieht. Er hat dafür eine besondere Begabung, denn es war schon immer eine der wichtigsten Fähigkeiten eines Kriegers, sich selbst vor Schaden zu bewahren. Und wenn er erst einmal soweit gekommen ist, kann er seine neuen Fähigkeiten im Gespräch unter Beweis stellen.

Emotionale Selbstverteidigung

Die gleichen Instinkte, die die Krieger im Kampf begleitet haben, damit sie sich selbst und ihre Lieben verteidigen konnten, werden auch heute wieder geweckt, wenn ein Mann versucht, seiner Frau zuzuhören. Um überleben zu können, muß er lernen, sich geschickt zu ducken und auszuweichen.

———◄○►———

· *Auch der Mann von heute muß ein Krieger sein, aber er
darf sich nur verteidigen, ohne zurückzuschlagen.*

———◄○►———

Das Ausweichen erfordert sowohl eine neue Strategie als auch eine neue Einschätzung der Situation. Anstatt auf vermeintliche Schuldzuweisungen und Kritik zu reagieren, muß der Mann erkennen, daß seine Frau ihn liebt und nicht angreifen will. Er muß so reagieren, daß Konflikte möglichst vermieden werden. Wenn er geschickt ausweicht, sich nicht provozieren läßt und einen kühlen Kopf behält, kann er mit dem angemessenen Respekt auf die Bedürfnisse seiner Frau, die vor allem mit ihm reden will, reagieren.

Wenn es ihm nicht gelingt auszuweichen, werden ihn ihre Worte verletzen. Er fühlt sich schuldig, kritisiert, mißverstanden, zurückgewiesen, nicht anerkannt, und er glaubt außerdem, daß sie ihm mißtraut. Er kann sie noch so sehr lieben, wenn er drei Volltreffer abbekommen hat, wird er nicht mehr in der Lage sein, ihr in der angemessenen Weise zuzuhören. Dann ist der Krieg erklärt.

Wenn ein Mann durch die Worte seiner Frau verletzt wird, fällt es ihm bedeutend schwerer, seine alten Kriegerinstinkte zu unterdrücken. Er hat dann das Bedürfnis, zurückzuschlagen, sie einzuschüchtern und ihr zu drohen. Wenn diese Abwehrmechanismen erst einmal aktiviert sind, wird er entweder versuchen, sie von seiner Meinung zu überzeugen, oder er schützt sie vor seinen eigenen Aggressionen, indem er sich emotional zurückzieht. Wenn er jedoch gelernt hat zuzuhören, ohne sich dabei verletzen zu lassen, wird es ihm nicht schwerfallen, solche provokativen Reaktionen zu vermeiden.

Frauen wollen auch heute noch beschützt werden

Obwohl die Frau von heute unabhängig und selbstsicher ist, sucht sie immer noch einen starken Mann, der sie beschützen kann. Sie möchte auch heute noch beschützt werden, wenn auch auf eine andere Weise.

Eine Frau erwartet von ihrem Mann, daß er für das notwendige emotionale Klima sorgt, in dem sie ihre Gefühle ungefährdet erforschen und ausdrücken kann. Wenn ein Mann seiner Frau, die über ihre Gefühle redet, zuhören kann, ohne negativ zu reagieren, ist sie ihm nicht nur sehr dankbar, sondern fühlt sich auch zu ihm hingezogen.

Eine Atmosphäre der Sicherheit und Geborgenheit ist das kostbarste Geschenk, das ein Mann heute seiner Frau machen kann. In der Vorzeit bezog sich diese Sicherheit vor allem auf das nackte Leben. Heute geht es dagegen auch um die seelische Sicherheit.

Ich kaufe mir einen neuen Computer

Ich werde nie den Tag vergessen, an dem ich diese Erfahrung in meiner eigenen Ehe machen mußte:

———◄○►———

Obwohl ich damals schon wußte, wie wichtig es ist, daß man einer Frau zuhört und ihr das Gefühl vermittelt, daß man sie versteht, war mir nicht klar, daß der Begriff Sicherheit für sie einen noch höheren Stellenwert hat.

———◄○►———

Am letzten Tag des Jahres beschloß ich, mir einen neuen Computer zu kaufen. Ich hatte diese Entscheidung lange aufgeschoben, mich dann aber an Silvester entschieden, weil ich den Betrag noch von der Einkommensteuer des laufenden Jahres absetzen wollte. Als ich mit Bonnie darüber redete, war ich verblüfft, wie heftig sie reagierte.

»Warum mußt du dir unbedingt einen neuen Computer kaufen?« fragte sie. »Du hast doch einen.«

Obwohl es mir nicht paßte, »verhört« zu werden, dachte ich über ihre Frage nach und erwiderte: »Aus verschiedenen Gründen.«

Ich ließ mich nicht provozieren und konnte ihr auf diese Weise ausweichen, denn ich wollte einen Streit vermeiden.

»Was ist denn mit dem Computer, den du hast?« Bonnie ließ nicht locker.

Ich machte noch eine kleine Pause und sagte: »Du scheinst dich zu ärgern. Was ist los mit dir?«

»Hast du dich denn schon umgesehen?« sagte sie, ohne auf meine Frage einzugehen. »Wie teuer ist denn so ein neuer Computer?«

Das war wieder eine ziemlich provokative Frage, und mir wurde klar, daß Bonnie sich geärgert hatte und mit mir reden wollte. Wenn ich ihr jetzt mit vielen Worten erklären würde, warum ich einen neuen Computer brauchte, würde sie sich nicht nur noch mehr ärgern, sondern ich selbst würde schließlich auch wütend werden, weil ich das Gefühl hätte, daß sie meine Erklärungen nicht akzeptiert.

◄○►

Ein Mann sollte den provokativen Fragen seiner Frau ausweichen, das Gespräch wieder auf sie selbst bringen und sich möglichst zurückhalten, um an ihre Gefühle heranzukommen.

◄○►

Und so lief unser Gespräch ab:

John: »Bevor wir über den Computer reden, sollten wir lieber darüber sprechen, wie es dir geht. Ich möchte gern wissen, was in dir vorgeht und warum du dich so aufregst.«

Bonnie: »Ja, du hast recht, ich rege mich auf. Wenn du etwas haben willst, gehst du einfach los und kaufst es dir. Ich weiß nicht, warum du einen neuen Computer brauchst. Deiner ist doch völlig in Ordnung. Wenn wir unbedingt Geld ausgeben wollen, gibt es eine Menge anderer Dinge, die wir gut gebrauchen könnten.«

John: »Also gut, was sollen wir uns denn kaufen?«

Bonnie: »Darüber habe ich noch nicht nachgedacht. Ich habe einfach das Gefühl, daß du immer das bekommst, was du haben willst, und ich erst an zweiter Stelle komme. Vielleicht bin ich wütend, weil du mehr haben willst als ich. Wenn ich einmal etwas haben will, ist das nicht so wichtig.«

John: »Was möchtest du denn gern haben?«

Bonnie: »Ich weiß es nicht. Aber ich habe das Gefühl, alles, was wir machen, ist für dich und nicht für mich. Wir tun immer das, was du tun möchtest, und du setzt dich immer durch. Ich habe Angst, daß ich dabei zu kurz komme.«

John: »Das kann ich gut verstehen.«

Bonnie: »Seit sechs Monaten wollen wir unseren Fußboden machen lassen. Und mir fehlt immer noch ein Küchenschrank. Es gibt im Haus so vieles, wofür wir Geld ausgeben könnten, und du mußt dir ausgerechnet einen neuen Computer kaufen. Das sieht ganz so aus, als wäre ich dir völlig egal. Du kaufst dir einfach, was du willst, und damit basta. Was ich dazu zu sagen habe, ist dir völlig egal.«

Das Gespräch ging in dieser Art weiter. Ich wich ständig aus und hielt mich zurück, weil ich nicht zurückschlagen wollte. Gleichzeitig wurde mir jedoch klar, daß ich das nicht mehr lange durchhalten würde.

John: »Ich wünschte, ich könnte dich verstehen, aber es fällt mir wirklich sehr schwer. Es hört sich so an, als wolltest du mir klarmachen, daß ich ein Egoist bin. Tue ich denn gar nichts Nettes?«

Bonnie (sanfter): »Natürlich. Ich will dich ja auch nicht ärgern. Ich habe nun einmal solche Gefühle und ich bin froh, daß du zumindest versucht hast, mir zuzuhören. Ich bin froh, daß ich mit dir über meine Gefühle reden konnte, ohne daß du wütend geworden bist, daran merke ich, daß du mich liebst.«

Dann brach sie in Tränen aus, und ich nahm sie in den Arm.

Die große Bedeutung der Sicherheit

In diesem Augenblick wurde mir klar, wie wichtig es war, daß Bonnie sich bei mir so sicher fühlte, daß sie ihren Gefühlen freien Lauf lassen konnte. Wenn ich diese Geschichte in meinen Ehepaarseminaren zum besten gebe, bekommen viele Frauen feuchte Augen.

*Für eine Frau ist es ungeheuer wichtig, daß ihr Mann ihr
dabei hilft, ihre Gefühle offen auszudrücken. Männer
sind immer wieder überrascht, wie groß das
Sicherheitsbedürfnis der Frauen ist.*

Wenn ein Mann sich eine Intimpartnerin sucht, geht es ihm in
erster Linie darum, gebraucht und anerkannt zu werden. Wenn
eine Frau sich einen Partner sucht, möchte sie vor allem beschützt werden. Das ist ein Urgefühl, das sich direkt auf ihr
Wohlbefinden auswirkt.

Jahrhundertelang haben die Frauen bei den Männern Schutz
gesucht, weil nur so das Überleben der ganzen Familie gewährleistet wurde. Diese Beschützerrolle spielen die Männer auch
noch in der Gegenwart, nur geht es den Frauen heutzutage
mehr um emotionale Sicherheit.

*Emotionale Sicherheit garantiert einer Frau, daß sie
ihrem Mann ihre Gefühle anvertrauen kann, ohne daß
er mit ihr streitet oder sie unterbricht. Sie gestattet ihr,
ganz sie selbst zu sein.*

Sie kann offen reden, ohne befürchten zu müssen, ihren Mann
damit zu verletzen. Sie darf schlecht gelaunt sein, ohne daß er
ihr das übelnimmt oder sie links liegen läßt. Die emotionale
Sicherheit gestattet ihr, sie selbst zu sein.

Frauen stehen ständig unter großem Druck. Da sie immer
liebevoll und zärtlich sein müssen, haben sie kaum die Möglichkeit, sie selbst zu sein. Deshalb kann der Mann ihnen kein
schöneres Geschenk machen, als ihnen diese Möglichkeit zu
geben. Selbst wenn er die Gefühle seiner Frau nicht ganz verstehen kann, schöpft sie allein aus seinen Bemühungen große
Kraft und fühlt sich von ihm unterstützt.

Manchmal kann eine Frau sich selbst erst verstehen,
wenn sie offen über ihre Gefühle reden kann,
vorausgesetzt, sie muß sich keine Sorgen darüber
machen, daß ihr Mann die Selbstbeherrschung verliert
oder sich von ihr abwendet. Dadurch, daß sie offen
reden kann, ist ihr eine Last von der Seele genommen,
und dafür ist sie ihm dankbar.

Selbst wenn sie dann immer noch wütend auf ihn ist, obwohl er ihr geholfen hat, fällt es ihr doch bedeutend leichter, ihm zu verzeihen.

Zurück zu meiner Computergeschichte: Da meine Frau ihre Gefühle offen zum Ausdruck brachte, konnte sie ihre aufgestauten Gefühle verarbeiten (die sich nicht nur auf meinen neuen Computer bezogen), ihren emotionalen Widerstand abbauen und mir helfen.

Wenn ein Mann oder eine Frau sehr heftig reagieren,
wird diese Reaktion nie durch das Thema ausgelöst, das
gerade besprochen wird. Es handelt sich dann zumeist
um eine Kombination vieler Elemente.

Der richtige Zeitpunkt für eine Problemlösung

Nachdem ich Bonnie in den Arm genommen hatte, sprach ich mit ihr über das, was sie gerade gesagt hatte. Da sie wußte, daß ich ihr aufmerksam zuhörte, konnten wir mit kühlem Kopf über das Problem reden und über eine Lösung nachdenken.

»Seit sechs Monaten beschäftige ich mich mit diesem Computerproblem«, fing ich an. »Das ist ein absolutes Schnäppchen. Und wenn ich ihn heute noch kaufe, kann ich ihn noch in diesem Jahr abschreiben. Aber ich muß mich beeilen, sonst macht das Geschäft zu. Ich kann gut verstehen, daß du neue Sachen für das Haus haben möchtest«, versicherte ich ihr. »Wenn ich wieder zurück bin, setzen wir uns zusammen und reden über die Sachen, die du haben möchtest. O. k.?«

»Das hört sich gut an«, sagte sie und lächelte.

Ich bekam meinen Computer und Bonnie ihre renovierten Fußböden. Noch wichtiger war, daß wir beide zufrieden waren, weil jeder von uns die Sprache des anderen gesprochen hatte. So etwas festigt die Liebesbeziehung.

Es kommt immer auf den richtigen Zeitpunkt an

Wenn man Lösungen anbieten will, muß man den Zeitpunkt geschickt wählen. Ich selbst habe festgestellt, daß ich mich immer dann am meisten über Bonnie geärgert habe, wenn sie emotional reagierte oder weiter streiten wollte, obwohl ich bereits Lösungen angeboten hatte. Als Mann glaubte ich, daß ich ihr kein schöneres Geschenk machen könnte, als ihr eine Lösung anzubieten. Für mich war es das gleiche, als hätte ich ihr ein kostbares Schmuckstück schenken wollen, und sie hätte mich zurückgewiesen.

───◄○►───

Wenn eine Frau sich ärgert, will sie, daß man ihr zuhört und nicht, daß man ihr hilft. Sie hat dann in den seltensten Fällen etwas für Problemlösungen übrig.

───◄○►───

Manchmal macht man alles nur noch schlimmer, wenn man Lösungen anbietet, denn dann glaubt sie, man nehme ihre Gefühle überhaupt nicht ernst.

Wenn ich Bonnie Vorwürfe gemacht hätte, weil sie meine Lösungsvorschläge nicht dankbar angenommen hat, wäre das dasselbe gewesen, als hätte ich einem hungrigen Löwen Vorwürfe gemacht, weil er mich in die Hand gebissen hat, die ich in sein Maul gelegt habe. Obwohl mir klar ist, daß es Augenblicke gibt, in denen Bonnie mit meinen Lösungsvorschlägen wenig anfangen kann, habe ich bei solchen Gelegenheiten trotzdem immer noch das Gefühl, zurückgewiesen zu werden.

Bevor man Problemlösungen anbietet, muß man sich zunächst einmal vergewissern, ob die Frau für solche Hilfsangebote empfänglich ist.

———◄o►———

Wenn ein Mann Lösungen anbietet, bevor die Frau in der richtigen Verfassung ist, muß er damit rechnen, zurückgewiesen zu werden – und dadurch wird seine Fähigkeit, in aller Ruhe zuzuhören, ganz erheblich eingeschränkt.

———◄o►———

Wenn er einmal getroffen worden ist, wird er unweigerlich weitere Treffer einstecken müssen, und der Schmerz wird bei jedem emotionalen Schlag intensiver. Nach dem dritten Schlag sollte er erst einmal eine Pause machen. Wenn er dann wieder einen kühlen Kopf hat, sollte er noch einmal über alles nachdenken und das Gespräch erst dann fortsetzen, wenn er sich wieder besser fühlt.

Die inneren Mechanismen des Ausweichens

Manche Frauen, die mein Gespräch mit Bonnie lesen, werden denken, der John Gray sei ein lieber Ehemann, der seiner Frau so gut zuhören kann, weil er sie so sehr liebt. Ich liebe Bonnie tatsächlich von ganzem Herzen, aber bei der Geschichte mit dem Computer ließ sich ein häßlicher Streit zwischen zwei Dickköpfen nur vermeiden, weil ich die Methode des Ausweichens mit Bonnies Hilfe jahrelang geübt hatte.

Am Anfang unserer Ehe haben wir uns oft gestritten, weil wir offenbar nicht die gleiche Sprache sprachen. Seit wir inzwischen unsere Stellenbeschreibungen neu formuliert haben und die neuen Methoden einüben konnten, hat sich die Kommunikation zwischen uns bedeutend verbessert.

*Wenn Gespräche immer wieder in einen Streit ausarten,
ziehen sich die Partner oder zumindest einer der beiden
allmählich immer mehr in sich selbst zurück, und
darunter leidet natürlich die Erotik.*

Wenn ein Mann das begriffen hat, wird er viel eher bereit sein, besser zuzuhören. Wenn er jedoch nicht gelernt hat, sich nicht provozieren zu lassen, dürfte ihm das schwerfallen. Die meisten Männer, die an meinen Seminaren teilnehmen, sind mir dankbar, wenn ich ihnen Tips gebe, wie sie sich in solchen Situationen verhalten sollen.

Ich möchte noch einmal auf die leidige Geschichte mit dem Computer zurückkommen. Achten Sie einmal auf die inneren Reaktionen und auf meine Ausweichreflexe, die es mir möglich machten, geduldig zuzuhören und meiner Frau die moralische Unterstützung zu geben, die sie verdient hatte. Viele Frauen werden möglicherweise erstaunt sein, wenn sie hören, was einen guten Zuhörer ausmacht. Es wird ihnen jedoch helfen, mehr Verständnis für den Mann zu haben, wenn sie wissen, was er in einer solchen Situation durchmacht, und sie werden ihm dafür dankbar zu sein. Es wird ihnen weniger schwerfallen, ihren Mann zu akzeptieren, und sie werden Verständnis dafür aufbringen, daß er hin und wieder eine Weile nicht reden will.

Ein Ausweichmanöver vorbereiten

Bevor ich auch nur ein einziges Wort über den Computer verliere, muß ich mich auf Bonnies Widerstand vorbereiten, denn jede Faser meines Körpers sagt mir, daß sie etwas dagegen haben wird. Zunächst einmal hat sie nicht soviel für elektronische Spielereien übrig wie ich.

Da sie Widerstand leistet, gestaltet sich die Eröffnung des Gesprächs für mich bedeutend schwieriger. In gewisser Weise komme ich mir vor wie ein Kind, das um Erlaubnis bitten muß, also nicht gerade sehr männlich, sondern eher wie ein Schwächling.

Aber es gelingt mir, meinen inneren Widerstand zu überwinden, denn ich sage mir, daß ich ihre Zustimmung ja eigentlich gar nicht brauche. Ich möchte ihr nur helfen, indem ich ihren Wunsch respektiere, an der Entscheidung beteiligt zu sein. Ich muß deshalb ihre Einwände ernst nehmen und auf ihre Vorschläge eingehen.

Obwohl der Kauf des Computers allein meine Sache ist, weil nur ich damit arbeite, ist Bonnie meine gleichberechtigte Partnerin und hat es verdient, an jeder größeren finanziellen Entscheidung beteiligt zu werden. Und damit sie auch spürt, daß ich sie tatsächlich als gleichberechtigt betrachte, muß ich Rücksicht auf ihre Gefühle nehmen.

Ich überlege mir vorher genau, was ich sagen will, und achte besonders darauf, mich möglichst kurz zu fassen, damit sie reagieren kann. Ich selbst habe schließlich sechs Monate gebraucht, um meinen eigenen Widerstand gegen den Computer zu überwinden. Ich habe in dieser Zeit das Für und Wider abgewogen – wie konnte ich da erwarten, daß sie keinen Widerstand leisten würde? Nachdem ich mich auf diese Weise vorbereitet habe, eröffne ich das Gespräch.

Selbstbeherrschung

John (beiläufig): »Ich denke schon seit Monaten darüber nach, daß ich mir eigentlich einen neuen Computer kaufen könnte. Ich weiß genau, welches Modell ich haben will, aber ich möchte dich an dem Entscheidungsprozeß beteiligen. Was sagst du dazu?«

Bonnie (schockiert): »Warum mußt du dir unbedingt einen neuen Computer kaufen, du hast doch einen?«

Ich mache eine Pause und denke über ihre Frage nach. Bevor ich antworte, reiße ich mich innerlich zusammen und denke daran, daß ich mich nicht provozieren lassen darf. Um mich zu beruhigen, atme ich tief durch und sage mir, daß es völlig in Ordnung ist, daß sie sich so aufregt. Das heißt nicht, daß ich nicht das bekomme, was ich haben möchte. Ich brauche mich also nicht aufzuregen und lasse sie weiter reden. Das war ein blitzschnelles Ausweichmanöver.

Bonnie: »Was ist denn mit dem Computer, mit dem du jetzt arbeitest?«

John: »Hmm.«

In dieser Situation weiche ich wieder aus und denke noch einmal über die ganze Situation nach. Es sieht zwar so aus, als wolle sie mir Vorschriften machen, aber in Wirklichkeit stimmt das nicht. Sie sagt nicht, ich hätte kein Recht, mir einen neuen Computer zu kaufen, und sie tut auch nicht so, als sei sie meine Mutter, die mir das verbietet. Ich brauche von ihr keine Erlaubnis, aber sie hat ein Recht darauf, ihre Meinung zu sagen.

Aber sie ist wütend, und bevor ich mit ihrer Unterstützung rechnen kann, muß ich sie reden lassen. Das kann zwanzig Minuten dauern. Entscheidend ist, daß ich mich entspanne und ihr Gelegenheit gebe, ihre Gefühle laut auszudrücken. Es klingt zwar so, als wolle sie mir Vorwürfe machen, aber sie meint es nicht so. Ich darf das Ganze nicht persönlich nehmen.

Ich gebe mir die größte Mühe, einen Streit zu vermeiden, würde allerdings am liebsten laut schreien: »Was fällt dir eigentlich ein, mir Vorschriften zu machen? Warum wirst du wütend, nur weil ich mir einen neuen Computer kaufen will?« Zum Glück weiß ich, wie wichtig es ist, sich zurückzuhalten und auszuweichen, also beherrsche ich mich.

Frauen verlangen keine Zustimmung

Einem Mann ist nicht klar, daß es einer Frau, die sich über etwas aufregt, nicht darum geht, daß ihr Mann ihr zustimmt, und sie will ihn auch nicht unter Druck setzen. Sie möchte einfach nur, daß er ihr zuhört. Die Männer täuschen sich, wenn sie glauben, sie müßten sich zur Wehr setzen, weil sie sonst ihr Gesicht verlieren würden. Die Frau möchte nur, daß er ihr zuhört, sie will ihren Mann nicht wirklich an irgend etwas hindern oder ihn kontrollieren.

Da Männer in ihrem Verhalten bedeutend zweckgerichteter sind, fällt es ihnen schwer, das zu begreifen.

———◄o►———

Wenn ein Mann sich über irgend etwas aufgeregt hat und darüber redet, möchte er seinen Zuhörer überzeugen, damit die Sache, um die es geht, in seinem Sinne richtiggestellt wird.

———◄o►———

Wenn sich eine Frau über irgend etwas aufgeregt hat, möchte sie zunächst einmal darüber reden. Erst später entscheidet sie dann, was ihrer Meinung nach geschehen sollte. Ihr Mann meint dann, um sie wieder glücklich zu machen, müsse er ihr nachgeben und ein Opfer bringen. Er glaubt, sie sei erst dann wieder zufrieden, wenn er sich ihre Auffassung zu eigen gemacht hätte. Wenn er ihr jedoch nicht zustimmt und nicht nachgeben will, glaubt er, die Schwachstellen in ihrer Argumentation bloßlegen zu müssen, um sie schließlich so weit zu bringen, daß sie ihm doch zustimmt.

Wenn der Mann diesen Zusammenhang erkannt hat, kann er, solange sich seine Frau in diesem emotionalen Zustand befindet, sein Bedürfnis zu diskutieren unterdrücken. Nur wenn ich einen kühlen Kopf bewahre, fällt es mir leicht auszuweichen. Das heißt allerdings nicht, daß ich deshalb meine Gefühle ignorieren müßte, denn die sind schließlich da. In einer Partnerschaft muß der Mann lernen, seine Instinkte zu beherrschen, auch wenn er das Gefühl hat, daß seine Frau ihm Vorwürfe macht und ihn angreift. In keinem Fall darf er zurückschlagen.

Es kommt natürlich immer wieder vor, daß sich ein Mann durch die Worte seiner Frau verletzt fühlt und wütend wird. Damit muß man rechnen. Aber eine Frau kann lernen, wie sie in einer solchen Situation mit ihrem Mann umgehen muß. Voraussetzung ist allerdings, daß er sich beherrscht und mit dem angemessenen Respekt reagiert. Solange er nicht die Beherrschung verliert und gleich über sie herfällt, ist alles in Ordnung. Ein einziger Ausrutscher kann jedoch die Arbeit von zwanzig Minuten zunichte machen.

Wenn Gefühle im Spiel sind, muß ein Mann immer zuerst nachdenken, bevor er handelt. Wenn ich mich beherrsche und einen kühlen Kopf bewahre, ist das für Bonnie und mich immer ein Gewinn. Wenn nicht, sind wir beide die Verlierer. Ich behalte im Streit vielleicht die Oberhand, aber verliere letzten Endes ihr Vertrauen.

Was sie an ihm bewundert

Eine Frau bewundert an einem Mann, daß er die Kraft hat, sich zu beherrschen, gleichzeitig jedoch so empfindsam ist, daß er sie versteht. Sie erwartet nicht, daß er den Schwanz einzieht und alles tut, was sie sagt.

---◄○►---

Eine Frau bewundert an einem Mann, daß er die Kraft hat, sich zu beherrschen, und gleichzeitig so empfindsam ist, daß er ihre Meinung respektiert und als wertvolle Alternative betrachtet.

---◄○►---

Für passive, unterwürfige Männer haben Frauen dagegen wenig übrig. Sie wollen in einer Intimbeziehung nicht der Chef sein, ihnen geht es vielmehr um Gleichberechtigung. Wenn ein Mann das Urbedürfnis einer Frau respektiert, angehört zu werden, wird sie seine Wünsche in der gleichen Weise respektieren.

Er darf sich nicht provozieren lassen

Zurück zu Bonnie und meinem Computer. Im weiteren Verlauf des Gesprächs sagt sie in mißtrauischem Ton: »Hast du dich eigentlich schon einmal in den Geschäften umgesehen? Wie teuer ist denn der neue Computer?«

Innerlich bin ich wütend und sage mir, was stellt sich diese Frau eigentlich vor, daß sie meine Kompetenz in dieser unverschämten Weise anzweifelt? Ich muß sie doch nicht fragen, wieviel ich für einen neuen Computer ausgeben darf. Ich laß mich doch nicht bemuttern.

Bevor sich diese Gefühle jedoch manifestieren können, unterdrücke ich sie und denke an mein Ziel – sie soll sich sicher fühlen, damit sie in aller Ruhe weiter über ihre Gefühle reden kann.

Ich darf mein Ziel in keinem Fall aus den Augen verlieren, sondern muß mir immer wieder bewußt machen, daß es nicht darum geht, einen Fall vor Gericht zu gewinnen. Es geht jetzt darum, daß ich meine Frau in einem Augenblick emotional unterstütze, in dem sie selbst mir kaum helfen kann.

In einer Gerichtsverhandlung würde ich vor allem versuchen, ihre Glaubwürdigkeit zu erschüttern. Ich würde ihr die Kompetenz absprechen und mich selbst als Computerspezialisten darstellen. Schließlich mußte ich damit arbeiten und nicht sie. Abgesehen davon war ich früher einmal Programmierer. Wie konnte sie es unter diesen Umständen wagen, meine Autorität anzuzweifeln?

———◄○►———

In einer Diskussion mit einer Frau darf der Mann in keinem Fall die Gefühle der Frau abwerten, das wäre das Schlimmste, was er tun könnte.

———◄○►———

Wenn man ein Gespräch so führt, entstehen sofort Konflikte. Vielleicht könnte man einen Richter mit solchen Argumenten überzeugen, aber wenn ein Mann in seiner Intimbeziehung zu solchen Methoden greift, wird er sich bald tatsächlich vor dem Scheidungsrichter wiederfinden.

Es ist besser, man verzichtet darauf, unbedingt recht haben zu wollen, und tut statt dessen das Richtige

Wenn sich eine Frau über etwas aufregt, sollte der Mann in keinem Fall versuchen, ihr zu erklären, daß er recht hat, denn das stellt eine Abwertung ihrer Gefühle dar. Anstatt unbedingt recht haben zu wollen, versuche ich zu erkennen, inwieweit ihre Gefühle berechtigt sind. Wenn ich das weiß, kann ich ihr besser helfen.

Wenn ich Bonnie helfen will, muß ich mir in einem solchen Gespräch immer wieder klarmachen, daß sie mit ihren Fragen nicht zum Ausdruck bringen will, daß sie an mir zweifelt. Das sind die typischen Reaktionen einer Frau, die sich nicht sicher genug fühlt, um ihre Gefühle zu offenbaren. Anstatt negativ darauf zu reagieren, widerstand ich allen Anfechtungen und sagte mir immer wieder, daß in ihr ein Klärungsprozeß ablief und sie in keinem Fall die Absicht hatte, meine Kompetenz anzuzweifeln. Anstatt mich provoziert zu fühlen, verstand ich Bonnies Fragen als Bitte, ihr doch zuzuhören.

———◀○▶———

Wenn eine Frau in einen emotionalen Zustand gerät, stellt sie im allgemeinen Fragen, weil sie es selbst gern hätte, daß man ihr Fragen stellt, denn dann kann sie sich schneller Klarheit über ihre Gefühle verschaffen.

———◀○▶———

Bonnies Ängste und Zweifel bezogen sich weniger auf meine Kompetenz als darauf, ob ich an ihren Gefühlen interessiert war. Diese Zweifel waren berechtigt, denn tief in meinem Herzen fand ich es nicht gut, daß sie sich eingemischt hatte.

Aber letzten Endes liebe ich sie so sehr, daß ich ihr mit dem Respekt begegnen wollte, den sie verdient hatte. Zurück zu unserem Gespräch.

Das wichtigste Ziel

Ich unterdrücke also meine instinktiven Reaktionen und erinnere mich daran, was mein eigentliches Ziel ist: Ich will ihr helfen, damit sie mir helfen kann.

John: »Ich meine, bevor wir über den Computer sprechen, sollten wir uns erst einmal darüber unterhalten, wie du dich im Augenblick fühlst. Ich möchte deine Situation nachvollziehen können und wissen, warum du dich so aufregst.«

Wenn man einen Streit vermeiden will, darf man diesen Aspekt nie aus den Augen verlieren. Selbst wenn ein Mann die neuen Methoden für ein besseres Zusammenleben gelernt hat und gar nicht erst versucht, die Probleme seiner Frau zu lösen, kann sie ihn doch immer noch auf dem falschen Fuß erwischen. Dann antwortet er ihr, statt zurückzufragen.

Je mehr er von sich gibt, um so mehr Fragen kann sie ihm stellen, und um so mehr wird er sich aufregen. Wenn sie dagegen redet und merkt, daß er ihr zuhört, wird sie ihm dankbar sein. An dieser Stelle müssen wir uns an die neue Methode erinnern, die besagt, daß man einer Frage ausweichen kann, indem man zurückfragt. Beantworten Sie die Fragen Ihrer Frau, indem Sie sie bitten weiterzureden.

Die meisten Männer wollen unbedingt ihren Standpunkt verteidigen. Sie glauben, sie müßten ihrer Frau nur ihre Meinung über die Situation klarmachen, dann ginge es ihr schon viel besser. In Wirklichkeit ist es umgekehrt: Nur wenn er Verständnis für ihre Situation zeigt, kann es ihr besser gehen. Sobald sie das Gefühl hat, daß ihr Mann sie versteht, kann sie sich entspannen. Sonst glaubt sie, so lange kämpfen zu müssen, bis sie sich Gehör verschafft hat.

Aufgeschobene Lösungen

An diesem Punkt der Computerdiskussion halte ich mich zurück und biete Bonnie keine Lösung an. Ich mache ihr nicht
klar, daß ein Schriftsteller von seinem Computer genauso abhängig ist wie ein Cowboy von seinem Pferd. Oder daß ich eine
Schwäche für Computer habe und mir mit Sicherheit auch
einen leisten kann. Daß meine sorgfältigen Marktforschungen
zu dem Ergebnis geführt haben, daß dieses Modell das beste
und preiswerteste ist. Oder daß ich wegen der Abschreibungs-
möglichkeiten in diesem Jahr noch Steuern sparen kann, vorausgesetzt, ich kaufe ihn mir noch heute. Solange ich jedoch
nicht weiß, weshalb sie sich eigentlich so aufregt, würden alle
diese Argumente ihre Wirkung verfehlen.

Wenn sie sich in dem Augenblick, als ich ihr das mit dem
Computer erzählt habe, nicht so aufgeregt hätte, so daß sie das
dringende Bedürfnis hatte, mit mir zu reden, hätte sie nur
gesagt: »Ach ja? Du möchtest dir einen neuen Computer kaufen? Was für einen denn?« Dann hätte sie eine Zeitlang zugehört und ganz normale Fragen gestellt: »Wie teuer ist er, was
steht denn in deinen Computermagazinen darüber«, usw., und
ich hätte mit ihr darüber gesprochen.

An diesem Tag reagierte sie allerdings nicht so gelassen.
Wenn man in einer solchen Situation nicht alles noch schlimmer machen will, darf man nie versuchen, logisch zu sein. Und
man sollte auch kein technisches Gespräch führen, bei dem es
vorwiegend um Problemlösungen geht.

————◄o►————

Wenn eine sich Frau über ihren Mann aufgeregt hat,
fällt es ihr außerordentlich schwer, seine Erklärungen
zu verstehen oder seinem rationalen Ansatz zu folgen.

————◄o►————

Verallgemeinerungen vermeiden

Ich frage Bonnie also, wie sie sich fühlt, und sie erklärt mir: »Ich bin wütend. Immer wenn du etwas haben willst, kaufst du es dir einfach. Ich sehe nicht ein, wieso du plötzlich unbedingt einen neuen Computer haben mußt. Deiner ist doch noch in Ordnung. Wenn wir schon Geld ausgeben, dann für andere Dinge, die wir besser gebrauchen könnten.«

Nachdem ich auf diese Weise die Bestätigung bekommen habe, daß sie wütend ist, sagt mir meine innere Stimme: Jawohl! Jetzt kann ich sie dazu bringen, darüber zu reden, und dann wird es ihr bald wieder besser gehen. Aber Vorsicht, John, korrigiere sie nicht, sondern hör nur still zu. Vergiß nicht, man darf eine Frau, die einen solchen Gefühlsausbruch hat, nicht beim Wort nehmen. Und das, was sie sagt, hat im Grunde nichts mit mir zu tun.

Immer wenn Bonnie etwas sagt, was nicht stimmt, oder zu groben Verallgemeinerungen greift, entspanne ich mich, denn dadurch werde ich wieder daran erinnert, daß es ihr nicht um eine rationale Diskussion geht, sondern daß sie sich auf diese Weise nur Gehör verschaffen will. Wenn sie das erreicht hat, werden ihre negativen Gefühle wieder verschwinden.

Die meisten Männer glauben, sie müßten die Behauptungen ihrer Frau unbedingt richtigstellen, weil sie sie sonst als bewiesene Tatsachen betrachtet. Das mag vor Gericht zutreffen, nicht jedoch in einer Intimbeziehung. Vor Gericht müßte ich ihre Behauptung »Wenn du etwas haben willst, kaufst du es dir ganz einfach« als unrichtig zurückweisen. Ich müßte mich verteidigen und auf all die Dinge hinweisen, die ich gern hätte, aber nicht bekommen werde. Ich müßte auf all die Gelegenheiten hinweisen, wo ich meine Wünsche zu ihren Gunsten zurückgestellt habe. Vor Gericht mag das sinnvoll sein, in einer Intimbeziehung funktioniert es jedoch nicht.

Wenn ich ihr erkläre, daß auch ich Opfer gebracht habe – daß ich zum Beispiel schon sechs Monate darauf warte, mir den Computer kaufen zu können –, würde ich ihr damit nur bewei-

153

sen, daß ich kein Verständnis für ihre Gefühle habe. Außerdem würde sie dann über die Opfer reden, die sie bringen mußte. Und ehe wir es uns versähen, würden wir uns darüber streiten, wer von uns beiden die größten Opfer gebracht hat.

Freundliche Fragen stellen

Im Laufe des Gesprächs über den Computer sagt Bonnie: »Es gibt andere Dinge, für die wir unser Geld ausgeben könnten.« Dann macht sie eine Pause. Das gibt mir Gelegenheit, sie freundlich zu fragen, was sie sich denn gerne kaufen würde.

Immer wenn sie eine Pause macht, habe ich die Wahl: Ich kann ihr eine Frage stellen, in einem freundlichen oder zumindest neutralen Ton, um mehr zu erfahren. Oder ich kann alles, was ich aufgebaut habe, wieder zerstören, indem ich sage: »Wie kannst du so etwas behaupten?«

Die meisten Männer begreifen nicht, daß eine Frau sich sofort beruhigt, wenn man ihr klarmacht, daß es ihr gutes Recht ist, wütend zu sein. Wenn er sie nicht kritisiert, weil sie ihn kritisiert, wenn er ihr keine Vorwürfe macht, weil sie ihm Vorwürfe macht, hat sie die Möglichkeit, die negativen Gefühle loszuwerden, die sich in ihr aufgestaut haben.

Warum er Gefühlen mit Argumenten begegnet

Ein Mann geht davon aus, daß eine Frau, die sich in einem emotionalen Zustand befindet, in ihrem Denken unbeweglich ist. Ihm ist nicht klar, daß sie dann weder Schlüsse ziehen will noch die Absicht hat, eine feste Meinung auszudrücken.

Sie redet, um die Spielbreite ihrer Gefühle zu »entdecken«, und nicht, um eine genaue Beschreibung der objektiven Realität zu liefern. Das ist Sache der Männer. Ihr geht es vielmehr darum, das zu entdecken und zu beschreiben, was sich in ihrer inneren, subjektiven Welt abspielt.

*Wenn eine Frau sich über ihre negativen Gefühle
äußert, befindet sie sich in der Regel gerade mitten in
einem Klärungsprozeß und glaubt, daß das, was sie
empfindet, wahr ist. Sie erhebt dabei jedoch keinen
Anspruch auf Objektivität.*

Inzwischen warte ich darauf, daß Bonnie meine Frage beantwortet, was sie sich anstelle des Computers lieber kaufen würde. Sie ist jedoch noch damit beschäftigt, ihre Gefühle zu analysieren. Schließlich sagt sie: »Darüber habe ich mir noch keine Gedanken gemacht. Ich empfinde das einfach so. Ich habe das Gefühl, wenn du etwas haben willst, kaufst du es dir einfach, ich komme immer erst an zweiter Stelle. Vielleicht liegt es ja an mir, daß du so viel mehr haben willst als ich. Wenn ich etwas haben will, ist das offenbar nie so weltbewegend.«

Mir wird klar, daß die Bemerkung »Darüber habe ich mir noch keine Gedanken gemacht« bedeutet, daß sie über ihre Gefühle und nicht über Tatsachen redet. Aber obwohl sie mir hilft, fällt es mir doch ziemlich schwer, ihr immer wieder auszuweichen, klein beizugeben und mich nicht kritisiert zu fühlen. Innerlich koche ich.

Ich sage mir, wie kann sie behaupten, sie käme immer erst an zweiter Stelle? Wo ich doch soviel für sie tue. Ich arbeite so hart, daß sie sich praktisch alles leisten kann. Wie kann sie behaupten, sie wäre mir nicht wichtig? Obwohl das meine wahren Gefühle sind, ist mir völlig klar, wie sehr es uns beiden schaden würde, wenn ich sie laut ausdrücken würde.

Wenn ich ihr in diesem Augenblick »die Meinung sagen würde«, ginge es mir nur darum, ihr klarzumachen, daß sie unrecht hat oder mich ungerecht behandelt. Dadurch würde ich nur ihre Gefühle abwerten und ihre Zweifel und ihr Mißtrauen bestätigen. Wenn ich ihr jedoch in aller Ruhe zuhöre, ohne sie anzugreifen, gebe ich ihr Zeit und Gelegenheit, weiter zu reden und sich auch an meine guten Seiten zu erinnern. Nur dann wird sie *von sich aus* aufhören, negative Bemerkungen zu machen. Obwohl ich selbst wütend bin, weiß ich genau, daß es nicht mehr lange dauern wird.

Wenn man einer Frau die Gelegenheit bietet, offen zu reden, werden ihre Liebesgefühle geweckt. Oft wird ihr dann bewußt, wie falsch und ungerecht ihre Behauptungen waren. Meistens vergißt sie das Ganze einfach und betrachtet alles wieder aus einer liebevolleren Perspektive.

Den meisten Männern fällt es schwer, einen solchen Stimmungsumschwung nachzuvollziehen, denn so etwas ist ihrem eigenen Wesen fremd. Wenn ein Mann sich ärgert und mit der Person spricht, über die er sich gerade ärgert, wird er sich erst beruhigen, wenn diese Person ihm in irgendeiner Form recht gibt oder es ihm gelungen ist, eine andere Lösung zu finden. Es genügt ihm nicht, wenn man ihm nur zuhört und verständnisvoll nickt.

Wenn eine Frau negative Gefühle zum Ausdruck bringt, nimmt der Mann an, das sei ihr »letztes Wort«, und glaubt, sie gebe ihm die Schuld. Ihm ist nicht klar, daß sich ihre Gefühle ändern, sobald sie offen über sie reden kann.

Warum er Schuldgefühle bekommt

In der Eheberatungspraxis kommt es immer wieder vor, daß der Mann glaubt, seine Frau greife ihn an oder mache ihm Vorwürfe, obwohl sie eigentlich nur über ihre Gefühle reden möchte. Häufig läuft das so ab:

Er: »Du machst mir Vorwürfe.«

Sie: »Nein, das stimmt nicht. Ich sage dir nur, was ich empfinde.«

Er: »Aber deine Gefühle drücken aus, daß du mir Vorwürfe machst. Wenn du sagst, du fühlst dich nicht gebührend beachtet, heißt das, daß ich dir nicht die nötige Aufmerksamkeit schenke. Wenn du sagst, du fühlst dich nicht geliebt, richtet sich der Vorwurf gegen mich.«

Sie: »Nein, das stimmt nicht. Ich will dir nur klarmachen, wie ich mich fühle. Ich rede nicht über dich.«

Er: »Natürlich tust du das! Schließlich bin ich der einzige, mit dem du verheiratet bist.«

Sie: »Mit dir kann man einfach nicht reden.«

Er: »Siehst du, du machst mir schon wieder Vorwürfe.«

Wenn man in einem solchen Fall nicht eingreift, werden sie sich so lange streiten, bis beide völlig frustriert sind.

Der Mann muß begreifen, was im Kopf einer Frau wirklich vorgeht, wenn er glaubt, sie mache ihm Vorwürfe. Und die Frau kann ihrem Mann das Leben erheblich leichter machen, wenn ihr klar wird, warum er glaubt, sie mache ihm Vorwürfe.

Sobald der Mann erkannt hat, wie seine Frau denkt und fühlt, wird er begreifen, daß sie ihm aus ihrer Sicht tatsächlich keine Vorwürfe macht.

Jahrelang war mir das nicht klar, wenn ich meiner Frau zuhörte. Da ich immer das Gefühl hatte, angegriffen zu werden, fiel es mir sehr schwer, mich nicht provozieren zu lassen. Wenn sie über ihre Gefühle sprach, hatte ich das dringende Bedürfnis, mich mit ihr zu streiten. Das änderte sich jedoch von einem Tag auf den anderen. Bei einem Einkaufsbummel ging mir plötzlich ein Licht auf.

Als ich meine Frau beim Einkaufen beobachtete, wurde mir klar, wie verschieden wir beide sind. Wenn ich einkaufen gehe und das finde, was ich haben möchte, kaufe ich es mir und verlasse das Geschäft so schnell wie möglich, genau wie ein Jäger, der schnell wieder nach Hause läuft, wenn er sein Wild erlegt hat. Für Bonnie ist es dagegen ein besonderes Vergnügen, möglichst viele Sachen anzuprobieren.

Als sie sich endlich für ein Geschäft entschieden hatte, das ihr gefiel, war ich erleichtert und machte es mir in einem Sessel in der Nähe der Anprobierkabine bequem. Begeistert probierte sie verschiedene Kleider an. Ich war auch begeistert, denn ich dachte, wir könnten dann endlich wieder gehen. Da hatte ich mich jedoch mächtig geirrt.

Anstatt ohne viel Gewese ein oder zwei Kleider zu kaufen,

dauerte es ewig, bis sie alle anprobiert hatte. Sie mußte einfach das richtige Gefühl für jedes einzelne Kleid bekommen. Jedesmal betrachtete sie sich im Spiegel und machte Bemerkungen wie: »Das ist hübsch, nicht wahr? Aber ich weiß nicht ... Steht es mir wirklich? Die Farben sind schön. Die Länge gefällt mir auch gut.« Und dann stellte sie plötzlich fest: »Nein, das steht mir nicht.« Die gleiche Szene wiederholte sich bei jedem einzelnen Kleid. Hin und wieder zog sie ein bestimmtes Kleid wieder aus und sagte: »Das gefällt mir.«

Nachdem sich das ganze Spiel über eine Dreiviertelstunde hingezogen hatte, verließen wir den Laden, ohne auch nur ein einziges Kleid gekauft zu haben. Zu meiner großen Überraschung war sie jedoch kein bißchen enttäuscht. Ich konnte mir beim besten Willen nicht vorstellen, daß ich selbst soviel Zeit und Energie aufgewendet hätte, um dann mit leeren Händen nach Hause zu kommen und trotzdem glücklich zu sein.

Schuldgefühle vermeiden

Dieses Erlebnis machte es mir leichter zu verstehen, warum eine Frau so klingt, als würde sie ihrem Mann Vorwürfe machen, während sie selbst behauptet, das sei nicht der Fall.

Sie müssen verstehen, daß eine Frau, die überarbeitet ist, genauso über ihre Gefühle redet, wie sie einkauft. Sie erwartet von Ihnen genausowenig, daß Sie ihr ein bestimmtes Gefühl abkaufen, wie sie das von sich selbst erwartet. Im Grunde probiert sie nur emotionale Kleider an, um zu sehen, ob sie passen. Und wenn sie lange braucht, um ein bestimmtes Kleid anzuprobieren, heißt das noch nicht, daß es ihr auch steht.

———◄○►———

Frauen reden zwar über ihre Gefühle, identifizieren
sich jedoch nicht unbedingt mit ihnen. Sie sollten nur
versuchen herauszufinden, was wirklich in ihnen
vorgeht.

———◄○►———

Wenn ich heutzutage das Gefühl habe, daß meine Frau mir Vorwürfe macht, stelle ich mir vor, wir wären auf einem Einkaufsbummel, und sie würde gerade anfangen, bestimmte Sachen anzuprobieren. Es kann eine Stunde dauern, bis wir das »Geschäft« endlich verlassen, aber erst dann weiß ich, was sie wirklich meint.

Negative Gefühle sind nicht von Dauer

Wenn ein Mann weiß, daß die negativen Gefühle seiner Frau nicht von Dauer sind, sondern daß sie sie gewissermaßen nur ausprobiert, wird es ihm bedeutend leichter fallen, sich nicht provozieren zu lassen und keine Schuldgefühle zu haben. Wenn er sich jedoch mit ihr streitet, treibt er sie in die Defensive. Wenn sie sich schützen muß, hat sie keine Zeit, ihre negativen Gefühle wieder ins Regal zurückzubringen, um sich positivere auszusuchen.

Eine Frau spricht das Negative laut aus, um die positiven, realeren Dinge besser erkennen zu können. Selbst wenn ihr Mann einen Fehler gemacht hat, kann sie sich von ihren negativen Gefühlen befreien, den größeren Zusammenhang erkennen und sich dann auch wieder an all das Gute erinnern.

Wenn eine Frau etwas Negatives zum Ausdruck bringt, kann sie ihren Mann besser akzeptieren und lieben, ohne von ihm zu erwarten, daß er vollkommen ist, oder sogar davon abhängig zu sein. Eine Frau, die die wahre Liebe sucht, eine Liebe, die vom Partner nicht erwartet, daß er vollkommen ist, braucht die Unterstützung ihres Mannes. Nur so kann sie ihre Gefühle offen ausdrücken, ohne befürchten zu müssen, für jedes Wort zur Rechenschaft gezogen zu werden.

————◄o►————

Um die Liebe in ihrem Herzen zu spüren, muß eine Frau mit ihrem Partner offen über ihre Gefühle reden können.

————◄o►————

Gefühle sind keine Fakten

Wenn ein Mann ein Gefühl ausdrückt, hört sich das eher wie eine Tatsache an – wie etwas, von dem er glaubt, daß es wahr ist, obwohl er es kaum beweisen kann. Bei einer Frau ist das ganz anders. Für sie haben Gefühle einen bedeutend geringeren Bezug zur Außenwelt, sondern zeigen, wie sie die Außenwelt erlebt. Für eine Frau sind Gefühle und Tatsachen zwei ganz verschiedene Paar Schuhe.

Bonnies Bemerkung: »Ich habe das Gefühl, daß alles, was wir tun, eher deinen Interessen dient als meinen. Wir tun immer das, was du willst, und du setzt deinen Willen immer durch«, klang so, als wolle sie mich kritisieren. Für mich hieß das zunächst: »Du bist ein Egoist, du kümmerst dich nur um deine Belange. Ich bin dir ganz egal. Wir tun immer nur das, was du willst.« Ich ließ mich jedoch nicht provozieren, weil ich wußte, daß sie das nicht so meinte. Und wenn mir das in solchen Augenblicken klar ist, fällt es ihr auch nicht so schwer, sich das bewußt zu machen. Ich fühlte mich außerdem auch ziemlich sicher, weil ich genau wußte, daß sie sich nach einer gewissen Zeit auch wieder an die positiven Dinge erinnern würde. Ich mußte ihr nur genügend Zeit geben, damit sie ihren Gefühlen freien Lauf lassen konnte.

Der Kritik ausweichen

Um Bonnies Kritik ausweichen zu können, mußte ich mir immer wieder vor Augen führen, daß ihre Worte keine Tatsachenbehauptungen waren. Sie drückte nur ihre Gefühle aus und hatte nicht die Absicht, meine Person und meine Handlungsweise zu kritisieren. Im übertragenen Sinne wollte sie sagen:

»Wenn ich, so wie jetzt, sehr emotional bin und nicht mehr klar denken kann, vergesse ich manchmal, was du für ein wunderbarer Mann bist. Dann vergesse ich, daß du immer für mich da warst, und meine, alles, was wir tun, sei nur für dich und nicht für mich. Ich habe dann das Gefühl, daß wir immer nur das tun, was du willst. Ich meine dann, es hätte keinen Sinn, wenn ich dich um etwas bitten würde, weil dir das sowieso egal ist. Ich weiß, daß dir etwas an mir liegt, aber manchmal reagiere ich eben so, vor allem, wenn du wie heute tatsächlich etwas haben willst. Dein Entschluß scheint dann immer schon so festzustehen, daß ich das Gefühl habe, wir wären keine Partner mehr, und ich könnte sagen, was ich wollte, es würde nichts mehr ändern. Ich weiß natürlich, daß dir in Wirklichkeit viel an mir liegt, aber solche Gefühle tauchen bei mir einfach auf. Wenn ich spüre, daß du mich verstehst, geht es mir gleich viel besser. Sag mir doch, daß dir etwas an mir liegt und daß es für dich wichtig ist zu wissen, was ich empfinde.«

Es wäre unrealistisch von ihr zu erwarten, daß sie all das wirklich sagen würde. Es würde ihrer weiblichen Natur widerstreben, bei der Analyse ihrer negativen Gefühle so extrem rational, logisch und objektiv vorzugehen.

◄o►

Wenn ein Mann auf die typisch männliche Genauigkeit verzichtet und seine Frau statt dessen liebevoll unterstützt, findet sie von sich aus zu einer größeren Objektivität zurück und wird es ihm mit Liebe, Vertrauen und Toleranz danken.

◄o►

Um der Kritik erfolgreich ausweichen zu können, darf ein Mann nie vergessen, daß Gefühle nicht von Dauer sind. Wenn er seiner Frau Gelegenheit gibt, ihre negativen Gefühle loszuwerden, kann sie auch ihre positiven Gefühle wieder entdekken. Mit ein paar hilfreichen Bemerkungen kann sie ihm dann helfen, mit ihrer Kritik fertig zu werden. Wie diese Bemerkungen aussehen, werden wir im nächsten Kapitel erfahren.

Gefühle ändern sich

Man darf nie vergessen, daß sich die negativen Gefühle einer Frau innerhalb von wenigen Minuten ins Gegenteil umkehren können, ohne daß der Mann auch nur ein Wort zu sagen braucht. Wenn er dagegen auf die negativen Gefühle seiner Frau ebenfalls negativ reagiert, fühlt sie sich unverstanden und glaubt, ihm ihre Gefühle erklären zu müssen, bevor sie weitermachen kann. Die negative Reaktion des Mannes verlängert den Prozeß also nur.

Für eine Frau ist es kein Widerspruch, sondern völlig normal, wenn sie im Verlauf eines Gesprächs zum Beispiel sagt: »Ich habe das Gefühl, du denkst nur an dich« und »Du bist wirklich ein fürsorglicher Mann, du hilfst mir immer so«.

Wenn ein Mann diese Flexibilität der Frau erst einmal erkannt hat, kann er sich entspannt zurücklehnen und ihr zuhören, statt sie umstimmen zu wollen. Wenn er sich jedoch provozieren läßt, hat das zur Folge, daß seine Frau ihre Flexibilität verliert, sich verschließt und unbeweglich und selbstgerecht wird.

Die Situation durch weiteres Fragen entschärfen

Wenn ein Mann einer Frau Fragen stellt, hat das auf sie eine entwaffnende und beruhigende Wirkung. Seine Fragen beweisen ihr, daß ihm etwas an ihr liegt und daß er für sie da ist. Wenn er zum Beispiel fragt: »Wie kann ich dir helfen?« oder Einwürfe macht wie »Sprich weiter«, verliert sie das Gefühl, gegen eine Übermacht kämpfen zu müssen. Eine Zusammenstellung »entwaffnender« Fragen finden Sie im 7. Kapitel.

◄○►

Wenn Sie weitere Fragen stellen, gewinnen Sie. Wenn Sie dagegen über Ihre eigenen emotionalen Reaktionen reden, verlieren Sie.

◄○►

Einer Frau, die wütend ist oder sich überfordert fühlt, hilft es sehr, wenn man ihr eine Gelegenheit gibt, über ihre Gefühle zu reden und sie auf diese Weise zu verarbeiten. Ob das, was sie sagt, negativ oder positiv, genau oder ungenau ist, ob sie eine defensive Haltung einnimmt oder verletzt ist, spielt dabei keine Rolle. Je länger sie reden kann, um so zufriedener wird sie sein, weil ihr Mann ihr zuhört und sie spürt, daß er sich um sie kümmert. Und mit dieser Zufriedenheit werden auch ihre Liebesgefühle wieder geweckt.

Ein wichtiger Rat für ihn

Vergessen Sie nie: Wenn sie sich keine Sorgen machen muß, daß Sie ihr nicht zuhören, kann sie das tun, was ihrem Wesen am ehesten entspricht: Sie kann reden und gleichzeitig ihre Einstellung verändern. Wenn Sie ihr helfen wollen, sich hinterher selbst wieder liebevoller und toleranter zu fühlen, sollten Sie die folgenden Ratschläge beherzigen.

1. Wenn Sie den Verdacht haben, daß sie sich geärgert hat, sollten Sie nicht warten, bis sie das Gespräch eröffnet. (Wenn Sie den Anfang machen, verliert sie schon 50 Prozent ihrer emotionalen Ladung.)
2. Wenn Sie sie reden lassen, müssen Sie immer daran denken, daß es wenig Sinn hat, sich darüber zu ärgern, daß sie sich ärgert.
3. Auch wenn Sie das dringende Bedürfnis haben, sie zu korrigieren oder zu unterbrechen, tun Sie es bitte nicht.
4. Wenn Sie nicht wissen, was Sie sagen sollen, sagen Sie einfach nichts. Wenn Ihnen nichts Positives oder Respektvolles einfällt, sollten Sie schweigen.
5. Wenn sie nicht reden will, sollten Sie ihr so lange Fragen stellen, bis sie anfängt zu reden.
6. Versuchen Sie in keinem Fall, die Gefühle Ihrer Frau zu korrigieren oder ihr Vorwürfe zu machen.
7. Bleiben Sie möglichst ruhig und gelassen. Hüten Sie sich vor

heftigen Reaktionen. (Wenn Sie auch nur einen Augenblick lang die Selbstbeherrschung verlieren und »Dampf ablassen«, haben Sie verloren und müssen unter erschwerten Bedingungen noch einmal ganz von vorn anfangen.)

Ausweichmanöver und entwaffnende Fragen sind wichtige Strategien, aber man muß auch wissen, wie man seiner Frau klarmachen kann, daß man ihr helfen will. Bei einem richtigen Boxkampf muß man auf den richtigen Augenblick warten, um einen Schlag anbringen zu können. In einem liebevollen Gespräch muß der Mann die gleiche Technik einsetzen. Er muß aufpassen und den richtigen Moment abpassen, um ein Wort oder einen Satz anzubringen, mit dem er den Kampf beenden kann.

———◄○►———

In einem liebevollen Gespräch muß der Mann versuchen, seine Hilfe im richtigen Augenblick an den Mann beziehungsweise die Frau zu bringen.

———◄○►———

Als wir uns über den Computer unterhielten und Bonnie mir viel über ihre Gefühle erzählt hatte, wartete ich eine Pause ab und fragte sie, was sie sich denn wünsche. Das machte es ihr leichter, über ihre Wünsche zu reden – auch wenn sie noch gar nicht so genau wußte, was sie sich eigentlich wünschte –, und gab ihr Gelegenheit, sich mir gegenüber zu öffnen und zu spüren, wieviel mir daran liegt, ihr zu helfen.

Wenn ich sie frage, was sie sich wünscht, bedeutet das nicht, daß ich meine eigenen Wünsche aufgeben muß. Es heißt nur, daß ich mein eigenes Bewußtsein erweitern muß, um besser erkennen zu können, wie ich ihr und mir selbst helfen kann, damit wir uns beide unsere Wünsche erfüllen können. Ich beweise ihr damit, daß ich ihre Bedürfnisse genauso ernst nehme wie meine eigenen. Und die Erkenntnis, daß ich ihre Wünsche respektiere, tut ihrer verletzten weiblichen Seele gut.

Was es bedeutet, Gefühle zu verstehen

Um mein nächstes Argument anschaulich zu machen, möchte ich noch einmal auf das Gespräch über den Computer zurückkommen. Während Bonnie über ihre Gefühle redet, warte ich nur darauf, eine Bemerkung machen zu können, die ihr zeigt, daß ich auf ihrer Seite stehe. Als sie dann sagt, sie befürchte, zu kurz zu kommen, fällt mir das nicht mehr schwer.

Ich sage also: »Ich kann dich gut verstehen.«

Damit will ich jedoch nicht ausdrücken, daß ich ihre Befürchtungen für berechtigt halte. Ich habe nicht gesagt: »Klar, mit deinen Befürchtungen liegst du völlig richtig. Dein Mann ist nun einmal ein absolut egoistischer Typ.«

Wenn ich sage: »Ich kann dich gut verstehen«, meine ich in Wirklichkeit: »Ich weiß, wie es ist, wenn man befürchtet, nicht das zu bekommen, was man gern haben möchte. Ich habe mich in meinem Leben auch schon so gefühlt. Das ist unangenehm und tut weh.«

————◄○►————

Während eines solchen Gesprächs, bei dem es vor allem um Gefühle geht, muß der Mann auf der Hut sein und mit einfachen Gesten seine Hilfsbereitschaft ausdrücken. Er kann zum Beispiel nicken, sie in den Arm nehmen oder sein Mitgefühl durch tröstende Laute zum Ausdruck bringen.

————◄○►————

Der Blickkontakt

Wenn eine Frau sich über irgend etwas aufgeregt hat, möchte sie, daß man sie ansieht. Im Gegensatz zu ihrem Mann hat sie nicht den Wunsch, in Ruhe gelassen zu werden. Für den Mann ist es wichtig, daß er möglichst schnell merkt, wenn seine Frau sich über irgend etwas aufgeregt hat. Und wenn sie spürt, daß er sie wirklich ansieht, kann sie sich selbst besser erkennen und ihre Gefühle erforschen.

Die meisten Männer haben die Angewohnheit, beim Zuhören wegzusehen, um besser über das Gesagte nachdenken zu können. Für eine Frau ist das schwer zu verstehen, denn wenn sie mit einer anderen Frau spricht und es dabei um gefühlsbetonte Dinge geht, legen beide großen Wert auf Blickkontakt.

Wenn ein Mann seiner Frau unentwegt in die Augen blickt, schaltet er völlig ab. Wenn er nicht weiß, daß der Blickkontakt für eine Frau bedeutend wichtiger ist als für ihn, wird er woanders hinschauen, um in Ruhe darüber nachdenken zu können, was sie wohl meint oder was er dazu sagen soll.

Blickkontakt will gelernt sein. Der Mann hilft damit nicht nur seiner Frau, sondern auch sich selbst, denn er wird dadurch gehindert, ihr sofort eine Problemlösung anzubieten. Aber er darf nicht nur daran denken, Blickkontakt zu halten, sondern muß auch darauf achten, daß er nicht einfach abschaltet.

Dazu sollte er sie in einer ganz speziellen Weise anschauen. Er darf sie nicht anstarren, sondern sollte ihr erst einmal zwei bis drei Sekunden in die Augen blicken. Wenn dann der Zeitpunkt gekommen ist, in dem er normalerweise seinen Blick abwenden würde, sollte er erst ihre Nasenspitze, dann ihre Lippen, ihr Kinn und schließlich ihr ganzes Gesicht anschauen und dann wieder von vorne beginnen.

Diese Prozedur zwingt ihn, immer in ihre Richtung zu blicken, ohne dabei abzuschalten. Es kann auch entspannend sein, denn auf diese Weise hat er etwas zu tun und braucht nicht nur passiv herumzusitzen.

Kaltfronten

Wenn ich früher spürte, daß meine Frau eine gewisse Kälte ausstrahlte, bin ich immer davon ausgegangen, daß sie gern allein sein will. Nach einer gewissen Zeit bemerkte ich dann jedoch, daß es immer kälter wurde und daß sich diese Abkühlung eindeutig auf mich bezog. Ich sagte mir dann, daß ich es eigentlich nicht verdient hätte, von Bonnie die kalte Schulter gezeigt zu bekommen, und wurde innerlich wütend auf sie. Schließlich gerieten wir dann so aneinander, daß die Fetzen flogen.

Als ich dann etwas mehr Erfahrung mit Frauen hatte, ließ ich Bonnie nicht mehr einfach links liegen, wenn sie diese Kälte ausstrahlte. Und ich wurde auch nicht mehr wütend, wenn sie sich von mir distanzierte.

Nach und nach wurde mir klar, daß es völlig falsch gewesen war, sie in Ruhe zu lassen. Genau das Gegenteil wäre richtig gewesen. Bonnie wünschte sich in einer solchen Situation vor allem, daß ich mich um sie kümmerte. In den meisten Fällen hatte die »Kaltfront« nicht einmal etwas mit mir zu tun. Um wieder »warm« werden zu können, mußte sie einfach nur reden. Wenn ich dann nicht zu ihr ging, sie zärtlich berührte und Fragen stellte, die ihr zeigten, daß ich mir Sorgen um sie machte, wurde sie noch kälter und zog sich immer weiter in sich zurück. Obwohl sich ihre negativen Gefühle ursprünglich gar nicht gegen mich gerichtet hatten, sollte sich das dann sehr schnell ändern.

Inzwischen weiß ich, wie man mit solchen »Kaltfronten« umgehen muß. Ich ziehe mir eine warme Jacke an und fliege direkt in das Unwetter hinein. Wenn ich sie dann berühre und mit ihr rede, wird sie nach und nach wieder warm, ohne daß ich viel dazu tun muß. Ich darf mich nur nicht provozieren lassen und muß ihr im richtigen Moment meine Hilfe anbieten.

Eine kalte Frau wieder erwärmen

Wenn ich heute spüre, daß Bonnie diese Kälte ausstrahlt, gehe ich sofort zu ihr und berühre sie.

Wenn sie sich dann nicht zurückzieht, weiß ich, daß ihr Kummer nichts mit mir zu tun hat. Zieht sie sich jedoch zurück, kommt einiges auf mich zu, aber ich weiß auch, daß sie mich danach vermutlich mehr liebt als zuvor.

Ich berühre sie nicht nur, um festzustellen, ob sie wütend auf mich ist, sondern auch, um ihre Stimmung zu testen. Wenn sie wirklich wütend auf mich ist, merke ich es und stelle die entsprechenden Fragen. Wenn das nicht der Fall ist, entspanne ich mich. Um sie zum Sprechen zu bringen, frage ich sie, wie ihr Tag war und ob sie sich über mich geärgert hat. Eine vollständige Liste der Fragen, die man in einer solchen Situation stellen sollte, finden Sie im 7. Kapitel.

In den meisten Fällen antwortet eine Frau auf solche Fragen: »Nein, es hat nichts mit dir zu tun. Ich habe einfach zuviel am Hals«, und redet dann weiter. Selbst wenn sie sich tatsächlich ein wenig über ihren Partner geärgert hat, wird sich das schnell wieder ändern, weil sie ihm dankbar ist, daß er das Gespräch eröffnet hat. Wenn sie spürt, daß er ihr helfen will, kann sie mit ihrer Liebe sehr großzügig umgehen.

◄◦►

Wenn eine Frau, die sich überfordert fühlt und über ihre Sorgen reden möchte, zu ihrem Mann sagt: »Es hat nichts mit dir zu tun«, fällt es ihm bedeutend leichter zuzuhören.

◄◦►

Was er tun muß, wenn sie ihm böse ist

Wenn eine Frau sich über ihren Mann geärgert hat, ist es außerordentlich wichtig, daß er ihr klarmacht, daß es ihr gutes Recht ist, wütend zu sein. Er muß ihr sagen, daß es nicht schlimm ist, wenn sie wütend ist, und daß er gern wissen möchte, worüber sie sich geärgert hat, damit er so etwas nicht noch einmal tut.

Wenn ich Bonnie berühre und merke, daß sie kalt bleibt und sich zurückzieht, darf ich nicht verletzt oder beleidigt sein. Das ist ganz wichtig. Ich teste immer erst die Temperatur, um auf eine mögliche Zurückweisung vorbereitet zu sein. Ohne eine solche Vorbereitung, würde ich instinktiv wütend werden.

Schauen wir uns ein anderes Beispiel an. An einem bestimmten Tag merkte ich, daß sich schon seit mehreren Stunden eine »Kaltfront« aufbaute. Ich hatte allerdings keine blasse Ahnung, was los sein könnte. Früher hätte ich mich in einer solchen Situation ungerecht behandelt und zurückgewiesen gefühlt. Heute weiß ich, daß ich dem Ganzen die Spitze abbrechen kann, indem ich ihr eine Gelegenheit gebe, darüber zu reden.

Als ich sie anfassen wollte, zog sie sich sofort zurück. Aber anstatt beleidigt zu sein, wandte ich die neuen Methoden an, die ich gelernt hatte, und bezog das Ganze nicht auf mich. Ich blieb stehen, sah sie an und fragte mich, was wohl mit ihr los sein könnte. Es dauerte fünfzehn bis dreißig Sekunden, bis ihr klar wurde, daß sie mich zurückgewiesen hatte. Da ich nicht negativ reagiert hatte, fiel es mir nicht schwer, ihr Vertrauen zurückzugewinnen.

Ich spürte, daß sie wütend auf mich war. Um mich vor ihrem Zorn und möglichen Vorwürfen zu schützen, vermied ich Fragen wie: »Bist du wütend auf mich?« oder »Habe ich etwas falsch gemacht?« Ich mußte ihr zuerst eine Frage stellen, die keine Verbindung zwischen mir und ihrer Wut herstellte.

Sanft, aber nachdrücklich

Die unverfänglichste Frage, die man in solchen Situationen stellen kann, ist: »Möchtest du mit mir über irgend etwas reden?« Wenn die Antwort nein lautet, ist es leicht, dem Problem aus dem Weg zu gehen, denn im Grunde meines Herzens kann ich gut verstehen, daß sie nicht reden will.

Ich sage also: »Ich möchte aber doch gern wissen, was passiert ist.« Wieder achte ich darauf, daß ich mich nicht als Zielscheibe für ihren Ärger anbiete.

Zuerst sagt sie nichts, dann: »Da gibt es nicht viel zu reden.« Das bedeutet, daß es sehr wohl eine Menge zu reden gibt. Ich bereite meine Ausweichmanöver vor.

Mein Ziel ist es, ihr sanft, aber nachdrücklich klarzumachen, daß ich für sie da bin. Ich ziehe mich nicht beleidigt zurück und setze sie nicht unter Druck. Dadurch gewinne ich ihren Respekt zurück, und sie spürt, daß mir wirklich etwas an ihr liegt.

────◄○►────

Wenn eine Frau nicht reden will, ist sie in der Regel unsicher. Sie hat dann nicht das Gefühl, daß ihr Mann sie liebt und versteht. Dieser Widerstand kann nur durch sanften Druck überwunden werden.

────◄○►────

Da mir das klar war, sagte ich: »Habe ich irgend etwas Falsches gesagt oder getan?«

Als Antwort holt sie tief Luft und seufzt, um mir auf diese Weise klarzumachen, daß sie wirklich nicht darüber reden will.

Ich sage: »Ich möchte es aber gerne wissen«, dann nach einer Pause: »Wenn ich dich verletzt habe, möchte ich wissen, was ich getan habe, damit ich es nicht noch einmal tue.«

In diesem Augenblick öffnet sie sich und sagt freundlich: »Als wir neulich miteinander geredet haben, bist du mitten in meinem Satz ans Telefon gegangen. Hinterher hast du mich nicht einmal gebeten, den Gedanken zu Ende zu bringen. Das hat mich wirklich verletzt.«

Ich sage: »Das tut mir leid, das war sehr gefühllos von mir.« Obwohl mir in diesem Augenblick tausend Erklärungen einfallen, halte ich mich zurück und fasse sie statt dessen an der Schulter an. Diesmal weist sie mich nicht zurück.

Bonnie redet weiter über ihre Gefühle, und nach einer Weile sind wir uns wieder ganz nah. Noch vor Jahren hätte ich das nicht gekonnt. Woher auch? Niemand hat es mir beigebracht. Da ich mich jedoch seit einiger Zeit nach meiner neuen »Stellenbeschreibung« richte, weiß ich jetzt, wie ich mich in einer solchen Situation zu verhalten habe.

Provokationen ausweichen

Wenn Sie die neuen Methoden für ein besseres Zusammenleben erst einmal beherrschen, werden Sie immer sofort wissen, was Sie zu tun haben. Es ist ähnlich wie beim Golf oder Tennis – man muß lange üben, bis man den richtigen Schwung heraus hat, wenn man es jedoch einmal gelernt hat, geht es fast von selbst.

Zuhören muß man genauso lernen wie jede andere Fertigkeit. Wenn Sie zum erstenmal ein Auto ohne Automatik fahren, erscheint ihnen der ganze Mechanismus zunächst ziemlich kompliziert.

Ein erfahrener Autofahrer denkt überhaupt nicht mehr darüber nach, wann er umschaltet, weil der ganze Prozeß unbewußt abläuft.

Wenn ein Mann lernen will, einer Frau, die sich über irgend etwas aufgeregt hat, aufmerksam zuzuhören, ohne sich dabei selbst zu ärgern oder frustriert zu sein, muß er so lange üben, bis ihm das Ganze zur zweiten Natur geworden ist.

Wenn unsere Väter das schon gewußt hätten

Wenn ein Mann als Kind die Chance gehabt hätte zu erleben, wie sein Vater der Mutter immer wieder geduldig zugehört hätte, brauchte er das heute nicht zu lernen. Aber da unsere Väter und Mütter die neuen Methoden noch nicht kannten, müssen wir sie auf unsere alten Tage noch lernen.

Unsere Kinder werden es besser haben. Sie haben die Chance, die Kommunikationstechniken von ihren Eltern zu lernen, und können sie dann später im Umgang mit ihren Partnern anwenden.

Bis dahin müssen die Frauen ihre Männer, die diese Technik lernen wollen, unbedingt unterstützen. Mir selbst hat die Kooperation und Unterstützung meiner Frau enorm geholfen und den Lernprozeß beschleunigt. Da sie von mir nicht erwartet hat, daß ich vollkommen bin, und mir immer gezeigt hat, wann ich ihr geholfen habe, hat sie es mir bedeutend leichter gemacht.

Im nächsten Kapitel werden wir über die neuen Methoden sprechen, die eine Frau anwenden kann, um ihrem Mann zu helfen, ein guter Zuhörer zu werden. Wenn sie sich auf ihre angestammte Rolle als Hüterin der Familie besinnen, können die Frauen lernen, wie man einen Mann lieben und umsorgen kann, ohne ihn zu bemuttern.

Die Frauen werden lernen, ihren Mann zu lieben, ohne ihre Liebe von der Erfüllung bestimmter Bedingungen abhängig zu machen. Das entspricht ihrem Wesen und sorgt gleichzeitig dafür, daß sie selbst auch die Liebe und Unterstützung bekommen, die sie brauchen.

6. KAPITEL

Was sie tun muß, damit er ihr zuhört

Wenn eine Frau mit ihrem Mann so redet, wie sie seit Urzeiten mit anderen Frauen geredet hat, versteht er sie entweder nicht, oder er hört ihr nicht zu. Man könnte meinen, die Frauen sprächen eine andere Sprache, die die Männer nicht richtig verstehen könnten. Eine Frau kann es ihrem Mann jedoch bedeutend leichter machen, ihre Sprache zu lernen, wenn sie bestimmte kleine, aber sehr wichtige Veränderungen am Stil ihrer Kommunikation anbringt.

Bevor sie redet, sollte sie ihren Mann erst darauf vorbereiten, daß sie über ihre Gefühle sprechen möchte, denn nur dann bekommt sie von ihm von Anfang an die Unterstützung, die sie so dringend braucht.

———◄o►———

Wenn sie ihn vorab wissen läßt, wie sie sich seine Hilfe vorstellt, kann sie sich entspannen und offen über ihre Gefühle reden, ohne Angst haben zu müssen, daß er wütend wird oder ihr nicht richtig zuhört.

———◄o►———

Das Ganze läßt sich auf eine kurze Formel bringen: »Du brauchst weder etwas zu sagen noch etwas zu tun, ich habe nur im Augenblick das Bedürfnis, über meine Gefühle zu reden, anschließend geht es mir bestimmt wieder besser.«

Wenn sie ihren Mann auf diese Weise vorbereitet, fühlt er sich nicht verpflichtet, Vorschläge zu machen oder Lösungen anzubieten. Er braucht sich nicht auf die Lösung ihrer Probleme zu konzentrieren, sondern kann sich entspannen und seiner Frau aufmerksam zuhören. Er tut praktisch weniger und hilft ihr trotzdem mehr, weil er ihr die emotionale Unterstützung gibt, die sie braucht.

Männer kommunizieren vor allem im Geschäftsleben logisch und sachbezogen. Eine berufstätige Frau, die acht Stunden pro Tag arbeitet, muß sich zwangsläufig genauso ausdrücken. Wenn sie die Sprache des Mannes spricht, hören ihr die Männer zwar eher zu, aber sie entfernt sich dadurch auch von ihrer Weiblichkeit.

Wenn sie abends nach Hause kommt, muß sie dann zuallererst ihre Weiblichkeit wiederfinden. Wenn sie jedoch von einer Sekunde auf die andere versucht, wieder die Frauensprache zu sprechen und ihre Gefühle ohne klare Orientierung mitzuteilen, wird das letzten Endes ihrer Intimbeziehung großen Schaden zufügen. Sie wird entweder überhaupt nichts mehr mit Männern zu tun haben wollen, oder sie muß den weiblichen Teil ihrer Seele unterdrücken, obwohl der so dringend zu Wort kommen möchte. Beide Möglichkeiten haben katastrophale Folgen und zerstören ihr Glück und die Möglichkeiten ihrer Selbstverwirklichung.

Wenn die Frau den ganzen Tag im Wettbewerb gestanden hat, immer effizient und sachlich sein mußte, braucht sie abends dringend eine Gelegenheit, ihre Gefühle in einer Weise offenzulegen, die nichts mit Sachlichkeit, Logik, Genauigkeit und Rationalität zu tun hat. Und ihr Mann muß ihr dabei helfen, denn nur so kann sie ihre Zärtlichkeit und ihre weiblichen Gefühle wiederentdecken.

Um sich von ihrem harten Arbeitstag erholen zu können, muß man ihr die Möglichkeit geben, ihre Gefühle frei auszudrücken, nur so kann sie sich wieder regenerieren. Solange sie ständig unter dem Zwang steht, sich möglichst korrekt, genau und logisch auszudrücken, lebt sie noch in der männlichen Sphäre. Und ein Mann, der nicht weiß, wie er die weibliche Seite der Seele seiner Frau unterstützen kann, wird sehr frustriert sein, weil sie sich unbedingt in ihrer weiblichen Art ausdrücken will.

Er kann das nicht ohne weiteres verstehen, denn er selbst betont beim Reden die männliche Seite seiner Seele. Er denkt erst eine Zeitlang nach und spricht dann konzentriert, direkt, klar, logisch und sachlich. Ihm ist nicht klar, daß er von seiner Frau nicht erwarten kann, daß sie sich in der gleichen Weise ausdrückt, denn das würde sie von ihrer Weiblichkeit entfremden.

Ein neues Dilemma

Die Frau von heute befindet sich in einem neuen Dilemma. Entweder sie lernt, so zu sprechen wie ein Mann und verliert dabei einen Teil ihres Selbsts und eine wichtige Quelle des Glücks, oder sie ignoriert den Widerstand ihres Mannes und redet einfach drauflos. Aber dann hört er ihr einfach nicht mehr zu, und nach einer gewissen Zeit wird sie ihn überhaupt verlieren. Beide Methoden funktionieren nicht, wir können also froh sein, daß es noch eine dritte Möglichkeit gibt.

Früher brauchten die Frauen die Männer nicht, wenn sie sich unterhalten wollten, und niemand verlangte tagsüber von ihnen, daß sie wie Männer redeten. Wenn eine Frau sich im Gespräch mit einem Mann gelegentlich einmal etwas direkter ausdrücken mußte, war das nicht weiter schlimm, denn sie hatte ja den ganzen Tag über Gelegenheit, mit anderen Frauen in der »Frauensprache« zu kommunizieren.

———◄○►———

Die Frau von heute hat ein bedeutend stärkeres Bedürfnis, mit ihrem Partner in der »Frauensprache« zu reden, weil sie an ihrem Arbeitsplatz keine Gelegenheit dazu hat.

———◄○►———

Die Notwendigkeit der Kommunikation der Frauen mit den Männern stellt für beide Geschlechter eine neue Herausforderung dar. Eine Frau, die über ihre Gefühle reden möchte, sollte ihre weiblichen Fähigkeiten aktivieren, denn dann kann sie ihrem Mann, der lernen möchte, wie man ein guter Zuhörer wird, eine große Hilfe sein. Wenn er das erst einmal gelernt hat, kann sie sich entspannen und offen reden. Das ist das ganze Geheimnis. Ein paar Worte genügen, und schon ist der Mann in der Lage, sie zu verstehen. Selbst wenn ihre Worte in der Sprache des Mannes kritisch oder vorwurfsvoll klingen und er die notwendigen Ausweichmanöver noch nicht so gut beherrscht, kann er sehr gut damit umgehen.

Der große Houdini

Ich erzähle immer besonders gern eine Anekdote aus dem Leben des großen Houdini, um zu illustrieren, daß man sich auf eine Sache vorbereiten kann.

Der Entfesselungskünstler behauptete, er könne sich aus jeder Situation befreien, aus einer Kiste, die mit Ketten umwickelt war, aus Zwangsjacken, Banksafes und Gefängnissen. Aber er hat noch etwas anderes behauptet, was weniger bekannt ist.

Er sagte, jeder, ganz gleich wie groß er wäre, könne ihn in den Magen boxen, ohne ihn zu verletzen. Er sei in der Lage, jeden noch so kräftigen Schlag auszuhalten.

An einem Halloweenabend kam während der Pause seiner Zaubervorstellung ein junger Mann hinter die Bühne und fragte ihn, ob es wahr sei, daß er jeden Boxhieb aushalten könne.

Houdini sagte: »Ja.«

Bevor er sich jedoch entsprechend vorbereiten konnte, versetzte ihm der junge Mann blitzschnell einen Schlag in die Magengrube, der für den großen Houdini tödlich war. Er wurde ins Krankenhaus eingeliefert und starb am nächsten Tag.

Ähnlich wie Houdini kann jeder Mann einen verbalen Schlag seiner Frau abfangen, wenn er sich entsprechend darauf vorbereiten kann, das heißt, er muß im übertragenen Sinn seine Bauchmuskeln anspannen, um nicht verletzt zu werden. Ohne diese Vorbereitung ist er sehr verwundbar.

Eine Frau hat viele Möglichkeiten, ihren Mann so vorzubereiten, daß er sich das, was sie sagt, anhören kann, ohne verletzt zu werden. Ich möchte Ihnen in diesem Kapitel einige dieser Möglichkeiten zeigen. Manche werden Ihnen zusagen, manche vielleicht auch nicht. Mit der Zeit werden Sie wahrscheinlich selbst etwas finden, das Ihnen und Ihrem Partner besser gefällt.

Kleider anprobieren

Sie sollten die Vorschläge so behandeln, wie man Kleider anprobiert. Wenn sie passen und Ihnen gefallen, sollten Sie Ihren Partner fragen, ob sie ihm auch gefallen. Treffen Sie Ihre Wahl.

Die folgenden Beispiele sollen Ihnen nur als Orientierungshilfe dienen. Wenn Sie den Dreh erst einmal heraushaben, wird Ihnen diese Methode, dem Menschen zu helfen, den sie am meisten lieben, in Fleisch und Blut übergehen. Und mit der Zeit werden Sie diese neue Strategie auch auf Ihre anderen Beziehungen ausdehnen.

Entwerfen Sie eine neue Stellenbeschreibung für Ihren Mann

Wenn eine Frau redet, weiß ihr Mann in der Regel nicht, was sie von ihm erwartet. Zuhören fällt ihm schwer, weil er vieles von dem mißversteht, was sie ihm in ihrer Sprache mitteilen will. Solange ein Mann, der seine Frau liebt, nicht weiß, wie er sich vor einem »Volltreffer« schützen kann, wird er unter ihrer vermeintlichen Kritik leiden.

Bevor eine Frau ein Gespräch eröffnet, muß sie ihrem Mann klarmachen, was sie erwartet. Sie muß für ihn eine neue »Stellenbeschreibung« entwerfen, und zwar in einer Sprache, die er versteht, denn dann kann er sich entspannen und muß nicht erst versuchen dahinterzukommen, was sie eigentlich will. Für die Frau ist das eine neue Aufgabe. Wenn sie diese Strategie jedoch erst einmal beherrscht, wird sie sich frei ausdrücken können und ihre weibliche Kraft spüren.

◄o►

Im Geschäftsleben fällt es einem Mann bedeutend leichter, sich zu schützen, weil er einerseits dort nicht so offen ist und ihm andererseits an den anderen nicht soviel liegt. In seinen Liebesbeziehungen ist er jedoch bedeutend verletzlicher, vermeintliche Kritik tut ihm deshalb besonders weh.

◄o►

Alte Methoden in neuem Gewand

Diese Art der »Vorbereitung« ist im Grunde gar nicht so neu, sondern eine uralte Methode der Frauen, die sie immer schon sehr gut beherrscht haben. Ihr weiblicher Instinkt hat ihnen immer schon gesagt, daß sie die Männer gut vorbereiten müssen. Während sich die Steinzeitmänner auf die Jagd konzentriert haben, haben sich die Frauen auf die Zukunft vorbereitet.

Eine Frau weiß intuitiv, daß sich auch in der Natur alles in kleinen Schritten vollzieht, vorausgesetzt, man pflegt es mit Geduld und sorgt dafür, daß alle notwendigen Bedingungen erfüllt sind. Instinktiv sagt sich jede Frau, Vorbeugen ist besser als Heilen. Alle täglich wiederkehrenden Aufgaben einer Frau mußten vorbereitet werden. Sie mußte das Essen für die Familie planen und vorbereiten. Sie mußte für die ganze Familie eine behagliche Atmosphäre schaffen. Im Garten mußte sie erst den Boden bearbeiten und vorbereiten, bevor sie säen konnte.

Seit Urzeiten haben Mütter ihre Kinder Schritt für Schritt auf das Leben vorbereitet. Um das Kind so weit zu bringen, daß es selbständig spielt, muß die Mutter zunächst die entsprechenden Voraussetzungen schaffen. Bevor es selbst lesen kann, liest sie ihm vor. Sie sorgt für eine Atmosphäre der Geborgenheit, in der sich das Kind auf das Leben vorbereiten kann.

Frauen haben schon immer großen Wert auf ihr Äußeres gelegt. Wenn eine Frau sich anzieht, braucht sie Zeit, denn für sie ist es wichtig, sich dem jeweiligen Anlaß entsprechend darstellen zu können. Sie benützt Make-up, pflegt ihre Haut, die empfindlicher ist als die des Mannes, und trägt Schmuck, um die Aufmerksamkeit der anderen auf sich zu lenken. All das ist Ausdruck ihrer Neigung, sich immer angemessen vorzubereiten.

Selbst in biologischer Hinsicht brauchen Frauen mehr Zeit, um sich vorbereiten zu können. Um ein Kind auf die Welt zu bringen, benötigt die Frau ganze neun Monate. Um Sex wirklich genießen zu können, braucht ihr Körper bedeutend mehr Zeit, Stimulation und Vorbereitung als der des Mannes. Vor allem vor der Einführung der praktischen Binden und Tampons mußte sich eine Frau auf ihre Periode vorbereiten.

Auch auf die Ehe mußte sich eine Frau früher vorbereiten, indem sie Jungfrau blieb. Bevor sie sich auf eine sexuelle Begegnung einließ und ein Kind bekam, mußte sie sicher sein, daß der Mann sich auch wirklich zu ihr bekannte und ihre zukünftige Familie ernähren konnte. Selbst die Lebensversicherung ist ein altes weibliches Ritual, das etwas mit Vorbereitung zu tun hat. Früher bereitete eine Frau sich auf die Möglichkeit vor, daß ihr Mann starb, indem sie dafür sorgte, daß sie in ihrer Gemeinde einen guten Ruf hatte.

Eine Frau muß immer irgend etwas vorbereiten. Das gehört zu ihrer Natur, und das kann sie auch gut. Deshalb ist es auch eines ihrer größten Probleme, daß sie nicht weiß, was sie tun kann, um ihren Mann so vorzubereiten, daß er ihr zuhört. Solange sie nicht weiß, daß Männer und Frauen zwei verschiedene Sprachen sprechen, ist ihr auch nicht klar, daß sie ihren Mann entsprechend vorbereiten muß, wenn sie möchte, daß er ihr zuhört. Sie ist so naiv zu glauben, er werde sie schon verstehen, wenn er sie wirklich liebt.

Selbst wenn eine Frau versucht, ihren Mann auf das Gespräch vorzubereiten, tut sie das anfangs so, daß es zwar bei einer anderen Frau funktionieren würde, nicht aber bei einem Mann. Sie glaubt, sie brauche ihm nur eine Menge Fragen über

179

seinen Arbeitstag zu stellen, dann sei er hinreichend darauf vorbereitet, ihr zuzuhören. Aber das ist ein Irrtum.

Jede Frau muß erst einmal lernen, wie man einen Mann dazu bringt, ihr zuzuhören.

Wenn es darum geht, den vermeintlichen Angriffen seiner Frau auszuweichen, besinnt sich der Mann auf seine alten Jagdinstinkte. Daran sollte sich die Frau ein Beispiel nehmen: Wenn sie möchte, daß ihr Mann ihr aufmerksam zuhört, kann auch sie auf alte weibliche Strategien zurückgreifen.

Die Zeiten haben sich geändert. Heute weiß nicht einmal ein intelligenter Mann, der es wirklich gut meint, was eine Frau wirklich braucht. Wenn sie mit ihm redet, macht er ständig Zwischenbemerkungen, verbessert sie und bietet ihr Problemlösungen an. Sie reagiert darauf mit dem oft gehörten Satz: »Mein Mann versteht mich nicht.«

Frauen beklagen sich fast immer darüber, daß ihre Männer sie nicht verstehen. Die Männer können das inzwischen bald nicht mehr hören und nehmen sofort eine Abwehrhaltung ein. In der Sprache des Mannes bedeutet dieser Satz, daß er zu dumm ist, ihr helfen zu können.

Die Bemerkung »Du verstehst mich nicht« kommt einer Frau so automatisch über die Lippen, daß ihr nicht klar wird, daß sie ihren Mann auf diese Weise daran hindert, ihr zu helfen. Für den Mann klingt der Satz nicht nur wie Kritik, sondern er kann letzten Endes auch nichts damit anfangen.

Er meint, das, was er tut, sei doch der Beweis dafür, daß er sie versteht, und da er auch seinen Stolz hat, läßt er nichts unversucht, um sie davon zu überzeugen. Obwohl er ihr ursprünglich eigentlich helfen wollte, will er sich schließlich nur noch mit ihr streiten.

Wie sie ihn dazu bringen kann zuzuhören

Wenn eine Frau sagt »Du verstehst mich nicht«, meint sie in Wirklichkeit »Du begreifst nicht, daß ich im Augenblick nicht an einer Lösung interessiert bin«.

Er glaubt dagegen, sie finde seine Lösung nicht gut, und fängt an, sich mit ihr darüber zu streiten und ihr seine Argumente klarzumachen, wo sie doch eigentlich nur mit ihm reden wollte.

—◄○►—

Wenn eine Frau möchte, daß ihr Mann sie wirklich versteht, sollte sie nie sagen »Du verstehst mich nicht«, auch wenn sie das glaubt. Der Satz klingt so vorwurfsvoll, daß es dem Mann schwerfällt, sich so etwas weiter anzuhören.

—◄○►—

Es gibt jedoch eine andere Möglichkeit. Die Frau sollte zunächst eine kleine Pause einlegen, um sich klarzumachen, daß er sich eigentlich große Mühe gibt, sie zu verstehen. Dann sollte sie ihm sagen: »Versuchen wir einmal, das Ganze anders auszudrücken.«

Wenn ein Mann diesen Satz hört, wird ihm klar, daß er seine Frau nicht richtig verstanden hat, aber er fühlt sich deshalb nicht kritisiert. Er ist dann bedeutend eher bereit zuzuhören und noch einmal über das nachzudenken, was sie gesagt hat. Er hat nicht das Gefühl, daß sie ihn kritisiert oder ihm Vorwürfe machen will, und ist deshalb eher bereit, ihr zu helfen. Solange eine Frau nicht begriffen hat, was sich in der Seele des Mannes abspielt, kann sie auch nicht verstehen, warum ihm die Formulierung »Versuchen wir einmal, das Ganze anders auszudrükken« bedeutend besser gefällt als der Satz »Du verstehst mich nicht«. Für ihn ist der Unterschied dagegen offensichtlich.

Zur Vorbereitung, eine kleine Pause

Wenn ein Mann seiner Frau Problemlösungen anbietet, obwohl sie eigentlich nur möchte, daß er ihr zuhört, muß sie sich an das erinnern, was sie gelernt hat: Sie muß ihm helfen, damit er ihr helfen kann, und sie darf ihn dabei nicht verletzen. Wenn sie eine kleine Pause macht und ihn erst einmal entsprechend vorbereitet, kann sie weiterreden, ohne befürchten zu müssen, von ihm mit Problemlösungen unterbrochen zu werden.

Je früher eine Frau ihrem Mann klarmacht, daß es ihr nicht um Lösungen geht, um so leichter wird es ihm fallen, einfach nur zuzuhören. Wenn er ihr dagegen bereits zwanzig Minuten lang zugehört hat und alle möglichen Lösungen angeboten hat, wird er sich wie ein Narr vorkommen, wenn sie ihm erst dann sagt, daß sie keine Lösungen gebrauchen kann. Die Folge ist, daß er in die Defensive geht.

Wenn Bonnie über ihre Probleme redet, biete ich ihr auch zunächst alle möglichen kleinen Lösungen an. Obwohl ich selbst anderen Leuten die neuen Methoden für ein besseres Zusammenleben beibringe, vergesse ich manchmal, mich zurückzuhalten.

Anstatt nun gleich zu sagen »Du verstehst mich nicht« oder »Du hörst mir nicht zu«, macht sie dann eine kleine Pause, in der sie mich so vorbereitet, daß ich ihr helfen kann. Sie konzentriert sich dabei nicht auf das, was ich falsch mache, sondern erinnert mich an das, was ich tun sollte. Das ist zweifellos eine der neuen Methoden.

Sie sagt dann ganz beiläufig: »Ich erwarte nicht von dir, daß du das Problem löst, es reicht mir, wenn ich einmal mit dir darüber reden kann. Ich habe jetzt schon das Gefühl, daß es mir besser geht. Ich glaube, ich muß nur einmal mit jemandem darüber reden.« Sie sagt das in dem gleichen Ton, in dem sie mit einem Gast sprechen würde, den sie zum Abendessen eingeladen hat und der ihr anschließend beim Spülen helfen will. In einer solchen Situation würde eine perfekte Gastgeberin automatisch sagen: »Sie brauchen sich aber nicht um das Abspülen zu kümmern, das mache ich später. Das ist schnell geschehen. Gehen wir lieber ins Wohnzimmer.«

Wenn sie mich auf diese Weise ganz vorsichtig an meine neuen Pflichten erinnert, bin ich nur zu gern bereit, auf das einzugehen, was sie sagt, weil ich weiß, daß ich ihr dann besser helfen kann. Wenn eine Frau ihren Mann in diesem beiläufigen Ton erinnert, spielt sie den Fehler, den er gemacht hat, herunter und macht es ihm leichter, ihr aufmerksam zuzuhören.

Wie Bonnie mir half, ein guter Zuhörer zu werden
Als ich Bonnie vor einiger Zeit einmal zwanzig Minuten lang zugehört hatte, war ich ziemlich geschafft. Als ich nach Hause gekommen war, ging es mir noch gut, aber nachdem ich mir zwanzig Minuten lang anhören mußte, wie schlecht es ihr ging, kam ich mir wie ein absoluter Versager vor. Das Schlimmste war, daß ich glaubte, sie wäre tatsächlich sehr unglücklich und ich könnte ihr überhaupt nicht helfen.

Nach einer gewissen Zeit merkte sie, wie niedergeschlagen ich war und sagte zu mir: »Jetzt siehst du so aus, wie ich mich eben gefühlt habe.«

Das war für mich eine Überraschung, denn ich hatte überhaupt nicht damit gerechnet, daß es ihr besser gehen könnte.

»Willst du damit sagen, daß es dir jetzt besser geht?« fragte ich sie.

»Ja, mir geht es jetzt schon viel besser. Tut mir leid, daß du dich so mies fühlst, aber mir geht es tatsächlich bedeutend besser.«

Da ging es mir plötzlich auch wieder besser. Ich sagte zu ihr: »Also, wenn es dir besser geht, geht es mir auch wieder gut. Ich dachte schon, uns stünde ein schlimmer Abend bevor.«

Ich glaube, auf der emotionalen Ebene hatte ich sogar befürchtet, wir hätten ein schlimmes Leben vor uns. Aber Bonnie hatte mir positives Feedback gegeben und mir klargemacht, wie sehr ihr mein Zuhören geholfen hat. Dadurch war auch meine Stimmung wieder besser geworden.

Als wir dann beim nächsten Mal ein ähnliches Gespräch führten, fiel es mir schon bedeutend leichter, ihr zuzuhören, denn ich hatte diesmal nicht das Gefühl, ein Versager zu sein. Weil ich danach immer wieder erlebte, wie gut es ihr ging, wenn sie mit mir reden konnte und ich ihr einfach nur zuhörte, ging es mit der Zeit immer besser.

Wie ich ihr half

Ich kann mich erinnern, daß Bonnie sich bei einer anderen Gelegenheit ziemlich geärgert hatte und mir Dinge an den Kopf warf wie: »Du hast überhaupt keine Zeit mehr für mich. Deine Arbeit scheint dir wichtiger zu sein. Früher waren wir viel glücklicher. Ich habe das Gefühl, es wird immer schlimmer.« Das waren harte Worte, aber ich ließ ich mich nicht provozieren, sondern sagte mir, daß sie eigentlich nicht mich meinte, sondern selbst nur dahinterkommen wollte, was sie so geärgert hatte.

Um es nicht so weit kommen zu lassen, daß sie mich wirklich verletzte, half ich ihr in einem bestimmten Augenblick, eine Pause zu machen, und holte sie in die Wirklichkeit zurück. Ich sagte zu ihr: »Das hört sich fast an, als könnte ich überhaupt nichts richtig machen. Gibt es denn gar nichts, was sich vielleicht ein wenig gebessert hat? Mache ich denn überhaupt nichts richtig?«

In dem Augenblick sagte sie: »Natürlich. Ich hätte früher nie so mit dir reden können. Inzwischen fühle ich mich in deiner Gegenwart bedeutend sicherer. Ich mußte das nur einmal loswerden, gleich geht es mir bestimmt wieder besser. Ich weiß, daß das schwer für dich ist, und ich bin dir dankbar dafür, daß du dir das gefallen läßt.«

Ich sagte: »O. k., sprich weiter.« Ich wollte mich nur noch einmal versichern, daß ihre Gefühle nicht wirklich gegen mich gerichtet waren.

Mitten in einem anderen, sehr gefühlsbetonten Gespräch machte sie plötzlich eine Pause und sagte: »Ich weiß, daß das alles ziemlich unfair klingt, aber ich mußte das einmal loswerden, gleich wird es mir bestimmt wieder besser gehen. O. k.?«

Nachdem sie das gesagt hatte, konnte ich sofort wieder entspannt zuhören, ohne das Gefühl zu haben, mich wehren zu müssen. Ich sagte nur: »Danke. Das klingt gut.« Weil sie sich einen Augenblick lang unterbrochen hatte, um mich auf meine

Rolle als Zuhörer vorzubereiten, hatte sich die Situation völlig verändert.

―――◄○►―――

Den wenigsten Frauen ist klar, daß ein paar Worte genügen, um die Situation für den Mann völlig zu verändern.

―――◄○►―――

Es hört sich schlimmer an, als es ist

Bei einer anderen Gelegenheit sagte sie plötzlich mitten in einem schwierigen Gespräch: »Ich weiß, daß dir das alles sehr schwerfällt. Aber ich muß einmal darüber reden. Außerdem hört es sich schlimmer an, als es ist. In Wirklichkeit hat es keine so große Bedeutung. Ich möchte eigentlich nur, daß du weißt, was in mir vorgeht.«

Die Worte »Es hört sich schlimmer an, als es ist« und »In Wirklichkeit hat es keine so große Bedeutung« waren Balsam für meine Seele. Ein Mann sollte seiner Frau nie sagen, daß das, was sie ihm anvertrauen möchte, nicht so wichtig sei. Erst wenn sie das Gefühl hat, daß er sie wirklich ernst nimmt, kann sie von sich aus sagen: »In Wirklichkeit hat es ja keine so große Bedeutung«.

Auf eine Frau wirkt eine Bemerkung wie »Das ist doch nicht so wichtig« sehr negativ, vor allem, wenn sie als Kind immer wieder hören mußte, sie solle ihre Gefühle doch nicht so ernst nehmen. Wenn sie jedoch als Erwachsene spürt, daß ihre Gefühle respektiert werden, fällt es ihr bedeutend leichter, Bemerkungen zu machen, die ihrem Mann helfen, ein guter Zuhörer zu werden. Wenn eine Frau ihren Mann besser versteht, wird ihr klar, daß er sie und ihre Gefühle um so ernster nimmt, je weniger sie es von ihm verlangt. Wenn sie ihn entsprechend vorbereitet und ihm erklärt: »Es ist eigentlich nicht so wichtig. Ich möchte nur, daß du weißt, wie ich mich fühle«, wird er bedeutend aufmerksamer zuhören als vorher.

Wenn sie mit ihm reden möchte, sollte sie ihn erst vorbereiten. Sie kann zum Beispiel sagen: »In mir steigen eine Menge

Gefühle hoch, ich würde gern mit dir darüber reden. Aber ich möchte dir vorab schon einmal sagen, daß es sich schlimmer anhören wird, als es in Wirklichkeit ist. Ich muß nur einmal ein bißchen reden und dabei spüren, daß du mich liebst. Du brauchst nichts zu sagen und auch nichts zu tun.« Diese Methode wird ihn motivieren, sich Gedanken darüber zu machen, wie er ihr am besten helfen kann.

Was sie sagen muß, wenn er nicht zuhören will

Wenn eine Frau vorab schon das Gefühl hat, daß ihr Mann ihr nicht zuhören will, gibt es verschiedene Möglichkeiten, ihn so vorzubereiten, daß er zuhört, ohne sich provozieren zu lassen. Eine Frau hat mir erzählt, sie brauche ihrem Mann nur zu sagen: »Danke, daß du mir hilfst, ich bin dir wirklich dankbar, daß du versuchst, dir alles anzuhören, ohne dich provozieren zu lassen. Ich weiß sehr wohl, daß es dir nicht leicht fällt, dir das alles anzuhören.«

Das ist eine sehr gute Methode, denn wenn ein Mann spürt, daß man ihm dankbar ist, weil er etwas tut, was ihm eigentlich sehr schwerfällt, tut er es gern. Viele Frauen glauben, es sei selbstverständlich, daß ihre Männer ihnen zuhören, denn das sei doch ein Liebesbeweis. Sie begreifen nicht, wie es den Mann frustriert, von dem Menschen, den er am meisten liebt, ein negatives Feedback zu bekommen. Daß seine Frau es für selbstverständlich hält, daß er ganz Ohr ist, weil er sie doch liebt, macht es ihm noch schwerer. Wenn sie jedoch vorab zeigt, daß sie Verständnis für seine Situation hat, wird er viel eher bereit sein, ihr zuzuhören.

Im Beruf ist der Mann froh, wenn man ihm eine schwierige Aufgabe überträgt, vorausgesetzt natürlich, er wird entsprechend dafür bezahlt. Wenn man jedoch von ihm verlangt, daß er so etwas tut, ohne dafür belohnt zu werden, glaubt er, daß man das alles als selbstverständlich betrachtet, und weigert sich, solche Aufgaben zu übernehmen. In einer Zweierbeziehung ist es ähnlich. Wenn der Mann etwas tun soll, was ihm

schwerfällt, erwartet er, daß man seine Bemühungen honoriert. Sonst sagt er sich: »Warum soll ich mich anstrengen?«
Dazu ein Beispiel.

Pearl und Marty

Pearl ärgerte sich, daß Marty »mit schöner Regelmäßigkeit die
richtige Ausfahrt verpaßt«. Daraus leitete sie das Recht ab, ihm
Fahrunterricht zu geben. Ihr war überhaupt nicht klar, warum
er darauf so sauer war. Sie spürte zwar seinen Widerstand, hielt
ihn aber für albern und kindisch. Sie erklärte ihm immer wieder, wie er fahren sollte, und Marty wurde immer saurer.

Nachdem Pearl an einem meiner Seminare teilgenommen
hatte, wurde ihr klar, was sie falsch gemacht hatte. »Ich weiß
jetzt, daß ich ihn fahren lassen muß, damit er aus seinen eigenen Fehlern lernen kann«, sagte sie. »Mir war vorher nicht
bewußt, daß ich ihm auf diese Weise die Liebe geben kann, die
er braucht. Aber was ist mit mir? Was geschieht, wenn wir zum
Beispiel zur Hochzeit unserer Tochter zu spät kommen, weil er
wieder einmal die falsche Ausfahrt erwischt hat? Darf ich ihm
denn überhaupt nicht mehr sagen, wie er fahren soll?«

Die Antwort lautet: doch. Pearl kann ihm einen Hinweis
geben, aber ganz sparsam und nur, wenn es absolut nötig ist.
Wenn sie sich nicht immer einmischt, kann Marty damit leben
und muß sich nicht mehr ständig darüber ärgern.

———◄o►———

*Wenn sie möchte, daß er sich in einer wichtigen
Situation etwas sagen läßt, muß sie ihn entsprechend
vorbereiten und seine kleinen Fehler großzügig
übersehen.*

———◄o►———

Wenn Ihr Mann zum Beispiel häufig eine Ausfahrt verpaßt, ist
das noch lange kein Grund, ihm deshalb gleich Fahrunterricht
zu geben. Nutzen Sie die Gelegenheit, um ihn darauf vorzube-

reiten, daß sie ihm in einer anderen, wichtigeren Situation etwas sagen werden. Sie sollten sich zurückhalten, nichts sagen, sondern nur so tun, als sei es für Sie völlig normal, daß ein so brillanter, tüchtiger Mann die richtige Ausfahrt verpaßt, er hat schließlich wichtigere Sachen im Kopf. Er wird Ihnen nicht nur sehr dankbar sein, sondern in Zukunft auch ein offenes Ohr für alle Vorschläge haben, die Sie ihm machen.

Ich erkläre Pearl, daß sie ihren Mann ganz diplomatisch vorwarnen sollte, wenn sie zum Beispiel Angst hat, nicht pünktlich zur Hochzeit ihrer Tochter zu kommen. Sie könnte ihm zum Beispiel sagen: »Ich weiß, du magst es gar nicht, wenn ich dir sage, wie du fahren sollst. Ich werde mich also zurückhalten. Wärst du mir sehr böse, wenn ich dir heute ausnahmsweise einmal helfe, den Weg zu finden? Ich bin nämlich sehr nervös und hätte dann ein bedeutend besseres Gefühl.«

Wenn er ja sagt, sollte sie ihm danken, daß er ihr den Gefallen tut. Er hat ihr nicht nur zugehört, sondern wird auch in Zukunft ihre Bemerkungen oder guten Ratschläge anhören, ohne sich zu ärgern. Und das nur, weil sie ihm geholfen hat.

Er faßt das so auf, als hätte sie gesagt: »Ich habe Verständnis dafür, daß du deine Entscheidungen selbst treffen möchtest, und ich möchte deine Gefühle nicht verletzen. Deshalb verlange ich auch nicht mehr von dir, als du mir geben kannst. Aber ich danke dir, daß du so flexibel bist und mir heute helfen willst.«

Solche Worte tun einem Mann gut und er wird sich seiner Frau nach und nach immer mehr öffnen und sich in Zukunft ihre guten Ratschläge auch auf anderen Gebieten bereitwillig anhören. Wenn ein Mann das Gefühl hat, daß seine Frau ihn schätzt, ihm vertraut und ihn für kompetent hält, hat er auch ein offenes Ohr für ihre Wünsche.

Wenn ich mit meiner Frau irgendwo hinfahre und wir spät dran sind oder ich mich nicht gut auskenne, übernehme ich die Initiative. Ich weiß genau, daß es Bonnie schwerfällt, sich zurückzuhalten und mir keine Hinweise zu geben. Und ich kann ihre Hilfe auch ganz gut gebrauchen. Also sage ich zu ihr:

»Heute wäre ich dir dankbar, wenn du mir helfen würdest, den Weg zu finden.«

Oft spürt eine Frau genau, daß ihr Mann gerade keine große Lust hat, ihr zuzuhören. Und da sie nicht weiß, wie sie ihren Wunsch ausdrücken soll, gelingt es ihr nicht, den richtigen Ton zu treffen. Sie versucht, seinen Widerstand zu überwinden, und setzt dabei immer mehr Kraft ein. Mit der Zeit verstärkt sich dann bei ihr das Gefühl, daß es ihr gutes Recht ist, von ihm zu verlangen, daß er ihr zuhört. Gleichzeitig erinnert sie sich an all die anderen Gelegenheiten, bei denen er ihr nicht zugehört hat. Sie macht also unbeirrt weiter, ohne seinen Widerstand zu beachten.

Sie sagt sich: »Es ist mir egal, ob er mir zuhört. Ich muß es einfach loswerden.« So geht es nicht, denn der Mann reagiert auf solche Gewaltaktionen mit Abwehr und wird beim nächsten Mal noch größeren Widerstand leisten.

Wenn eine Frau nicht in der Lage ist, sich so auszudrücken, daß es dem Mann leichtfällt, ihr zuzuhören, sollte sie ihm das vorab sagen. Er wird ihr für ihre Rücksicht dankbar sein, versuchen, ihr zu helfen und viel eher bereit sein, ihr einen Fehler zu verzeihen. Und es wird ihm leichter fallen zu verstehen, was sie ihm sagen will.

Die meisten Frauen erwarten von ihren Männern, daß sie ihnen einfach nur zuhören, ohne etwas zu sagen oder in irgendeiner Form zu reagieren. Wenn eine Frau merkt, daß es ihrem Mann schwerfällt, ihr zuzuhören, sollte sie ihn mit folgenden Worten vorbereiten: »Ich habe da ein Problem, über das ich gern mit dir reden würde. Ich arbeite noch daran. Es soll sich keinesfalls wie Kritik oder wie eine Schuldzuweisung anhören, aber es würde mir sehr helfen, wenn ich dir einmal sagen dürfte, wie ich mich fühle. Hast du ein paar Minuten Zeit?«

Wenn sie ihm vorab sagt, was ihn erwartet, und ihm klarmacht, daß sie weiß, wie schwer ihm das Zuhören fällt, und daß er ihr leid tut, wird es ihm bedeutend leichter fallen zu verstehen, was sie in ihrer »Frauensprache« ausdrücken will. Er wird dann nicht so darauf reagieren, wie es in der »Männersprache« klingen würde.

»Du brauchst es dir nicht anders überlegen«

Ich kann mich erinnern, daß meine Stieftochter Julie mit sechzehn eine sehr raffinierte Kommunikationsmethode angewendet hat, die mich sehr beeindruckte. Weil zu dieser Zeit an unserem Haus gearbeitet wurde, wollten Bonnie und ich drei Tage Urlaub machen und wegfahren. Aus verschiedenen Gründen hatte Julie keine Lust mitzufahren, wollte aber während der Renovierungsarbeiten auch nicht im Haus bleiben.

Sie sagte zu mir: »Hör bitte mal zu. Ich würde eigentlich lieber zu Hause bleiben, aber ihr braucht eure Pläne deshalb nicht zu ändern. Ich möchte nur, daß du auch einmal über meinen Standpunkt nachdenkst.« Dann machte sie mir klar, daß ihr die Renovierungsarbeiten ziemlich auf die Nerven gingen. Beim nächsten Mal sollten wir es doch bitte so einrichten, daß sie in dieser Zeit auch nicht zu Hause wäre. Während sie mir das erklärte, wurden ihre Gefühle immer intensiver, und hinterher ging es ihr dann wieder besser. Ich kann mich noch genau daran erinnern, daß es mir bedeutend leichter fiel, mir ihre Gefühlsausbrüche anzuhören, weil sie mich mit dem Satz »Ihr braucht eure Pläne deshalb nicht zu ändern« vorbereitet hatte.

Das hatte zur Folge, daß ich ihr gut zuhören konnte. Und ich habe danach immer darauf geachtet, daß sie nicht zu Hause bleiben mußte, wenn irgend etwas renoviert wurde. Darüber hinaus hatte ich nach diesem Gespräch auch ganz allgemein mehr Verständnis für sie.

Es ist erstaunlich: Wenn eine Frau ihren Mann in der falschen Weise anspricht, geht er sofort in die Defensive und weist ihre Gefühle und Bedürfnisse zurück. Wenn man ihn jedoch zu nehmen weiß oder ihn so vorbereitet, daß es ihm leichtfällt, hilfsbereit zu sein, ist er auch in anderen Situationen bedeutend verständnisvoller.

»Es ist nicht deine Schuld«

Je besser eine Frau ihren Mann vorbereitet, um so weniger wird sie das später noch tun müssen. Bei jeder Interaktion lernt der Mann etwas dazu, bis er sich schließlich überhaupt nicht mehr provozieren läßt. Aber wie bei allen Lernprozessen, sollte man mit leichten Problemen anfangen und erst allmählich zu den schwierigeren übergehen. Die Frau kann ihrem Mann das Leben bedeutend leichter machen, wenn sie ihm eine gewisse Starthilfe gibt.

Ein Mann muß lernen, sich nicht provozieren zu lassen, und seine Frau darf nicht vergessen, eine Pause zu machen und ihn entsprechend vorzubereiten. Sie muß sich dabei vor Augen führen, daß es nie zu spät ist, etwas zu korrigieren. Wenn sie spürt, daß ihr Mann leidet, frustriert oder verärgert ist, kann sie auch dann noch eine Pause einlegen und ihn entsprechend vorbereiten.

Sie könnte zum Beispiel sagen: »Ich kann verstehen, daß du dich so und so fühlst...« Durch solche Worte fühlt er sich bestätigt, sie helfen ihm, wieder einen kühlen Kopf zu bekommen. Sobald er das Gefühl hat, daß man ihm die Schuld zuschieben möchte, regt er sich sofort auf. Schon mit wenigen Worten kann seine Frau verhindern, daß er sich provozieren läßt. Ich kann mich an zahlreiche Gespräche erinnern, in deren Verlauf Bonnie nur ein paar Worte zu sagen brauchte, um mich zu beruhigen. Sie erreichte damit, daß ich ihr zuhörte, statt mich zu verteidigen oder mit ihr zu streiten.

Als sie einmal mitten in einem Gespräch merkte, daß sie mich mit ihren Worten verletzt hatte, machte sie sofort eine Pause und sagte: »Ich weiß, daß sich das wie eine Schuldzuweisung anhört. Ich habe aber nicht die Absicht, dir Vorwürfe zu machen. Das hast du nicht verdient. Ich muß einfach nur einmal darüber reden. Ich weiß, daß man das auch ganz anders sehen kann. Ich muß aber erst einmal meine Gefühle verarbeiten, dann kann ich auch deinen Standpunkt akzeptieren.«

Ein paar Minuten später sagte sie dann: »Mir ist klar, daß du das nicht so gemeint hast... Ich habe dich mißverstanden, weil ich geglaubt habe... Ich bin dir wirklich dankbar, daß du nicht wütend geworden bist.«

Als sie fertig war, brauchte ich zu meiner eigenen Verteidigung kaum noch etwas hinzuzufügen. Ich sagte nur: »Ich kann gut verstehen, daß du dich geärgert hast, und ich bin froh, daß wir darüber geredet haben.« Vom Gefühl her hatte es mir überhaupt nicht gepaßt, mir etwas anhören zu müssen, das wie eine Schuldzuweisung klang. In meinem Kopf und auch in meinem Herzen wußte ich jedoch, daß solche Gespräche wichtig waren, um die Liebe am Leben zu halten.

»Du brauchst nichts zu sagen«

Das ist der wichtigste Satz, um einen Mann entsprechend vorzubereiten, denn er befreit ihn von der Notwendigkeit, sich zu verteidigen, und er erinnert ihn auf sanfte Weise daran, daß sie nicht von ihm erwartet, daß er ihre Probleme löst.

Normalerweise würde eine Frau so etwas niemals sagen, denn einer anderen Frau gegenüber wäre es sehr unhöflich. Wenn eine Frau »Frauensprache« spricht, gehört es zum guten Ton, daß sie auch die andere Frau zu Wort kommen läßt. Es ist ein ungeschriebenes Gesetz, daß man fünf Minuten lang zuhört, wenn man vorher fünf Minuten lang geredet hat.

Bei einem Mann ist das anders. Wenn sie ihm sagt: »Du brauchst nichts zu sagen«, erlebt er das nicht als eine Unhöflichkeit, sondern ganz im Gegenteil als eine Erleichterung.

»Du hörst mir überhaupt nicht zu«

Das ist eine Bemerkung, die einen Mann lähmt. Wenn sie ihm so etwas sagt, ist er frustriert, weil er gewöhnlich durchaus zuhört, wenn auch auf seine Art. Zumindest versucht er es. Selbst wenn er tatsächlich nicht zugehört hat, geht ihm diese Bemerkung auf die Nerven, weil er sie als Kind zu oft von seiner Mutter hören mußte. Wenn er als Erwachsener mit einer solchen Bemerkung konfrontiert wird, hat er das Gefühl, von seiner Frau wie ein Kind behandelt zu werden. Für ihn ist das nicht nur eine Demütigung, sondern auch ein Anzeichen dafür, daß seine Frau ihn beherrschen will. Und er möchte auf keinen Fall bemuttert werden. In dieser Situation glaubt er, sie wolle ihm Vorwürfe machen, während sie in Wirklichkeit nur möchte, daß er ihr zuhört.

———◄○►———

*Statt zu sagen: »Du hörst mir überhaupt nicht zu«,
müßte die Frau eigentlich sagen: »Du schenkst mir nicht
deine ungeteilte Aufmerksamkeit.«*

———◄○►———

Für einen Mann liegen zwischen diesen beiden Aussagen Welten. Mit dem zweiten Satz kann er umgehen, der erste verprellt ihn nur.

Wenn er nur mit halbem Ohr zuhört, zerstreut ist und sie nicht anschaut, glaubt sie, er höre ihr nicht zu, und redet automatisch lauter. Damit will sie sagen »Du hörst mir überhaupt nicht zu«. Das Ergebnis ist allerdings das gleiche: Letzten Endes hört er dann noch weniger zu. Wenn man Kinder anschreit, erzielt man den gleichen Effekt.

Negatives, kritisches Feedback führt nicht zum erwünschten Ziel. Die meisten Frauen regen sich dann fürchterlich auf und laufen aus dem Zimmer. Das hört sich zwar schlimm an, aber auch in solchen Fällen gibt es noch Hoffnung. Wenn sie gelernt hat, eine Pause zu machen und ihren Mann entsprechend auf das vorzubereiten, was sie sagen will, wird auch sie das erreichen, was sie sich vorgenommen hat. Ein Beispiel:

Dreißig Sekunden Aufmerksamkeit

Oft kommt es vor, daß sich der Mann kurze Zeit auf das konzentriert, was seine Frau ihm sagt. Wenn er dann merkt, daß sie länger reden wird, nimmt er sich eine Illustrierte, blättert darin und wartet, daß sie endlich »zur Sache kommt«. Wenn er gerade vor dem Fernseher sitzt, hört er ihr einen Augenblick lang zu und konzentriert sich dann wieder auf den Bildschirm.

Er schenkt ihr maximal etwa dreißig Sekunden lang seine ungeteilte Aufmerkamkeit. Wenn er feststellt, daß ihre Gedanken nicht linear ablaufen, wendet sich der männliche Teil seiner

Seele einer anderen Sache zu. Die Nachrichten sind dazu besonders geeignet, denn zu Beginn einer jeden Meldung bekommt er die entscheidenden Informationen: wer, was, wo, wann, wie und warum.

In meinen Seminaren frage ich in der Regel die Frauen, wie viele von ihnen es schon erlebt haben, daß ihr Mann sich eine Illustrierte genommen hat, wenn sie gerade angefangen haben zu reden. Fast alle heben bei dieser Frage die Hand und können so beruhigt feststellen, daß ihr Mann nicht der einzige ist, der »nicht zuhört«.

Martha, eine dieser Frauen, deren Mann nicht an dem Kurs teilnahm, lernte mit der Zeit, ihn in der entsprechenden Weise auf das Zuhören vorzubereiten, und konnte erleben, daß sich sein Verhalten dramatisch veränderte. Es gelang ihr schließlich, die Aufmerksamkeitspanne von dreißig Sekunden so zu verlängern, daß sie seine ungeteilte Aufmerksamkeit bekam.

Martha und Robert waren seit neun Jahren verheiratet. Immer wenn sie mit ihm reden wollte, hörte er ihr kurze Zeit zu und konzentrierte sich dann wieder auf das Fernsehprogramm. Sie redete dann weiter auf ihn ein, wurde sehr bald wütend und beklagte sich bitter, weil er ihr nicht zuhörte. Obwohl ihr Verhalten verständlich ist und automatisch abgerufen wird, führt es zu nichts.

Jahrelang wiederholte sich das ganze Spiel immer wieder. Obwohl Martha sich bitter beklagte, wandte Robert sich immer wieder dem Bildschirm zu. Wenn der Fernseher nicht eingeschaltet war, nahm er sich eine Illustrierte und las darin, obwohl sie mit ihm sprach. Wie Tausende von anderen Frauen bekam auch Martha von ihm nicht die Unterstützung, die sie so dringend brauchte.

Im Gegensatz zu ihr hatte Robert nicht das Bedürfnis, über seinen Arbeitstag zu reden und brauchte daher auch keinen Zuhörer. Keinesfalls war sie ihm gleichgültig, nur fand er die Einzelheiten ihres Arbeitstages nicht besonders interessant – es sei denn, sie hätten eine entscheidende Bedeutung gehabt. Männer versuchen immer, die Einzelheiten in einen logischen

Gesamtzusammenhang zu bringen, um etwas Bestimmtes damit aussagen zu können oder eine Problemlösung zu finden. Eine Frau redet mit ihrem Mann, weil sie ihn an ihren Erlebnissen teilhaben lassen möchte und nicht um ein Problem zu lösen. Sobald Robert merkte, daß sie nicht zur Sache kam, wandte er sich wieder dem Fernsehen zu oder nahm sich eine Illustrierte.

Ein Mann braucht immer ein Ziel oder etwas, auf das er sich konzentrieren kann. Wenn eine Frau über ihre Gefühle reden möchte, gibt er sich zunächst die größte Mühe dahinterzukommen, was sie denn nun eigentlich sagen will. Wenn er merkt, daß es noch eine Weile dauern wird, bis sie zur Sache kommt, entspannt er sich wieder, nimmt sich eine Zeitung oder sieht fern. Das heißt nicht, daß er unhöflich sein will. Oft ist ihm sein Verhalten nicht einmal bewußt.

Wie er zuhört

Wenn eine Frau redet und der Mann in eine andere Richtung blickt, geht er sicher davon aus, hinreichend zuzuhören. Ein Teil seiner Aufmerksamkeit gilt tatsächlich ihren Worten, denn er weiß, daß sie von ihm eine Reaktion erwartet, nachdem sie endlich zur Sache gekommen ist. Im Grunde wartet er nur darauf, bis er an der Reihe ist und »etwas tun« kann. Ein kleiner Teil seines Bewußtseins widmet sich ihr und prüft, ob das, was sie sagt, irgendwelche Probleme enthält, die seine ganze Aufmerksamkeit verlangen. Wenn sie sagt, er höre ihr nicht zu, kann er das nicht akzeptieren, weil er selbst genau weiß, daß das so nicht stimmt.

So lange sie sich beklagt, daß er ihr nicht zuhört, wird er nie erfahren, was sie eigentlich sagen wollte. Denn sie sagt dann im Grunde nur: »Wenn du fernsiehst, habe ich nicht das Gefühl, daß du mir deine ganze Aufmerksamkeit schenkst. Wenn du mir wirklich zuhörst und den Fernseher abschaltest, hilfst du mir, schneller aus diesem Zustand herauszukommen, dann wird es mir wieder bedeutend besser gehen.« Das ist eine

Botschaft, die auch ein Mann hört und verstehen kann. Sie gibt ihm einen Grund, der ihn motiviert, ganz zuzuhören.

———◄○►———

Den meisten Männern ist nicht klar, was es für eine
Frau bedeutet, wenn man ihr aufmerksam zuhört. Es
beruhigt sie ungemein.

———◄○►———

Eine Frau, die nicht weiß, wie ein Mann denkt und redet, glaubt, ihm liege nichts an ihr. Martha war davon überzeugt, daß Robert das Fernsehen wichtiger war als sie, sie wollte sich deshalb scheiden lassen. Wenn sie mit ihm redete und er sich eine Illustrierte nahm, glaubte sie, er hasse sie.

Immer wieder stritt sie sich mit ihm, weil sie glaubte, er höre ihr nicht zu.

Sie: »Du hörst mir überhaupt nicht zu.«
Er: »Und ob ich dir zuhöre.«
Sie: »Du kannst doch nicht gleichzeitig fernsehen und zuhören.«
Er: »Woher willst du das wissen?«
Sie: »Ich weiß jedenfalls, daß ich so nicht mit dir reden kann.«
Er: »Also hör mal zu, ich sehe gerade fern und habe trotzdem alles gehört, was du gesagt hast. Ich kann dir jeden einzelnen Satz wiederholen.«
Sie: »Ich hab's gewußt, ich kann einfach nicht mit dir reden.«

Solche Streitereien wiederholten sich im Laufe der Jahre ständig, bis Martha schließlich ihre Methode änderte.

Als Robert sich beim nächsten Mal eine Illustrierte nahm, beklagte sie sich nicht und lief auch nicht wütend aus dem Zimmer. Sie machte statt dessen eine kleine Pause und sah sich gemeinsam mit ihm die Illustrierte an. Nach dreißig Sekunden merkte er, daß sie aufgehört hatte zu reden. Durch die Unterbrechung hatte sie seine Aufmerksamkeit erregt, ihm war plötzlich aufgefallen, daß sie nichts mehr sagte.

Dann sagte sie: »Danke, ich finde es wirklich nett von dir, daß du mir deine Aufmerksamkeit schenkst. Es dauert höchstens drei Minuten. Bist du einverstanden?«

Nach drei Minuten, dankte sie ihm noch einmal, daß er ihr zugehört hatte. Statt sich mit ihm zu streiten, hatte Martha ihr Ziel erreicht. Robert hatte ihr aufmerksam zugehört. Und falls er das Ganze wieder einmal vergessen sollte, wußte sie genau, was sie zu tun hatte, um seine Aufmerksamkeit wiederzugewinnen.

Als Robert mit der Zeit merkte, wie gut es Martha tat, wenn er ihr zuhörte, motivierte ihn das automatisch immer mehr, sich ganz auf sie zu konzentrieren, wenn sie mit ihm reden wollte.

Wenn eine Frau möchte, daß ihr Mann ihr zuhört, muß sie dafür sorgen, daß er genau weiß, was von ihm erwartet wird, wie lange das Ganze dauert und was er selbst davon hat.

In diesem speziellen Fall teilte Martha ihm auf eine positive Weise und in klaren Worten mit, daß sie seine volle Aufmerksamkeit brauchte (und daß es nicht reichte, wenn er ihr auf seine Weise zuhörte). Sie sagte ihm, daß das Ganze nur etwa drei Minuten dauern würde. Als sie fertig war, erklärte sie ihm, wie dankbar sie ihm für seine Hilfe sei.

Drei Minuten sind für einen Mann, der gerade anfängt zu lernen, wie man eine Frau emotional unterstützt, eine gute Zeit. Wenn er das gelernt hat, kann sie allmählich dazu übergehen, ihn zu bitten, ihr länger zuzuhören. Martha gelang es auf diese Weise, ihre Redezeit immer weiter auszudehnen.

Sobald sie merkte, daß er frustriert wurde, machte sie eine Pause und bereitete ihn erneut auf das Zuhören vor, indem sie sagte: »Es dauert höchstens noch drei Minuten, dann bin ich fertig.« Und er lernte auf diese Weise, ihr zu helfen. Wenn sie mehr zu sagen hatte, benützte sie eine andere Strategie: Sie verschob das Gespräch auf einen anderen Termin.

Der Rettungsanker

Für die Frau von heute ist eine gute Kommunikation lebenswichtig, weil sie sonst die Fähigkeit verliert, Liebe und Zärtlichkeit zu empfinden und die Hilfe der Menschen anzunehmen, von denen sie geliebt wird. Wenn sie lernt, einen Mann auf ihre ganz besondere Weise emotional zu unterstützen, sorgt sie gleichzeitig dafür, daß sie selbst die liebevolle Unterstützung bekommt, die der weibliche Teil ihrer Seele so nötig braucht.

Sie muß sich daher klarmachen, daß man von den Männern in der Vergangenheit nie verlangt hat, daß sie ihren Frauen, die über ihre Gefühle reden wollen, geduldig zuhören. Sie wissen im Grunde gar nicht, wie sie das anstellen sollen. Wenn eine Frau das erst einmal begriffen hat, wird sie geduldiger sein und jeden noch so kleinen Fortschritt, den ihr Mann macht, dankbar anerkennen.

Sie glaubt, der Mann, der sie liebt, müsse ihr auch gern zuhören, wenn sie über ihre Gefühle reden möchte. Ihr Mann sieht das jedoch ganz anders, denn für ihn hat das Reden über Gefühle keine so große Bedeutung, und früher wollten die Frauen mit ihren Männern auch gar nicht über ihre Gefühle reden.

◄○►

Wenn ein Mann eine Frau liebt, heißt das noch lange nicht, daß er motiviert ist, von sich aus ein Gespräch zu beginnen, oder daß es ihm dann leichter fällt, ihr zuzuhören.

◄○►

Es ist sogar umgekehrt: Je mehr einem Mann an seiner Frau liegt, um so leichter kann sie ihn in einem solchen Gespräch verletzen, es sei denn, er hat gelernt, auszuweichen und sich nicht provozieren zu lassen. Wenn sie unglücklich ist, fällt es ihm bedeutend schwerer zuzuhören, ohne Schuldgefühle zu bekommen. Wenn er sie liebt, sie sich aber nicht geliebt fühlt und nicht glaubt, daß er ihr helfen will, kommt er sich wie ein Versager vor.

Wenn eine Frau begriffen hat, daß sie ihrem Mann dabei helfen muß, ihr zu helfen, wird sie nicht mehr das Gefühl haben, um Liebe betteln zu müssen. Wenn sie weiß, daß ihr Mann sie wirklich sehr liebt, ihr aber trotzdem nicht gern zuhört, wenn sie über ihre Gefühle reden möchte, wird es ihr leichter fallen, die Verantwortung für den Kommunikationsprozeß zu übernehmen, damit er für beide Teile hilfreich abläuft.

Den richtigen Zeitpunkt wählen

Ich habe bereits erwähnt, wie wichtig es ist, sich die richtige Zeit für ein Gespräch auszusuchen. Wenn ein Mann sich von den Anstrengungen des Tages erholen will, ist es wenig sinnvoll, noch mehr von ihm zu verlangen. Solange er nicht gelernt hat, ein guter Zuhörer zu sein, wird er glauben, er müsse schon wieder arbeiten, wenn seine Frau von ihm verlangt, ihr zuzuhören. Er wird sich dann mit Sicherheit sträuben. Selbst wenn er motiviert ist, sehnt er sich sehr bald nach etwas, das weniger anstrengend ist. Also nimmt er sich eine Illustrierte oder schaltet das Fernsehen ein. Es hat wenig Sinn, gegen diese angeborene Tendenz anzukämpfen. Wenn sie ihr Ziel erreichen will, muß sie lernen, damit umzugehen.

In meinem Buch *Männer sind anders. Frauen auch* wie auch im 4. Kapitel dieses Buches habe ich ausführlich dargelegt, daß Männer dazu neigen, sich vorübergehend aus der Beziehung zurückzuziehen, um ihre Batterien wieder aufzuladen. Ich habe das als »Zeit in der Höhle« bezeichnet. Zum erstenmal habe ich diesen Begriff von einer Indianerfrau gehört, die mir berichtete, daß in ihrem Stamm eine junge Frau, die heiraten wollte, von ihrer Mutter den guten Rat bekam: »Auch wenn dein Mann dich liebt, wird er sich hin und wieder in seine Höhle zurückziehen. Eine Frau sollte nie versuchen, ihm dorthin zu folgen, sonst wird der Drache sie verbrennen. Dein Mann wird nach einer gewissen Zeit wieder zurückkommen, und alles wird wieder gut sein.«

Der Mann will in der Höhle allein sein, um sich dort von den Mühen des Tages zu erholen und seine Probleme zu vergessen, indem er ins Feuer starrt. Nach einer gewissen Zeit werden sich dann seine Liebesgefühle wieder melden, und er wird sich erinnern, was für ihn das Wichtigste ist. Wenn es ihm wieder besser geht, kommt er automatisch aus seiner Höhle heraus und ist wieder für seine Frau da.

Wenn die Frau ein fruchtbares Gespräch mit ihrem Mann führen möchte, muß sie ihr Bedürfnis, sich sofort mitzuteilen, aufschieben und abwarten, bis er wieder aus seiner Höhle herauskommt. Wenn sie dagegen das Gespräch beginnt, obwohl ihr Mann noch gar nicht bereit ist, ihr zuzuhören, kann das katastrophale Folgen haben. Wenn sie abwartet und den richtigen Augenblick abpaßt, wird sie von ihm die Unterstützung bekommen, die sie so dringend braucht.

Eine Frau aus einem meiner Seminare gab zu, daß sie eine »Höhlenstürmerin« sei. Sie setze Dynamit ein, um in seine Höhle zu kommen. Leider mußte sie feststellen, daß ihr Mann ständig neue Tunnel grub und sich immer tiefer in den Berg zurückzog.

Wenn ein Mann nicht hin und wieder Zeit für sich hat, fällt es ihm sehr schwer, in sich die Liebesgefühle zu aktivieren, die ihn ursprünglich zu seiner Partnerin hingezogen haben. Und wenn eine Frau keine Gelegenheit bekommt, über ihre Gefühle zu reden und sich mit dem weiblichen Teil ihrer Seele auseinanderzusetzen, verliert auch sie den Kontakt zu ihren Liebesgefühlen.

Die meisten Frauen haben kein Verständnis für die Höhle, sie merken nicht einmal, daß ihr Mann sich dorthin zurückgezogen hat. Sie sind frustriert, weil sie mit ihm reden wollen, und nicht wissen, wann er wieder herauskommt. Sie möchten gern, daß er möglichst bald wieder herauskommt, aber sie wissen nicht, wie sie ihm dabei helfen sollen. Und diese Unsicherheit läßt ihr Bedürfnis, mit ihm zu reden, noch größer werden.

Männer erleben eine ähnliche Frustration, wenn ihre Frauen

mit ihnen über ihre Probleme reden. Ein Mann weiß nicht, wie lange sie reden muß, damit es ihr wieder besser geht. Er hat Angst, daß sie niemals glücklich sein wird, und es fällt ihm schwer, dahinterzukommen, wann sie einen Rat von ihm will und wann sie einfach nur reden möchte.

Genauso schwer fällt es einer Frau zu verstehen, ob ihr Mann vor dem Fernseher sitzt, weil er gerade nichts anderes zu tun hat, oder ob er sich in seine Höhle zurückgezogen hat und für niemanden zu sprechen ist. Um diese Probleme lösen zu können, müssen wir nicht nur die Unterschiede zwischen den Geschlechtern besser verstehen, sondern auch lernen, wie wir unsere Bedürfnisse befriedigen können.

Wir brauchen eindeutige Signale

Eine Frau braucht eindeutige Signale, damit sie weiß, ob ihr Mann ansprechbar ist oder seine Ruhe haben will. Ebenso wichtig ist es für den Mann, genau zu wissen, wann seine Frau von ihm eine Problemlösung erwartet, und wann sie einfach nur reden will.

Es fällt ihm außerdem auch ziemlich schwer, sich vertrauensvoll darauf zu verlassen, daß es seiner Frau nach einem Gespräch, in dem sie ihren negativen Gefühlen Luft machen konnte, tatsächlich besser geht. Und auch für eine Frau ist es nicht leicht zu glauben, daß ihr Mann sie wirklich liebt, obwohl er sich zurückzieht und sie kaum beachtet.

Bevor sie an ihn herantritt und ihre Wünsche äußert, muß sie sich vergewissern, daß er sich nicht gerade in seiner Höhle befindet. Wenn er nicht ansprechbar ist, muß sie die Befriedigung ihrer Bedürfnisse aufschieben. Auf diese Weise kann sie ihm helfen, und er wird dann nicht so lange in seiner Höhle bleiben und anschließend auch viel liebevoller sein.

Sie darf nicht vergessen, daß sie nie versuchen sollte, ihn zu ändern. Sie muß ihm helfen, damit er ihr helfen kann. Wenn ihr das gelingt, wird sich die Beziehung zu ihrem Mann dramatisch verbessern.

Wenn er sich in seine Höhle zurückgezogen hat, muß sie ihn in Ruhe lassen und darf keine Forderungen an ihn stellen. Er wird ihr dafür dankbar sein, und seine Zeit in der Höhle wird sich dadurch deutlich verkürzen.

Selbst wenn eine Frau begriffen hat, daß ihr Mann sich hin und wieder zurückziehen möchte, weiß sie immer noch nicht, wann er nicht in seiner Höhle ist. Immer wieder werde ich von Frauen gefragt: »Woher soll ich wissen, ob ich einen günstigen Augenblick erwischt habe, um mit ihm zu reden. Woher soll ich wissen, wann er in seiner Höhle ist?«

Ich gebe dann immer eine Geschichte zum besten, die ich mit meiner Tochter Laura erlebt habe. Als sie sieben war, nahm sie einmal an einem meiner Seminare teil, in dem es um die Unterschiede zwischen den Geschlechtern ging. Sie hatte zwar die meiste Zeit im Hintergrund gespielt, aber offenbar doch eine Menge mitbekommen.

Ich hatte darüber gesprochen, daß man einen Mann nicht in seiner Höhle stören sollte, und nicht gemerkt, daß Laura zugehört hatte. Auf dem Heimweg sagte sie: »Daddy, du hast gesagt, wenn man in die Höhle ginge, würde man von dem Drachen verbrannt. Bist du deshalb manchmal wütend auf mich? Ist das dein Drache? Hast du mich trotzdem noch lieb?«

Ich sagte: »Ja, das stimmt. Manchmal bin ich in meiner Höhle, weil ich einmal ein bißchen allein sein möchte, und dann komme ich wieder heraus. Aber ich hab dich sehr lieb, auch wenn ich mich manchmal über dich ärgere oder wütend bin.«

Da sagte sie: »Danke, Daddy, ich bin froh, daß ich jetzt über die Höhle Bescheid weiß.«

Als ich am nächsten Morgen die Zeitung las, kam sie zu mir und sagte: »Daddy, bist du in der Höhle? Ich möchte dich nämlich nicht stören, weil mich sonst der Drache verbrennt.« Ich sagte ihr, daß ich gerade in meiner Höhle wäre, aber bald wieder zurückkäme.

Da sagte sie: »Sag mir bitte Bescheid, wenn du wieder da bist, dann werde ich dir erzählen, was ich heute erlebt habe.«

Als ich meine Zeitung gelesen hatte, fiel mir sofort meine

Tochter ein. Also ging ich zu ihr und hörte mir an, was sie erlebt hatte.

Mitunter gibt es auf eine sehr komplizierte Frage eine ganz einfache Antwort. Viele Bücher sind geschrieben worden, um zu erklären, wie man einen Mann dazu bringen kann, sich zu öffnen, dabei fand ein naives, aber verständiges kleines Kind die Lösung.

Wenn man wissen möchte, ob ein Mann sich gerade in seine Höhle zurückgezogen hat, braucht man ihn nur zu fragen. Das ist jedoch nicht so einfach, wie es klingt. Man muß schon viel Übung darin haben, um sich nicht zurückgesetzt zu fühlen, wenn er nicht reden will. Einer Frau fällt es besonders schwer, denn es trifft sie hart, wenn ihr Mann nicht mit ihr reden will.

———◄○►———

Wenn man wissen will, ob der Mann sich in seine Höhle zurückgezogen hat, braucht man ihn nur zu fragen.

———◄○►———

Sie ist schockiert, weil sie sich drauf gefreut hat, am Ende eines langen Tages mit dem Mann, den sie liebt und dem sie vertraut, reden zu können. Wenn er sie dann zurückweist, ist daß für sie sehr unangenehm, weil das für sie bedeutet, daß sie ihn mehr liebt als er sie.

Eine sexuelle Begegnung vorzubereiten ist wie ein Gespräch einzuleiten

Man kann die beiden Situationen vergleichen. Entscheidend ist in beiden Fällen, daß der Mann sensibel auf die Empfindungen seiner Frau reagiert. Wenn er sich von ihr angezogen fühlt, sie aber keine Lust hat, kann das für ihn sehr unangenehm und peinlich sein. Ein Mann, der seine Frau wirklich liebt, spürt ihre Liebe vor allem beim Sex. Wenn er erregt ist, ist er besonders empfindsam. Weist sie ihn in dieser Phase zurück, ist das für ihn ein harter Schlag.

Jeder Mann, der schon einmal eine Frau leidenschaftlich geliebt hat, weiß, wie weh es tut, wenn er mit ihr schlafen möchte und zurückgewiesen wird. Wenn so etwas häufiger vorkommt, verschwindet der Wunsch, mit ihr zu schlafen, mit der Zeit völlig.

Warum Männer das Interesse am Sex verlieren

Es kann vorkommen, daß ein Mann selbst gar nicht weiß, warum er das Interesse am Sex verloren hat. Da er enorme Energien verbraucht, um seinen Sexualtrieb zu verdrängen, läßt ihn schon der bloße Gedanke daran müde werden. Das ist eine automatische Folge der Zurückweisung.

Einer Frau ergeht es ähnlich, wenn ihr Mann sich weigert, mit ihr zu reden, und sie ständig zurückweist. Sie verliert den Kontakt zu dem Teil ihrer weiblichen Seele, der für die Zärtlichkeit zuständig ist und das Gespräch braucht. Und auch sie kostet das Verdrängen dieses Bedürfnisses enorm viel Kraft. Sie ist am Ende völlig erschöpft und fühlt sich überfordert.

Wenn ein Mann das erst einmal begriffen hat, wird er bedeutend stärker daran interessiert sein, seiner Frau die Möglichkeit zu geben, offen zu reden. Ohne diese Erkenntnis weiß er nicht einmal, wie sehr er sie unter Umständen durch sein Verhalten verletzt.

Auch wenn er von seiner Frau erwarten kann, daß sie Verständnis dafür hat, daß er sich hin und wieder in seine Höhle zurückziehen möchte, muß er seinerseits auch Verständnis für ihre Gefühle haben. Wenn er ihr erklärt, wann er in seiner Höhle ist und wann nicht, wird es ihr leichter fallen, damit umzugehen.

Und wenn sie die Leidenschaft in ihrem Mann wachhalten will, muß sie ihm unmißverständlich zu verstehen geben, wann sie Lust auf Sex hat und wann nicht.

Wenn er seine Höhle verläßt

Um ihr mitzuteilen, daß er sich nicht mehr in seiner Höhle befindet, muß er sich in einer Sprache ausdrücken, die sie versteht. Wenn er sie zum Beispiel zärtlich berührt, ohne dabei gleich an Sex zu denken, weiß sie genau, daß er wieder zurück ist.

Wenn ich wieder ansprechbar bin, gehe ich zu meiner Frau, berühre sie zärtlich oder nehme sie in den Arm. Dann weiß sie genau, daß ich für sie da bin.

Für sie ist es ganz entscheidend, immer genau zu wissen, wann ich da bin und wann nicht. Sie braucht sich dann keine Gedanken darüber zu machen, in welcher Stimmung ich wohl bin.

Wenn der Mann selbst ein Gespräch beginnt, weiß seine Frau sofort, daß er nicht mehr in der Höhle ist. Das bedeutet jedoch nicht, daß er viel sagen muß. Es genügt, wenn er ihr mitteilt, daß er bereit ist, ihr zuzuhören. Am besten ist es, wenn er sie fragt, ob sie einen guten Tag gehabt hat.

Wenn er auf diese Weise von sich aus das Gespräch eröffnet, ist das für sie eine große Hilfe, denn die Frauen von heute leben tagsüber in einer Männerwelt. Das hat zur Folge, daß sie ihre weibliche Seite unterdrücken müssen und abends selbst nicht mehr wissen, ob sie gern reden möchten. Man muß sie erst daran erinnern. Das trifft vor allem dann zu, wenn eine Frau sich bei dem Versuch, mit ihrem Mann über ihre Gefühle zu reden, schon einmal die Finger verbrannt hat. Ihr ist dann gar nicht bewußt, daß sie eigentlich gern mit ihm reden würde.

———◄o►———

Wenn ein Mann seiner Frau klar zu verstehen gibt, daß er mit ihr reden möchte, braucht sie keine Angst zu haben, daß er sich nicht für das interessiert, was sie zu sagen hat.

———◄o►———

Ein Gespräch aufschieben

Auch wenn es ihr noch so schwerfällt, darf eine Frau ihrem Mann nie sagen, er sei ein böser Junge, der seine »Mami« gar nicht glücklich mache. Wenn sie ihn liebt und ihm helfen will, muß sie ihm den Rücken stärken. In keinem Fall darf sie sich wie eine Mutter verhalten, die ihrem Jungen beibringen will, »brav« zu sein.

Selbst wenn solche Bemerkungen ihre wahren Gefühle widerspiegeln, ist der Augenblick, in dem er sich gerade in seine Höhle zurückziehen möchte, denkbar ungeeignet, um mit ihm darüber zu reden. Sie muß lernen, ihre negativen Gefühle so lange »auf Eis zu legen«, bis sie sicher sein kann, daß er ihr auch wirklich zuhört.

Da solche Gefühle einen negativen Einfluß auf ihn haben, sollte sie mit einer Freundin darüber reden. Wenn sie sich zurückhält und die negativen Gefühle bei sich behält, wird er früher aus seiner Höhle herauskommen. Wenn sie ganz genau weiß, daß er zur Zeit in seiner Höhle ist und von selbst wieder herauskommen wird, wird es ihr bedeutend leichter fallen, ihm zu helfen.

Wenn ich einmal schlecht gelaunt bin und mich in meine Höhle zurückziehen muß, setze ich mich in mein Auto und fahre ein wenig in der Gegend herum. Ich brauche dann zu Hause nur zu sagen: »Ich fahre mal ein bißchen in der Gegend herum«, und meine Frau weiß sofort Bescheid. Mein Wagen ist schwarz, und die Polster sind ebenfalls schwarz, für mich ist er eine fahrbare Höhle. Wenn ich mich in meine Höhle zurückgezogen habe und vor dem Fernseher sitze, schalte ich während der Werbespots von einem Kanal auf den andern. Wenn ich ansprechbar bin und meine Frau mit mir reden möchte, schalte ich bei den Werbespots den Ton ab.

Wenn ein Mann etwas tut, das in den Augen seiner Frau reine Zeitvergeudung ist und zu nichts führt, dann befindet er sich in seiner Höhle. Möglicherweise bastelt er auch an seinem Computer oder an einem alten Wagen herum. Für manche Männer ist die Garage die Höhle, für andere ein Spaziergang, ein Joggingtrip, eine Trainingssitzung in einem Bodybuildingstudio oder ein Kinobesuch.

Wie man einen Mann bittet zu reden

Wenn der Mann nicht weiß, daß er seiner Frau unmißverständlich mitteilen muß, wann er sich in seine Höhle zurückzieht, muß sie selbst Mittel und Wege finden dahinterzukommen. Selbst wenn ihm klar ist, wie wichtig solche eindeutigen Signale sind, kann es sein, daß er sie hin und wieder vergißt. Wenn das der Fall ist, muß die Frau auf eine geschickte Art und Weise herausfinden, ob er sich in seine Höhle zurückgezogen hat oder nicht.

———◄O►———

So wie er herausfinden kann, ob seine Frau sich geärgert hat, indem er sie zärtlich berührt und fragt, ob sie mit ihm reden möchte, kann sie ihren Mann testen, indem sie ihm ein paar einfache Fragen stellt.

———◄O►———

Wenn eine Frau gern mit ihrem Mann reden möchte, sollte sie es nicht für selbstverständlich halten, daß er sofort bereit ist, ihr zuzuhören. Sie sollte erst eine Pause machen und dann zu ihm gehen, um herauszufinden, ob sie den richtigen Zeitpunkt gewählt hat. Und das läßt sich auf verschiedene Weise feststellen.

Wenn sie ihn fragt, wie sein Tag gewesen sei, merkt sie sofort, ob er ansprechbar ist. Wenn sie fragt: »Wie war's denn bei dir heute?« und er nur kurz antwortet »gut« oder »alles klar«, ist das ein klarer Hinweis darauf, daß er sich entweder in seiner Höhle befindet oder aber ansprechbar ist, es aber gern hätte, wenn sie mehr reden würde.

Sie kann dann sagen: »Hast du Lust, oder ist es dir lieber, wenn wir später miteinander reden?«

Wenn er sich nicht völlig in seine Höhle zurückgezogen hat,

207

wird er antworten: »Doch, ich habe jetzt Lust zu reden.« Es kann sein, daß er noch nicht so ganz bereit ist zu reden. Das muß jedoch nicht unbedingt bedeuten, daß er sich noch in seiner Höhle befindet oder daß ihm nichts an einem Gespräch liegt. Es kann durchaus sein, daß er einfach wenig zu sagen hat. Seien Sie nicht enttäuscht, wenn er nicht direkt sagt: »Ich danke dir, daß du mich gefragt hast, ich würde jetzt gern mit dir reden.«

Wenn er zögert, dann aber doch klar zum Ausdruck bringt: »Nicht jetzt«, dann kann sie sagen: »O. k., ich komme später noch einmal darauf zurück. Soll ich in zwanzig Minuten noch einmal wiederkommen?«

Normalerweise müßte das reichen. Sie muß jedoch auch darauf vorbereitet sein, daß er mehr Zeit braucht, und seinen Wunsch respektieren. Je freundlicher sie ihn fragt und je weniger sie ihn unter Druck setzt, um so eher wird er sich die Zeit nehmen, um mit ihr zu reden.

Wenn der Mann seine Frau zärtlich berührt, kann er nicht in jedem Fall damit rechnen, daß sie sofort positiv darauf reagiert. Er sollte dann nicht verärgert reagieren und sich in keinem Fall provozieren lassen, dann wird sie nach einer gewissen Zeit wieder bereit sein, auf ihn zuzugehen.

Wenn eine Frau ihrem Mann den nötigen Freiraum zugesteht und ihn gleichzeitig wissen läßt, daß sie gern mit ihm reden würde, wird er bereit sein, sich die Zeit zu nehmen, um mit ihr reden zu können.

Die ungeschriebenen Gesetze der Kommunikation

Wenn eine Frau mit jemandem sprechen möchte, wartet sie, bis sie an der Reihe ist. Für sie ist das ein Gebot der Höflichkeit. Sie hört entweder eine Zeitlang zu und redet dann selbst, oder sie wartet, bis ihr Gesprächspartner ihr eine Frage stellt.

Diese ungeschriebenen Gesetze der Kommunikation sind den meisten Männern unbekannt. Wenn eine Frau darauf wartet, daß ihr Mann zuerst spricht, kann sie lange warten und wird womöglich nie eine Gelegenheit bekommen zu reden.

Die ungeschriebenen Gesetze eines Mannes lauten anders: »Wenn du etwas zu sagen hast, sag es.« Man braucht ihn nicht erst zu fragen. Wenn er reden will, redet er. Wenn er seiner Frau Fragen stellt, erwartet er nicht von ihr, daß sie ihm ähnliche Fragen stellt.

Wenn seine Frau ihn fragt und er ihr eine Antwort gibt, glaubt er, er tue ihr damit einen Gefallen.

———◀○▶———

Einem Mann ist nicht klar, daß seine Frau von ihm erwartet, daß er ihr nach einer gewissen Zeit auch Fragen stellt.

———◀○▶———

Selbst wenn er weiß, daß seine Frau es gern hat, wenn er sie fragt, wie denn ihr Tag gewesen sei, vergißt er so etwas leicht. Wenn sie ihm Fragen stellt, ist er so damit beschäftigt, darüber nachzudenken, was er antworten soll, daß er vergißt, sie zu fragen, was sie erlebt hat.

Wenn er ihr nur kurze Antworten gibt, braucht sie nicht zu warten, bis er fertig ist. Es macht ihm nichts aus und er betrachtet es auch nicht als Unhöflichkeit, wenn sie von sich aus anfängt, über ihren Tag zu berichten, ohne ihm zuerst zuzuhören.

Männer, die zuviel reden

In meinen Seminaren gab es nur eine Frau, die mit diesem Problem konfrontiert war. Sie sagte: »Sie behaupten immer, Männer wollten nicht reden. Ich habe Probleme mit Männern, die zuviel reden und mir nicht zuhören. Wie kann ich das ändern?«

Ich fragte sie, ob sie selbst eine gute Zuhörerin sei. Sie sagte ja und war offensichtlich ganz stolz darauf. Dann fragte ich sie, ob sie selbst viele Fragen stelle. Wieder bejahte sie die Frage voller Stolz.

Dann fügte sie hinzu: »Ich mache alles richtig, und trotzdem hören mir die Männer nicht zu.«

»Sie tun alles, was nötig ist, damit Ihnen eine Frau zuhört. Bei einem Mann müssen Sie sich anders verhalten. Wenn Sie wollen, daß er Ihnen zuhört, dürfen Sie ihm in keinem Fall Fragen stellen.«

Wenn ein Mann überlegt, wie er eine Frage beantworten soll, denkt er nicht an sie und macht auch keine Pause, um sie zu Wort kommen zu lassen.

Wenn eine Frau möchte, daß der Mann ihr aufmerksam zuhört, darf sie ihm vor allem keine Fragen mehr stellen. Wenn er dann eine Pause macht, kann sie zum Beispiel sagen: »Das klingt vernünftig, denn...«

Mit einem solchen Satz kann sie seine Aufmerksamkeit gewinnen. Jedem Mann tut es gut, wenn man ihm sagt, daß das, was er gerade gesagt hat, vernünftig sei. Die drei einfachen Worte »Das klingt vernünftig« haben auf ihn eine so beruhigende Wirkung, daß er sofort aufhört zu reden und zuhört, was sie zu sagen hat.

Wenn man einen Mann auf ein Gespräch vorbereitet und ihm vorab erklärt, daß er nicht viel zu sagen braucht, kann man ziemlich sicher sein, daß er aufmerksam zuhören wird. Wenn er weiß, daß er sich keine Gedanken darüber machen muß, was er antworten soll, kann er entspannt zuhören. Es geht schließlich darum, daß seine Frau ihm etwas mitteilen möchte.

Das ist ein sehr wichtiger Gedanke: Auch wenn der Mann selbst wenig zu sagen hat, kann er seine Höhle verlassen und ein Gespräch beginnen. Von sich aus hätte er nicht das Bedürfnis gehabt, mit ihr zu reden. Wenn sie jedoch merkt, daß er nichts zu sagen hat, ist es ihr unangenehm, selbst weiter zu reden oder ihn zu bitten, ihr zuzuhören, so wie ich es vorgeschlagen habe.

Ihr kommt es unhöflich vor, wenn sie zum Beispiel sagt: »Also, du hast zwar offenbar keine Lust, dich mit mir zu unterhalten, aber ich habe dir viel zu erzählen. Hörst du mir bitte zu? Du brauchst auch nichts zu sagen.« Ihr ist nicht klar, daß er das nicht als Unhöflichkeit auffaßt. Für ihn ist es eine

210

klare Aussage, durch die er sich nicht unter Druck gesetzt fühlt. Die meisten Männer sind sogar dankbar, wenn man ihnen so auf die Sprünge hilft.

Wenn er auf diese Weise vorbereitet worden ist, wird er sich nicht mehr sträuben, sondern ihr gern zuhören, denn sie hat ihm ganz unmißverständlich mitgeteilt, daß er selbst nichts zu sagen braucht.

Warum Frauen kein Gespräch eröffnen

Es gibt viele Situationen, in denen sich der Mann nicht in seiner Höhle befindet und bereit wäre, sich mit seiner Frau zu unterhalten. Aber er wartet darauf, daß sie das Gespräch beginnt. Sie weiß das womöglich gar nicht, denn immer wenn er in seiner Höhle war und sie versucht hat, mit ihm zu reden, hat sie die bittere Erfahrung machen müssen, daß das ziemlich unerfreulich war.

Nach ein paar vergeblichen Versuchen geben viele Frauen auf, ohne daß ihnen das bewußt wird. Sie glauben schließlich selbst, sie hätten nichts zu sagen und wollten gar nicht reden. Wenn sie nach Hause kommen, ziehen sie sich wie ihr Mann in ihre Höhle zurück.

Solche Frauen wissen nicht, was ihnen entgeht. Sie haben die Erfahrung gemacht, daß es unsinnig ist, mit einem Mann über Gefühle reden zu wollen. Wenn diese Frauen die neuen Methoden für ein besseres Zusammenleben gelernt hätten und sich an der neuen Stellenbeschreibung orientieren würden, könnten auch sie von ihren Männern die Unterstützung bekommen, die sie so dringend brauchen, um offen über ihre weiblichen Gefühle reden zu können.

Und es gibt darüber hinaus jedoch auch Frauen, die genau wissen, was ihnen entgeht, die Schuld aber ihren Männern geben, die nicht mit ihnen reden wollen. Ihre Mütter haben ihnen nie etwas über die Höhle erzählt. Und wenn eine solche Frau ihrem Mann auch noch Vorwürfe macht, weil er nicht mit ihr reden will, wird das Ganze immer schlimmer. Das wäre genauso, als würde der Mann seiner Frau Vorwürfe machen, weil sie zuviel redet. Beides führt zu nichts.

Eine Frau muß sich über ihre eigenen Bedürfnisse im klaren sein und immer wieder versuchen, die Aufmerksamkeit und das Verständnis ihres Partners zu gewinnen.

Die Kommunikationsfähigkeit verbessern

Wenn beide Partner ihre Kommunikation verbessern wollen, müssen sie neue Methoden anwenden. Frauen sollten sich vier Grundregeln einprägen: Zuerst eine Pause einlegen, dann den Partner entsprechend vorbereiten, je nach Situation das Gespräch aufschieben, aber letzten Endes nicht locker lassen. Für Männer gelten andere Regeln: Sie dürfen sich nicht provozieren lassen, müssen ihre Partnerin entwaffnen und schließlich im richtigen Augenblick handeln. Wenn beide Partner sich an diese Regeln halten, werden sie in ihrer Zweierbeziehung wenig Schwierigkeiten haben. Ohne diese Erkenntnisse kann alles sehr problematisch werden.

Selbst wenn der Mann oder Freund einer Frau dieses Buch noch nicht gelesen hat, werden ihr diese neuen Methoden helfen, mehr aus der Beziehung zu machen. Sie wird lernen, so zu reden, wie es ihrem Wesen entspricht, und ihn gleichzeitig zu motivieren, ihr zuzuhören und ihr zu helfen. Um sicher zu sein, daß sie die Unterstützung bekommt, die sie braucht, sollte sie sich die vier Punkte noch einmal vergegenwärtigen.

1. Pause
▷ Überprüfen Sie die Situation. Fragen Sie ihn, ob der Zeitpunkt günstig ist.
▷ Stören Sie ihn nicht, wenn Ihnen klar ist, daß er sich in seine Höhle zurückgezogen hat.

2. Vorbereiten

▷ Setzen Sie eine zeitliche Begrenzung. Sagen Sie ihm vorab, wie lange es dauern wird. Wenn ein Mann nicht weiß, wohin ein Gespräch führt, wird er unruhig. Wenn Sie ihm jedoch vorab sagen, daß das Ganze zeitlich begrenzt ist, kann er sich entspannen.

▷ Sagen Sie ihm genau, was er zu tun hat. Erklären Sie ihm, daß er selbst nichts zu sagen braucht und daß Sie auch keine aufmunternden Bemerkungen von ihm erwarten.

▷ Machen Sie ihm Mut. Erinnern Sie ihn hin und wieder daran, daß Sie ihm keine Vorwürfe machen werden und daß Sie wissen, wie schwer es ihm fällt zuzuhören.

▷ Zeigen Sie ihm Ihre Dankbarkeit. Wenn Sie fertig sind, sollten Sie ihm sagen, wie dankbar Sie ihm sind, daß er Ihnen so aufmerksam zugehört hat und daß es Ihnen jetzt schon viel besser geht.

3. Aufschieben

▷ Wenn er sich in seine Höhle zurückgezogen hat, müssen Sie Ihre Bedürfnisse zurückstellen und das Gespräch auf einen günstigeren Zeitpunkt verschieben. Wenn er wieder ansprechbar ist, wird er Ihnen bedeutend besser helfen können.

▷ Solange er noch nicht gelernt hat, Ihnen zuzuhören und zu verstehen, was Sie empfinden, dürfen Sie nicht von ihm erwarten, daß er Ihnen einen Teil Ihrer Arbeit abnimmt. Später können Sie ihn dann bitten, Ihnen zu helfen, sollten dabei allerdings in kleinen Schritten vorgehen.

▷ Wenn Sie spüren, daß Sie ihm Vorwürfe machen oder ihn kritisieren wollen, sollten Sie zuerst mit jemand anderem reden. Erst wenn Sie sich beruhigt haben, können Sie wieder freundlicher mit Ihrem Partner reden.

4. Nicht locker lassen

▷ Lassen Sie nicht locker, sondern geben Sie ihm die Hilfe, die er braucht, um seinerseits Ihnen helfen zu können. Erwarten Sie nicht von ihm, daß er sich immer an alles erinnert.

▷ Wenn er nicht reden will, sollten Sie ihn trotzdem bitten,

Ihnen zuzuhören, auch wenn er selbst wenig oder gar nichts zu sagen hat.

▷ Überwinden Sie Ihre Neigung, nachzugeben und auf ein Gespräch mit ihm zu verzichten. Üben Sie die dazu notwendigen Methoden und seien Sie geduldig.

Eines der größten Hindernisse bei der Anwendung dieser Methoden ist die Unkenntnis der Tatsache, daß Männer und Frauen verschiedene Sprachen sprechen. Ein Mann kann die neuen Methoden mit der Zeit lernen; wenn er jedoch seiner Frau nicht zuhört und ihre Gefühle nicht respektiert, wird sie resignieren. Auch eine Frau, die ihren Mann immer mehr unterstützt, kann vergessen, eine Pause zu machen und ihn vorzubereiten. Er hat dann das Gefühl, daß sie ihm Vorwürfe macht, und verliert ebenfalls die Hoffnung, daß die neuen Methoden wirklich helfen können.

Wenn wir erst einmal begreifen, daß wir verschiedene Sprachen sprechen, wird es uns bedeutend leichter fallen zu erkennen, daß unser Partner uns liebt und auf seine Weise versucht, sein Bestes zu geben.

7. KAPITEL

»Männersprache«, »Frauensprache«

Jede Frau betrachtet es als eine Selbstverständlichkeit, daß sie reden muß, wenn sie aufgeregt oder wütend ist. Erst dann geht es ihr wieder besser. Und es ist auch ganz offensichtlich, daß Reden ihr hilft, Streß abzubauen. Männern ist das überhaupt nicht klar. Man hat das Gefühl, daß Männer und Frauen insgeheim verschiedene Sprachen sprechen, die jeweils aus einer ganzen Reihe komplizierter und unterschiedlicher verbaler, körperlicher und emotionaler Signale bestehen. Ich möchte Ihnen dafür ein anschauliches Beispiel geben.

Bob und Marge: vorher

Bob und Marge sind seit sechs Jahren verheiratet. Sie lieben sich sehr, wissen jedoch nicht, wie sehr sich Männer und Frauen voneinander unterscheiden. Wenn Marge abends abgearbeitet nach Hause kommt, merkt Bob sofort, daß sie sich geärgert hat.

»Was ist los?« fragt er freundlich, weil er ihr helfen will.

Sie seufzt tief und sagt: »Jeder will irgend etwas von mir. Ich habe das Gefühl, ich muß alles allein tun.«

Sofort ist Bob frustriert. Er versucht, ihr zu helfen, hört aber aus ihren Worten nur, daß sie ihm Vorwürfe macht, weil es ihr so schlechtgeht. Also geht er in Abwehrstellung. »Was soll das heißen, du mußt alles allein machen? Tue ich etwa nichts?«

»Nein, das wollte ich damit nicht sagen. Ich habe nur gesagt, ich hätte das Gefühl, als müßte ich alles allein tun. Das heißt doch nicht, daß du nichts tust. Das ist einfach nur mein Gefühl. Kann ich denn nicht einmal sagen, was ich empfinde, ohne daß du das gleich auf dich beziehst?«

215

Bob kontert: »Hör mal zu, wenn du behauptest, du müßtest alles allein tun, heißt das für mich, ich tue nichts. Und wenn du sagst, jeder wolle was von dir, dann willst du damit sagen, ich würde zuviel von dir verlangen.«

»Aber das habe ich doch überhaupt nicht gesagt«, erwidert Marge. »Ich habe nur gesagt, daß ich das Gefühl habe, jeder wolle etwas von mir. Ich habe dabei nicht speziell an dich gedacht. Ich habe nur mein Gefühl ausgedrückt, daß ich nicht für jeden da sein kann.«

Bob ärgert sich immer mehr. »Na klar, du machst hier alles. Und ich tue nichts. Weißt du, was ich glaube? Ich glaube, es ist völlig egal, was ich tue. Es ist ohnehin nie genug. Dich könnte niemand glücklich machen.«

»Warum kann ich eigentlich nicht einmal über meine Gefühle reden, ohne daß du ständig alles auf dich beziehst?« will Marge wissen. »Ich habe doch gar nicht gesagt, daß es deine Schuld ist. Ich möchte doch nur, daß du mich reden läßt.«

»Klar«, sagt Bob sarkastisch.

»Ich wußte, daß man mit dir nicht reden kann.« Marge beschließt, nie wieder mit Bob über ihre Gefühle zu reden.

»Natürlich kannst du mit mir reden«, ruft Bob hinter ihr her, als sie aus dem Zimmer stürmt. »Du mußt nur nicht immer so negativ sein.«

Warum wir uns streiten

Bob fühlt sich völlig mißverstanden und glaubt, Marge wolle ihm nur Vorwürfe machen. Marge fühlt sich dagegen jetzt noch erschöpfter. Wie die meisten Männer begreift Bob nicht, daß Marge nur über ihre Gefühle reden will, weil sie weiß, daß es ihr hinterher dann wieder bessergeht. Er macht den Fehler, alles, was sie sagt, wortwörtlich zu verstehen, und er versucht, sie zu korrigieren. Offensichtlich hat er noch nicht gelernt, wie man einer Frau zuhört, ohne sich provozieren zu lassen und zu glauben, sie wolle ihm Vorwürfe machen.

Wie die meisten Frauen erwartet auch Marge von Bob, daß

er begreift, daß sie ihm keine Vorwürfe machen will. Sie weiß nicht, daß es eine neue Methode gibt, mit deren Hilfe sie verhindern könnte, daß er glaubt, sie mache ihm Vorwürfe oder sei undankbar.

―――◄O►―――

Wenn ein Mann nicht gelernt hat, das, was eine Frau sagt, in seine Sprache zu übersetzen, wird es ihm mit der Zeit immer schwerer fallen, ein verständnisvoller Zuhörer zu sein.

―――◄O►―――

Wenn er das Gefühl hat, daß sie seine Bemühungen nicht anerkennt, fällt es ihm sehr schwer, sich in ihre Lage zu versetzen. Obwohl ihr Streß kaum etwas mit ihm zu tun hat, bezieht er alles auf sich.

Und Marge kann die Zusammenhänge nicht erkennen. Bobs instinktive Reaktion auf ihre Gefühle bedeutet für sie, daß er sie nicht liebt und daß sie von ihm nie die Unterstützung bekommen wird, die sie braucht. Dadurch wird alles nur noch schlimmer. Sie hat das Gefühl, daß ihr das Ganze über den Kopf wächst.

Bob und Marge: nachher

Nachdem beide die neuen Methoden für ein besseres Zusammenleben gelernt hatten, ließ Bob sich durch Marges sehr emotionalen Worte nicht mehr provozieren und hatte auch nicht mehr das Gefühl, daß sie ihm Vorwürfe machen wollte. Marge hatte gelernt, ihn entsprechend vorzubereiten, so daß es ihm bedeutend leichter fiel, sich nicht provozieren zu lassen. Nachdem beide inzwischen eifrig geübt haben, hört sich ihr Gespräch folgendermaßen an:

»Was ist los, Marge?« fragt Bob.

Marge macht erst einmal eine Pause und denkt nach, wie sie ihn am besten vorbereiten kann, damit er sich nicht angegriffen

217

fühlt. Dann sagt sie: »Danke, daß du mich fragst. (Pause) Der Tag war schrecklich. (Noch eine Pause) Ich muß das einfach einmal loswerden, dann geht es mir wahrscheinlich wieder besser, o. k.?«

»Klar.« Bob ist nun vorbereitet. Er weiß, daß sie nicht von ihm erwartet, daß er etwas sagt, und daß es ihr hinterher wieder bessergehen wird. Deshalb kann er ihr entspannt zuhören, ohne das Gefühl zu haben, sie erwarte von ihm, daß er ihre Probleme löst.

»Jeder will etwas von mir«, sagt Marge. »Ich habe das Gefühl, ich muß alles allein machen.« Nachdem Marge Bob vorbereitet hat, braucht sie ihren Gefühlen keinen Zwang mehr anzutun, sondern kann sie unzensiert zum Ausdruck bringen. Und das ist wichtig, denn nur so kann sie sich von ihren Frustrationen befreien.

Bob ist diesmal nicht frustriert. Er weiß, daß sie nur reden möchte. Es fällt ihm nicht schwer, sich nicht provozieren zu lassen, er hört einfach nur zu. Wenn sie eine Pause macht, ermuntert er sie mit einem mitfühlenden »Hmmm« weiterzureden.

Marge erzählt: »Heute war ich gerade dabei, die Buchführung zu erledigen, da rief Richard an. Er hat seine Rechnungen immer noch nicht bezahlt. Ich mußte also zur Bank fahren und ihm das Geld telegrafisch überweisen.«

»Hmm«, macht Bob, um seinem Mißfallen Ausdruck zu geben.

»Und«, fährt Marge fort, »es war natürlich ein schrecklicher Verkehr. Früher war das nicht so. Heute muß alles immer schnell gehen. Alle haben viel zuviel zu tun und keiner hat mehr Zeit. Alle sind ständig auf dem Sprung. Es ist einfach eine völlig verrückte Welt.«

Bob nickt zustimmend.

»Und als ich dann schließlich wieder in meinem Büro war, hatte ich fünfzehn – fünfzehn! – Anrufe auf dem Anrufbeantworter. Ich habe einfach nicht die Zeit, um alles mögliche für andere Leute zu erledigen.«

»Hmm«, macht Bob und zeigt ihr damit, daß er Verständnis für ihren Ärger hat.

»Ich werde das wahrscheinlich wieder auf die Reihe krie-
gen... aber trotzdem... es ist einfach zuviel.«

»Das ist ja wirklich schrecklich«, sagt Bob und rückt näher an
sie heran. »Du verausgabst dich, Marge. Komm, laß dich einmal in den Arm nehmen.«

Danach holt Marge einmal tief Luft, so als wäre ihr gerade ein
Stein vom Herzen gefallen. Dann atmet sie ganz langsam aus.
»Das hat gutgetan. Ich bin froh, daß ich wieder zu Hause bin.
Ich bin dir dankbar, daß du mir zugehört hast.« Sie vergißt
nicht, ihm für seine Hilfe zu danken.

Während des gesamten Gesprächs denkt Bob immer daran,
daß er ihre Gefühle ernst nehmen muß und sich nicht mit ihr
streiten darf. Auf geschickte Weise unterstützt er den weiblichen Teil ihrer Seele und bietet ihr die Möglichkeit, den
männlichen zu verlassen. Hätte er ihr dagegen Problemlösungen angeboten, wäre das Gegenteil passiert, der männliche Teil
wäre noch weiter verstärkt worden. Er versucht also, so gut er
kann, ihre Sprache zu sprechen.

Die Vorteile einer verbesserten Kommunikation

Die Verbesserung der Kommunikationsmethoden hat nicht nur
dazu geführt, daß Bob und Marge sich nicht mehr streiten,
sondern versetzte sie auch in die Lage, ihre Probleme zu lösen.
Marge fühlte sich nicht mehr überfordert, und Bob kam sich
nicht mehr als Versager vor. Er spürt, daß Marge ihn schätzt.
Nachdem er die Grundzüge der Frauensprache begriffen hatte,
konnte er den weiblichen Teil der Seele seiner Frau unterstützen, während Marge eine bessere Möglichkeit gefunden hatte,
Bob spüren zu lassen, wie dankbar sie ihm war.

Im Verlauf des Gesprächs, in dem sie sich völlig ungezwungen in der ihr vertrauten Frauensprache ausdrücken konnte,
verschwand bei ihr langsam das Gefühl, überfordert zu sein.
Bob spürte, daß sie ihm dankbar war, weil er ihr die emotionale
Sicherheit und die Unterstützung gegeben hatte, die sie
brauchte, um sich wieder besserzufühlen.

Obwohl Bob nicht der alleinige Ernährer der Familie war, hatte er doch das Gefühl, daß er jetzt auch als verständnisvoller Zuhörer gebraucht und geschätzt wurde. Auch wenn Marge abends nicht gerade glücklich und zufrieden nach Hause kam, war sie froh, Bob wiederzusehen. Schon bald nach dem Gespräch ging es ihr wieder bedeutend besser, und sie war ihm dafür sehr dankbar. Marge brauchte sich nicht um die Probleme zu kümmern, die sich auf ihren Beruf und auf den Haushalt bezogen, und war trotzdem in der Lage, sich von ihren Panikgefühlen zu befreien und sich der weiblichen Seite ihrer Seele zuzuwenden.

Bei den meisten Paaren versteht einer die Sprache des anderen nicht. Wenn beide miteinander reden, werden sie zunehmend frustriert und unzufriedener.

In der Regel wird die Zweierbeziehung für die Frau mit der Zeit zu einer zusätzlichen Belastung, dabei sollte sie ihr eigentlich Erholung bringen. Und für den Mann ist sie nicht mehr Lebensinhalt, sondern vermittelt ihm in immer stärkerem Maß das Gefühl, ein Versager zu sein.

Wenn wir die neuen Streßfaktoren betrachten und außerdem noch berücksichtigen, daß auch die alten Hilfen nicht mehr vorhanden sind, ist es kein Wunder, daß es vielen Menschen so schwerfällt zusammenzubleiben. Wir können dann gut verstehen, warum so viele allein bleiben wollen. Weil die beiden Geschlechter nicht die gleiche Sprache sprechen, fehlt heute sowohl den Männern als auch den Frauen die Unterstützung, die sie so dringend bräuchten.

Wie sie die Sprachbarriere überwinden kann

Aber das muß nicht so sein. Einem frustrierten Mann könnte seine Frau zum Beispiel mit folgenden Worten helfen:

»Vielen Dank, daß du mir zugehört hast.«

»Ich mußte mir das einmal von der Seele reden.«

»Tut mir leid, es ist dir bestimmt nicht leichtgefallen, dir so etwas anzuhören.«

»Vergiß, was ich gerade gesagt habe.«

»Das ist jetzt schon gar nicht mehr so wichtig.«

»Es geht mir jetzt schon viel besser.«

»Ich danke dir, daß du mich hast reden lassen und mir geholfen hast, alles wieder auf die Reihe zu bekommen.«

»Das Gespräch mit dir hat mir wirklich sehr geholfen. Ich habe jetzt einen bedeutend besseren Überblick bekommen.«

»Jetzt geht es mir schon bedeutend besser. Danke, daß du mir zugehört hast.«

»Mein Gott, jetzt habe ich aber lange geredet. Aber es geht mir schon viel besser.«

»Es geht mir jetzt schon viel besser. Manchmal muß ich einfach reden, dann ändert sich meine Stimmung wieder.«

»Ich bin dir dankbar, weil du mir so geduldig geholfen hast, alles wieder auf die Reihe zu bekommen.«

Jede einzelne Bemerkung vermittelt dem Mann das Gefühl, daß seine Frau ihm dankbar ist und ihn schätzt. Denn in der Sprache der Männer, also in seiner »Muttersprache«, haben solche Worte eine besonders positive Bedeutung.

Wenn sie zu ihm ganz freundlich sagt: »Das ist schon in Ordnung« oder »Das ist doch nicht so schlimm« oder sogar »Vergiß es«, wird es ihm beim nächsten Mal leichter fallen, ihr zuzuhören. Außerdem erinnert ihn die Bemerkung daran, daß er etwas getan hat, über das sie sich geärgert hat, also wird er den Fehler beim nächsten Mal nicht wiederholen.

Wenn er weiß, daß sie bereit ist, den Grund für ihren Ärger

zu vergessen, wird er sich in Zukunft mehr Mühe geben und bedeutend rücksichtsvoller sein.

Wenn sie zu ihm sagt: »Danke, daß du mir zugehört hast. Ich weiß, daß dir das nicht leichtgefallen ist«, sagt er sich: »Es war zwar nicht leicht, aber ich kann damit fertig werden.« Wenn sie sich dann beim nächsten Mal ärgert oder wütend ist, wird es ihm bedeutend leichter fallen, ihr zuzuhören, denn er weiß inzwischen, daß er damit umgehen kann und daß sie ihm dankbar sein wird.

Wenn eine Frau nach einem solchen Gespräch ihre Gefühle selbst ad acta legt und sagt: »Jetzt, wo ich es mir von der Seele reden konnte, ist es eigentlich gar nicht mehr so wichtig«, sagt er sich: »Das ist lieb von ihr, aber ich weiß genau, daß es ursprünglich für sie sehr wichtig war. Beim nächsten Mal werde ich mich vorsehen.«

Wenn Frauen sich nicht in ihrer eigenen Sprache ausdrücken können

Es geht einer Frau absolut gegen den Strich, wenn sie gezwungen wird, sich ausschließlich in der Männersprache auszudrükken. Mit der Zeit verliert sie dadurch die Fähigkeit, Streß abzubauen. Außerdem fällt es ihr dann sehr schwer, den Kontakt zu ihren weiblichen Gefühlen aufrechtzuerhalten, und das wiederum hat zur Folge, daß sie ihre Warmherzigkeit, die Fähigkeit, das Leben zu genießen, ihre Offenheit und ihr Vertrauen verliert.

Es kann einem Mann sehr helfen, wenn er sich immer wieder vor Augen hält, daß Frauen von Natur aus reden müssen, um ihre Gedanken zu ordnen, Prioritäten zu setzen und ihre Gefühle zu ergründen. Wir haben bereits erwähnt, daß Frauen seit Urzeiten daran gewöhnt sind, ihre Probleme tagsüber und nach Feierabend mit anderen Frauen zu besprechen. Das Reden und die Freundschaft mit anderen Frauen vermittelte ihnen ein Gefühl der Sicherheit. Schon das bloße Reden erzeugt in ihnen instinktiv ein Gefühl der Geborgenheit.

Und wenn eine Frau sich sicher fühlt, kann sie ihre Gedanken ordnen und sich ihrer Umgebung liebevoll zuwenden. Wenn ihr Mann ihr die Möglichkeit gibt, sich in ihrer eigenen Frauensprache auszudrücken, macht er ihr ein kostbares Geschenk.

———◄○►———

Ohne die Möglichkeit, sich offen auszudrücken, geht der Frau ein wichtiger Teil ihrer Weiblichkeit verloren.

———◄○►———

Warum Männer nicht reden

Bei einem Mann trifft das Gegenteil zu. Er fühlt sich sicher, wenn er sein Ziel erreicht, ohne reden zu müssen. Wenn er zum Beispiel irgendeine scheinbar völlig unbedeutende Arbeit tut, sei es, daß er sein Auto poliert oder Golf spielt, kann er seine Gedanken ordnen, Prioritäten setzen und einen Aktionsplan entwerfen.

Er kann den Streß, der sich im Laufe des Tages aufgebaut hat, vergessen, sich entspannen, sich ganz seiner Partnerin widmen und sein Zuhause genießen. Dieser Prozeß läuft in aller Stille ab und vermittelt ihm ein Gefühl der Sicherheit und Geborgenheit.

In der Vorzeit konnte der Jäger nur überleben, wenn er sich auf seinen Beutezügen fast lautlos bewegte. Die Sprache der Jäger, also die Männersprache, bestand nur aus wenigen Worten. Schweigen ist ein traditionelles Vorrecht des Mannes.

Wenn eine Frau ungezwungen reden kann, fühlt sie sich sicherer. Wenn sie über ihre Sorgen und ihre Gefühle spricht, ist das ein natürlicher Ausdruck der Informationsverarbeitung ihres Gehirns. In der gleichen Weise haben ihre weiblichen Vorfahren ihr Überleben gesichert. Die Sprache der Frauen hat ein unendlich großes Vokabular. Reden ist ein traditionelles Vorrecht der Frau. Wenn beide Geschlechter diesen entscheidenden Unterschied erkannt haben, können sie sich bedeutend besser verstehen und gegenseitig unterstützen.

Wie Männer auf Gefühle reagieren

Wenn eine Frau ihrem Mann erklärt, sie müsse mit ihm reden, hat er häufig das Gefühl, etwas falsch gemacht zu haben. Wenn sie dann über ihre Probleme spricht, glaubt er, er habe versagt und sei nicht in der Lage, sie glücklich zu machen. Er begreift einfach nicht, daß sie nur über die Zweierbeziehung reden möchte, weil sie auf der Suche nach dem weiblichen Teil ihrer Seele ist. Er glaubt dagegen, sie wolle ihn nur kritisieren oder ändern.

Er versteht ihre Bemerkungen in der Männersprache, obwohl sie in der Frauensprache gemacht wurden. Unter solchen Umständen ist eine Verständigung kaum noch möglich.

Ein Mann, der die Frauensprache falsch versteht, reagiert meistens so:

1. Er bietet eine Lösung an.
Sie möchte nur, daß ihr Mann ihr zuhört und mit ihr sympathisiert. Wenn ihm das zu schwerfällt, sollte er wenigstens zuhören und sie nicht unterbrechen. Es reicht schon, wenn er hin und wieder »hmmm« macht, denn das beweist ihr, daß er über ihre Worte nachdenkt und versucht, sie zu verstehen.

2. Er spielt das Ganze herunter,
weil er glaubt, daß es ihr dann wieder besserginge. Ihm ist nicht klar, daß es ihr viel wichtiger ist, ihre Gefühle zu analysieren, als eine genaue Darstellung der Tatbestände zu liefern. Er sagt dann zum Beispiel:

»Das ist doch halb so schlimm.«

»Darüber brauchen wir doch gar nicht zu reden.«

»Gut, und was willst du damit sagen?«

»Wir können jetzt ohnehin nichts daran ändern.«

»Vergiß es. Ich werde mich darum kümmern.«

3. Er nimmt ihre Gefühle nicht ernst.

Er glaubt, er würde ihr helfen, wenn er ihre Gedanken analysiert und korrigiert. Sie mißversteht das jedoch und befürchtet, daß er sie nicht ernst nimmt. Er weiß nicht, daß sie beim Reden ihre Gedanken ordnet. Deshalb sagt er zum Beispiel:

»Das ist doch kein Grund, sich so aufzuregen.«

»Mach dir deswegen keine Sorgen.«

»Ich glaube, du bist einfach zu empfindlich.«

»Wir haben doch schon einmal darüber geredet.«

Zweckfreies Reden

Wenn man einer Frau die Möglichkeit bietet, zweckfrei (also in der Frauensprache) zu reden, kann sie den Kontakt zu dem weiblichen Teil ihrer Seele wiederaufnehmen. Dann fällt es ihr bedeutend leichter, den Streß abzubauen, der dadurch entstanden ist, daß sie gezwungen ist, in einer Männerwelt zu arbeiten. Wenn ihr Mann ihr einen guten Rat gibt oder versucht, ihre Probleme zu lösen, zwingt er sie, sich weiter wie ein Mann zu verhalten, und erwartet von ihr, daß sie sich weiter mit ihm in der Männersprache unterhält. Wenn er seiner Frau dagegen die Möglichkeit bietet, über ihre Sorgen zu reden, ohne daß es dabei vorrangig um Problemlösungen geht, hilft er ihr, sich wieder auf ihre Frauensprache zu besinnen. Um den weiblichen Teil ihrer Seele zu unterstützen, genügt es, wenn er einfühlsam und verständnisvoll ist, denn dadurch gibt er ihr Gelegenheit, sich von den Alltagssorgen zu befreien und den Gefühlen, die sie bedrücken, freien Lauf zu lassen. Nach und nach wird sie wieder neue Kraft schöpfen, ihm von Herzen dankbar sein und ihn um so mehr lieben.

Wenn eine Frau sich auf diese Weise von ihren negativen Gefühlen befreien kann und sie nicht in sich vergraben muß, ist das auch für den Mann von Vorteil, denn er kann sich in der Beziehung besser darstellen. Wenn er von sich aus ein Gespräch beginnt, ist das für sie eine große Hilfe, denn die Frau von heute ist so sehr in ihrer Männerrolle gefangen, daß es ihr nicht einmal mehr bewußt wird, daß sie eigentlich das dringende Bedürfnis hat zu reden – man muß es ihr erst sagen. Das ist vor allem dann der Fall, wenn sie in der Vergangenheit versucht hat, über ihre Gefühle zu reden, und sich dabei die Finger verbrannt hat. Wenn ihr Mann ihr jedoch deutlich zu verstehen gibt, daß er mit ihr reden möchte, braucht sie keine Angst zu haben, daß er sich nicht für das interessiert, was sie sagen will.

Selbst wenn sie eigentlich sehr gern reden würde, weiß sie oft nicht, wo sie anfangen soll.

Mit welchen Fragen er ihr auf die Sprünge helfen kann

1. »War es schlimm heute?«
2. »Wie war's denn heute?«
3. »Ich bin froh, daß du wieder da bist. Komm, laß dich in den Arm nehmen.«
4. »Kann ich irgend etwas für dich tun?«
5. »Erzähl mal, wie war's denn heute?«
6. »Du siehst gut aus, lief's gut heute?«
7. »Du siehst aus, als hättest du heute einen besonders guten Tag gehabt.«
8. »Du siehst müde aus...«
9. »Hast du dich geärgert?«
10. »Wie fühlst du dich?«

Jede einzelne Bemerkung bedeutet für sie, daß sie reden kann, ohne unter Druck gesetzt zu werden. Wenn sie eine knappe Antwort gibt, kann er ihr eine der folgenden Fragen stellen, um sie aufzumuntern weiterzureden:

1. »Was ist passiert?«
2. »Möchtest du mir nicht etwas mehr darüber sagen?«
3. »Und was geschah dann?«
4. »Was hast du dabei empfunden?« oder »Was empfindest du dabei?«

Wenn eine Frau ihrem Mann eine der zehn Fragen stellt und er nur ganz knapp antwortet, sollte sie ihn in Ruhe lassen. Und falls sie selbst das Bedürfnis hat zu reden, sollte sie ihn zuerst fragen, ob der Zeitpunkt günstig ist.

Wenn er nicht zuhören mag

Wenn ein Mann noch keine Gelegenheit hatte, den Streß des Tages abzubauen und aus diesem Grund noch nicht in der Lage ist, ihr zuzuhören, muß er das seiner Partnerin klar zu verstehen geben.

1. »Ich muß erst einmal eine Zeitlang allein sein, dann komme ich zu dir.«
2. »Ich muß mich erst einmal mit XYZ beschäftigen, dann komme ich zu dir.«
3. »Ich habe mich gerade in meine Höhle zurückgezogen. Ich muß erst einmal XYZ, dann komme ich zu dir.«
4. »Ich habe mich gerade in meine Höhle zurückgezogen. Wenn ich wieder herauskomme, können wir miteinander reden.«

Es ist sehr wichtig, daß er solche Bemerkungen machen kann, ohne sie zu verletzen. Jede negative Bemerkung einer Frau macht es ihm möglicherweise schwerer, wieder aus seiner Höhle herauszukommen. Einige Bemerkungen, die Frauen in diesem Zusammenhang oft machen – auch wenn sie es auch nur mit Blicken ausdrücken –, sind:

1. »Warum gerade jetzt?«
2. »Aber wir haben überhaupt noch keine Zeit füreinander gehabt.«
3. »Warum kannst du nicht einmal für mich dasein, wenn ich dich brauche?«
4. »Du denkst immer nur an dich.«
5. »Habe ich irgend etwas falsch gemacht?«

6. »Wie kannst du mich ausgerechnet jetzt im Stich lassen?«
7. »Du bist viel zu oft weg.«
8. »Du liebst mich nicht.«
9. »Ich kann allein nicht damit fertig werden. Ich fühle mich von dir im Stich gelassen.«
10. »Ich habe es immer schon gewußt. Du liebst mich nicht wirklich.«
11. »Aber du bist doch diese Woche schon einmal in deiner Höhle gewesen.«

Solche Bemerkungen und Fragen sollte eine Frau vermeiden, denn sie möchte doch, daß ihr Mann weiß, daß er sich jederzeit zurückziehen kann, denn um so schneller wird er wieder zu ihr zurückkommen. Er würde manchmal gern schon viel früher zurückkommen, wenn ihm dann aber ihre negativen Bemerkungen einfallen, bezweifelt er, daß sie ihn gern wiederhaben möchte. Er weiß dann nicht, ob sie von ihm erwartet, daß er sich bei ihr entschuldigt, weil er sich zurückgezogen hat, obwohl er das dringend brauchte. Wenn er Angst hat, daß sie ihn zurückweist, wenn er wieder aus der Höhle kommt, wird er seine Rückkehr so lange wie möglich hinauszögern. Erst wenn er sicher ist, daß sie ihm verziehen hat, wird er wieder erscheinen.

Wie sie ihm helfen kann, auszuweichen und sich nicht provozieren zu lassen

Im Verlauf eines schwierigeren Gesprächs kann eine Frau viele kleine Bemerkungen machen, die es ihrem Mann leichter machen, auszuweichen und sich nicht provozieren zu lassen. Er kann ihr dann in aller Ruhe zuhören, ohne einen Streit vom Zaun zu brechen. Hier ein paar Beispiele:

Sagen Sie nicht:	Sagen Sie lieber:
»Ich kann mir nicht helfen, aber ich bin mir sicher, daß...«	»Ich bin mir nicht sicher, aber ich glaube...«
»Ich bin mir sicher...«	»Ich weiß nicht, ob du das auch so siehst, aber ich meine eigentlich...«
»Ich glaube nicht, daß das so ist. Ich meine eher...«	»Ich habe noch nicht so intensiv darüber nachgedacht. Ich habe nur das Gefühl...«
»Nein, das glaube ich nicht. Meiner Meinung nach...«	»Ich habe mir darüber noch keine Gedanken gemacht, aber im Augenblick glaube ich eher, daß...«
»Ich bin nicht deiner Meinung, denn...«	»Ich sehe das etwas anders...«
»Das finde ich überhaupt nicht. Ich meine...«	»Ich weiß nicht, ob das richtig oder falsch ist, aber ich habe das Gefühl...«
»Das ist nicht wahr! Ich glaube, daß...«	»Meine Erfahrung sagt mir, daß...«

Solche Bemerkungen geben dem Mann das Gefühl, daß die Worte seiner Partnerin kein Evangelium sind. Er weiß, daß sie etwas auf dem Herzen hat und sich ihm anvertrauen möchte. Es fällt ihm dann nicht mehr schwer, vermeintlicher Kritik auszuweichen, denn ihm ist klar, daß die Gefühle seiner Frau nur vorübergehender Natur sind.

Jedes einzelne Beispiel eignet sich sowohl für den Mann als auch für die Frau. Oft äußert ein Mann seine Gedanken mit einer solchen Bestimmtheit, daß sie zu Recht zweifelt, ob er überhaupt offen genug ist, sich auch ihren Standpunkt anzuhören. Wenn er dann eine Bemerkung macht, die die Situation entschärft, fällt es ihr leichter, ihm ihren Standpunkt klarzumachen.

Wenn er sich in seine Höhle zurückzieht

Wenn der Mann sich in seine private Höhle zurückzieht, glaubt sie, daß irgend etwas nicht stimmt, und versucht, ihn wieder herauszuholen. Da sie die Bedürfnisse ihres Partners nicht erkennt, glaubt sie, er würde einfach nur die Zeit totschlagen, und fängt an, ihn zu kritisieren.

Er kann erst dann wieder herauskommen, wenn er die Probleme des Tages mehr oder weniger vergessen hat. Wenn seine Frau dann am Höhleneingang mit neuen Problemen auf ihn wartet, wird er sich weigern herauszukommen.

Je mehr sie sich bemüht, ihren Mann aus der Höhle herauszuholen, um so länger wird er dort bleiben.

Die neue Stellenbeschreibung der Frau sieht vor, daß sie ihren Mann ganz allmählich wieder in die Familie zurückholen muß. Das ist eine ihrer wichtigsten Aufgaben, die sich aus drei Schritten zusammensetzt.

1. Schritt

Gönnen Sie ihm viel Zeit für sich und zeigen Sie ihm, daß Sie nichts dagegen haben, wenn er sich zurückzieht. Ermuntern Sie ihn dazu, mehr Zeit mit seinen Freunden zu verbringen, und seien Sie in keinem Fall verletzt oder beleidigt, wenn er entsprechende Wünsche äußert.

Setzen Sie ihn nicht unter Druck und vermeiden Sie Kritik. Vergessen Sie nie, daß ein guter Rat in der Sprache des Mannes oft als Kritik mißverstanden wird. Zeigen Sie ihm so oft wie möglich, wie sehr Sie seine Leistungen im Beruf bewundern.

Und Sie sollten die Tatsache, daß er sich hin und wieder in seine Höhle zurückzieht, nicht dramatisieren. Zeigen Sie ihm, wie sehr Sie es genießen, wenn er dann wiederkommt und lieb zu Ihnen ist.

2. Schritt

Bitten Sie ihn, bestimmte Kleinigkeiten für Sie zu erledigen. Zeigen Sie ihm anschließend, wie dankbar Sie ihm sind. Und beklagen Sie sich nie darüber, daß er nicht genügend Zeit für Sie hat. Das ist ein Vorwurf, der ihn sofort in die Defensive treibt. Bitten Sie ihn statt dessen, mit Ihnen in ein Restaurant zu gehen oder sich mit Ihnen einen Film anzusehen. Überlassen Sie den Termin nicht ihm, sondern machen Sie es ihm so leicht wie möglich.

Zeigen Sie ihm möglichst oft, daß Sie glücklich sind, denn wenn er spürt, daß er Sie glücklich machen kann, hat er weniger Streß. Wenn er dann in Zukunft Streß abbauen will, überlegt er sich automatisch, ob er Ihnen nicht irgendeine kleine Freude machen kann.

3. Schritt

Der letzte Schritt ist der wichtigste und erfordert großes Geschick. Bitten Sie ihn, Ihnen zuzuhören, wenn Sie das Bedürfnis haben, über Ihre Gefühle zu reden. Sie müssen jedoch sehr behutsam vorgehen, damit Sie ihn dabei nicht verletzen oder ihm den Eindruck vermitteln, daß er nicht genug für Sie tut. Bereiten Sie ihn gut vor, damit er keine Schuldgefühle bekommt. Und vergessen Sie nicht, ihm hinterher zu sagen, wie dankbar Sie ihm sind, daß er Ihnen zugehört hat. Auf diese Weise lernt er nach und nach, sich wieder mehr auf Sie zu konzentrieren.

Reden Sie mit ihm über Ihre Sorgen und Ihre Gefühle. Wenn Sie den Eindruck haben, daß ihm das nicht paßt, sollten Sie ihn daran erinnern, daß Sie von ihm keine Problemlösungen erwarten, sondern nur den Wunsch haben, daß er Ihnen zuhört. Wenn er weiß, daß er keine Probleme lösen muß, wird er sich entspannen und mit der Zeit ein immer besserer Zuhörer werden.

Selbst wenn er genau weiß, daß Sie bei ihm die neuen Methoden für ein besseres Zusammenleben anwenden, wird er Ihnen dankbar sein. Vergessen Sie nicht, daß auch einem Mann viel an seiner Beziehung liegt. Wenn eine Frau erkannt hat, daß die

Bedürfnisse ihres Partners sich von ihren eigenen erheblich unterscheiden, muß ihr der gesunde Menschenverstand sagen, daß sie diese »Dreischrittetherapie« anwenden muß. So wie sie ihn braucht, wenn sie über ihre Gefühle reden und ihre Probleme vergessen möchte, braucht er sie, weil sie ihn immer wieder daran erinnert, was für ihn das Wichtigste im Leben ist.

Wenn er sich geärgert hat

Frauen können ihre Gefühl direkt beim Reden verarbeiten, Männer schweigen dagegen und denken nach. Erst dann können sie über ihre Gefühle reden.

Im allgemeinen hat ein Mann nur dann das Bedürfnis zu reden, wenn er Informationen weitergeben möchte, die einer Problemlösung dienen. Wenn ihn jemand beleidigt oder verletzt hat, möchte er zum Ausdruck bringen, daß das, was der andere getan hat, nicht richtig war, und daß er sich gefälligst ändern solle.

―――――◄○►―――――

Wenn ein Mann sich ärgert oder wütend ist, legt er in der Regel größten Wert darauf, recht zu haben.

―――――◄○►―――――

Das ist auch der Grund, warum er seine Frau mißversteht. Wenn sie sich geärgert hat und darüber reden möchte, geht er automatisch davon aus, daß sie ihm nur klarmachen will, daß er unrecht hat und sich gefälligst ändern sollte. Warum? Weil er selbst das in der gleichen Situation so sehen würde. Er würde ihr Vorwürfe machen und versuchen, ihr die Schuld zuzuschieben. Die Männer müssen endlich lernen, daß eine Frau über ihre Gefühle redet, weil sie möchte, daß man Verständnis für sie hat, ganz gleich wie wütend und vorwurfsvoll sie klingen mag.

Wenn eine Frau diese Zusammenhänge erkannt hat, wird sie ihren Mann besser verstehen und ihn nicht unter Druck setzen, wenn er nicht reden möchte. Sie sollte ihn auf keinen Fall einer Art Verhör unterziehen und das Gespräch auch dann aufschieben, wenn er zwar bereit ist zu reden, aber immer noch wütend ist.

Man sagt, Eheleute sollten abends nicht im Streit ins Bett gehen, sondern sich vorher wieder vertragen. Heute kann dieser alte Rat viel Ärger bereiten. Wenn ein Mann wütend ist, sollte seine Frau ihn möglichst in Ruhe lassen und ihm Gelegenheit geben, das Ganze zu überschlafen, das ist jedenfalls meine Empfehlung. Warten Sie, bis er sich wieder beruhigt hat, bevor Sie mit ihm über das reden, was ihn geärgert hat.

Anders ist es, wenn eine Frau wütend ist und ihr Mann so entspannt ist, daß er ihr zuhören kann, ohne sich selbst dabei aufzuregen. In diesem Fall sollte er das Gespräch beginnen, Fragen stellen und eine Atmosphäre schaffen, in der sie sich sicher genug fühlt, um offen reden zu können. Mit dem alten Rat, daß man nicht im Streit ins Bett gehen sollte, wollte man bei den Männern Verständnis für die Situation der Frau wecken. Eine Frau brauchte diesen Rat nicht zu befolgen, denn wenn ihr Mann wütend war, ging er in der Regel weg, um allein mit seinen Gefühlen fertig zu werden.

Heute haben die Männer einen besseren Zugang zum weiblichen Teil ihrer Seele; wenn sie wütend oder erregt sind, haben auch sie manchmal das Bedürfnis zu reden. In solchen Fällen muß die Frau erkennen, daß es besser ist, das Gespräch zu verschieben, vor allem, wenn man sich bereits ziemlich heftig gestritten hat. Die Methode des Aufschiebens ist auch etwas, das Ihre Mutter Ihnen nicht beibringen konnte.

Was sollen Sie sagen, wenn Ihr Mann wütend ist?

Wenn ein Mann wütend ist und reden möchte, geht die Frau automatisch davon aus, daß ihm das Reden hilft, sich wieder zu beruhigen. Das trifft aber nur zu, wenn sie zu allem ja und amen sagt. Sie dürfen nie vergessen: Wenn ein Mann wütend ist und reden will, muß er unbedingt immer recht haben. Wenn sie nicht bereit ist, ihm in allen Punkten zuzustimmen oder zumindest alle seine Argumente gelten zu lassen, sollte sie das Gespräch unbedingt auf einen anderen Zeitpunkt verschieben.

Den meisten Frauen kommt so etwas nicht in den Sinn, weil sie automatisch davon ausgehen, daß er genauso empfindet wie sie. Unter Frauen wäre es unhöflich, ein Gespräch aufzuschieben. Auch wenn ein Mann, der eigentlich Zeit hätte zuzuhören, ein Gespräch aufschiebt, faßt die Frau das als Unhöflichkeit auf. Wenn sie jedoch das Gefühl hat, daß sie ihrem Mann in seinem Zorn weder zustimmen noch seine Argumente gelten lassen kann, muß sie das Gespräch in jedem Fall aufschieben, selbst wenn er das als Unhöflichkeit betrachtet.

Wichtig ist auch, wie sie das macht. Sie muß darauf achten, daß sie ihm den Vorschlag nicht in einem vorwurfsvollen Ton macht, denn dann würde er nur wütender. Sie sollte ihm nur ganz kurz zu verstehen geben, daß ihr klar ist, warum er sich so geärgert hat, und die Diskussion auf einen anderen Zeitpunkt verschieben. Danach sollte sie ohne weiteren Kommentar weggehen und so tun, als sei das alles völlig normal. Wenn sie diese neue Methode anwendet, bewahrt sie ihn davor, sein Gesicht zu verlieren, und gibt ihm die Möglichkeit, sich wieder zu beruhigen.

Was sie nicht sagen sollte	Was sie sagen sollte
»Wenn du so wütend bist, kann ich nicht mit dir reden.«	»Es ist dein gutes Recht, wütend zu sein. Aber ich brauche etwas Zeit, bevor ich mit dir reden kann.«
»Du liebst mich nicht. Warum sollte ich mit dir reden?«	»Ich möchte wissen, wie du dich fühlst, aber ich muß erst meine eigenen Gefühle auf die Reihe bringen.«
»Du willst doch bloß wieder recht haben. Du hörst mir doch gar nicht zu.«	»Gib mir etwas Zeit, damit ich über das nachdenken kann, was du gesagt hast. Anschließend können wir darüber reden.«

Was sie nicht sagen sollte	Was sie sagen sollte
»Du begreifst das einfach nicht.«	»Ich muß erst einmal über das nachdenken, was du gesagt hast.«
»Wie sprichst du mit mir?«	»Ich kann gut verstehen, daß du wütend bist. Aber ich brauche etwas Zeit, bevor ich mit dir darüber reden kann.«

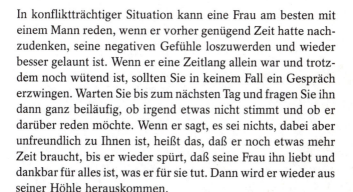

Frauen sollten immer daran denken, daß es den Männern – im Gegensatz zu ihnen – besser geht, wenn sie Zeit haben, nachzudenken und sich zu beruhigen. Wenn man einem wütenden Mann eine Frage stellt, wird er nur noch wütender.

In konfliktträchtiger Situation kann eine Frau am besten mit einem Mann reden, wenn er vorher genügend Zeit hatte nachzudenken, seine negativen Gefühle loszuwerden und wieder besser gelaunt ist. Wenn er eine Zeitlang allein war und trotzdem noch wütend ist, sollten Sie in keinem Fall ein Gespräch erzwingen. Warten Sie bis zum nächsten Tag und fragen Sie ihn dann ganz beiläufig, ob irgend etwas nicht stimmt und ob er darüber reden möchte. Wenn er sagt, es sei nichts, dabei aber unfreundlich zu Ihnen ist, heißt das, daß er noch etwas mehr Zeit braucht, bis er wieder spürt, daß seine Frau ihn liebt und dankbar für alles ist, was er für sie tut. Dann wird er wieder aus seiner Höhle herauskommen.

Es kann durchaus sein, daß ein Mann seine Probleme gelöst hat und wieder mit sich im reinen ist, jedoch trotzdem erst die Liebe und Anerkennung seiner Frau erfahren muß, bevor er sich selbst wieder in liebevoller Weise um sie kümmern kann.

Beruhigende Laute

Wenn ein Mann die Sprache der Frauen lernt, um ein guter Zuhörer zu werden, darf er nie vergessen, daß beruhigende kleine Gesten seiner Zuhörerin enorm helfen können. Dazu gehören Elemente aus der Frauensprache wie eine kleine Umarmung, Blickkontakt, ein gelegentliches zustimmendes Nikken oder beruhigende Laute, mit denen er ausdrückt, daß er sie versteht.

Wenn eine Frau mit ihrem Mann redet und er die folgenden Laute von sich gibt, hat sie das Gefühl, daß er ihr wirklich zuhört.

Er sagt	Sie hört
»Hmmm.«	»Ich denke darüber nach.«
»Oh.«	»Das überrascht mich. Jetzt verstehe ich das.«
»Aha.«	»Ja, das habe ich begriffen. Sprich weiter.«
»Huh.«	»Ich glaube, ich habe das verstanden, sprich weiter.«
»Mmmm.«	»Tut mir leid, daß das passiert ist. Tut mir wirklich leid.«
»Hnnn?«	»Ich kann das gar nicht glauben. Du hast es nicht verdient, daß man dich so behandelt.«
»Uuuh.«	»Ich bin entsetzt. Das muß dich aber sehr verletzt haben.«
»Aua.«	»Das tut weh. Du tust mir leid.«
»Wow.«	»Ist das tatsächlich passiert?«
»Auuu.«	»Das ist schlimm. Du tust mir leid.«

Er sagt	Sie hört
»Hmmf.«	»Was die getan haben, war nicht richtig. Du brauchst dir das nicht gefallen zu lassen.«
»Wuuu.«	»Das ist ja interessant! Aufregend!«

Solche Laute sollte der Mann vor allem dann von sich geben, wenn sie eine Pause macht. Außerdem hilft ihm das, einer möglichen Provokation aus dem Weg zu gehen. Wenn sie ihren Redefluß unterbricht, sollte er ihr keine Problemlösungen anbieten, sondern sich auf solche beruhigenden Laute konzentrieren. Wenn er keine Erfahrung darin hat, hört sich das anfangs womöglich ziemlich gekünstelt an. Mit der Zeit wird es jedoch immer spontaner und natürlicher klingen.

Wenn sie starke Gefühle hat

Eine Frau redet, um ihre Gefühle zu analysieren. Wenn ihr Partner ein guter Zuhörer ist, sich nicht provozieren läßt und sie nicht unterbricht, kann sie sich alles mögliche von der Seele reden. Wenn er spürt, daß sie sich geärgert hat, müde oder abgearbeitet ist, kann er ihr sehr helfen,wenn er von sich aus ein Gespräch beginnt und sie fragt, wie es ihr geht.

Hier einige Fragen, die er stellen kann, um ein Gespräch zu eröffnen:

1. »Das war ein langer Tag, nicht wahr?«
2. »Was ist los?«
3. »Was ist passiert?«
4. »Möchtest du mit mir über irgend etwas reden?«
5. »Wie war dein Tag?«
6. »Bist du wütend auf mich?«
7. »Hast du dich über mich geärgert?«
8. »Sollten wir nicht einmal miteinander reden?«

In den meisten Fällen wird sie sagen: »Nein, das hat nichts mit dir zu tun. Es ist mir einfach alles zuviel«, und dann wird sie weiter darüber reden. Selbst wenn sie sich ein wenig über ihren Mann geärgert hat, werden diese Gefühle schnell wieder verschwinden, weil sie ihm dankbar ist, daß er ihr eine Gelegenheit gibt, mit ihm zu reden. Wenn sie spürt, daß er ihr helfen will, kann sie sehr lieb und großzügig sein. Wenn eine Frau gern mit ihrem Mann reden würde, aber so überarbeitet ist, so daß es ihr schwerfällt, an ihre Gefühle heranzukommen, oder wenn sich ihre negativen Gefühle gegen ihn richten, kann er fünf »entwaffnende« Fragen stellen, durch die ihre verbalen Angriffe entschärft werden:

1. »Wie fühlst du dich, wenn...«
2. »Wie fühlst du dich sonst noch, wenn...«
3. »Erzähl mir mehr darüber.«
4. »Was würde dir jetzt guttun?«
5. »Was muß ich tun, damit du spürst, daß ich dir helfen will?«

An solchen Fragen kann sie erkennen, daß er ihr helfen will. Wenn man ihr die Verantwortung für die Eröffnung des Gesprächs abnimmt, kann sie sich bedeutend besser auf die Verarbeitung ihrer Gefühle konzentrieren.

Sie braucht ihre Zeit, sich zu sammeln

Wenn eine Frau über ihre Gefühle geredet hat, dauert es ein paar Minuten, bevor ihr selbst klar wird, was sie gerade gesagt hat. Das hängt damit zusammen, daß der Verarbeitungsprozeß bei ihr gleichzeitig mit dem Reden abläuft. Erst wenn sie aufgehört hat zu reden, kann sie darüber nachdenken, was sie ihrem Mann gerade erzählt hat.

Im allgemeinen braucht eine Frau, die erregt ist und ihren Gefühlen Luft machen möchte, etwa fünfzehn Minuten, um über das nachzudenken, was sie gerade gesagt hat. Erst nach dieser Zeit kann sie die Hilfe ihres Mannes richtig würdigen.

Wenn er in diesen fünfzehn Minuten etwas in seiner Männersprache sagt (was bei ihr zwangsläufig als Provokation ankommt), kann der ganze Erfolg wieder zunichte gemacht werden. Sie erlebt das so, als hätte er ihr erst ein Geschenk gemacht und nähme es ihr jetzt wieder ab. Und das ist für eine Frau schlimmer, als wenn er ihr gar kein Geschenk gemacht hätte.

In diesen fünfzehn Minuten ist sie sehr verletzlich. Sie braucht diese Zeit, um über das nachzudenken, was sie gesagt hat. Und wenn er versucht, ihr klarzumachen, daß sie unrecht hat, oder wenn sie das Gefühl hat, sich verteidigen zu müssen, fällt es ihr sehr schwer einzusehen, daß sie einen Fehler gemacht hat, und sie wird sich dann kaum von ihren negativen Gefühlen lösen können.

Wie er aus seinen Fehlern lernt

Wenn er einen Fehler gemacht hat und von seiner Frau darauf hingewiesen wird, fällt es ihm genauso schwer, in aller Ruhe darüber nachzudenken, um etwas daraus lernen zu können. Wenn sie das Verhalten ihres Mannes kritisiert, nimmt er automatisch eine Abwehrhaltung ein und zieht sich in seine Höhle zurück, wo nur die Männersprache gesprochen wird.

Viele Frauen sind der Meinung, sie müßten das Verhalten ihres Mannes kritisieren. Sie bieten ihm automatisch ihren Rat an, kritisieren seine Entscheidungen oder sein Verhalten und wissen nicht, daß sie ihn auf diese Weise daran hindern, die inneren Veränderungen durchzuführen, die zur Vermeidung eben dieses Verhaltens nötig wären.

Wie wir uns gegenseitig beeinflussen

Wenn Männer und Frauen in der Lage sind, die Unterschiede zwischen den Geschlechtern in einem neuen, positiveren Licht zu sehen, wenn einer die Sprache des anderen lernt und beide die neuen Methoden für ein besseres Zusammenleben anwenden, können sie aus ihrer Partnerschaft das Beste machen und miteinander glücklich werden. Dem Mann geht es gut, weil er spürt, daß er seiner Partnerin helfen kann, und sie ist glücklich, weil sie eine Beziehung geschaffen hat, in der sich beide weiterentwickeln können. Sie sprechen zwar zwei verschiedene Sprachen, haben aber inzwischen gelernt, die entscheidenden Botschaften so zu übersetzen, daß der andere sie verstehen kann, und das führt zu einem harmonischen Zusammenleben.

Wenn sie Verständnis für das Verhalten ihres Mannes hat und ihm das Gefühl vermittelt, daß sie ihn so akzeptiert, wie er ist, kann er sich mit der Zeit ändern und ein aufmerksamerer Ehemann werden. Wenn sie ihn nicht unter Druck setzt, bekommt die Beziehung zu ihr für ihn eine magische Anziehungskraft.

Wenn er sich nicht provozieren läßt und die Gefühle seiner Frau richtig interpretiert, kann er ihr mit viel größerem Verständnis und Mitgefühl zuhören. Sie spürt dann tief in ihrem Herzen, daß er ihr seine ganze Aufmerksamkeit schenkt, ihr zuhört, sie versteht und ihr helfen will. Das freut den weiblichen Teil ihrer Seele, und sie selbst kann ihrem Mann dann bedeutend toleranter und liebevoller gegenübertreten. Je besser er sie versteht, um so mehr wird auch er sich ihr anvertrauen.

Es kann sein, daß Ihnen diese Übungen anfangs unnatürlich vorkommen; Sie werden jedoch feststellen, daß sie nach einer gewissen Zeit ganz automatisch ablaufen. Im Grunde stellen sie nur eine Weiterentwicklung der sozialen und sprachlichen Fertigkeiten dar, die wir bereits seit Jahrhunderten anwenden. Im nächsten Kapitel werden Sie erfahren, warum Männer alles mögliche vergessen, während Frauen sich in allen Einzelheiten an die Fehler erinnern können, die ihre Männer einmal gemacht haben.

8. KAPITEL

Warum Männer so vergeßlich sind und Frauen sich immer an alles erinnern können

June: »Es macht mir überhaupt keinen Spaß, wenn ich ihn ständig an alles mögliche erinnern muß. Er verspricht mir immer, etwas zu erledigen, und dabei bleibt es dann auch. Für mich ist es leichter, es gleich selbst zu tun. Hinterher behauptet er immer, er hätte es vergessen. Ich glaube inzwischen, er ist ganz einfach faul.«

Bob: »Immer wenn ich das Gefühl habe, es ginge ein wenig besser mit uns beiden, regt sie sich auf und kommt mir mit einer ganzen Liste von Dingen, die ich angeblich nicht tue. Das ist außerordentlich frustrierend. Sie selbst vergißt nie etwas.«

Die Klagen der beiden sind ziemlich weitverbreitet. Eine der häufigsten Beschwerden der Frauen ist, daß sie sich vernachlässigt fühlen, während die meisten Männer sich darüber beklagen, daß ihre Frauen nie etwas vergessen.

Bevor wir dieses häufig auftretende Problem lösen können, müssen wir erst ein wenig genauer darüber Bescheid wissen. Wenn ein Mann verheiratet ist, konzentriert er sich stärker auf seine Arbeit, was nicht bedeuten soll, daß er seine Frau nicht liebt. Sie fühlt sich jedoch vernachlässigt. Wenn eine Frau verheiratet ist, fühlt sie sich sicherer und beginnt deshalb, offen über ihre Gefühle zu reden. Er glaubt dann, sie wolle ihm Vorwürfe machen, weil er nicht verstehen kann, daß es ihr ein dringendes Bedürfnis ist, über ihre Gefühle und über die Beziehung zu reden.

Viele Eheprobleme lassen sich vermeiden, wenn beide Partner diese unterschiedlichen Sichtweisen in einem neuen, positiven Licht sehen und sich gegenseitig besser verstehen können. Schon immer war es die Aufgabe des Mannes, das Haus zu verlassen und einer Arbeit nachzugehen, um seine Familie ernähren zu können. Das erklärt, warum sich die Frau vernachlässigt fühlt. Und ihre Neigung, Intimität zu schaffen, indem sie über ihre Probleme redet, wird von ihm als Nörgelei betrachtet, weil er glaubt, seine Frau wolle ihm Vorwürfe machen.

Wenn man jedoch die neuen Methoden für ein besseres Zusammenleben anwendet und sich um gegenseitiges Verständnis bemüht, lassen sich diese natürlichen Tendenzen so modifizieren, daß jeder von seinem Partner die Unterstützung bekommt, die er braucht. Ohne diese neuen Informationen reagieren sowohl die Männer als auch die Frauen negativ, denn beide haben das Gefühl, nicht geliebt zu werden.

Sie glaubt, ihr Mann habe nichts mehr für sie übrig, weil er nicht an sie denkt und Dinge vergißt, die er zu Beginn ihrer Beziehung nie vergessen hätte. Es fällt ihr schwer, das zu verstehen, denn wenn sie einen Mann liebt, kommt er bei ihr nicht erst an zweiter Stelle nach der Arbeit. Und wenn sie irgendeine Kleinigkeit vergißt, ist ihr das sehr unangenehm.

Dem Mann fällt es dagegen schwer zu verstehen, warum seine Frau sich selbst nach langer Zeit noch ganz genau an einen Fehler erinnern kann, den er einmal gemacht hat. Wenn er jemanden liebt, würde er sich intensiv bemühen, einen solchen Vorfall zu vergessen. Er empfindet es als Vorwurf, wenn sie Dinge wieder aufwärmt, von denen er glaubt, sie seien längst vergessen.

Was ein Mann empfindet, wenn sie sich an etwas erinnert

Hier einige typische Bemerkungen, die Männer Frauen gegenüber machen, die sich genau daran erinnern können, wie sehr sie sich aufgeregt haben, und unbedingt darüber reden wollen:

Tom: »Seit ich mich mit diesen Papieren verspekuliert habe, bringt sie das leidige Thema immer dann zur Sprache, wenn ich Geld für irgend etwas ausgeben möchte. Mir wäre lieber, wir würden nicht mehr darüber reden. Immer wenn es um Geld geht, behandelt sie mich so, als hätte ich keine Ahnung. Ich wünschte, sie würde mich damit in Ruhe lassen.«

Jeffrey: »Beim Autofahren schreibt sie mir vor, wie schnell ich fahren darf, und erinnert mich immer wieder daran, was für ein schlechter Fahrer ich bin. Ich habe irgendwann einmal *ein* Protokoll bekommen, was soll's. Ich brauche schließlich keine zweite Mutter.«

Bill: »Wenn sie überarbeitet ist, regt sie sich über alles mögliche auf. Sie reibt mir dann eine Liste unter die Nase, auf der zehn bis zwanzig Dinge stehen, die noch erledigt werden müssen. Wenn ich sie nur höre, habe ich schon keine Lust mehr.«

Gary: »Sie regt sich manchmal über Dinge auf, die ich vor Jahren getan habe. Das ist einfach ungerecht. Sie will nicht wahrhaben, daß ich heute ein anderer Mensch bin. Sie hat immer noch Angst, ich könnte wütend werden, dabei ist das seit Jahren nicht mehr vorgekommen. Aber sie vergißt einfach nichts.«

Jim: »Wenn wir miteinander reden, habe ich immer das Gefühl, daß sie immer wieder dieselben alten Geschichten aufwärmt. Kann sie denn nichts vergessen? Warum muß sie immer wieder die alten Kamellen zur Sprache bringen?«

Wir haben bereits darüber gesprochen, daß Frauen über bestimmte Themen reden müssen, um sie zu verarbeiten und ihre Verletzungen heilen zu können. Bei Männern ist das völlig anders. Wenn sie das Thema aufgreift, versteht er das mit Sicherheit falsch. Die oben zitierten Bemerkungen sind repräsentativ. Männer verstehen einfach nicht, daß es für eine Frau wichtig ist, sich an ihre seelischen Verletzungen zu erinnern und immer wieder darüber zu reden. Er glaubt dann, sie könne ihm einen Fehler, den er vor langer, langer Zeit gemacht hat, nie verzeihen. Immer wenn er halbwegs mit sich im reinen ist und sich bei seiner Frau wohl fühlt, reibt sie ihm seine Fehler wieder unter die Nase. Und wenn ein Mann sich wie ein Versager vorkommt, fällt es ihm schwer, sich um seine Frau und ihre Gefühle zu kümmern.

*Solange er sich durch ihre gefühlsbetonten Äußerungen
provozieren läßt, wird er verbittert sein, weil er
überzeugt ist, daß sie ihm zu Unrecht jeden noch so
kleinen Fehler vorhält.*

Auch ein Mann kann sich gut an bestimmte Dinge erinnern und
nachtragend sein. Wenn er jedoch jemanden liebt, versucht er,
alles zu vergessen und zu verzeihen. Er geht so lange in seine
Höhle, bis sein Zorn verraucht ist. Erst dann kommt er wieder
heraus und redet mit ihr. Es fällt ihm daher schwer zu verstehen, daß seine Frau reden muß, um ihm verzeihen zu können.
Wenn sie versucht, sich ihre Frustrationen, Enttäuschungen
und Sorgen von der Seele zu reden, glaubt er, sie wolle ihn
durch Liebesentzug unter Druck setzen, damit er sich ihr zuliebe ändert.

Wenn er seine Frau jedoch besser versteht, weiß er, was in
ihr vorgeht, und läßt sich nicht provozieren. Er weiß, warum sie
sich so genau erinnert, und erkennt, daß das ein positives
Zeichen dafür ist, daß sie ihren Widerstand auf einer tieferen
seelischen Ebene überwunden hat und sich endlich entspannen
kann. Dann spürt sie wieder, wie sehr sie ihn liebt, und kann
ihm mit größerer Toleranz begegnen.

Was sie empfindet, wenn er etwas vergessen hat

Einem Mann fällt es schwer, sich daran zu gewöhnen, daß seine
Frau ein so phänomenales Gedächtnis hat – vor allem wenn es
um Gefühle geht. Ihr dagegen fällt es ähnlich schwer zu verstehen, warum ihr Mann alles mögliche vergißt und offenbar nicht
besonders motiviert ist, etwas für sie zu erledigen.

Maribeth: »Ich verstehe einfach nicht, warum er alles immer
auf die lange Bank schieben muß. Wenn er nach Hause

kommt, setzt er sich vor den Fernseher, obwohl er eigentlich noch soviel zu tun hätte. Ich hasse es, ihn immer an alles erinnern zu müssen.«

Carol: »Seit seine Beförderung durch ist, habe ich das Gefühl, daß er mich völlig vergessen hat. Er merkt nicht einmal, daß wir schon lange nicht mehr ausgegangen sind. Offensichtlich erwartet er von mir, daß ich unser gesellschaftliches Leben organisiere. Mir wäre lieber, wir würden uns dabei abwechseln.«

Mary: »Ich kann einfach nicht glauben, daß ein Mann, der in seinem Beruf so erfolgreich ist, so abwesend sein kann. Wenn er beim Fahren auf der Autobahn mit mir redet, verpaßt er die Ausfahrt. Wenn er Überstunden machen muß, vergißt er, mich anzurufen. Ich glaube, er liebt mich nicht mehr.«

June: »Wenn er zu Hause ist, sieht er mich kaum an. Er begrüßt mich nicht einmal. Nur wenn er etwas haben möchte oder mir erzählen will, was er erlebt hat, macht er den Mund auf. Er fragt mich nicht einmal, wie es mir geht. Früher war das anders, aber heute könnte ich genausogut gegen die Wand reden – er hört mir überhaupt nicht mehr zu.«

Ingrid: »Ich kann machen, was ich will, er ist mit allem einverstanden. Ihm ist es offenbar egal, ob ich nicht mehr mit ihm rede, ob ich ihn gemein behandele oder ihn anschreie, er ignoriert mich einfach. Er tut so, als sei ich gar nicht da. Und ich kann tun, was ich will, er vergißt alles sofort wieder, so als sei es gar nicht passiert. Ich habe das Gefühl, er ist gar nicht mehr lebendig. Seine Liebe, seine Leidenschaft sind verschwunden. Mir wäre lieber, er würde mich anschreien, das wäre immer noch besser als das.«

Einer Frau fällt es schwer zu verstehen, daß der Mann, der sie liebt, trotzdem alles mögliche vergißt, was sie ihm aufgetragen hat. Es will ihr einfach nicht in den Kopf, daß er sich in seinem Beruf an die kleinsten Einzelheiten erinnern kann, andererseits jedoch die einfachsten Dinge vergißt, die sich auf den Haushalt und auf seine Ehe beziehen. Er vergißt anzurufen, wenn er später kommt, er vergißt, einen Tisch reservieren zu lassen oder sich einen Termin freizuhalten, wenn er mit ihr ausgehen will, und er vergißt, den Mülleimer auszuleeren. Für ihn mögen das alles mehr oder weniger unwichtige Dinge sein, ihr bedeuten sie jedoch viel.

Wenn er ihren Wunsch mißachtet, mißachtet er sie als Person. Wenn er sie immer wieder enttäuscht und alles mögliche vergißt, fällt es ihr schwer zu glauben, daß er sie noch liebt.

———◄○►———

Wenn er vergißt, etwas für sie zu tun, ist das für sie genauso, als würde er sie selbst vergessen.

———◄○►———

Bis zu einem gewissen Grad gibt sich jeder jungverheiratete Mann große Mühe, ein guter Ehemann und Ernährer zu sein. Der Umstand, daß er nach und nach immer mehr Zeit für seinen Beruf opfert, so daß er sich kaum noch um seine Frau kümmern kann, erzeugt in ihr Minderwertigkeitsgefühle. Sie glaubt, er ignoriere und vernachlässige sie, weil er sie nicht mehr liebt.

Der Mann muß erkennen, wie wichtig es ist, sich an die scheinbar unwichtigen Dinge zu erinnern, denn dann wird sich sein Gedächtnis nach und nach verbessern. Und wenn sie weiß, daß ihr Mann nicht der einzige ist, der ein so schlechtes Gedächtnis für solche Dinge hat, wird sie mehr Geduld mit ihm haben.

Es gibt bestimmte Methoden, mit denen eine Frau ihrem Mann auf die Sprünge helfen kann, damit er sich in Zukunft besser erinnert. Bevor sie diese Techniken jedoch anwendet, muß ihr bewußt sein, daß sein schlechtes Gedächtnis nichts mit seiner Liebe zu ihr zu tun hat. Solange ihr das nicht klar ist, wird sie bei der Anwendung dieser neuen Methoden immer wieder in Zorn geraten, weil sie das Gefühl hat, sie müsse ihm erst beibringen, sie zu lieben. Das ist jedoch überhaupt nicht der Fall. Vorurteilsfrei könnte man sagen, daß er sie zwar liebt, jedoch nicht erkannt hat, wie wichtig es für sie ist, daß er sich an die kleinen Dinge erinnert, die er für sie erledigen sollte. Sobald er entsprechend motiviert ist, wird es ihm nicht mehr schwerfallen, sich daran zu erinnern.

Wie er vermeidet, sich provozieren zu lassen

Wenn eine Frau ihrem Mann ständig lange Listen unter die Nase hält, auf denen nur Dinge stehen, die er vergessen oder falsch gemacht hat, bekommt er das Gefühl, als Ehemann versagt zu haben. Will er sich jedoch durch eine solche Liste nicht provozieren lassen, muß er zunächst einmal wissen, wie eine Frau ihre Gefühle verarbeitet.

◄○►

Um sich von ihren Sorgen befreien zu können, muß eine Frau sich ihre negativen Gefühle ins Gedächtnis zurückrufen.

◄○►

Wenn er sich die lange Liste der Probleme seiner Frau anhören muß, ist er frustriert, denn er glaubt, sie verlange von ihm, daß er sich um alles kümmere. Im Gegensatz zu seiner Frau ist er der Meinung, daß sich das, was geschehen ist, nicht mehr aus der Welt schaffen läßt, und daß er ohnehin nichts daran ändern kann. Männer neigen dazu, Fehler, die sie in der Vergangenheit gemacht haben, prompt zu vergessen und zur Tagesordnung überzugehen. Das haben sie von ihren Vätern gelernt.

Was er tun kann

Der Mann von heute kann etwas tun, wovon sein Vater noch nichts wußte. Wenn seine Frau mit ihm redet, kann er ihr ausweichen. Da er weiß, daß sich das, was sie sagt, nicht gegen ihn richtet, läßt er sich nicht mehr provozieren. Ihm ist klar, daß sie nur versucht, Dampf abzulassen und negative Gefühle zu verarbeiten.

Er muß sich immer wieder sagen: »Es geht ihr nicht um mich, sie will nur ihre negativen Gefühle mir gegenüber loswerden. Es wird nicht lange dauern, dann fällt ihr wieder ein, was für ein wunderbarer Mann ich doch bin.«

Wenn sie bestimmte Dinge zur Sprache bringt, darf er nicht glauben, er habe ohnehin keine Chance, sondern muß sich immer wieder sagen: »Für mich ist das eine gute Gelegenheit, ihr zu helfen, das wieder zu vergessen, indem ich sie an unsere *gemeinsame* Vergangenheit erinnere. Und wenn sie mit ihrem Problem fertig ist, werde ich von ihr die Unterstützung bekommen, die ich brauche.«

Wenn er das nicht begriffen hat, wird es ihm schwerfallen, sich nicht provozieren zu lassen, weil ihm nicht klar ist, daß die Beschwerdeliste für sie nur eine Art Ventilfunktion hat. Sie muß ihre Klagen laut aussprechen, denn nur so kann sie sich nach und nach von ihren Sorgen befreien. Wenn er sich jedoch mit ihr streitet oder glaubt, sie versuche, ihn mit ihren Worten zu bestrafen, wird alles nur noch schlimmer. Wenn sie ihre negativen Gefühle verteidigen muß, kann sie sich nicht von ihnen befreien, und das wiederum hindert sie daran, sich an seine guten Eigenschaften zu erinnern.

Wenn er sich über nichts beklagt

Oft hat es den Anschein, als habe er an seiner Beziehung nichts auszusetzen. Er tut so, als sei alles wunderbar, obwohl das in Wirklichkeit gar nicht der Fall ist. Solche Männer beklagen sich nur darüber, daß ihre Frauen sich ständig beschweren. Sie sind fest davon überzeugt, daß ihre »positive Einstellung« hilfreich ist, obwohl ironischerweise gerade diese Einstellung entscheidend zur Entstehung der Probleme beiträgt.

Eine Frau wird durch diese »positive Einstellung« eingeschüchtert. Es ist schwer, Probleme anzuschneiden, wenn er immer so tut, als gäbe es gar keine. Sie fragt sich dann, ob sie nicht vielleicht übertreibt, oder ob mit ihr irgend etwas nicht stimmt, weil sie mehr von ihrer Partnerschaft erwartet.

Dieses Verhaltensmuster löst einen echten Teufelskreis aus. Wenn er sich so verhält, als sei alles in Ordnung, wird ihr Minderwertigkeitsgefühl mit der Zeit immer stärker. Und das wiederum hat zur Folge, daß sie sich überfordert fühlt und sich ständig über irgend etwas aufregt. Da er das mißversteht, gibt er ihr immer mehr Freiraum, denn er meint, er würde ihr damit helfen. Ansonsten verhält er sich weiterhin so, als sei alles in bester Ordnung, wodurch sie sich noch stärker vernachlässigt fühlt.

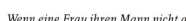

Wenn eine Frau ihren Mann nicht auf eine positive
Weise dazu bringen kann, ihr zuzuhören, schaltet sie
um. Sie bricht einen Streit vom Zaun, um wenigstens so
sein Interesse zu wecken.

Wenn eine Frau nicht weiß, wie sie ihren Mann dazu bringen kann, ihr aufmerksam zuzuhören, das heißt, wenn sie ihn nicht entsprechend vorbereitet hat, nimmt sie in ihrer Not Zuflucht zu spitzen Bemerkungen.

Wenn ich in meinen Seminaren die Frauen frage, wie viele von ihnen spitze Bemerkungen machen, um ihren Mann aus der Reserve zu locken und wenigstens auf diese Weise eine Reaktion von ihm zu bekommen, sind die Männer immer erstaunt, daß fast alle anwesenden Frauen die Hand heben.

Aus der Männerperspektive sieht das so aus: Er glaubt, er tue ihr einen Gefallen, wenn er die Probleme, unter denen die Partnerschaft womöglich leidet, nicht zur Sprache bringt. Auch Männer haben Beschwerdelisten, aber sie beschäftigen sich nicht mit ihnen, sondern stecken sie weg oder legen sie beiseite. Sie sind davon überzeugt, daß es gut ist, wenn sie es ihre Frau nicht merken lassen, wenn sie negative Gefühle haben.

Nicht alle Männer sind neurotisch

Wenn der Mann die negativen Gefühle seiner Frau nicht beachtet, gerät sie in Panik. Sehr oft kommen unverheiratete Frauen mit der Zeit zu der Überzeugung, daß alle Männer, die noch frei sind, Neurotiker sind. Frauen, die schon länger verheiratet sind, glauben, daß das Problem bei ihren Männern liegt. Die Frauen, die an meinen Seminaren teilnehmen, sind erleichtert, wenn sie feststellen, daß so viele andere Frauen in ihren Beziehungen das gleiche erleben.

Frauen gehen entweder davon aus, daß ihr Mann seit seiner Kindheit unter einer seelischen Störung leidet und sich in einer Art Trotzphase befindet, oder sie zweifeln an sich selbst und halten sich für Opfer ihrer eigenen neurotischen Vergangenheit. Selbst wenn diese Schlußfolgerungen gelegentlich zutreffen, sagen sie nichts darüber aus, warum ein Mann seine Frau links liegen läßt, wenn sie sich über irgend etwas aufgeregt hat. Und sie erklären auch nicht, warum sie sich dann noch mehr aufregt.

Das Verhaltensmuster ist das Ergebnis eines großen Mißverständnisses zwischen den Geschlechtern. Ein seelisch gesunder Mann, der nicht weiß, was in der Seele einer Frau vorgeht, beachtet seine Frau gar nicht, wenn sie sich aufregt, denn er hält das für einen Akt der Höflichkeit. Mit dieser Einstellung, die für ihn einen positiven Charakter hat und als Hilfe gedacht ist, entwertet er unbewußt und unabsichtlich die Gefühle seiner Frau, und dadurch wird alles noch schlimmer.

Auch Frauen sind völlig normal

Eine seelisch gesunde Frau, die nicht weiß, was in der Seele ihres Mannes vorgeht, hält es für völlig normal, wenn sie sich immer mehr aufregt, weil sie glaubt, ihr Mann ließe sie links liegen und halte ihre Gefühle für trivial. Sobald sie jedoch gelernt hat, was sich in der Seele des Mannes abspielt, und die neuen Methoden beherrscht, wird sie allmählich in der Lage sein, ihm zu helfen, damit er nicht immer alles vergißt und sie wieder glücklich machen kann.

Sobald ein Mann ein besserer Zuhörer geworden ist und die Gefühle seiner Frau richtig versteht, wird er sich auch an ihre Bedürfnisse erinnern. Es besteht also durchaus noch Hoffnung.

Die angeborene Fähigkeit des Mannes, Gefühle bei sich zu behalten und allein zu verarbeiten, kann auch für die Frau von großem Vorteil sein, denn er kann sich auf ihre Gefühle konzentrieren, ohne sich durch ihre Aufregung anstecken zu lassen. Diese Art der ruhigen, soliden Unterstützung wird zu Recht von den Frauen sehr geschätzt.

Wenn ein Mann die Gefühle seiner Frau nicht beachtet, hat es keinen Sinn, ihn mit seinen eigenen Gefühlen zu konfrontieren. Sie muß ihm zeigen, daß es besser ist, wenn er sich ganz auf ihre Gefühle konzentriert und sie reden läßt.

Sobald er erkannt hat, daß er ihr auf diese Weise am besten helfen kann, wird er auch besser zuhören können. Wenn beide die neuen Methoden anwenden, werden sie bedeutend besser miteinander reden können.

Wie er lernt, sich zu öffnen

Selbst wenn ein Mann in seiner Kindheit seelische Verletzungen erlitten hat, die er immer noch verdrängt, sollte man ihn dazu ermutigen, seine Gefühle so lange bei sich zu behalten, bis er gelernt hat, seiner Frau das Gefühl der Sicherheit zu vermitteln, das sie braucht, um sich öffnen zu können.

Manchen Männern kann eine Einzeltherapie helfen, vor allem, wenn der weibliche Teil ihrer Seele so gut entwickelt ist, daß es ihnen nicht schwerfällt, über ihre Gefühle zu reden. Das kostbarste Geschenk, das ein Eheberater einem Mann jedoch machen kann, ist, ihm beizubringen, wie er seiner Frau das Gefühl der Sicherheit vermitteln kann. Wichtig ist, daß er sich nicht von seinen eigenen Gefühlen hinreißen läßt, denn dadurch würde er seine Frau stark belasten.

Wenn er gelernt hat, ihr zuzuhören, wenn er ihr hilft und mehr Verständnis für ihre Gefühle hat, wird er sich ihr mit der Zeit ganz von selbst öffnen und sich ihr anvertrauen. Allmählich wird er den weiblichen Teil seiner Seele entwickeln und gleichzeitig den männlichen Teil stärken.

Nicht die Männer, sondern die Frauen müssen sich öffnen

Die meisten Frauen, die mit einem verschlossenen Mann verheiratet sind oder mit ihm zusammenleben, versuchen, ihn dazu zu bringen, sich ihnen anzuvertrauen. Das ist falsch, das Gegenteil wäre richtig: Sie sollten versuchen, ihn so weit zu bringen, daß er ihnen hilft, sich selbst zu öffnen.

Wenn der Mann seiner Frau das Gefühl der Sicherheit vermitteln könnte, das sie in die Lage versetzt, sich ihm zu öffnen, wäre das ein echter Fortschritt. Es führt dagegen zu nichts, wenn sie annimmt, er müsse sich zuerst öffnen.

Eine Frau sollte nicht versuchen, ihren Mann zu ändern, sondern sich zunächst darauf konzentrieren, sich selbst zu ändern. Wenn sie glaubt, er müsse sich zuerst öffnen, damit auch sie sich öffnen kann, sabotiert sie die Beziehung. Dieses uralte Problem läßt sich nur lösen, wenn er sich mit dem Gedanken befreunden kann, ihr zuzuhören und ihre Gefühle zu respektieren und zu verstehen. Sie sollte sich bemühen, ihren Mann auf das Gespräch vorzubereiten, damit er ihr besser zuhören kann. In keinem Fall sollte sie versuchen, ihn so weit zu bringen, daß er über seine Gefühle redet.

───◀◦▶───

Statt ihren Mann unbedingt ändern zu wollen, sollte sie sich bemühen, sich selbst zu ändern.

───◀◦▶───

Wenn er beginnt, Listen zu machen

Die wenigsten Männer können verstehen, daß es in der Natur einer Frau liegt, Listen zu machen, und daß sie reden muß, um sich wieder wohl zu fühlen. Sie nehmen eine solche Beschwerdeliste immer persönlich. Wenn der Mann sich wochenlang so verhalten hat, als ob alles in Ordnung wäre, und seine Frau schließlich explodiert und ihm eine Liste von Problemen, Gefühlen und Beschwerden vorlegt, wird er selbst eine Liste machen. Jedem einzelnen Punkt auf ihrer Liste entspricht dann ein Punkt auf seiner Liste:

»Ich versuche, dir meine Liebe zu beweisen, indem ich mich möglichst selten beschwere und dich nicht kritisiere. Mir macht das Freude, aber wenn du nicht das gleiche für mich tun kannst, kann ich dir natürlich genausogut meine Liste vorlegen. Wenn du dann siehst, daß ich zumindest genauso viele Gründe habe, mich zu beklagen, wirst du hoffentlich einsehen, wie lieb es von mir war, dir bisher nichts davon zu sagen. Vielleicht bist du mir jetzt endlich dankbar, statt dich ständig zu beklagen.« Diese Strategie ist absolut falsch. Das gleiche gilt für die folgende:

Sie: »Kannst du den Fernseher nicht leiser stellen? Das regt mich auf.«

Er: »Ich weiß, was du meinst. Als ich neulich arbeiten wollte, hattest du das Radio ganz laut.«

Diese Art des »Verstehens« macht es ihr noch schwerer zu glauben, daß er ihr zuhört und ihr helfen will. Ihre Unsicherheit wird noch größer, so daß sie sich noch weniger traut, offen mit ihm zu reden. Sie glaubt nicht, daß sie sich auf ihn verlassen kann. Tagelang hat er so getan, als sei alles in Ordnung, und dann eröffnet er plötzlich das Feuer und deckt sie mit negativen Gefühlen und Beschwerden förmlich ein.

Ein solches Verhalten mag unter Männern und in der Mafia erfolgreich sein, zwischen Mann und Frau kann es nie funktionieren – sehr zum Erstaunen der Männer.

Wenn ein Mann seine Partnerin aus dem Hinterhalt überfällt, dann tut er das, um seine eigenen Schuldgefühle loszuwerden.

Sobald er merkt, daß sie ihm etwas am Zeug flicken will, versucht er, Gleiches mit Gleichem zu vergelten. Er glaubt tatsächlich, er könne ihr auf diese Weise den Eindruck vermitteln, daß er es wert sei, von ihr geliebt zu werden. Es ist, als wolle er sagen: »O. k., du hast es nicht leicht, mit mir zurechtzukommen, und ich muß mich damit abfinden, daß du so bist, wie du bist. Da wir beide im gleichen Maße darunter gelitten haben, sind wir quitt« oder »Wenn du mich in diesem Fall ins Unrecht setzt, dann beweise ich dir beim nächsten Mal, daß du unrecht hast. Da wir also beide unrecht haben, sind wir quitt.«

Man kann es auch anders ausdrücken: Wenn wir Geschäftspartner wären und du kämest zu mir, um dich darüber zu beschweren, daß du zehntausend Dollar verloren hättest und daß ich viel mehr Geld verdienen würde als du, würde ich dir sagen, daß ich schließlich auch zehntausend Dollar verloren hätte, so daß wir quitt wären. Wir wären beide zufrieden und jeder hätte das Gefühl, daß alles fair zugangen ist.

Wenn eine Frau sich beschwert, würde der Mann ihr gern eine Gegenrechnung aufstellen.

In manchen Fällen wird er sogar versuchen, sie auf ihrem eigenen Feld zu schlagen. Für ihn ist es dasselbe, als würde er sagen: »Ich verstehe, du hast zehntausend Dollar verloren. Ich habe auch zehntausend und zusätzlich noch fünftausend verloren. Trotzdem bin ich so großzügig, daß ich bereit bin, die ganze Angelegenheit zu vergessen.« Er zieht also nicht nur gleich, sondern erhöht den Einsatz noch.

———◄○►———

Wenn sie sich über etwas beschwert, würde er am liebsten eine Gegenrechnung aufstellen.

———◄○►———

Warum er sich sträubt

Wenn ich in einem Seminar zum ersten Mal erkläre, daß dieses
»Wie du mir, so ich dir«-Prinzip zu nichts führt, wollen manche
Männer das nicht wahrhaben. Sie finden es ungerecht, daß sie
sich alles anhören müssen, ohne sich wehren zu dürfen. Wenn
man ihnen dann jedoch eine Lösung anbietet, womit sie wirklich erfolgreich sein können, geben sie ihren Widerstand bald
auf.

Männer präsentieren ihre Liste entweder, weil sie Gleiches
mit Gleichem vergelten wollen oder um zum Schluß nicht ganz
mit leeren Händen dazustehen. Eine Frau dagegen präsentiert
ihre Liste, weil sie möchte, daß ihr Mann sie versteht, damit sie
sich von ihren Sorgen befreien und die Liste wegwerfen kann.
Wenn er sich durch ihre Beschwerden nicht gleich provozieren
läßt, sondern einsieht, daß sie sich auf diese Weise nur erleichtern möchte, hat er automatisch keinen Grund mehr, sich zu
beklagen. Vorher wollte er damit ja nur erreichen, daß sie
aufhört, sich zu beklagen. Wenn er dieses Ziel durch bloßes
Zuhören erreichen kann, ist er froh, sein Verhalten verändert
zu haben.

Ihm gefällt es absolut nicht, wenn sie sich seine Liste in aller
Ruhe anhört. Er möchte, daß sie sich zumindest bei ihm entschuldigt oder verspricht, sich zu bessern. Wenn eine Frau
ihrem Mann die Liste vorlegt, möchte sie nur, daß er ihr zuhört.
Er mißversteht das und glaubt, sie verlange von ihm, daß er sich
ändere.

Wie sie sein Verhalten ändern kann

Wenn meine Frau sich früher über mich beschwert hat, glaubte
ich wie so viele Männer, es sei mein gutes Recht, es ihr in
gleicher Münze zurückzuzahlen. Als ich jedoch die Zusammenhänge besser erkannt hatte, änderte sich mein Verhalten von
einem Tag auf den anderen.

Bonnie hatte sich über verschiedene Dinge aufgeregt und mich gebeten, ihr zuzuhören. Ich ging in Deckung, versuchte, mich nicht provozieren zu lassen, und hörte ihr ungefähr fünfzehn Minuten lang aufmerksam zu. Ich mußte einiges einstecken, konnte mich jedoch beherrschen, wenn auch aus den falschen Gründen. Ich sagte mir nämlich: »Sei still, hör nur ruhig zu, bald kommst du an die Reihe.«

Oberflächlich betrachtet machte ich alles richtig. Ich hörte zu, stritt mich nicht mit ihr und unterbrach sie nicht. Ich stellte zwischendurch sogar hin und wieder eine Frage, um sie zu ermuntern, weiterzureden. Was ich wirklich empfand, behielt ich für mich.

Jedem Beschwerdepunkt, den Bonnie vorbrachte, konnte ich einen eigenen entgegensetzen. Ich hätte ihr in jedem einzelnen Punkt genau erklären können, daß sie sich völlig unnötig aufregte. Jede emotionale Äußerung, die mit »Immer muß ich...« oder »Nie machst du...« begann, hätte ich richtigstellen können. Aber ich sagte nichts.

Ich konnte mich beherrschen, weil ich mir sagte, daß ich bald an der Reihe sein würde. Und dann würde ich ihr einmal »den Spiegel vorhalten«.

Als sie fertig war, sagte ich: »Ist das alles, oder möchtest du noch mehr sagen?«

»Nein, das ist alles«, sagte sie.

Ich legte großen Wert darauf, alles so zu machen, wie es im Buche stand, und sagte zu ihr: »Jetzt verstehe ich, warum du dich so aufregst. Es ist dein gutes Recht, dich so aufzuregen. Aber ich hätte auch einiges, über das ich gern einmal reden würde. Wäre es dir jetzt recht?«

Ihre Antwort verblüffte mich: »Also, wenn du mich schon fragst, nein, es paßt mir jetzt überhaupt nicht.«

»Wie kann sie es wagen, sich zu weigern, mir zuzuhören!« sagte ich mir. »Ich habe ihr doch auch zugehört.«

Ich danke meinem Schöpfer noch heute, daß ich mich in dieser Situation beherrscht habe. Ich habe sie damals nur gefragt: »Und warum nicht?« Ich war absolut bereit, meinen Standpunkt zu verteidigen.

Ihre Antwort werde ich nie vergessen. Sie sagte: »Wenn du mir jetzt etwas über deine Gefühle erzählen würdest, wäre das für mich so, als würdest du mir das schöne Geschenk, das du mir gerade gemacht hast, wieder wegnehmen. Statt dir zuzuhören, würde ich mich gern noch etwas dem Gefühl hingeben, das ich hatte, als du mir zugehört hast. Was du mir sagen willst, ist mir wichtig, aber ich würde es mir lieber später anhören.«

Mit einer solchen Antwort hatte ich nicht gerechnet. Sie wollte sich in meiner Liebe sonnen??? Ich kam mir selbst gar nicht so lieb vor. Und was meinte sie mit dem Geschenk, das ich ihr wegnehmen wollte? Ich hatte nicht das Gefühl, daß ich ihr ein Geschenk gemacht hatte. Sollten ihre Gefühle sich plötzlich vom Negativen zum Positiven verwandelt haben?

Ich hatte sie zwar nicht unterbrochen, und ich hatte auch versucht, sie zu verstehen. Ich hatte allerdings in mir keine liebevollen Gefühle entdecken können. Tatsächlich war ich ziemlich wütend gewesen. Ich hatte ihr eigentlich klarmachen wollen, daß ihre Gefühle falsch waren. Wie konnte sie mir dafür dankbar sein? Wie konnte sie annehmen, ich hätte ihr ein Geschenk gemacht?

Am meisten erstaunte mich, wie schnell mein Zorn verraucht war, als mir klar wurde, daß ich ihr tatsächlich ein Geschenk gemacht hatte und daß sie mir dafür dankbar war.

In diesem Augenblick begriff ich, daß ich ihre Gefühle nur deshalb richtigstellen wollte, weil ich geglaubt hatte, sie wolle mich zurückweisen. Ich wollte ihr Problem lösen, indem ich sie korrigierte, damit sie sich nicht mehr so aufregte. Ich wollte mich mit ihr streiten, weil ich mich verkannt fühlte. Und ich hatte Angst, sie würde sich immer noch mehr aufregen, wenn es mir nicht gelänge, sie davon abzubringen.

Nachdem mir klargeworden war, daß ich dieses Ziel bereits erreicht hatte und daß sie sich tatsächlich bei mir wohl fühlte, hatte ich nicht mehr das Bedürfnis, ihre Beschwerdeliste gegen meine aufzurechnen. Ich brauchte nur für sie da zu sein, dann war sie bereit, mir ihre Liebe und Unterstützung zu geben. Ich mußte sie deshalb nicht erst ins Unrecht setzen oder Schuldgefühle in ihr wecken, nur weil sie sich einmal etwas von der Seele reden wollte.

Obwohl meine Frustration fast verschwunden war, ließ ich nicht locker, denn ich wollte schließlich mit ihr auch über meine Gefühle reden.

Ich sagte zu ihr: »Wann würde es dir denn besser passen?« »Morgen«, schlug sie vor. »Bis dahin werde ich wieder in der Lage sein, mir das anzuhören, was du zu sagen hast.«

»Einverstanden.«

Während der nächsten Viertelstunde dachte ich über dieses Gespräch nach und hörte, daß meine Frau ein fröhliches Liedchen summte. Es sah tatsächlich so aus, als sonne sie sich in meiner Liebe, denn sie hatte das Gefühl, daß ich hundertprozentig hinter ihr stand.

Obwohl ich selbst nicht der Meinung war, sehr lieb gewesen zu sein, hatte ihr mein Verhalten sehr geholfen und sie in gewisser Weise aufgewertet. Daß sie mir für meine Hilfe so dankbar war, verringerte meinen Zorn um mindestens 50 Prozent und gab mir das Gefühl, doch nicht ganz so böse gewesen zu sein.

Etwa zehn Minuten später fragte sie mich aus der Küche, ob ich gern Kartoffelpüree zum Abendessen haben würde. Kartoffelpüree ist mein Lieblingsgericht, und sie macht es nur, wenn sie besonders lieb zu mir sein will.

Mit dieser liebevollen Geste wollte sie mir sagen: »Du hast mir ein so schönes Geschenk gemacht, dafür möchte ich dir auch etwas Besonderes geben.« Als ich hörte, wie sie fröhlich vor sich hinsummte, ging es mir auch schon viel besser. Ich hatte nicht mehr das Gefühl, gerade niedergemacht worden zu sein, sondern fühlte mich als Sieger. Dadurch, daß ich mich in ihrer Liebe und Dankbarkeit sonnen konnte, tauten meine eigenen kalten Gefühle auf. Das war für mich ein ganz neues Erlebnis.

———◄○►———

Man muß nicht unbedingt recht haben, um geliebt zu werden, man muß nur das Richtige tun.

———◄○►———

Ich habe es ganz bewußt erlebt, daß ich geliebt wurde, obwohl ich nicht recht hatte. Ich brauchte mich nicht zu verteidigen. Indem ich Bonnie zugehört hatte, hatte ich ihr die Gelegenheit gegeben, sich selbst zuzuhören, und das hatte sie in die Lage versetzt, bei sich die notwendigen Korrekturen und Veränderungen durchzuführen. Ich brauchte sie nicht zu verbessern, das konnte sie ganz alleine. Dadurch, daß ich mich zurückgehalten hatte, hatte ich ihr die Gelegenheit gegeben, sich an die schönen Dinge des Lebens zu erinnern und mir dankbar zu sein.

Am nächsten Tag sagte sie: »Ich bin jetzt bereit, dir zuzuhören. Paßt es dir jetzt?« Zu meiner eigenen Überraschung hatte ich nur wenig zu sagen, weil ich die meisten Beschwerdepunkte vergessen hatte. Was sich am Tag zuvor noch in einer Explosion Luft machen wollte, war in Wirklichkeit gar nicht so wichtig gewesen, denn ich hatte inzwischen das Gefühl, daß Bonnie mir dankbar war und mich schätzte.

Das wenige, was ich zu sagen hatte, sagte ich in ruhigem Ton, und sie konnte sich das ohne weiteres anhören.

Wenn Bonnie sich heutzutage über etwas aufregt, fällt es mir bedeutend leichter, auszuweichen und mich nicht provozieren zu lassen. Und es fällt mir auch nicht schwer, mich zu beherrschen; denn anstatt mir zu sagen: »Warte nur, ich werde dir gleich auch ein paar Dinge an den Kopf werfen«, denke ich jetzt: »Es wird nicht lange dauern, dann wird sie mir dankbar sein, weil ich ihr so aufmerksam zugehört habe. Dann wird sie sich wieder in meiner Liebe sonnen und sich daran erinnern, was für ein wunderbarer Mann ich doch bin.«

Die Ironie der Gefühle

Wenn ich diese Geschichte in meinen Seminaren zum besten gebe, bestätigen mir die Frauen immer, daß es für sie sehr schwer ist, sich bei ihrem Mann Gehör zu verschaffen, wenn er versucht, seine eigenen, negativen Gefühle loszuwerden. Es macht ihnen nichts aus, daß er wütend ist, aber sie möchten sich nicht gleich an Ort und Stelle mit seinen Gefühlen auseinandersetzen müssen.

Wenn der Mann darauf verzichtet, Gleiches mit Gleichem zu vergelten, schafft er die Atmosphäre der Sicherheit, die seine Frau braucht, um sich ihm anvertrauen zu können. Und dieses Gefühl der Sicherheit verringert gleichzeitig die Intensität ihrer Gefühle, so daß es dem Mann bedeutend leichter fällt, sich nicht provozieren zu lassen. Er kann sich dann besser beherrschen.

Wenn eine Frau ihre Gefühle ausgedrückt hat, braucht sie Zeit – etwa eine Viertelstunde –, um sich wieder zu beruhigen und über das nachzudenken, was sie gesagt hat. In gewissem Sinne zieht auch sie sich dazu in ihre Höhle beziehungsweise in ihr stilles Kämmerlein zurück, um unberechtigte und unangebrachte Gefühle zu korrigieren. Und während dieser kurzen Bedenkzeit wird ihr bewußt, wie dankbar sie ihrem Mann ist, daß er ihr ein so kostbares Geschenk gemacht hat.

Eine Seminarteilnehmerin hat das einmal mit der Zubereitung einer Lasagne verglichen. Wenn sie fertig ist und man sie aus dem Ofen holt, muß sie erst abdampfen und »sich setzen«, bevor man sie essen kann.

Selbst wenn er alles richtig macht und seiner Frau lange genug zuhört, muß er ihren negativen Gefühlen auch die Möglichkeit geben, »sich zu setzen«, denn erst dann kann sie sich beruhigen und ihm dankbar für das sein, was er für sie getan hat.

Wenn er vergeßlich ist

Wenn sie ihre Worte sorgfältig wählt, kann sie ehrlich sein, ihre Gefühle einem Mann gegenüber jedoch so ausdrücken, daß es ihm leichter fällt, sie zu verstehen. Wenn er zum Beispiel etwas vergessen hat, sagt sie gewöhnlich: »Du hast mir wieder nicht richtig zugehört.«

Es fällt ihm schwer, so etwas hinzunehmen, denn aus seiner Sicht hat er ihr sehr wohl zugehört, das Ganze aber anschließend prompt wieder vergessen. Wenn sie ihm dann erklärt, er habe nicht zugehört, erzeugt das in ihm nur Widerstand.

Wenn er etwas vergessen hat, heißt das noch lange nicht, daß er nicht zugehört hat. Er hat es halt anschließend wieder vergessen. Man darf ihm nicht vorwerfen, er habe nicht zugehört, das stimmt erstens nicht und führt zweitens zu nichts. Richtig wäre zu sagen, daß er wieder einmal vergessen hat, etwas für sie zu erledigen, daß sie ihn trotzdem liebt, sich aber sehr freuen würde, wenn er beim nächsten Mal daran denken würde.

Wenn ein Mann etwas vergißt, hängt das in den meisten Fällen nicht damit zusammen, daß er ihr nicht zugehört hat. Er hat es vergessen, weil er in dem Augenblick, in dem er sich daran erinnern sollte, abgelenkt war.

Wenn meine Frau mich zum Beispiel bittet, eine Videokassette zurückzubringen, höre ich das sehr wohl. Dann vergesse ich es aber trotzdem, weil ich über Probleme meiner Arbeit nachdenke und darüber das Videoband völlig vergesse.

Schuldzuweisungen führen zu nichts

Ich behandle dieses Thema nicht, weil ich damit sagen will, daß die Männer den Frauen Vorwürfe machen sollen, weil sie sagen »Du hast mir wieder einmal nicht zugehört«. Schuldzuweisungen führen zu nichts. Ich möchte damit eigentlich nur sagen, daß die Frauen solche Formulierungen vermeiden sollten. Aber das ist gar nicht so leicht.

Für Frauen hat die Kommunikation einen hohen Stellenwert. Wenn eine Frau unglücklich ist, darf man die erste Bemerkung, die ihr über die Lippen kommt, niemals wortwörtlich nehmen. Da sie sich den ganzen Tag über in einer »Fremdsprache« – nämlich in der Männersprache – ausdrücken mußte, ist das, was in einem solchen Moment aus ihr heraussprudelt, reine Frustration. In der neuen Stellenbeschreibung des Mannes steht, daß er sich durch solche Äußerungen nicht provozieren lassen darf. Sie sind nicht vorwurfsvoll gemeint. Er muß nur die

Sprache der Frauen lernen, dann wird er verstehen, was sie wirklich gemeint hat. Genauso falsch wäre es, sie zu korrigieren und sich selbst zu verteidigen.

Einem Mann fällt es ziemlich schwer, sich durch eine Bemerkung wie »Das verstehst du nicht« nicht provozieren zu lassen. So etwas kann wie eine Bombe einschlagen.

Wenn meine Frau einmal völlig frustriert ist und zu mir sagt: »Du hörst mir ja nie zu«, lasse ich mich auch nicht provozieren. In solchen Augenblicken hat sie bei mir gewissermaßen dichterische Freiheit. Ich muß mich nicht verbal mit ihr auseinandersetzen oder einen Streit vom Zaun brechen, nur um ihr zu beweisen, daß ich sehr wohl zuhöre. Statt dessen höre ich ihr lieber aufmerksam zu, um herauszubekommen, was sie nun wirklich meint. Ich gebe mir Mühe, ihre Frauensprache zu verstehen, und beweise ihr damit, daß ich ihr sehr wohl zuhöre. Ein Streit würde alles nur noch schlimmer machen, denn dann würde keiner von uns beiden verstehen, was der andere eigentlich sagen will.

Wenn eine Frau weiß, daß die meisten Männer vergeßlich sind, und auch erkannt hat, warum das so ist, kann sie es bedeutend besser genießen, wenn er ihr aufmerksam zuhört.

―――◄○►―――

Wenn eine Frau jedesmal, wenn ihr Mann etwas vergessen hat, glaubt, er habe ihr nicht zugehört, fühlt sie sich mißachtet und vernachlässigt, obwohl das gar nicht zutrifft.

―――◄○►―――

Seine innere Prioritätenliste

Wenn ein Mann etwas hört, das auf seiner inneren Prioritätenliste nicht ganz oben steht, wird er es mit einer gewissen Wahrscheinlichkeit vergessen.

Wenn sie ihn zum Beispiel bittet, auf dem Heimweg die Wäsche mitzubringen, fällt es ihm nicht schwer, diesen Auftrag zu vergessen. So etwas steht nicht auf seiner Prioritätenliste. Er würde sich eher daran erinnern, daß er das Bratenmesser schleifen soll. Messer schärfen, schwere Kisten schleppen, Feuer löschen (also mit Notfällen umgehen) erfordern Mut und körperliche Kraft, mit so etwas kann er sich bedeutend leichter identifizieren.

Aber selbst wenn ein Auftrag ganz oben auf seiner inneren Prioritätenliste steht, wird er ihn vergessen, wenn etwas Unerwartetes auf ihn zukommt, das dringend erledigt werden muß oder seinen Instinkt in stärkerem Maße anspricht. Jede Krise hat bei ihm automatisch die höchste Priorität.

So etwas läuft natürlich unbewußt ab. Er sagt sich nicht: »Heute habe ich verdammt viel zu tun, also werde ich vergessen, Milch mitzubringen.« Sobald er sich auf eine Sache konzentriert, vergißt er die andere – so einfach ist das.

Wenn er einen wichtigen Termin hat oder sich Sorgen macht, wo sein nächstes Gehalt herkommen soll, vergißt er, Anrufe zu beantworten, Theaterkarten zu besorgen, Reservierungen zu machen, bestimmte Dinge irgendwo abzuholen, sich Zeit für ein Gespräch freizuhalten, den Elektriker anzurufen und alle möglichen anderen Kleinigkeiten zu erledigen. All das verschwindet spurlos in den Dateien seines männlichen Gehirns.

Das bedeutet jedoch nicht, daß ihm seine Frau und seine Familie gleichgültig wären. Ganz im Gegenteil: Er macht sich sogar zuviel Sorgen um sie. Die Versorgung und der Schutz seiner Familie stehen auf seiner Prioritätenliste höher als alles andere.

Bei einer Frau sieht das ganz anders aus. Selbst wenn sie sich in ihrem Beruf auf ein bestimmtes Projekt konzentrieren muß, kann sie sich an jede Kleinigkeit erinnern, die ihren Haushalt betrifft. Je größer der Streß, um so besser ihr Erinnerungsvermögen. Wenn sie trotzdem einmal ein wichtiges Detail vergißt, hängt das damit zusammen, daß sie an zu viele Dinge denken muß.

Je größer der Streß ist, unter dem ein Mann steht, um so stärker konzentriert er sich auf ein einziges Ziel.

Dieser Tunnelblick hat zur Folge, daß er bestimmte Dinge vergißt, an die sich seine Frau gut erinnern kann. Sie kann viele Dinge gleichzeitig behalten, während er sich immer nur auf eine bestimmte Sache konzentrieren kann.

Warum Frauen sich so gut erinnern

Der berufstätigen Frau von heute fällt es schwer, diesen Unterschied zwischen Mann und Frau intuitiv zu verstehen. Ihr gelingt es trotz des Drucks, unter dem sie steht, auch die alltäglichen Dinge zu erledigen. Für sie ist es unverständlich, wenn er sagt: »Ich habe das vergessen, weil ich so mit meiner Arbeit beschäftigt war« oder »Ich habe das vergessen, weil ich versucht habe, die Probleme der Arbeit zu vergessen, und mich einmal ausruhen wollte.«

Selbst wenn sie heutzutage unter dem zusätzlichen Druck steht, alle Rechnungen pünktlich bezahlen zu müssen, vergißt sie kaum etwas, was ihren Haushalt anbetrifft, denn das war schon immer der Bereich, für den sie sich verantwortlich gefühlt hat. Wenn eine Frau heiratet, verstärkt sich diese Tendenz noch. Es ist, als würde sie sich an die Vorzeit erinnern und sich sagen: »In ein paar Tagen wird er wieder auf die Jagd gehen und längere Zeit wegbleiben. Du mußt dich um alles kümmern und darfst nichts vergessen.«

Nach der Heirat verstärkt sich dagegen beim Mann die Tendenz, sich ausschließlich auf seine Arbeit zu konzentrieren, noch mehr. Der Jäger in ihm sagt sich: »Also gut. Jetzt hängt alles von dir ab. Du mußt alles allein machen. Du mußt den Bären erlegen und nach Hause bringen. Du bist für das Wohl deiner Familie verantwortlich. Du darfst sie nicht enttäuschen.«

In gleichem Maße, in dem er sich auf seine Arbeit konzentriert, vergißt er Dinge, die sich auf den Haushalt beziehen. Eine Frau muß ständig an alles mögliche denken und immer alles im Kopf behalten. Der Mann kümmert sich viel weniger um solche Einzelheiten, sondern engagiert sich fast ausschließlich für seinen Beruf.

Das Wesen der Partnerschaft

Diese Art der Arbeitsteilung kann man in jeder Partnerschaft beobachten. Meine Geschäftspartner, also die Leute, die sich um die Organisation meiner Seminare kümmern, befassen sich mit all den Details, während ich mich nur um die Vorträge kümmere. Da ich weiß, daß sie mit den Problemen fertig werden, brauche ich mich selbst nicht um solche Einzelheiten zu kümmern, sondern kann mich voll und ganz auf den Inhalt meiner Seminare konzentrieren.

Früher wurde von einem Mann nicht erwartet, daß er sich an der Kindererziehung oder an der Hausarbeit beteiligte, das war vor allem Sache der Frau. Und sie brauchte sich nicht um die Arbeit ihres Mannes zu kümmern und hatte möglicherweise nicht einmal eine Ahnung, was er eigentlich tat.

Je vergeßlicher die Männer werden, um so besser können sich heute die Frauen an alle möglichen Dinge erinnern. Dieses Prinzip kann jedoch zu Problemen führen, vor allem, wenn eine Frau ihren Mann unbewußt bemuttert. Je besser sich eine Frau daran erinnern kann, was ihr Mann eigentlich tun sollte, um so vergeßlicher wird er. Je mehr Sorgen sie sich ums Geld, um die Kinder oder um seine Gesundheit macht, um so weniger fühlt er sich dafür verantwortlich.

Wenn er wieder einmal seine Schlüssel verlegt hat und sie jedesmal weiß, wo sie sind, wird er sich mit der Zeit überhaupt nicht mehr daran erinnern können, wo er sie hingelegt hat, sondern sie immer häufiger irgendwo liegen lassen, statt sie immer an den gleichen Platz zu legen.

Als Bonnie und ich eines Abends auf dem Weg ins Theater

waren, fragte sie mich, ob wir spät dran wären. Ich war nicht der Meinung, wußte es aber nicht so genau, denn meistens braucht sie mehr Zeit, sich fertigzumachen, als ich. Bevor wir schließlich gehen, spiele ich gewöhnlich noch ein bißchen mit Lauren und verlasse mich darauf, daß Bonnie pünktlich fertig ist, was in der Regel auch der Fall ist.

Als sie fragte, ob wir womöglich zu spät kämen, spürte ich plötzlich, wie ein Teil meiner selbst wach wurde und sagte: »Also John, wenn sie nicht weiß, ob wir spät dran sind oder nicht, solltest du dich in Zukunft gefälligst selbst darum kümmern.«

Ich will damit der Frau nicht die Schuld geben, wenn ihr Mann immer alles vergißt. Ich sage nur, daß sie einen starken Einfluß darauf hat, was er vergißt. Wenn ihr das bewußt ist, kann sie diese Macht, die sie über ihn hat, einsetzen, um ihm zu helfen, sich zu erinnern statt zu vergessen.

Warum Frauen aufhören, um etwas zu bitten

Wenn ein Mann etwas vergißt, was seine Frau ihm aufgetragen hat, erlebt sie das als Zurückweisung. Wenn er das, um das sie ihn gebeten hat, als unwichtig betrachtet, bedeutet das für sie, daß sie selbst für ihn auch unwichtig ist.

Beim nächsten Mal fällt es ihr dann schwer, ihn wieder um etwas zu bitten, denn sie kommt sich dann wie eine Bettlerin vor, und das ist ein schreckliches Gefühl. Ein Mann erlebt das gleiche, wenn seine Frau ihn bemuttert und ihm Vorwürfe macht, weil er vergessen hat, etwas für sie zu erledigen.

So wie der Mann sich von ihr nicht provozieren lassen darf, muß sie lernen, ihn entsprechend vorzubereiten. Dabei darf sie nicht zu früh aufgeben, sondern muß ihm helfen, damit er ihr helfen kann. Wenn das einer Frau gelingt, haben beide das Gefühl, von ihrem Partner geliebt zu werden – das ist das Erstaunliche an der Beziehung zwischen Mann und Frau.

Was sie tun kann, wenn er immer alles vergißt

Wenn er etwas vergißt, was seine Frau ihm aufgetragen hat, sollte sie nicht gleich aufgeben und es selbst erledigen, sondern zuerst einmal eine Pause machen. Dann sollte sie ihn auf eine möglichst geschickte und liebevolle Art »vorbereiten«, damit er beim nächsten Mal daran denkt. Wenn sie nicht locker läßt, sondern diese Methode immer wieder anwendet, wird sie schließlich ihr Ziel erreichen.

◄○►

Es ist natürlich nicht sehr romantisch, wenn sie ihn immer erst bitten muß, etwas für sie zu tun, aber auf diese Weise wird sie schließlich das bekommen, was sie haben möchte, und er wird in Zukunft nicht mehr so vergeßlich sein.

◄○►

Wenn er erst einmal erlebt hat, welchen Spaß es macht, seiner Frau einen Gefallen zu tun, und merkt, wie dankbar sie ihm ist, wird er nicht mehr so vergeßlich sein und ihre Aufträge erledigen, ohne daß sie ihn immer wieder darum bitten muß. Wenn er ihr dann schließlich wieder die Wünsche von den Lippen abliest, wird die alte Romantik wieder lebendig, und sie wird feststellen, daß sich die Mühe gelohnt hat.

Wenn ich das in meinen Seminaren zum ersten Mal vortrage, geraten manche Frauen in Panik, weil sie glauben, sie müßten an ihren Männern herumnörgeln. Ich meine genau das Gegenteil. Vorbereiten und Nörgeln sind etwas völlig Verschiedenes.

Wenn eine Frau ihren Mann so weit bringen will, daß er nicht mehr so vergeßlich ist, muß sie immer dann, wenn er etwas vergessen hat, ganz besonders freundlich reagieren. Das ist außerordentlich wichtig. Wenn sie nörgelt, verstärkt sie seine Vergeßlichkeit nur noch mehr. Sie muß ihn entsprechend vorbereiten und darf nicht ungeduldig sein, denn nur so kann sie ihm helfen, in Zukunft weniger vergeßlich zu sein.

Nörgeln bedeutet, daß eine Frau ihrem Mann ständig Vorhaltungen macht, weil er irgend etwas nicht tut. Jedesmal, wenn sie glaubt, sich zu Recht aufzuregen und einen Grund zu haben, ihn anzumeckern, wird ihre Unzufriedenheit größer. Sie meint, sie könne ihm damit klarmachen, wie wichtig es für sie gewesen wäre, wenn er ihren Wunsch erfüllt hätte. Sie glaubt, er würde dann beim nächsten Mal eher daran denken. Und das ist absolut falsch.

Bei einer Frau mag das zutreffen. Wenn ihr Mann sich so aufgeregt hätte, würde sie das so schnell nicht vergessen.

Männer und Frauen sind in dieser Beziehung sehr verschieden. Ein Mann baut Streß ab, indem er seine Probleme entweder löst *oder* vergißt. Wenn eine Frau sich über irgend etwas aufgeregt hat, was er getan hat und woran nichts mehr zu ändern ist, geht er mit dem dabei entstehenden Streß so um, daß er das Ganze nach und nach wieder vergißt. Je mehr eine Frau an einem Mann herumnörgelt, um so eher wird er in Zukunft Dinge vergessen, um die sie ihn gebeten hat.

Woran er sich erinnern kann

Männer erinnern sich vor allem an positive Dinge. Wenn die Stimme seiner Frau angenehm, freundlich und vertrauensvoll geklungen hat, wird er sich gut an das erinnern können, was sie gesagt hat. Wenn sie jedoch immer wieder negative Untertöne hat, wird er alles verdrängen. Je mehr sie sich aufregt, um so eher vergißt er das, was ihr am Herzen liegt.

Solange sie das nicht erkannt hat, wird sie immer wieder enttäuscht sein, weil er etwas vergessen hat. Mit der Zeit glaubt sie schließlich, er höre ihr überhaupt nicht mehr zu. Aber das Problem besteht nicht darin, daß er nicht zuhört, sondern darin, daß er das, was sie ihm sagt, zu schnell wieder vergißt.

Wenn sie negativ reagiert, weil er wieder einmal etwas vergessen hat, wird er in Zukunft nicht nur immer wieder ihre Wünsche vergessen, sondern auch kein Verständnis dafür haben, daß sie sich darüber so aufregt. Wenn sie zum Beispiel wütend wird und ihn anmeckert, weil er das Videoband immer noch nicht zurückgebracht hat, begreift er überhaupt nicht, warum sie sich so aufregt. Für ihn reagiert sie dann völlig irrational.

Da er vergessen hat, wie oft sie ihn schon daran erinnert hat, das Band zurückzubringen, hält er die Reaktion seiner Frau für übertrieben. Ihm ist auch nicht klar, daß sie so wütend ist, weil sie ihn ständig an alles mögliche erinnern muß, das er für sie erledigen sollte. Er glaubt dagegen, sie ärgere sich nur, weil er das Videoband nicht zurückgebracht hat.

Das ändert sich sehr schnell, wenn sie erst einmal begriffen hat, daß sie sofort etwas unternehmen kann, um von ihm die Unterstützung zu bekommen, die sie braucht. Das gibt ihr wieder neue Hoffnung, und da sie erkannt hat, daß sie nicht sein Gedächtnis zu sein braucht, kann sie sich wieder entspannen.

Wie er die verlorengegangenen Dateien wiederfindet

Wenn man einen Mann um etwas bittet, wird er es sofort wieder vergessen, wenn die Bitte ihm entweder auf eine negative Art präsentiert wird oder wenn sie auf seiner inneren Liste keine hohe Priorität hat. Der Auftrag ist jedoch nicht gelöscht, sondern nur an einer anderen Stelle abgelegt worden. Wenn seine Frau ihm dabei hilft, kann er sich an Dinge erinnern, die er eigentlich vergessen hat.

Wenn mein Computerprogramm abstürzt und der Bildschirm plötzlich leer ist, kann ich mit Hilfe eines speziellen Programms, das sich *Thunder* 7 nennt, den Text retten. Selbst wenn ich das, was ich gerade geschrieben habe, noch nicht abgespeichert habe, kann ich eine bestimmte Datei aufrufen, in der sich der scheinbar verlorengegangene Text wiederfindet.

Männer haben eine ähnliche Datei. Wenn eine Frau das weiß, kann sie ihrem Mann helfen, damit er sich wieder an Dinge erinnern kann, die sie ihm gesagt hat, selbst wenn sein

»Programm« abgestürzt ist, weil er sich vom Streß des Tages erholen mußte.

Wenn er einen schweren Tag hinter sich hat und abends nach Hause fährt, versucht er zuerst, sich von dem Druck des Arbeitstages zu befreien. Dann hört er in seinem Inneren plötzlich eine sanfte, beruhigende Stimme, die ihn freundlich daran erinnert, Milch mitzubringen. Das ist die Stimme seiner Frau, die aus dem Speicher, in dem sich die verlorengegangenen Dateien befinden, zu ihm spricht.

Wie sie ihn dazu bringt, sich zu erinnern

Das ist leichter gesagt als getan. Wenn eine Frau diese Technik jedoch erst einmal beherrscht, wird sie den Rest ihres Lebens die Vorteile genießen können, die damit verbunden sind. Sie muß jedoch das, was sie haben möchte, zunächst aufschieben und ihrem Mann helfen, damit er lernt, wie man etwas behält.

Sie sollte ihn bitten, etwas für sie zu erledigen, das sie normalerweise selbst tun würde, und sollte damit rechnen, daß er es vergißt. Wenn sie vorab schon damit rechnet, daß er ihren Auftrag vergißt, regt sie sich hinterher nicht weiter darüber auf. Es sollte sich dabei um eine einfache Sache handeln wie zum Beispiel eine Videokassette zurückbringen, Milch mitbringen, Sachen in der Reinigung abholen, den Mülleimer ausleeren oder eine Kiste woanders hinstellen.

Wenn er es dann vergißt, sollte sie ganz beiläufig eine der folgenden Bemerkungen machen, und zwar in ruhigem Ton – so als hätte er noch nie etwas vergessen:

▷ »Hattest du Gelegenheit, die Kassette zurückzubringen?«
▷ »Hast du vielleicht zufällig die Sachen aus der Reinigung mitgebracht?«
▷ »Ich weiß, wieviel du am Hals hast, aber hast du daran gedacht, den Mülleimer auszuleeren?«
▷ »Hast du Milch mitgebracht?«

Stellen Sie möglichst einfache, kurze Fragen. Sagen Sie nicht: »Hast du auch daran gedacht, den Mülleimer auszuleeren? Morgen kommt die Müllabfuhr, und wir sollten das nicht schon wieder verpassen. Wir wissen kaum noch, wohin mit all dem Müll. Der Eimer muß heute abend rausgestellt werden, sonst müssen wir wieder eine ganze Woche warten. Ich habe ohnehin schon zuviel zu tun, ich kann mich nicht auch noch darum kümmern.« Wenn Sie solche Proklamationen abgeben, glaubt Ihr Mann, Sie wollten ihm Vorhaltungen machen oder ihn zu etwas zwingen. Vielleicht tut er es dann, aber eine Woche später wird er es mit Sicherheit wieder vergessen.

Wenn Sie zum Beispiel fragen: »Hast du die Videokassette zurückgebracht?«, sollten Sie damit rechnen, daß er nein sagt. Sie müssen das in aller Ruhe akzeptieren. Benutzen Sie dabei eine der folgenden Bemerkungen. Er wird Ihnen dankbar sein:

▷ »Na gut.«
▷ »Nicht so schlimm.«
▷ »Macht nichts.«
▷ »Kein Problem.«

So etwas hört er gern, denn Männer reden ständig so miteinander. Frauen machen seltener solche Bemerkungen, weil ihnen nicht klar ist, wieviel sie damit erreichen können. So reagiert eine Frau höchstens zu Anfang einer Beziehung, wenn sie sich noch nicht so oft darüber ärgern mußte, daß er schon wieder etwas vergessen hat. Wenn sich das jedoch nach einer gewissen Zeit nicht ändert, findet sie das überhaupt nicht mehr gut und läßt ihn das auch wissen. Und das hat zur Folge, daß er noch mehr vergißt.

Wenn ein Mann vergessen hat, etwas für einen Freund zu erledigen, wird der in der Regel mit einer Bemerkung wie »Kein Problem« reagieren. Das ist nicht nur ein Freundschaftsdienst, sondern hat auch zur Folge, daß er beim nächsten Mal die Hilfe bekommt, die er haben möchte. Frauen können das nicht verstehen. Sie gehen davon aus, daß Bemerkungen wie

»Kein Problem« oder »Nicht weiter schlimm« nur dazu führen, daß er es beim nächsten Mal erst recht vergißt. Sie begreifen einfach nicht, daß es genau umgekehrt abläuft.

Je weniger eine Frau ihren Mann unter Druck setzt, um so eher ist er bereit, ihre Wünsche zu erfüllen, vor allem, wenn er sich von seinem Berufsstreß erholen möchte. An seinem Arbeitsplatz reagiert er zwangsläufig auf Druck, zu Hause kann man bei ihm jedoch mit einem freundlichen Wort viel erreichen. Bei der Arbeit ist sein Hauptmotiv das Geld, zu Hause geht es ihm vor allem um die Liebe.

Wenn sie ihn immer wieder freundlich um Hilfe bittet und darauf achtet, daß ihre Worte keinen fordernden Charakter haben, wird er ihr sofort seine ganze Aufmerksamkeit schenken. Er wird sich an ihre Bitte erinnern und daran denken, wie schön es ist, wenn sie sich hinterher bei ihm bedankt.

Nicht die Angst vor Strafe, sondern eine positive Erwartung motiviert einen Mann am besten. Wenn sie mit ihrem Mann zufrieden ist, ist auch er zufrieden. Es dauert eine gewisse Zeit, bis er gelernt hat, die Gedanken an seine Frau und ihre Bedürfnisse mit angenehmen Gefühlen zu verbinden.

Es dauert eine gewisse Zeit, bis ein Mann gelernt hat,
die Gedanken an seine Frau und ihre Bedürfnisse mit
angenehmen Gefühlen zu verbinden.

Sie muß ihn bitten, als sei es das erste Mal

Wenn sie ihm auf freundliche Weise klargemacht hat, daß es nicht schlimm ist, wenn er ihren Auftrag vergessen hat, sollte sie ihn noch einmal darum bitten. Beim zweiten Mal ist es ganz besonders wichtig, in welchem Ton sie mit ihm redet. Sie muß ihn so bitten, *als wäre es das erste Mal.*

Jedesmal, wenn sie ihn in diesem Ton um etwas bittet, wird ihm bewußter, wie oft er die gleiche Sache schon vergessen hat.

Und wenn er das selbst merkt, ohne daß sie ihn mit der Nase darauf stoßen muß, schafft er sich allmählich einen Zugang zu den Speichern, in denen sich seine verlorengegangenen Dateien befinden.

Als Bonnie bei mir diese Technik anwandte, war ich selbst über meine Reaktion überrascht. Als ich wieder einmal vergessen hatte, den Mülleimer auszuleeren, stellte sie ihn einfach mitten in die Küche. Und als ich einen Bogen um ihn machte, ohne ihn auszuleeren, wandte sie die neue Methode an.

Sie tat so, als sei es völlig normal, den Müll zu vergessen, und sagte beim zweiten Mal zu mir: »Hör mal, wenn du mal Zeit hast, würdest du dann den Müll wegbringen?« Ich sagte, klar, und setzte mich wieder vor den Fernseher. Eine Stunde später sagte sie, so als sei es das erste Mal: »Ach, wo du gerade da stehst, könntest du eben den Mülleimer ausleeren?«

Ich kann mich heute noch an meine Reaktion erinnern. Mir wurde plötzlich klar, daß sie mich zum drittenmal daran erinnern mußte und trotzdem so freundlich blieb. Ich dachte bei mir: »Sie ist wirklich eine tolle Frau, ich werde das sofort erledigen.« Als ich dann von der Mülltonne zurückkam, vergaß sie nicht, sich bei mir zu bedanken.

Inzwischen geht das schon seit Jahren so, und da sie mein Verhalten nicht als Selbstverständlichkeit betrachtet, braucht sie mich nur noch ganz selten um etwas zu bitten. Wenn ich nach Hause komme, nehme ich sie zuerst in den Arm, höre ihr eine Zeitlang zu und schaue dann nach, ob der Müll weggebracht werden muß.

Wenn ihm klar wird, daß er etwas vergessen hat, darf sie ihm keine Vorwürfe machen, denn dann fällt ihm plötzlich ein, was er vorher schon alles vergessen hat. Wenn sie ihn nicht daran erinnert, wie oft sie ihn schon um etwas bitten mußte, fällt es ihm ganz von selbst ein.

Wenn sie ihm jedoch zuvorkommt und sagt: »Das ist das dritte Mal, daß ich dich darum bitte«, läßt sein Gedächtnis sofort nach, und er wird es beim nächsten Mal wieder vergessen.

Wenn man einen Mann immer wieder freundlich darauf

hinweist, daß er etwas vergessen hat, und ihm dabei keine Schuldgefühle vermittelt, wird er sich in Zukunft besser an die alltäglichen Dinge erinnern können.

Der Mann ist froh, daß seine Frau diese Methode anwendet und ihn so behandelt, wie es die Frauen seit Jahrhunderten getan haben. Aus ihrer Sicht läuft es jedoch heute völlig anders: Sie ist nett zu ihm und für ihn da, damit er seinerseits häufiger nett zu ihr ist und ihr helfen kann.

Wenn eine Frau möchte, daß ihr Mann etwas für sie erledigt, *muß sie so tun, als äußere sie die Bitte zum erstenmal,* nur so kann sie sicher sein, daß er ihren Auftrag auch dann erledigt, wenn er eigentlich keine Lust dazu hat. Wenn sie ihn immer wieder freundlich bittet, hat er das Gefühl, daß er ihr etwas schuldet, und wird ihren Wunsch freudig erfüllen.

Männer sind fair

Männer sind sehr fair. Wenn sie nicht böse wird, weil er etwas vergessen hat, oder ihm einen Fehler verzeiht, fühlt er sich in gewisser Weise von ihr beschenkt. Und wenn man ihm etwas schenkt, möchte er sich erkenntlich zeigen – in dieser Hinsicht sind Männer nicht anders als Frauen. Wenn sie ihn immer wieder in freundlichem Ton um etwas bittet und nicht böse wird, wenn er es dann vergißt, wird er sich nach einer gewissen Zeit so geliebt fühlen, daß es ihm ein inneres Bedürfnis ist, mehr für sie zu tun, ohne daß sie ihn darum bitten muß.

Die Verhaltenswissenschaften haben immer wieder nachweisen können, daß nur positive Verstärkungen zu einer dauerhaften Verhaltensänderung führen. Negative Verstärkung ist die schlechteste Form der Erziehung. Wenn eine Frau erkannt hat, wie sehr ihr Mann ihre Liebe braucht, kann sie ihn nach und nach dazu bringen, daß er ihre Wünsche und Bedürfnisse an die oberste Stelle seiner inneren Prioritätenliste setzt. Wenn er merkt, wie dankbar sie ihm ist, wenn er auf ihre Wünsche eingeht und ihr die alltäglichen Dinge abnimmt, wird sich sein Verhalten mit der Zeit entsprechend ändern. Wenn er sieht, wie glücklich sie ist, wenn sie sich von ihm verstanden fühlt, und wie sehr sie ihn liebt, wird das Ausleeren des Mülleimers für ihn plötzlich etwas, das genauso wichtig ist wie der Erfolg im Beruf.

———◄○►———

Wenn er immer wieder erlebt, wie dankbar ihm seine Frau ist, weil er ihr die alltäglichen Dinge abnimmt, wird das Milchmitbringen für ihn genauso wichtig wie das Geldverdienen.

———◄○►———

Je öfter er für solche Besorgungen mit Liebe belohnt wird, um so eher wird er bereit sein, so etwas auch in Zukunft zu tun. Mit der Zeit ist er nicht mehr von dem Gedanken besessen, unbedingt etwas »Großes« leisten zu müssen. Er muß nicht um jeden Preis ein größeres Haus oder ein neues Auto haben oder eine teure Urlaubsreise mit ihr machen. Seine Frau wäre ihm zwar auch für solche Dinge dankbar, aber wichtiger ist für sie, daß er sie liebt und ihr zuhört, damit sie sich nicht so allein fühlt.

Die Milch mitbringen

Eine meiner Lieblingsgeschichten hat etwas mit Milchholen zu tun. Drei Tage hintereinander bat mich Bonnie jeden Morgen, auf dem Heimweg Milch mitzubringen. Am ersten Tag vergaß ich es. Als ich nach Hause kam, fragte sie: »Hast du die Milch mitgebracht?«

An diesem Abend sagte ich ganz beiläufig: »Nein, ich hab's vergessen.«

Sie sagte ganz freundlich: »Bringst du bitte morgen welche mit?«

Ich versicherte ihr: »Mach' ich.«

Als ich es am nächsten Tag wieder vergessen hatte, sagte sie ganz freundlich: »Hast du an die Milch gedacht?«

Dieses Mal sagte ich: »Ach du lieber Gott, die habe ich doch glatt vergessen.« Ich hatte automatisch ein schlechtes Gewissen. Sie war so nett zu mir, daß ich mich gar nicht zu entschuldigen brauchte. Und sie verlangte auch keine Erklärung von mir, warum ich denn die Milch schon wieder vergessen hatte. Wenn man einem Mann das Recht zugesteht, Fehler zu machen, wird er mit der Zeit gewissenhafter werden.

Bonnie sagte dann, so als bitte sie mich zum erstenmal: »Bringst du morgen welche mit?«

Ich sagte wieder: »Na klar, kein Problem.« Ich hatte mich fest entschlossen, es diesmal nicht zu vergessen, und ich war ihr dankbar, daß sie trotzdem so freundlich geblieben war.

Am nächsten Morgen saßen unsere drei Töchter am Frühstückstisch und beklagten sich bitter.

Lauren, die jüngste, sagte: »Mami, ich bin die Haferflocken leid. Ich möchte Weizenflocken mit Milch.«

Bonnie sagte: »Das geht nicht, denn wir haben keine Milch im Haus.«

Lauren fragte: »Wieso haben wir denn keine Milch?«

Da sagte Bonnie: »Ich weiß es nicht, aber vielleicht bringt euer Daddy heute auf dem Heimweg welche mit.«

Ich war erleichtert. Sie hätte genausogut sagen können: »Wir haben keine Milch, weil euer Vater schon zweimal vergessen hat, welche mitzubringen. Ich habe ihn darum gebeten, aber er hört mir einfach nicht zu.«

Ich bin sicher, daß sie das auch gedacht hat, aber sie hatte sich entschieden, freundlich zu bleiben und mir zu helfen.

Sie können sich denken, daß ich an diesem Tag die Milch nicht mehr vegessen habe. Und noch heute schaue ich immer wieder in den Kühlschrank, ob noch genügend Milch da ist. Wenn nicht, hole ich welche.

Kleine Ursache, große Wirkung

Als das Milchholen für mich genauso wichtig geworden war wie das Geldverdienen, spürte ich, wie sich mein ganzes Leben dramatisch veränderte. Nicht nur war meine Frau bedeutend glücklicher, sondern ich selbst merkte auch, daß ich mich verändert hatte.

Als ich eines Tages gerade das Mittagessen für Lauren machte, hatte ich plötzlich das Gefühl, alles erreicht zu haben, wonach ich immer gestrebt hatte. Ich war absolut zufrieden mit mir, meiner Arbeit und meinem Leben.

Ich war verblüfft. Nur weil ich Lauren das Mittagessen machte, hatte ich ein solches Hochgefühl? Was mich so überraschte, war die Tatsache, daß das Gefühl überhaupt nichts mit meinem Beruf zu tun hatte.

Zu dieser Zeit hatte ich noch keinen Bestseller geschrieben, und auch meine Seminare waren durchaus nicht immer ausverkauft. Jahrelang war ich frustriert und enttäuscht gewesen, weil ich nicht das erreicht hatte, was ich mir vorgenommen hatte. Und dann hatte ich eines Tages trotzdem ganz plötzlich das Gefühl, erfolgreich zu sein.

Mir wurde klar, daß mir die Bewunderung meiner Frau, für die ich ein guter Ehemann und Vater war, genauso wichtig war wie die Bewunderung, die mir möglicherweise eines Tages zuteil werden würde, wenn ich in meinem Beruf Erfolg haben sollte. In diesem Augenblick war mir klargeworden, daß das Wohlbefinden des Menschen nicht allein von seinen äußeren Erfolgen abhängt. Mir war die Liebe und Wertschätzung, die mir von meiner Familie und meinen Freunden entgegengebracht wurde, bedeutend wichtiger.

Natürlich hängt mein Wohlbefinden auch damit zusammen, daß ich hart arbeite und mein Bestes gebe, aber alles hat nur einen Wert, wenn man andere glücklich machen kann und als Dank dafür von ihnen geliebt wird. Wie so viele andere Männer hatte auch ich bis zu diesem Augenblick nicht gewußt, wie wichtig die Liebe ist.

9. KAPITEL

Männer kommen immer noch vom Mars, Frauen von der Venus

In meinen Seminaren habe ich oft darauf hingewiesen, daß die Unterschiede zwischen Mann und Frau so groß sind, daß man glauben könnte, wir stammten von zwei verschiedenen Planeten. In meinem Buch *Männer sind anders. Frauen auch* (Originaltitel: *Men Are from Mars, Women Are from Venus*) habe ich dieses Thema ausführlich behandelt.

Wenn ich Beispiele dafür anführe, nicken Tausende von Zuhörern und stimmen mir zu, trotzdem haben es einige offenbar immer noch nicht ganz verstanden. Es kommt häufig vor, daß mir Frauen entgegenhalten, sie könnten sich eher mit meiner Darstellung des Mannes identifizieren. Sie hätten das Gefühl, auch sie kämen vom Mars und nicht von der Venus. Ich beruhige sie dann gewöhnlich und sage ihnen, daß bei ihnen alles in Ordnung sei. Die Gesellschaft habe sie zwar stark beeinflußt, so daß sie maskuliner geworden seien, trotzdem seien sie immer noch Wesen von der Venus.

Viele Faktoren sind im Spiel, wenn sich eine Frau zur männlichen und der Mann zur weiblichen Seite hin orientiert. Es ist nicht ungewöhnlich, daß sich die männliche Seite eines Mädchens, das sich eng mit dem Vater verbunden fühlte oder in einem von Männern beherrschten Haus großgeworden ist, stärker entwickelt hat. Umgekehrt kann es sein, daß sich bei einem Jungen, der eine engere Bindung an seine Mutter hat, die weibliche Seite stärker entwickelt.

Im allgemeinen wird eine Frau jedoch männlicher, wenn sie selten Gelegenheit hatte zu erleben, daß eine betont weibliche Frau respektiert wird. Und ein Mann wird eher feminine Eigenschaften entwickeln, wenn er nie erlebt hat, daß auch ein starker Mann liebevoll und zärtlich sein kann.

Auch der kulturelle Hintergrund und die Zugehörigkeit zu einer bestimmten ethnischen Gruppe spielen dabei eine Rolle. So stellen zum Beispiel die Deutschen und Schweden nicht gern ihre Gefühle zur Schau und reden ungern nur um des Redens willen. Italienische Familien sind in dieser Hinsicht bedeutend emotionaler.

Mitunter werden bei einer Frau die verschiedenen weiblichen Tendenzen nicht sichtbar, weil sie allein und ziemlich isoliert lebt. Sie ist ein Marsmensch geworden und sorgt für sich selbst. Sobald sie jedoch wieder in einer Beziehung lebt, tauchen viele weibliche Neigungen nach und nach wieder auf.

Es kann jedoch auch sein, daß eine Frau männlicher wird, weil sie in ihrer Beziehung die Erfahrung machen mußte, daß es gefährlich ist, weibliche Eigenschaften zu zeigen.

So kann zum Beispiel die Tatsache, daß sie gern redet, viele Frustrationen mit sich bringen oder sie schwach erscheinen lassen. Um nicht als hilflose Frau zu erscheinen oder Konflikte auszulösen, beginnt sie automatisch, ihre weibliche Seite zu unterdrücken.

Männer haben umgekehrt gelegentlich das Gefühl, sie stammten von der Venus. Vor allem kreative Männer erleben oft sowohl die männliche als auch die weibliche Seite ihrer Seele. Sie fühlen sich in der Regel von maskulinen Frauen angezogen. Auch hier trifft der Spruch zu: Gegensätze ziehen sich an.

In einigen Fällen fehlten diesen Männern positive männliche Vorbilder. Sie können sich nicht vorstellen, daß man selbstbewußt und stark, zugleich aber auch zärtlich und liebevoll sein kann. Um eine Frau glücklich machen zu können, sind sie bereit, auf die Befriedigung ihrer eigenen Bedürfnisse zu verzichten. Aber je femininer sie werden, um so weniger attraktiv sind sie für ihre Frau, die sie schließlich verläßt. Mit Hilfe der neuen Methoden für ein besseres Zusammenleben können solche Männer lernen, ihre maskuline Seite wieder zu entwickeln, ohne den weiblichen Teil ihrer Seele zu vernachlässigen.

Der emotionale Rollentausch

Wenn Menschen sich stärker am gegengeschlechtlichen Teil ihrer Seele orientieren, findet ein emotionaler Rollentausch statt, der jedoch keineswegs etwas mit einer Neurose zu tun hat, sondern nur eine Störung des inneren Gleichgewichts darstellt. Wenn man die Beziehung wieder verbessern will, muß man versuchen, das Gleichgewicht wiederherzustellen. Um eine ideale Partnerschaft zu schaffen, müssen die männliche und die weibliche Seite beider Partner unterstützt werden.

Wenn Mann und Frau nicht wissen, wie sie sich am besten gegenseitig helfen können, wird sie automatisch ihre weibliche Seite verdrängen, während er seinen instinktiven Wunsch, ihr als Mann zu helfen, unterdrückt. Sie denkt: »Ich werde ihm nichts mehr von mir geben, denn ich habe nicht das Gefühl, daß er mir hilft«, und er sagt sich: »Warum sollte ich ihr etwas von mir geben, wenn es ohnehin nichts nützt?«

Wenn er sich am weiblichen Teil seiner Seele orientiert

Wenn ein Mann sich zu stark am weiblichen Teil seiner Seele orientiert, muß er etwas unternehmen, durch das seine Frau in die Lage versetzt wird, etwas für den männlichen Teil seiner Seele zu tun. Wichtig ist, daß sie ihn lobt und ihm zeigt, daß sie viel von ihm hält. Wenn sie ihn auf diese Weise unterstützt, kann er schnell sein inneres Gleichgewicht wiederfinden, was auch ihr selbst zugute kommt.

Wenn ein Mann sich am weiblichen Teil seiner Seele orientiert, mag es ihm zunächst so vorkommen, als sei es unnatürlich, die neuen Methoden anzuwenden. Seine weibliche Seite wird ihm sagen: »Warum soll ich ausweichen, mich nicht provozieren lassen und für ihre Sicherheit und Geborgenheit sorgen? Ich brauche das auch. Und ich habe selbst auch das Bedürfnis zu reden.«

Wenn er diesen Widerstand überwunden hat und zuerst einmal zuhört und sich zurückhält, bevor er seine eigenen Gefühle ins Spiel bringt, trainiert und stärkt er seine männliche Seite.

Wenn die weibliche Seite eines Mannes überentwickelt ist, wird er den Drang verspüren, vom männlichen Teil seiner Partnerin unterstützt zu werden. Er möchte dann, daß sie nur für ihn da ist, und regt sich auf, wenn sie nicht mit ihm reden will oder nicht bereit ist, etwas für die Beziehung zu tun. Er wird sich bitter beklagen, daß sie nicht da ist, wenn er sie braucht, und ihr eine Menge Fragen stellen, um sie zum Reden zu bringen. Er möchte, daß sie ihm zuhört, ihn versteht, mit ihm sympathisiert und ihm bei allen möglichen Gelegenheiten hilft.

Der weibliche Teil der Seele des Mannes hat legitime Bedürfnisse, die jedoch in einer Beziehung nicht voll zum Tragen kommen dürfen, weil die Frau sonst auf ihre männliche Seite gedrängt wird. Der Mann sollte lieber an einer Männergruppe teilnehmen, mehr Zeit mit seinen Freunden verbringen, an sich selbst arbeiten oder Trost im Glauben suchen.

Wenn er von seiner Partnerin erwartet, daß sie die Bedürfnisse des weiblichen Teils seiner Seele befriedigt, gerät die Beziehung unter starken Druck.

———◄○►———

Da eine Frau selbst Hilfe braucht, um mit dem weiblichen Teil ihrer Seele in Kontakt bleiben zu können, kann sie nicht den weiblichen Teil ihrer Seele finden und gleichzeitig für seine weibliche Seele die Rolle des Mannes spielen.

———◄○►———

Wenn er von ihr diese Art der Hilfe erwartet, treibt er sie nicht nur auf ihre männliche Seite, sondern schwächt sich auch selbst. Da viele Männer dann nicht mehr in der Lage sind, mit anderen Männern über ihre Probleme zu sprechen, weinen sie sich bei ihren Frauen aus, wodurch das Gleichgewicht noch mehr gestört wird.

Nach und nach wird er immer mehr und sie immer weniger reden. Aber er muß sich hüten, seiner Frau zuviel »vorzujammern«, denn dann wird sie ihn bemuttern und ihn erotisch immer weniger anziehend finden. Im allgemeinen sollte der Mann nicht empfindsamer sein als seine Frau. Wenn er zu sensibel ist, sollte er sich ein bißchen mehr an seiner männlichen Seite orientieren und etwas robuster werden.

Wenn eine Frau sagt, sie wünsche sich einen sensiblen Mann, meint sie damit, daß sie einen starken Mann sucht, der ein feines Gespür für ihre Bedürfnisse hat. In der Regel ist es für die erotischen Gefühle einer Frau tödlich, wenn der Mann empfindsamer ist als sie selbst. Zu Anfang mag ihr das ja noch gefallen, vor allem, wenn sie sich vorübergehend am männlichen Teil ihrer Seele orientiert; wenn dieser Zustand jedoch zu lange anhält, wird ihr das sehr unangenehm sein.

Ein Mann darf nicht von seiner Frau erwarten, daß sie seine weiblichen Bedürfnisse befriedigt. Im Idealfall sollte die Frau die männliche Seite ihres Mannes kultivieren, und das tut sie, wenn sie ihn lobt und ihm vertraut. Wenn er spürt, daß sie hinter ihm steht, stärkt das sein Selbstbewußtsein, und er bekommt gleichzeitig ein noch feineres Gespür für ihre Bedürfnisse. Selbstbewußtsein und Sensibilität sind Eigenschaften, die eine Frau an ihrem Mann besonders schätzt. Und ihre Anerkennung gibt ihm das Gefühl, stark und zärtlich zu sein.

Wenn er zu Anfang sensibler ist als sie, kann es einige Jahre dauern, bis ein Ausgleich geschaffen werden kann und er sein Selbstbewußtsein gefunden hat. Wenn zum Beispiel seine Gefühle verletzt worden sind oder er glaubt, sich in einer seelischen Krise zu befinden, sollte er mit Freunden darüber reden und nicht nur von seiner Frau erwarten, daß sie sich um seine Probleme kümmert.

Am besten kann ein Mann sein Gleichgewicht in der Zweierbeziehung finden, wenn er seine Frau unterstützt. Wenn ihm das gelingt, wird auch der weibliche Teil seiner Seele automatisch gefördert. Wenn sie glücklich ist, ist auch er glücklich, weil indirekt dadurch auch der weibliche Teil seiner Seele gestärkt wird. Wenn ein Mann seine Frau liebt, spürt er eine tiefe

Verbundenheit mit ihr und hat das Gefühl, als werde der weibliche Teil ihrer Seele mit seinem eigenen verbunden. Dadurch, daß er die Frau in ihr glücklich macht, wird nicht nur der männliche Teil seiner Seele bestätigt, sondern auch der weibliche.

Wenn sie sich am männlichen Teil ihrer Seele orientiert

Wenn eine Frau sich für die Unterstützung des weiblichen Teils der Seele ihres Mannes verantwortlich fühlt, wird ihr inneres Gleichgewicht gestört. Wenn er zum Beispiel von ihr erwartet, daß sie ihm zuhört, wenn er sich etwas von der Seele reden will, hat das nicht nur zur Folge, daß er an Attraktivität verliert, sondern es trennt sie auch von ihrer eigenen Weiblichkeit. Sie wird automatisch männlicher. Schließlich muß sie zu den neuen Methoden greifen, um ihre Weiblichkeit wiedererlangen zu können.

Eine Frau fühlt sich am wohlsten, wenn ihre Weiblichkeit in direkter Weise gestärkt wird. Ihr inneres Gleichgewicht kann sie wiedererlangen, indem sie ihrem Partner hilft, ihr zu helfen. Wenn es ihr gelingt, eine Atmosphäre zu schaffen, in der sie die Unterstützung bekommt, die sie braucht, um glücklich zu sein, wird gleichzeitig auch der männliche Teil ihrer Seele gestärkt.

Wenn sie sich von ihrem Partner helfen läßt, kann sie die Männlichkeit in sich selbst benützen, um das Problem zu lösen und zugleich etwas für ihre Weiblichkeit zu tun. Wenn sie dagegen den weiblichen Teil der Seele ihres Mannes direkt unterstützt, vernachlässigt sie ihre eigene Weiblichkeit. Eines Tages wird sie dann plötzlich wütend werden, weil sie das Gefühl hat, daß ihre Liebe nicht erwidert wird.

Wenn eine Frau sich zu stark an ihrer männlichen Seite orientiert, ist es am besten, wenn sie Kontakt zu Menschen aufnimmt, die ihre Weiblichkeit fördern. Wenn sie den ganzen Tag über in einer Männerwelt arbeiten muß, wird sie allerdings anfangs einen beträchtlichen Widerstand überwinden müssen.

Wenn eine Frau, die sich vorübergehend am männlichen Teil ihrer Seele orientiert, nach Hause kommt, hat sie unter Umständen das Bedürfnis, sich in ihre Höhle zurückzuziehen. Mit Sicherheit hat sie keine Lust zu reden. Sie braucht bedeutend mehr Freiraum als ihr Mann. Sie muß Probleme lösen und hat keine Zeit, darüber zu reden.

Ihre männliche Seite sehnt sich nach Anerkennung, sie möchte akzeptiert werden und erwartet, daß man ihr vertraut. Wenn ihr Partner ihr statt dessen Ratschläge geben will oder ihre Leistungen nicht anerkennt, wird sie wütend. In den meisten Fällen würde sie am liebsten alles selbst machen. Jedenfalls glaubt sie, daß ihr Partner ihr nicht die Anerkennung zollt, die sie als Ernährerin der Familie verdient hätte.

Wenn eine Frau ihre männliche Seite stärken will, muß sie eine gewisse Zeit mit anderen Frauen verbringen, die ihr Bedürfnis nach Anerkennung, das dieser Teil ihrer Persönlichkeit hat, befriedigen.

Im Idealfall sollte der Mann seiner Frau mit Liebe, Verständnis und Respekt begegnen, denn das stärkt den weiblichen Teil ihrer Seele. Wenn diese Bedürfnisse befriedigt werden und sie ihrem Partner gegenüber nicht mit Lob geizt, wird sie von ihm die Anerkennung bekommen, die sie verdient hat.

Es ist mit Sicherheit nicht gut, wenn Mann und Frau sich um Anerkennung streiten.

Zwar sehnt sich auch eine Frau nach Anerkennung, aber sie darf nicht vergessen, daß auch ihre weibliche Seite gestärkt wird. Mehr denn je brauchen die Frauen heutzutage die Unterstützung ihrer Männer, um am Ende eines harten Arbeitstages wieder zu ihrer weiblichen Seite zurückkehren zu können.

Emotionaler Rollentausch und Attraktivität

Für viele berufstätige Frauen ist es heute fast schon normal, daß eine Beziehung mit einem Rollentausch beginnt. Sie bemüht sich heute bedeutend aktiver um den Mann, was zur Folge hat, daß er sich stärker am weiblichen Teil seiner Seele orientiert. Statt selbst die Initiative zu ergreifen, wartet er ab und überläßt ihr die Eroberung.

Eine Frau, die sich am männlichen Teil ihrer Seele orientiert, findet einen femininen Mann besonders attraktiv, und umgekehrt. Viele Männer spüren das und verlagern instinktiv das Gewicht auf die weibliche Seite. Aber das ist gefährlich. Wenn sich der Mann nicht ständig bemüht, sein inneres Gleichgewicht wiederzufinden, verliert er für sie sehr bald jegliche Attraktivität.

Wenn sie eher maskulin ist, tendiert ihr Partner dazu, femininer zu werden. Umgekehrt wird sie männlicher, wenn er feminin ist. Wenn er nicht weiß, wie er ihre weibliche Seite stärken kann, wird sie mit der Zeit sogar noch maskuliner. Und das hat zur Folge, daß er immer femininer wird.

Bei einem sehr maskulinen Mann führt das dazu, daß er sein inneres Gleichgewicht wiederfindet. Wenn er sich jedoch ohnehin schon zu stark an seiner weiblichen Seite orientiert hat, wird diese Entwicklung sein inneres Gleichgewicht stören.

Wenn beide sich ungewöhnlich stark am gegengeschlechtlichen Teil ihrer Seele orientieren, kann die gegenseitige Attraktivität nur dadurch gerettet werden, daß er nach und nach seine maskuline und sie ihre feminine Seite entwickelt. Wenn das gleichzeitig geschieht, können beide mit Hilfe der neuen Methoden ihr inneres Gleichgewicht und die gegenseitige Attraktivität wiedergewinnen.

Konventionelle Beziehungen

Nach konservativen Vorstellungen ist der Mann maskuliner und die Frau femininer. In solchen Beziehungen leidet die gegenseitige Attraktivität mit der Zeit darunter, daß die Frau immer wieder die Erfahrung machen muß, daß ihre weibliche Seite keine Unterstützung bekommt. Da sie jedoch Angst vor einer Zurückweisung hat, verschließt sie sich und wird dadurch in mancher Hinsicht maskuliner.

Das gleiche gilt für die Männer. Wenn ein Mann sich in seiner Männlichkeit nicht bestätigt fühlt, hört er allmählich auf, das zu tun, was von einem Mann erwartet wird. Er trifft keine Entscheidungen mehr, ergreift beim Sex nicht mehr die Initiative und fühlt sich nicht mehr für die Lösung ihrer Probleme verantwortlich. Er wird in vieler Hinsicht automatisch femininer. Und ohne die geschlechtsspezifische Polarität verschwindet die Attraktivität zwischen beiden Partnern.

Auch wenn ein Paar zu Anfang sehr maskulin/feminin ist, kann es nach einer gewissen Zeit fast automatisch zu einem Rollentausch kommen. Sobald der Mann das Gefühl hat, daß seine männliche Seite nicht die nötige Anerkennung bekommt, verliert er sein inneres Gleichgewicht. Das gleiche gilt für die Frau, deren weibliche Seite im Beruf zu kurz kommt.

Den Ausgleich zwischen Männlichkeit und Weiblichkeit herstellen

Interessanterweise verlieren Männer häufig ihr inneres Gleichgewicht, weil sie von ihren Frauen nicht mehr so unterstützt werden, wie das früher üblich war. Und den Frauen geht es ähnlich: Ihnen fehlt die Hilfe der Männer.

Um diese neuen Probleme lösen zu können, müssen die Frauen in sich die weibliche Liebe wiederfinden, die sie den Männern früher gegeben haben, ohne die neugewonnene Kraft aufzugeben. Für den Mann von heute besteht die Herausforderung darin, sich auf seine alten Tugenden zu besinnen, auf den Mut seiner Vorfahren. Er muß es wagen, neue Erfolgsrezepte auszuprobieren und dabei auch eine Niederlage riskieren, wenn er die Frau, die er liebt, auf eine neue Art unterstützen will.

Wenn Männer und Frauen die neuen Methoden zur Schaffung eines Ausgleichs jedoch gar nicht kennen, kommt es unweigerlich zu einem Rollentausch. Der Prozeß vollzieht sich im allgemeinen bei beiden Geschlechtern in deutlich abgegrenzten Stadien.

Emotionaler Rollentausch:
Sie hat das Gefühl, alles selbst machen zu müssen

Wenn eine berufstätige Frau abends nach Hause kommt, neigt sie dazu, sich weiter an ihrer männlichen Seite zu orientieren, vor allem, wenn zu Hause noch mehr Arbeit auf sie wartet. Statt sich auszuruhen und über ihre Probleme reden zu können, sieht sie sich mit einer ganzen Reihe von neuen Problemen konfrontiert, von denen sie glaubt, sie *müßten unbedingt gelöst werden*. Entweder spricht sie dann mit ihrem Mann darüber und bittet ihn um Hilfe, oder sie hat überhaupt keine Lust zu reden. Sie hat das Gefühl, sie müsse alles alleine erledigen. Um mit ihrer Frustration fertig zu werden, hat sie dann immer häufiger das Bedürfnis, sich in ihre Höhle zurückzuziehen.

Anders ist es, wenn der weibliche Teil ihrer Seele dominiert. Sie ist dann viel eher in der Lage, die kleinen Freuden des Lebens zu genießen und denkt zwar auch an ihre Probleme, braucht sie aber nicht unbedingt zu lösen, um sich wohl zu fühlen.

Wenn sie sich dagegen zu stark an ihrer männlichen Seite orientiert, steht sie unter Druck und glaubt, alle großen und kleinen Probleme lösen zu müssen. Sie fühlt sich für alles und jedes verantwortlich und ist damit natürlich überfordert. Anstatt froh zu sein, zu Hause Liebe, Frieden und Glück erleben zu können, ist sie mehr oder weniger frustriert, überarbeitet, fühlt sich vernachlässigt und im Stich gelassen. Es fällt ihr dann außerordentlich schwer, sich Zeit für sich selbst zu gönnen und die kleinen Freuden des Lebens zu genießen.

Wenn eine Frau am Ende eines Tages das Gefühl hat, daß ihr alles zuviel ist, hat sie in der Regel genügend Kontakt mit dem weiblichen Teil ihrer Seele, um sich an alle Probleme erinnern zu können, aber der männliche Teil ihrer Seele verlangt von ihr, daß sie sie auch löst und etwas unternimmt. In diesem Zustand fällt es ihr schwer, sich zu entspannen oder wenigstens zu erkennen, was ihrer weiblichen Seite guttun würde.

Wenn Frauen das Gefühl haben, überfordert zu sein, konzentrieren sie sich so intensiv darauf, alles zu schaffen, daß sie die Bedürfnisse und Wünsche des weiblichen Teils ihrer Seele nicht mehr wahrnehmen können. Jedesmal, wenn sie wieder eine Aufgabe gelöst haben, fühlen sie sich nicht erleichtert, sondern spüren eine innere Leere und das starke Verlangen des weiblichen Teils ihrer Seele.

Drei Möglichkeiten, wie sie ihr inneres Gleichgewicht verlieren kann

Wenn sie überfordert ist, fühlt sie sich so verunsichert, daß sie sich nur noch sachbezogen ausdrücken kann. Das ist ein Zeichen dafür, daß sie ihr inneres Gleichgewicht verloren hat und sich am männlichen Teil ihrer Seele orientiert, der für die Problemlösungen verantwortlich ist, und nicht weiß, wie sie aus dieser Situation herauskommen soll. Das äußert sich auf drei unterschiedliche Weisen.

1. Sie hat immer Hunger und ißt zuviel.
2. Sie glaubt, alle Probleme im Haushalt lösen zu müssen, entspannt sich so gut wie nie und nimmt die Hilfe ihres Partners kaum in Anspruch.
3. Sie möchte zwar gern, daß ihr Partner sich öffnet und mehr mit ihr redet, bricht letzten Endes dabei jedoch immer einen Streit vom Zaun.

Erstes Stadium: Sie hat das Gefühl, überfordert zu sein, und ißt zuviel

Wenn eine Frau das Gefühl hat, daß ihre weibliche Seite »unterernährt« ist, fängt sie an, zuviel zu essen. Das Essen ist ein Ersatz für Liebe, der jederzeit leicht zu beschaffen ist. Durch das Essen kann sie den Schmerz betäuben, unter dem der weibliche Teil ihrer Seele leidet, weil ihr Sicherheit und Geborgenheit fehlen. Und wenn diese Gefühle betäubt werden, verschwindet auch die Sehnsucht nach Erotik. Man nennt so etwas »Ersatzbefriedigung«. Wenn jemand nicht das bekommen kann, was er eigentlich haben möchte, wird ein Bedürfnis durch ein anderes ersetzt, das leichter zu befriedigen ist.

In unserem Fall wird die Sehnsucht nach Liebe durch Freßgier ersetzt. Solange ihre Sehnsucht nach Liebe nicht gestillt ist, wird sie immer hungrig sein. Durch das Essen kann sie das ständige Verlangen ihrer weiblichen Seite unterdrücken und vorübergehend Erleichterung finden. Manche Frauen machen sich sogar eine Zeitlang vor, daß sie glücklich sind und gar keine Lust haben, mit jemandem zu reden oder in einer glücklichen Beziehung zu leben.

Warum Frauen zunehmen

Es kommt häufig vor, daß eine Frau nach der Heirat zunimmt, und damit meine ich nicht eine altersbedingte Gewichtszunahme oder eine Schwangerschaft.

Eine solche Veränderung hat nichts mit Partnerschaftsproblemen zu tun, sondern hängt damit zusammen, daß eine Frau sich in der Ehe besser entspannen kann, weil sie sich sicherer fühlt. Sie wird weiblicher und sagt sich: »Jetzt, wo ich geliebt werde, brauche ich mich nicht mehr zu verstecken. Ich habe jemand, der für mich sorgt und der mir zuhört.« Sie erlebt die gleichen Bedürfnisse und Gefühle wie ihre Geschlechtsgenossinnen in den vorangegangenen Jahrhunderten – Gefühle, die durch das moderne, unabhängige Leben in den Hintergrund gedrängt worden waren.

Wenn eine Frau sich mit dem weiblichen Teil ihrer Seele im Einklang befindet, melden sich auch ihre natürlichen Bedürfnisse wieder zu Wort, das heißt, sie möchte dann über ihre Gefühle und Probleme reden. Es ist, als wäre sie von den Geistern ihrer weiblichen Vorfahren besessen. Die fremdartigen Gefühle aus der Vergangenheit werden von ihrem modernen Selbst mißverstanden. Sie glaubt, sie sei viel zu abhängig, zu emotional, unlogisch, kleinlich, ja sogar schwach. Vielen Frauen ist das ausgesprochen unangenehm.

Wenn eine Frau sich in einem Zustand emotionaler Verwirrung befindet, ist der Ehemann der letzte, mit dem sie über den Grund ihrer Verwirrung sprechen möchte. Den meisten Frauen ist es sogar peinlich, mit anderen Frauen darüber zu reden. Sie sind ratlos, denn sie haben nie erlebt, daß ihre Mütter mit ihren Männern über solche Dinge geredet haben. Da sie einen Konflikt vermeiden oder ihren Partner nicht mit ihren Problemen behelligen wollen, unterdrücken sie den Wunsch, mit ihm über ihre Gefühle zu reden. Dadurch wird der weibliche Teil ihrer Seele frustriert, was zur Folge hat, daß sie noch mehr essen müssen, denn die fremden, neuen Gefühle und Neigungen lassen sich auf diese Weise zumindest vorübergehend am besten unterdrücken.

Solange es ihr nicht gelingt, den weiblichen Teil ihrer Seele regelmäßig zu seinem Recht kommen zu lassen, wird sie essen, um den Schmerz zu betäuben.

Wenn eine Frau ihre Gewichtsprobleme durch eine Schlankheitskur lösen will, wird ihr inneres Gleichgewicht noch mehr gestört, denn sie verstärkt dadurch den männlichen Teil ihrer Seele noch mehr. Während einer Diät gerät der Körper in Panik, weil er glaubt, er müsse verhungern. Die Folge ist, daß der Betroffene immer mehr essen möchte. Die weibliche Seite kann nur dann gestärkt werden, wenn sich der Mensch sicher fühlt. Wenn man sich ständig zurückhalten muß, stärkt man nur die männliche Seite.

Entspannung, Gemütlichkeit, Leichtigkeit, Sicherheit, Vergnügen, Erholung, Luft und Schönheit sind die Faktoren, die dem weiblichen Teil der Seele guttun. Eine Diät gehört nicht dazu. Es gibt heute jedoch schon bedeutend bessere Schlankheitskuren, die den Frauen empfehlen, *mehr* fettarme Kost zu essen und bestimmte gymnastische Übungen zu machen, ohne sich dabei besonders anzustrengen oder sich zu kasteien. Am besten lassen sich solche Gewichtsprobleme jedoch immer noch durch eine glückliche Beziehung und einen entspannteren Lebensstil lösen.

Zweites Stadium: Sie arbeitet zuviel

Wenn eine Frau spürt, daß ihr niemand hilft, versucht der weibliche Teil ihrer Seele den Schmerz der Zurückweisung zu verdrängen. Die Frau verlagert dann den Schwerpunkt auf die männliche Seite und legt typisch männliche Eigenschaften an den Tag. Sie wird extrem selbstbewußt, zielstrebig, ehrgeizig, unabhängig und effizient. Und sie legt großen Wert darauf, immer logisch und rational zu sein. In den meisten Fällen wurden solche Frauen in ihrer Kindheit so geprägt, daß sie weibliche Gefühle als Zeichen von Schwäche ablehnen und weder als erstrebenswert noch als liebenswert betrachten.

Sie können sich kaum vorstellen, daß ein Mann sie lieben könnte, wenn sie so weich und weiblich wären, und bemühen sich ständig, ihre Sensibilität und ihre weiblichen Bedürfnisse zu unterdrücken. Sie glauben, daß alles Weibliche unattraktiv sei, und können sich überhaupt nicht vorstellen, daß ein Mann eine feminine Frau anziehend finden könnte.

Sie verdrängen ihre Weiblichkeit, indem sie hart, unsensibel und unabhängig werden. Ihr Hauptziel ist die Unabhängigkeit. Aus diesem Grund gehen sie auch jedem intimen Gespräch aus dem Weg. Manche von ihnen weisen jeden Mann, der sie glücklich machen und daran hindern könnte, immer noch mehr zu tun, verächtlich zurück.

Einige Frauen, die glauben, immer noch mehr tun zu müssen, wollen unbedingt eine »perfekte Hausfrau« sein. Bei ihnen muß alles immer ordentlich und makellos sauber sein. Für andere bedeutet es einfach nur, daß sie nie Zeit haben, sich zu entspannen. Und wenn eine Frau sich nicht entspannen kann, weil der männliche Teil ihrer Seele ständig von ihr erwartet, daß sie Probleme löst, leidet die Erotik, und Sex wird sehr bald nur noch eine mechanische Übung sein.

Manche Frauen laden sich zuviel Verantwortung auf. Wenn sie das Gefühl haben, daß sie gebraucht werden, können sie einfach nicht nein sagen. Manchmal leiden sie sogar unter der Zwangsvorstellung, sie müßten Dinge tun, um die sie niemand gebeten hat. Sie sind stolz darauf, die Bedürfnisse anderer schon im voraus ahnen zu können und »immer für sie dazusein«.

Wie er ihr helfen kann

Wenn der Mann seiner Partnerin helfen will, muß er zunächst einmal erkennen, daß sie sich im Grunde ihres Herzens danach sehnt, sich jemandem anvertrauen zu können, der sie liebt und ihr hilft, damit sie einmal ausspannen kann. Das sind Urbedürfnisse der weiblichen Seele.

Da sie ihren geheimen Wunsch nach Hilfe jedoch selbst nicht akzeptieren kann, ersetzt sie ihn unbewußt durch ein vorgetäuschtes Bedürfnis. Und dieses Ersatzbedürfnis äußert sich als Drang, anderen helfen zu müssen. Statt dafür zu sorgen, daß ihre eigenen Bedürfnisse befriedigt werden, glaubt sie, sie könne nur glücklich werden, wenn sie anderen helfe. Sie übernimmt also in gewisser Weise die Rolle des verantwortungsbewußten, liebenden Ehemannes, den sie sich insgeheim wünscht.

Diese Erkenntnis ist sowohl für die Frau als auch für den Mann von großer Bedeutung. Wenn sie zuviel Verantwortung übernimmt, sollte ihr Mann ihr deshalb keine Vorwürfe machen, sondern erkennen, daß sie dringend Hilfe braucht, damit sie wieder zu ihrer Weiblichkeit zurückfinden kann. Ohne die Unterstützung eines Partners werden Frauen, die sich am männlichen Teil ihrer Seele orientieren, mit der Zeit immer selbständiger, so daß es immer unwahrscheinlicher wird, daß sie einen Mann finden, der ihnen helfen kann.

Frauen, die sich überfordert fühlen, bekommen selten die Hilfe, die sie brauchen. Sie wissen einfach nicht, wie sie einem Mann klarmachen sollen, daß sie in Wirklichkeit sehr verletzlich sind und dringend Hilfe brauchen. Da alle Welt sie wegen ihrer Selbständigkeit bewundert, wird ihnen selten Hilfe angeboten. Und wenn es trotzdem einmal dazu kommen sollte, weisen sie das Angebot zurück. Sie wollen um jeden Preis verhindern, daß jemand merkt, wie verletzlich sie in Wirklichkeit sind. Alle sollen ihre Kraft und ihre Opferbereitschaft bewundern.

Solchen Frauen fällt es schließlich sehr schwer, ihre Bedürfnisse überhaupt noch wahrzunehmen und etwas für sich selbst zu tun. Wenn ein Mann nicht erkennt, wie bedürftig eine solche nach außen hin stark wirkende Frau in Wirklichkeit ist, wird er ihr kaum helfen können.

Wenn ein Mann diesen Zusammenhang nicht erkannt hat, wird er sehr schnell frustriert sein, wenn seine Frau zuviel tut. Denn je mehr sie arbeitet, um so weniger Zeit hat sie für ihn. Er glaubt nicht, daß er ihr helfen kann, und weiß nicht, wie er sie glücklich machen soll.

Selbst wenn er ihr alles mögliche abnimmt, glaubt sie immer noch, mehr tun zu müssen. Es ist so, als stünde zwischen ihm und seiner Frau eine Wand. Wenn er nichts für sie tun kann, kann er auch ihre Liebe nicht annehmen. Er hat das Gefühl, in ihrem Leben keine Rolle mehr zu spielen. Ihre Unabhängigkeit und Selbständigkeit treiben ihn buchstäblich aus dem Haus.

Solche Frauen begreifen nicht, daß ein Mann nur glücklich ist, wenn er weiß, daß er im Leben seiner Frau eine entscheidende Rolle spielt und das Gefühl hat, sie glücklich machen zu können. Nur so kann ein Mann die Nähe zu seiner Frau erleben.

Wie sie den »Richtigen« findet

Da das für Frauen, die zuviel tun, schwer ist, werde ich oft gefragt, was man tun muß, um den Richtigen zu finden.

Gewöhnlich frage ich eine solche Frau zuerst, warum sie überhaupt einen Mann *braucht*. Das überrascht die meisten, und ich bekomme Antworten, wie:

»Nun ja, ich weiß nicht, ob ich wirklich einen Mann *brauche*« oder »Ich glaube eigentlich nicht, daß ich einen Mann *brauche*.«

Andere drücken sich klarer aus und geben unumwunden zu: »Eigentlich *brauche* ich nicht unbedingt einen Mann, aber ich hätte gern einen.«

———◄○►———

Wenn eine Frau an einer dauerhaften Beziehung interessiert ist, muß sie sich zunächst einmal auf ihre Weiblichkeit besinnen und darf sich nicht schämen zuzugeben, daß sie einen Mann braucht.

———◄○►———

Wenn eine Frau verzweifelt einen Mann sucht, kann man davon ausgehen, daß sich ihre Gefühle am weiblichen Teil ihrer Seele orientieren. Es ist jedoch möglich, daß dieser weibliche Teil nicht stark genug ist, um den richtigen Mann anzuziehen. Sie muß also zuerst dafür sorgen, daß ihre Weiblichkeit stärker wird, denn dann geschieht etwas ganz Wunderbares. Sie spürt plötzlich, wie groß ihre Sehnsucht nach einem Mann ist, und vertraut darauf, daß sie ihn eines Tages irgendwo auch finden wird. Um sich wieder so öffnen zu können, braucht sie keinen Mann, sondern braucht nur ihre freundschaftlichen Kontakte zu anderen Frauen zu kultivieren.

Wie er Intimität erlebt

Wir dürfen nie vergessen, daß ein Mann sich emotional an eine Frau bindet, indem er für sie sorgt. Immer wenn er dabei Erfolg hat und seine Partnerin glücklich machen kann, ist er ihr nah. Wir müssen uns außerdem ins Gedächtnis zurückrufen, daß eine Frau sich ihrem Partner besonders nah fühlt, wenn sie spürt, daß er sie liebt und ihr hilft. Das ist ein großer Unterschied. Wenn eine Frau sich nicht entspannen kann, so daß der Mann keine Gelegenheit hat, den weiblichen Teil ihrer Seele zu stärken, wird es ihr schwerfallen, sich überhaupt zu binden.

An einem einfachen Beispiel läßt sich zeigen, wie mit Hilfe der neuen Entspannungsmethoden geholfen werden kann: Ein Mann und eine Frau gehen auf eine Tür zu. Wenn es sich um eine jener Frauen handelt, die immer zuviel tun, wird sie ihren Schritt beschleunigen und dem Mann höflich die Tür aufhalten. Solche Frauen geben anderen das, was sie selbst gern hätten, und verstärken dadurch ihre Neigung, immer nur zu geben statt zu nehmen. Um auch den weiblichen Teil ihrer Seele zu seinem Recht kommen zu lassen, sollte eine Frau in dieser Situation ihren Schritt verlangsamen, damit er die Tür zuerst erreicht und sie ihr aufhalten kann. Dann sollte sie sich bei ihm bedanken. Wenn sie den Mann die Tür für sie aufhalten läßt, verschafft sie ihm ein Erfolgserlebnis.

Rituale

Dem Mann wird in diesem Beispiel die maskuline Rolle des Beschützers zugewiesen. Die Frau kann sich auf ihre weibliche Rolle besinnen und die höfliche Geste des Mannes dankbar annehmen. Das Beispiel zeigt auch, was sie sich in Wirklichkeit wünscht: Sie möchte, daß man sich um sie kümmert. Sie kann die Tür natürlich auch selbst öffnen, aber wenn er es für sie tut, tut es ihrer weiblichen Seele gut. Sie braucht so etwas, um ihr inneres Gleichgewicht wiedererlangen zu können.

Wenn ein Mann einer Frau die Tür aufhält, hat das für sie die gleiche Bedeutung, als würde er zu ihr sagen: »Du bist für mich etwas ganz Besonderes, ich liebe dich, ich verehre dich, ich bin für dich da und ich weiß, daß du soviel für andere tust, daß ich froh bin, dir hin und wieder das Leben ein bißchen leichter machen zu können.«

Jedesmal, wenn ein Mann sich die Mühe macht, seiner Frau das Leben etwas leichter und angenehmer zu machen, will er ihr damit zeigen, daß er sie liebt. Taten zählen mehr als Worte.

Drittes Stadium: Frauen, die sich wünschen, ihre Männer würden mehr mit ihnen reden

Die dritte, häufig vorkommende Reaktion einer Frau, deren inneres Gleichgewicht durch den Rollentausch gestört ist, besteht darin, daß sie sich wünscht, ihr Mann würde mehr mit ihr reden und sich also mehr am weiblichen Verhalten orientieren.

Sie wünscht sich, daß ihr Mann sich öffnet und über seine Gefühle redet, so wie sie es selbst gern täte, wenn sie nicht ihr inneres Gleichgewicht verloren hätte. Sie möchte, daß er feminin wird, weil sie sich sonst nicht traut, selbst wieder feminin zu sein.

Sie glaubt allen Ernstes, daß sie glücklich sein könnte, wenn ihr Partner offener, verletzlicher und sensibler wäre.

Wenn der Wunsch einer Frau, ihr Mann möge doch weicher und sensibler sein, in Erfüllung ginge, wäre das in Wirklichkeit nur eine Ersatzbefriedigung. Dahinter verbirgt sich die Sehnsucht der Frau, selbst sensibler und verletzlicher sein zu können.

Eine übergewichtige Frau ersetzt ihren Hunger nach Liebe durch Essen. Die Frau, die ständig etwas tun muß, verdrängt ihren Wunsch, einen Menschen zu haben, der für sie sorgt, indem sie ständig anderen hilft. Und diese Frau glaubt, ihr Partner könne ihre Sehnsucht nach mehr Weiblichkeit dadurch stillen, daß er selbst femininer wird.

Solche unbewußten Ersatzbefriedigungen laufen immer dann wie ein Reflex ab, wenn Frauen Männerrollen übernehmen müssen, ohne daß ihnen jemand hilft, ihre Weiblichkeit zu bewahren.

Wenn sie sich nicht sicher fühlt

Auch in einer Liebesbeziehung kann sich eine Frau unsicher fühlen. Entweder hat sie das Gefühl, nicht liebenswert zu sein, oder ihr Partner hat nicht gelernt, ihr ein Gefühl der Sicherheit zu vermitteln. Wenn es ihr nicht gelingt, den weiblichen Teil ihrer Seele zu seinem Recht kommen zu lassen, wird sie – ganz gleich, aus welchen Gründen sie unsicher ist – automatisch ihre männliche Seite aktivieren und männliche Eigenschaften an den Tag legen. Um das auszugleichen, sehnt sie sich dann nach einem »feminineren« Partner.

Im allgemeinen sucht sie sich einen Mann, der schon von Haus aus sensibel und offen ist. Es kann jedoch auch vorkommen, daß sie versucht, ihn nach und nach soweit zu bringen. Sie verlangt von ihm, daß er sich öffnet, mehr mit ihr redet und häuslicher wird. Eine solche Reaktion ist darauf zurückzuführen, daß die Frau keine klare Vorstellung davon hat, was sie anstellen muß, um die Hilfe zu bekommen, die der weibliche Teil ihrer Seele braucht. Sie glaubt dann, den weiblichen Teil seiner Seele unterstützen zu müssen.

Sie hat instinktiv das Gefühl: »Wenn ich ihm Gelegenheit gebe, über seine Probleme und Gefühle zu reden, und ihm voller Sympathie zuhöre, wird er mir auch zuhören. Wenn ich seine weiblichen Bedürfnisse erfülle, wird er auch meine erfüllen.« Unter Frauen trifft das zu, bei Männern funktioniert es jedoch nicht.

Ich weiß genau, wann meine Frau das Bedürfnis hat, mir etwas zu erzählen, denn dann stellt sie zunächst einmal mir viele Fragen. Wenn ich zum Beispiel von meinen Wochenendseminaren nach Hause komme, freut sie sich besonders, mich wiederzusehen, und hat mir eine Menge zu erzählen. Ich weiß inzwischen, daß ich nur ein paar Fragen zu beantworten brauche, denn sie wartet darauf, daß ich sie frage, was sie am Wochenende erlebt hat.

Seit es mir gelungen ist, diesen weiblichen Geheimcode zu knacken, kann ich Bonnie das geben, was sie von mir erwartet. Als mir noch nicht klar war, wie verschieden wir beide waren, wäre es in der gleichen Situation zu einem großen Streit gekommen.

Anstatt einfach zu sagen, daß sie mit mir reden wollte, fragte sie mich, wie es mir am Wochenende ergangen sei. Ich hätte mich lieber ausgeruht, aber da ich spürte, daß sie mit mir reden wollte, versuchte ich, ihr zuzuhören. Wenn ich mich heute an diese Zeit erinnere, wird mir klar, daß das alles sehr zäh war. Je mehr sie versuchte, mich zum Reden zu bringen, um so weniger Lust hatte ich dazu.

Nachdem ich fünf Minuten lang ihre Fragen beantwortet und mich dabei so kurz wie möglich gefaßt hatte (ihr zuliebe), dachte ich, ich könnte mich jetzt in aller Ruhe vor den Fernseher setzen (mir zuliebe). Mir war überhaupt nicht klar, daß sie etwas ganz anderes von mir erwartete. Sie wurde immer ärgerlicher, weil ich ihre Fragen nur widerstrebend beantwortete und es versäumt hatte, ihr selbst Fragen zu stellen.

Der Prozeß nahm erst eine positive Wende, als ich gelernt hatte, die Zeichen zu deuten, und die neuen Methoden für ein besseres Zusammenleben anwandte. Wenn Bonnie mir heute Fragen stellt, rede ich eine Weile mit ihr und stelle ihr dann meinerseits viele Fragen. Wenn sie dann immer noch nichts sagt, bohre ich ganz vorsichtig weiter. Und wenn sie erst einmal begonnen hat zu reden, lasse ich sie reden, denn sie hat es nötiger als ich.

Wenn man als Mann darauf achtet, nie mehr zu reden als seine Frau, wirkt man der Tendenz zum emotionalen Rollentausch entgegen. Es kommt natürlich auch schon einmal vor, daß ich mehr rede; wenn ich jedoch feststelle, daß das zu oft geschieht, halte ich mich zurück und konzentriere mich darauf, sie zum Reden zu bringen.

Wenn er sich öffnet

Ich habe in den letzten zehn Jahren eine erstaunliche Erkenntnis gewonnen: Wenn eine Frau davon abhängig ist, daß ihr Mann sich öffnet und mit ihr redet, ist sie vom weiblichen Teil ihrer Seele weit entfernt.

Als ich das erkannt hatte, wurde mir klar, daß ich meinen männlichen Klienten kein schöneres Geschenk machen konnte, als ihnen beizubringen, ihren Frauen besser zuzuhören. Den Frauen muß klarwerden, wie wichtig es ist, ihre Männer in der richtigen Weise »vorzubereiten«, damit es ihnen nicht so schwerfällt zuzuhören. Wenn ein Mann erst einmal gelernt hat zuzuhören, macht es ihm nicht mehr so viel aus, wenn seine Frau mit ihm über ihre Gefühle reden möchte. Und die Frauen fühlen sich dann bedeutend sicherer und freier. Nachdem sie diese Methode angewendet hatten, spürten viele Ehepaare sehr bald, daß sie bedeutend besser miteinander auskamen.

Was sie empfindet, wenn er sich öffnet

Nehmen wir einmal typische Bemerkungen unter die Lupe, die von Frauen stammen, deren Männer ihnen ihre Gefühle häufiger und intensiver offenbart haben als sie selbst. Auch wenn sich natürlich nicht jede Frau mit diesen Kommentaren identifizieren kann, hört man sie doch sehr häufig, vor allem von Frauen, die mit Männern zusammenleben, die sehr sensibel sind.

Was er tut:	*Was sie empfindet:*
Er sagt ihr, wie sehr es ihn aufregt, wenn sie über ihre Gefühle spricht.	»Ich habe nicht gewußt, daß er so sensibel ist. Ich muß mich jetzt immer besonders vorsehen. Ich traue mich kaum noch, ihm etwas zu erzählen.«
Er wird wütend und sagt ihr unverblümt, was er von ihren Gefühlen hält. Dann geht er weg, um sich wieder zu beruhigen.	»Ich kann sagen, was ich will, alles regt ihn auf. Ich habe Angst, ihm überhaupt noch etwas anzuvertrauen.«
Nachdem sie ihm ihre Probleme anvertraut hat, redet er mit ihr über alles, was ihn bedrückt.	»Er hat selbst genügend Probleme. Ich möchte ihn nicht auch noch mit meinen belasten. Er ist einfach zu schwach. Ich wollte eigentlich nicht noch ein Kind haben.«
Er beklagt sich ständig und hat an allem etwas auszusetzen.	»Eigentlich bin ich ja froh, daß er sich mir anvertraut hat, aber jetzt wo ich ihn kenne, hat er für mich viel von seiner Attraktivität verloren. Es tut mir zwar sehr leid, aber ich möchte wirklich nicht mehr mit ihm zusammensein.«
Er vertraut ihr an, daß er sich im Grunde seines Herzens unsicher fühlt und abhängig davon ist, daß sie ihn liebt.	»Ich verstehe seine Gefühle, aber ich glaube, ich kann in seiner Gegenwart nicht ich selbst sein.«
Er redet bei jeder Gelegenheit über seine Gefühle.	»Wenn ich mit ihm zusammen bin, habe ich das Gefühl, auf rohen Eiern zu gehen. Er hört mir nicht zu, und er versteht mich nicht.«
Er sagt ihr, wie verletzt er ist, und weint mehr als sie.	»Es ist mir unangenehm, darüber zu reden, aber wenn er ständig weint, kann ich zwar seine Gefühle respektieren, aber erotisch empfinde ich dann nichts mehr für ihn.«

Was er tut:	*Was sie empfindet:*
Er ist oft wütend und glaubt, seine Wut immer gleich herauslassen zu müssen, statt sich erst einmal zu beruhigen.	»Wenn er so wütend wird, kommt er mir wie ein trotziges Kind vor. Ich bekomme dann automatisch Muttergefühle und meine, ich müßte besonders nett zu ihm sein.«
Er spricht öfter als sie über die Probleme ihrer Ehe und über die Schwierigkeiten, die er hat.	»Ich bin heilfroh, daß wir eine Therapie begonnen haben. Er hat es bitter nötig. Ich hätte nie gedacht, daß er so viele Probleme hat. Ich will damit nicht sagen, daß ich vollkommen bin, aber ich denke, er braucht eine neutrale Person. Ich möchte ihn verlassen, weil ich nicht mehr weiß, was ich noch für ihn tun soll.«
Er jammert und beklagt sich ständig – mehr als sie.	»Es paßt mir überhaupt nicht, daß er ständig herumjammert. Ich wünschte mir einen männlicheren Mann. Ich möchte schließlich nicht mit einer Frau verheiratet sein.«
Er spricht immer davon, daß er in der Ehe zu kurz kommt, und erwartet von ihr, daß sie die Bedürfnisse des weiblichen Teils seiner Seele befriedigt.	»Er ist mir gegenüber immer sehr aufmerksam, aber ich habe das Gefühl, daß er ständig etwas von mir will. Wenn ich nicht mit ihm rede, regt er sich auf, und wenn er redet, würde ich am liebsten aus dem Zimmer gehen. Ich höre ihm zu, aber ich tue es nur ungern.«

Keine dieser Frauen hätte gedacht, daß sie einmal so etwas sagen würde. Alle hatten geglaubt, wenn sich ihre Männer erst einmal öffnen würden, wäre ihre Ehe eitel Sonnenschein.

Wie sie auf seine Sensibilität reagiert

Eine Frau reagiert auf die Verletzlichkeit ihres Partners umgekehrt wie ein Mann. Wenn er ihr zuhört *und dabei keine Schuldgefühle hat,* dann liegt ihm etwas an ihr, und er steht im Kontakt mit dem weiblichen Teil seiner Seele. Wenn sie sich ihm anvertraut, reagiert er zwar empfindsam auf ihre Gefühle, ist aber auf der anderen Seite entschlossen, ihr zu helfen, und besitzt auch die nötige Kraft.

Auch sie gewinnt an Kraft, wenn sie ihm zuhört, aber sie findet es belastend, daß sie sich mehr um ihn kümmern muß, als er sich um sie kümmert.

Eine solche Veränderung vollzieht sich bei der Frau fast unmerklich. Wenn er sich ihr anvertraut, ist sie zunächst beeindruckt und findet es sehr lieb von ihm. Leider wird ihr das mit der Zeit jedoch zuviel, und er verliert für sie an Attraktivität. Aber selbst wenn sie bereit ist, ihn zu verlassen, glaubt sie immer noch, es liege an ihr und nicht an ihm. In vielen Fällen ist es jedoch darauf zurückzuführen, daß er sich ihr mehr geöffnet hat als sie sich ihm und sie das ganz einfach nicht mehr attraktiv fand.

Grundsätzlich kann man sagen, daß eine Frau glücklich ist, wenn ihr Partner ihr nicht zuviel anvertraut, sondern ihr hilft, damit sie sich ihm gegenüber besser öffnen kann.

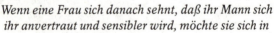

Wenn eine Frau sich danach sehnt, daß ihr Mann sich ihr anvertraut und sensibler wird, möchte sie sich in Wirklichkeit selbst öffnen und sensibler und verletzlicher werden.

Wenn er sein inneres Gleichgewicht verloren hat

Wenn ein Mann sich in seiner Ehe oder in seinem Beruf nicht bestätigt fühlt, verliert er sein inneres Gleichgewicht. Es gibt drei Möglichkeiten, wie er darauf reagiert:

1. Er arbeitet zwanghaft immer mehr.
2. Er ist in seiner Höhle gefangen und weiß nicht, wie er wieder herauskommen soll.
3. Er orientiert sich am weiblichen Teil seiner Seele, läßt sich von seinen Gefühlen übermannen, wird launisch oder hat ständig das Verlangen, über seine Probleme zu reden.

Alle drei Möglichkeiten sind unproduktiv. Er kann sich auf diese Weise bestenfalls vorübergehend Erleichterung verschaffen und die Schmerzen lindern, die dadurch entstanden sind, daß der männliche Teil seiner Seele nicht unterstützt wird. Langfristig wird ihn das jedoch nur noch mehr schwächen. Seine Probleme wird er auf diese Weise nie lösen können.

1. Erstes Stadium: Er vergräbt sich in seine Arbeit

Wenn einem Mann zu Hause die nötige moralische Unterstützung fehlt, vergräbt er sich in seine Arbeit. Wir haben bereits mehrfach darüber gesprochen, daß ein Mann, der das Gefühl hat, daß seine Frau nicht glücklich ist, glaubt, es läge daran, daß er nicht genug Geld verdient. Er fühlt sich dazu getrieben, immer mehr zu leisten. Aber so erfolgreich er auch sein mag, es wird nie genug sein. Im stillen macht er sich Vorwürfe, weil er nicht tüchtig genug ist und Fehler macht. Schließlich ist er davon überzeugt, nicht gut genug zu sein.

Weil er immer nur nach Erfolg strebt (oder sich grämt, weil ihm dieser Erfolg versagt bleibt), vergißt er vorübergehend, daß ihm eigentlich die Bestätigung durch andere Menschen fehlt. In seinem Beruf versucht er immer wieder, sich zu beweisen, daß er unabhängig und kompetent ist, nur um nicht daran denken zu müssen, daß ihm die Anerkennung seiner Frau fehlt.

Letzten Endes wird er sich einreden, daß er diese Anerkennung gar nicht nötig hat, denn er hat nie erlebt, was es bedeutet, wenn jede Leistung und jede Aktion dankbar registriert wird, ganz gleich, wie das Ergebnis aussieht. Er hat weder als Kind noch als Partner einer Frau Nachsicht, Akzeptanz und Anerkennung erlebt.

Ein Mann, der zu Hause keine Bestätigung erfährt, beurteilt sich selbst nur noch nach seinen beruflichen Leistungen. Da seine Sehnsucht nach Erfolg nur ein Ersatz für sein wahres Bedürfnis nach Anerkennung ist, werden ihn seine beruflichen Erfolge jedoch nie zufriedenstellen können.

Er ist in einen Teufelskreis geraten, der ihn ständig weiter in die Tiefe zieht. Je mehr er sich auf seine Arbeit konzentriert, um so weniger kann er sich um seine Frau kümmern. Und das hat zur Folge, daß er von ihr um so weniger die Anerkennung bekommt, die er sich eigentlich am sehnlichsten wünscht. Selbst wenn sie ihm einmal zeigt, daß sie ihn schätzt, spürt er das kaum noch, denn je größer sein Mangel an Anerkennung ist, um so selbstkritischer und unzufriedener wird er.

Zweites Stadium: Er kommt nicht mehr aus seiner Höhle heraus

Wenn ein Mann nach Hause kommt und bei seiner Arbeit keinen Erfolg gehabt hat, geht er seiner Frau zunächst aus dem Weg, um sich erst einmal auszuruhen und die Probleme des Tages zu vergessen. Das ist, wie wir bereits gesehen haben, völlig normal, vorausgesetzt, der Zustand ist vorübergehender Natur. Wenn er jedoch den zusätzlichen Streß verarbeiten muß, der dadurch entsteht, daß er sich als Versager fühlt, braucht er bedeutend länger, bis er sich wieder aus seiner Höhle heraustraut.

Wenn er dieses zweite Stadium erreicht hat, kann er sich kaum noch von dem Druck befreien. Wenn es einem Mann beruflich schlechtgeht, verfolgt ihn das zu Hause bei seinen Hobbys oder sogar, wenn er sich ein Spiel seiner Lieblingsmannschaft ansieht. Wenn der Erfolgsdruck anhält, können ihm auch die Aktivitäten in der Höhle kaum noch helfen.

Wenn der männliche Teil der Seele eines Mannes von der Frau nicht hinreichend unterstützt wird, ist er abends völlig erschöpft. Es ist so, als würde er den Rest seiner Kraft für den nächsten Tag aufheben, weil er hofft, dann seine Probleme lösen zu können. Für seine Frau und die Familie bleibt dann kaum noch etwas übrig.

Einem Mann fällt es schwer, die Probleme des Tages nach Feierabend zu vergessen. Er steht auch dann immer noch unter Druck, denn der weibliche Teil seiner Seele erinnert ihn wieder daran, und sein männlicher Teil ist nicht in der Lage, die Probleme zu lösen. Das hat zur Folge, daß er süchtig nach den Aktivitäten wird, mit denen er sich in der Höhle beschäftigt, um die beruflichen Probleme zu vergessen und den Druck loszuwerden. Das hat zur Folge, daß er jegliches Interesse an den Dingen verliert, die um ihn herum vorgehen.

Es fällt ihm besonders schwer, den Kontakt zu seiner Frau aufrechtzuerhalten, weil er erstens so beschäftigt ist und ihm zweitens die Motivation fehlt, die er früher hatte. Er hat keine Kraft mehr, weil er sich im Grunde seines Herzens wie ein Versager fühlt.

———◀O▶———

Versagen ist für einen Mann tödlich.

———◀O▶———

Ersatzbedürfnisse

Im ersten Stadium ersetzt der Mann seine eigentlichen Bedürfnisse durch das Streben nach Erfolg. Im zweiten ruht er sich aus und entspannt sich – obwohl er eigentlich geliebt werden möchte und Anerkennung sucht. Er möchte dann einfach in Ruhe gelassen werden: Er will sich ausruhen, ein Nickerchen machen, sich entspannen oder völlig abwesend vor dem Fernseher sitzen. Dieses völlige »Abschalten« ist zwar ein legitimes

Bedürfnis, seine Frau glaubt jedoch, er sei einfach nur faul. Ihm fällt es dann noch schwerer, ihr zuzuhören oder auf ihre Wünsche und Bedürfnisse einzugehen.

Er verliert nach und nach seine Selbstsicherheit und wird immer passiver. Es gibt kaum noch etwas, das ihn interessiert, er ist zerstreut und möchte am liebsten allein sein. Die Ruhe bringt ihm zwar vorübergehend eine gewisse Erleichterung, kann aber sein Bedürfnis, neue Kraft durch Anerkennung zu schöpfen, nicht befriedigen.

Wenn eine Frau nicht erkannt hat, was ihrem Mann fehlt, macht sie die Situation immer schlimmer, ohne es selbst zu merken. Sie beklagt sich, daß er nie für sie da ist, und erkennt nicht an, daß er trotzdem immer noch gewisse Dinge für sie tut. Selbst wenn das nicht viel ist, sollte sie ihre Aufmerksamkeit immer auf das richten, was er tut, und nicht auf das, was er nicht tut. Nur so kann sie ihm helfen, damit er mit der Zeit wieder mehr für sie tun kann und so in den Genuß der Anerkennung kommt, die ihm soviel bedeutet.

Wenn dieser Prozeß erst einmal in Gang gesetzt wurde, verhält er sich wie ein Schneeball, der einen Hang hinabrollt und dabei immer größer wird. Wenn man einen Mann für das, was er getan hat, lobt, wird er sich beim nächsten Mal automatisch etwas mehr Mühe geben. Wenn er spürt, daß man ihn anerkennt, mobilisiert er seine ganze Kraft und ist bedeutend stärker motiviert, noch mehr zu leisten. Die Liebe seiner Frau gibt dem Mann seine Kraft wieder und holt ihn aus der Höhle heraus.

Wenn sie ihn lobt, wird er seine ganze Kraft einsetzen und bedeutend stärker motiviert sein, mehr zu leisten.

Sie kann ihm helfen, indem sie sich selbst hilft

Auch die Frau kann ihrem Mann helfen, indem sie sich selbst hilft. Je glücklicher sie ist, um so eher wird er aus seiner Höhle herauskommen. Sobald er merkt, daß sie nicht unglücklich ist oder ihm Vorwürfe macht, weil er nicht herauskommt, glaubt er, daß er doch etwas richtig gemacht haben muß.

Wenn sie glücklich ist, hält er sich das zugute und empfindet eine gewisse Genugtuung. Wenn sie zum Beispiel bei einem Einkaufsbummel von dem Geld, das er verdient hat, etwas Schönes kauft und ihm zeigt, wie dankbar sie ihm dafür ist, geht es ihm schon bedeutend besser.

————◄○►————

Wenn eine Frau glücklich ist, hält der Mann sich das zugute und empfindet eine gewisse Genugtuung.

————◄○►————

Wenn sie dagegen unglücklich ist, erlebt er das als einen weiteren Mißerfolg, fühlt sich als Versager und zieht sich noch tiefer in seine Höhle zurück.

Wenn er sich in diesem Stadium befindet, neigt sie dazu, ihn zu kritisieren und ihm zu sagen, er sei faul und wenig hilfsbereit. Sobald sie jedoch erkannt hat, um was es in diesem zweiten Stadium wirklich geht, wird es ihr bedeutend leichter fallen, ihn zu verstehen und ihm zu helfen, statt zu meckern und sich ständig zu beklagen.

Ein Vergleich

Wenn eine Frau das zweite Stadium des Mannes mit ihrem vergleicht, wird es ihr nicht mehr so schwerfallen, ihn zu verstehen. Er hat die gleichen Schwierigkeiten wie sie, das zweite Stadium zu verlassen.

Die Frau hat in dieser Phase die Zwangsvorstellung, sie müsse immer noch mehr leisten. Sie kann sich nur entspannen, wenn er ihr dabei hilft. Wenn sie verheiratet ist und Kinder hat, ist es noch schwieriger. Es gibt kaum eine Frau, die nicht weiß, wie schwer es ist, sich zu entspannen und das Leben zu genießen, wenn ständig irgend jemand etwas von einem will.

Im Gegensatz dazu hat der Mann in diesem zweiten Stadium das Bedürfnis, weniger zu tun. Er fällt ihm zwar nicht schwer, sich zu entspannen, aber er ist völlig antriebslos. Nur der Gedanke an eine geruhsame Freizeitbeschäftigung kann ihn wieder zum Leben erwecken; sobald er jedoch etwas von Hausarbeit hört, ist er sofort wieder völlig erschöpft. Sein Bedürfnis nach Ruhe ist genauso stark ausgeprägt wie ihr Drang, immer mehr zu tun. Sie ist nicht in der Lage, etwas für sich zu tun oder sich zu amüsieren, er dagegen setzt seine Kraft nur noch dafür ein.

Solange er diesen Zusammenhang nicht erkannt hat, wird seine Frau ihm das Leben nur noch schwerer machen. Je dringender man ihn zu Hause braucht, um so enttäuschter werden die anderen Familienmitglieder sein, die sich auf ihn verlassen haben. Und das lähmt seinen Tatendrang noch mehr.

Wenn eine Frau das begriffen hat, kann sie sich vorstellen, was ihr Mann durchmacht. Und er kann endlich verstehen, warum man zu einer Frau, die ihr inneres Gleichgewicht verloren hat, nicht einfach sagen kann: »Nimm's nicht so schwer, entspann dich doch.«

Wie er von der Couch hochkommt

Als ich das Wesen dieses zweiten Stadiums des Rollentauschs erkannt hatte, ging es mir bedeutend besser. Wenn ich mich bei meiner beruflichen Arbeit einmal nicht wohl fühle, habe ich das Bedürfnis, länger in meiner Höhle zu bleiben. Ich würde dann zwar gern herauskommen, aber ich habe das Gefühl, in der Falle zu sitzen.

Ich muß mir dann ins Gedächtnis zurückrufen, daß ich eigentlich nur unter einem Mangel an Anerkennung leide.

Obwohl jede Zelle meines Körpers mir sagt, ruh dich aus, entspann dich, bleib liegen, zwinge ich mich aufzustehen. Dabei stelle ich mir vor, ich würde Gewichte heben, um meine Muskeln zu trainieren. Wenn ich nicht in Form bin, fällt mir das immer besonders schwer, und ich habe dann auch wenig Lust dazu. Wenn ich jedoch erst einmal angefangen habe, geht es mir bald viel besser, und ich fühle mich stärker.

Mit der Couch ist das ähnlich. Ich habe das Gefühl, ich sei daran festgeklebt. Erst muß ich mich dazu zwingen aufzustehen, und dann erledige ich irgendeine körperliche Arbeit, für die Bonnie mir dankbar sein wird. Es kann sein, daß ich nur den Müll wegbringe. Sobald ich jedoch wieder in Bewegung bin und sie mich ein bißchen lobt, springt mein Motor wieder an.

Diese Methode funktioniert bei mir besonders gut, weil Bonnie sich viel Mühe gibt, mir ihre Dankbarkeit zu zeigen. Wenn ich etwas im Haus erledige, sagt sie nicht: »Was soll's, ich arbeite auch, seit ich nach Hause gekommen bin«, sondern nimmt sich Zeit, mir zu zeigen, wie dankbar sie mir ist.

Falls sie nicht merkt, daß ich etwas getan habe, kann ich sie darauf aufmerksam machen, damit ich nur ja keine Gelegenheit verpasse, von ihr gelobt zu werden. Ich sage beispielsweise: »Hast du schon gesehen, daß ich den Müll weggebracht habe?«

Sie vergißt dann nie, sich bei mir zu bedanken.

Selbst wenn sie sich über mich geärgert hat und es ihr auf der Zunge liegt zu sagen: »Ist das auch schon was?«, bemüht sie sich, mir etwas Nettes zu sagen.

Das Bewußtsein, daß ich zu Hause sehr schnell Anerkennung finden kann, macht es mir bedeutend leichter, aus meiner Höhle herauszukommen. Da ich immer wieder diese positive Erfahrung mache, merke ich sofort, wann ich Anerkennung brauche, und komme heraus, um sie mir zu holen. Die Aussicht auf ihre liebevolle Reaktion motiviert mich, meine Höhle zu verlassen.

Wenn Bonnie sich im zweiten Stadium befindet und sich die Zeit nimmt, mich zu loben, hilft sie sich damit auch selbst, denn sie spürt dann, daß sie nicht wirklich allein ist, sondern sich auf meine Hilfe verlassen kann. Das gibt ihr die Möglichkeit, sich zu entspannen. Wenn ich zum Beispiel aus meiner Höhle herauskomme und den Mülleimer ausleere, ist sie mir nicht nur dankbar, weil ich den Müll wegbringe, sondern sie ist auch froh, in mir einen Kameraden, Freund und Partner zu haben.

Durch ihre Hilfe befreit sie mich und gibt mir die Möglichkeit, meine Höhle zu verlassen. Das soll nicht heißen, daß ich auf meine Zeit in der Höhle ganz verzichten kann. Wenn ein Mann unter Streß steht, ist es nur natürlich, daß er das Bedürfnis hat, sich in seine Höhle zurückzuziehen. Ungesund wird das Ganze nur dann, wenn er nicht mehr in der Lage ist, wieder herauszukommen.

Zwölfschritteprogramm
Oft fängt ein Mann in diesem zweiten Stadium an zu trinken oder greift auf andere Suchtmittel zurück. Damit schließt er sich noch hermetischer in seine Höhle ein. Wenn er dagegen weiß, daß er zu Freunden gehen kann, die ihn schätzen und keine hohen Ansprüche an ihn stellen, fällt es ihm bedeutend leichter, seine Höhle zu verlassen. Das ist einer der Gründe, warum Zwölfschritteprogramme und andere gesprächstherapeutisch orientierte Methoden, durch die das Selbstwertgefühl gestärkt wird, so erfolgreich sind.

Wenn ein Mann in seiner Höhle gefangen ist, kann er den Schmerz, der dadurch entstanden ist, daß ihm die nötige Anerkennung fehlt, nur noch mit Alkohol betäuben. In einem Zwölfschritteprogramm kann er dagegen die Anerkennung aller anderen Teilnehmer allein dadurch gewinnen, daß er aufhört zu trinken und an den Sitzungen teilnimmt. Wenn er das durchhält und immer wieder hingeht, wird er jedesmal ein gutes Gefühl haben, ganz gleich, wie schlecht er in seinem Beruf oder in seiner Ehe zurechtkommt. Und das ist eine sehr große Hilfe.

Alkoholiker, die an den Sitzungen der Anonymen Alkoholiker teilnehmen, sind stolz darauf, wie viele Tage, Wochen, Monate oder Jahre sie keinen Alkohol mehr getrunken haben. Sie sind stolz darauf wie auf einen Verdienstorden, und je länger sie trocken sind, um so mehr steigt ihr Ansehen in der Gruppe. Sie haben plötzlich wieder einen Grund, stolz auf sich zu sein, und werden von vielen anderen Leuten bewundert, die ihre Situation nur zu gut verstehen. Alle wissen genau, wie schwer es ist und wieviel Kraft es kostet, sich das Trinken abzugewöhnen. Diese Bewunderung gibt dem männlichen Teil der Seele des Betroffenen Kraft und wirkt dem emotionalen Rollentausch entgegen.

Auch Frauen können als Folge des emotionalen Rollentauschs süchtig werden. Zwölfschrittprogramme und andere Gruppentherapien sind auch in solchen Fällen sehr hilfreich, wenn auch aus anderen Gründen. Die Möglichkeit zu reden stärkt den weiblichen Teil der Seele dieser Frauen, und das ist das, was sie am dringendsten brauchen.

Ich will damit nicht sagen, daß es Männern nicht guttut, wenn sie einmal über ihre Gefühle reden können, denn ihre Seele hat auch einen weiblichen Teil. Bevor sie jedoch aus ihrer Höhle herauskommen können, müssen sie erst das Gefühl haben, daß sie etwas leisten können, für das sie von anderen Menschen gelobt werden.

Einer der vielen großen Vorteile der Anonymen Alkoholiker ist es, daß die Leute dort miteinander darüber reden können, wie sie es geschafft haben, wieder trocken zu werden. Dort bekommen die Männer die notwendige Anerkennung und die Frauen das vermißte Mitgefühl.

Beziehungsprobleme aus der Höhlenperspektive

Solange ein Mann nicht verheiratet ist, kann ihn nichts und niemand daran hindern, aus seiner Höhle herauszukommen, wann immer er Lust dazu hat. Wenn er jedoch in einer Zweierbeziehung lebt, ist es ihm fast unmöglich herauszukommen, wenn seine Partnerin verärgert vor dem Höhleneingang wartet. Viele Frauen machen unbewußt diesen Fehler und schaden sich damit selbst.

Wenn er sich in seine Höhle zurückgezogen hat und sie möchte, daß er etwas für sie erledigt, weiß sie schon vorab, daß er sich sträuben wird – er verhält sich dann wie ein Brummbär. Es kommt ihr nicht in den Sinn, daß er tatsächlich ein Bär ist, der Hunger auf den Honig ihrer Liebe hat. Sie glaubt, er brauche nur über seine Gefühle zu reden, dann ginge es ihm schon viel besser. Sie versucht verzweifelt, ihn herauszulocken, indem sie ihm vorschlägt, sich doch mit irgend etwas zu beschäftigen, oder ihm bestimmte Fragen stellt, aber dadurch wird sein Widerstand nur noch größer.

Wie sie ihren Bären aus seiner Höhle lockt

Mit diesen neuen Erkenntnissen und mit Hilfe der neuen Methoden für ein besseres Zusammenleben, die ihre Mutter nicht kannte, hat sie eine Möglichkeit, ihn aus seiner Höhle zu locken. Sie muß sich vorstellen, er wäre wirklich ein Bär.

Niemand, der noch bei Verstand ist, würde in eine Höhle eindringen, in der ein Bär schläft, oder versuchen, ihn mit Gewalt herauszuziehen.

Statt dessen würde man versuchen, ihn mit kleinen Brotstückchen, die man vor den Höhleneingang legt, herauszulocken. Wenn trockenes Brot nicht genügt, bestreicht man es mit Honig. Sobald er das riecht, wird sein Instinkt ihn zwingen, dieser Witterung zu folgen. Und schon ist er da.

Jetzt wissen Sie, daß er Ihnen überallhin folgen wird, Sie brauchen ihn nur mit Brot und Honig zu locken. Wenn der Bär in Wirklichkeit ein Mann ist, steht das Brot für die Möglichkeit, etwas zu tun, und der Honig für die Anerkennung, die er anschließend bekommt. Sobald der Bär/Mann Akzeptanz und Anerkennung wittert, ist er bereit, seine Höhle zu verlassen.

Drittes Stadium: Er möchte, daß sie ihn mehr unterstützt

Wenn der männliche Teil der Seele eines Mannes nicht unterstützt wird und er in seiner Höhle festsitzt, kommt er in das dritte Stadium. Der männliche Teil bleibt in der Höhle und nur der weibliche Teil kommt heraus. Er hat plötzlich den Wunsch, daß sie sich mehr um ihn kümmert, aber da er trotz allem immer noch ein Mann ist, fordert er diese Hilfe auf eine aggressive Weise.

Wenn er sich in seine Höhle zurückgezogen hat, sollte sie nie versuchen, ihm dorthin zufolgen, das wissen wir bereits. Wenn er im dritten Stadium völlig aus dem Gleichgewicht geraten ist, kommt er heraus – aber mit gezogenen Revolvern. Er ist dann leicht zu verletzen und läßt sich genauso leicht provozieren.

Er übernimmt dann die Rolle der Frau, glaubt, alles allein machen zu müssen, ohne auch nur annähernd soviel zurückzubekommen. Er hat seine Orientierung inzwischen auf den weiblichen Teil seiner Seele verlagert und ist dann gewöhnlich auch entsprechend gesprächig.

Wenn es einem Mann nicht gelingt, vollständig aus seiner Höhle herauszukommen, erscheint nur der weibliche Teil seiner Seele und übernimmt die Kontrolle über die Beziehung. Er reagiert dann völlig überzogen auf die Fehler seiner Frau, hat ein größeres Bedürfnis, über seine Gefühle zu reden, glaubt, er müsse seine Handlungsweisen rechtfertigen, und verlangt von ihr, daß sie sich bei ihm entschuldigt, wenn sie ihn geärgert hat.

Das Bedürfnis, respektiert zu werden

In diesem Stadium des emotionalen Rollentauschs hat er zwar immer noch das starke Bedürfnis nach Anerkennung, da sie ihm jedoch versagt bleibt, sucht er sich eine Ersatzbefriedigung. Das Bedürfnis nach Anerkennung wird durch den Wunsch nach Respekt ersetzt.

Diese Tendenz läßt sich in besonders eindrucksvoller Weise bei einem Familienvater beobachten, der Alkoholiker ist. Sehr oft fordert ein Mann wie er Respekt und macht Bemerkungen wie: »Dies ist mein Haus, und solange du die Füße unter meinen Tisch setzt, wirst du dich so verhalten, wie ich es wünsche...«

Selbst wenn ein Mann kein Alkoholiker ist, wird er in diesem dritten Stadium von Zeit zu Zeit solche Forderungen stellen. Um sich selbst zu helfen, sollte er es vermeiden, mit seiner Frau über seine Gefühle zu reden, sondern sich in dieser Beziehung zurückhalten. Das Reden läßt ihn nur noch starrer, selbstgerechter, anspruchsvoller und aggressiver werden. Hier sind einige Bemerkungen, die ein Hinweis darauf sind, daß der Mann etwas tun muß, um sich wieder in den Griff zu bekommen.

Was geschieht:	Seine emotionale Reaktion im dritten Stadium:
Sie drückt ihre Enttäuschung und Frustration aus.	»Wenn du mit mir nicht glücklich bist, sollten wir uns trennen.«
Sie gibt ihm einen unerbetenen Rat.	»Du weißt genau, daß ich es nicht ausstehen kann, wenn du so mit mir redest. Laß das!«
Sie bringt zum Ausdruck, daß sie mit etwas, das er getan oder vergessen hat, nicht zufrieden ist.	»Niemand darf so mit mir umspringen. Wenn du dich nicht änderst, werde ich dich verlassen.«
Sie ist schlecht gelaunt und nicht in der Lage, ihm zu zeigen, daß sie ihm dankbar ist.	»Ich tue alles für dich, und das ist der Lohn dafür.«
Sie beschwert sich, weil er irgend etwas nicht getan hat.	»Wie kannst du es wagen, mich so zu behandeln. Ich lasse mir das nicht gefallen. Du bist ja so undankbar.«
Sie drückt aus, daß sie mit dem, was er getan hat, nicht einverstanden ist, und gibt ihm einen Rat.	»Ich lasse mir das nicht gefallen. Alles, was ich mache, ist richtig. Nur du machst alles falsch.«
Sie streiten sich über irgendeine Kleinigkeit.	»Ich mache das nicht länger mit. Ich habe es nicht nötig, mich von dir so behandeln zu lassen. Du wirst es nie lernen. Schluß jetzt. Ich habe die Nase voll.«
Sie tut etwas, über das er sich ärgert.	»Ich möchte gar nicht so gemein sein, aber du zwingst mich förmlich dazu. Ich muß dir einmal eine Lektion erteilen.«

Auch wenn diese Formulierungen möglicherweise genau das widergeben, was er in dem Augenblick empfindet, darf er sich seiner Frau gegenüber niemals so äußern. Mit solchen Worten, die absolut negativ, egoistisch, arrogant, beschämend und autoritär sind, kann er nie eine Atmosphäre der Offenheit oder des gegenseitigen Vertrauens schaffen. Wenn er überhaupt an ihr interessiert ist und möchte, daß sie ihm hilft, muß er lernen, sich zurückzuhalten. Gewiß, sie kommen aus dem Bauch, weder das Herz noch der Verstand haben etwas damit zu tun. Bevor er redet, sollte er jedoch sein Herz und seinen Verstand fragen, nicht den Bauch.

Wenn ein emotionaler Rollentausch stattgefunden hat, ist der Mann geradezu wild darauf, von allen respektiert zu werden. Aber wenn er allen anderen Schuldgefühle vermittelt oder sie eingeschüchtert hat, bringt ihm das trotzdem nur eine vorübergehende Befriedigung. Da seine Seele in Wirklichkeit nach Anerkennung dürstet, wird sein Hunger nach Respekt immer größer. Er muß immer recht haben und ist schnell bei der Hand, wenn es darum geht, anderen die Schuld zuzuschieben oder sie zurechtzuweisen.

Im dritten Stadium möchte der Mann womöglich die Kommunikation verbessern und fragt seine Frau, wie es ihr geht. Wenn sie es ihm jedoch sagt, fängt er an, sich mit ihr zu streiten, und möchte lieber von sich reden. Obwohl er sich im Grunde wie eine Frau verhält, die unbedingt ihr Mitteilungsbedürfnis befriedigen will, ist er auf der anderen Seite immer noch ein Mann, der gewöhnlich recht haben möchte und jederzeit bereit ist, sich zu streiten.

Solche anregenden Streitgespräche tun ihm zwar gut, bringen aber nur eine vorübergehende Erleichterung. Er ist trotzdem immer noch von der Vorstellung besessen, daß man ihm zuhören und gehorchen muß. Seine Frau kann für ihn tun, was sie will, es wird ihm nie genug sein.

Wenn Männer wütend werden
Der Unterschied zwischen einem Mann, der sich in diesem Stadium befindet, und einer Frau, die gern möchte, daß man ihr zuhört, besteht darin, daß der Mann in einer solchen Situation immer recht haben muß. Wenn eine Frau sich mitteilen will, genügt es ihr gewöhnlich, wenn man ihr zuhört und sie ernst nimmt. Für sie ist es nicht wichtig, daß ihr Mann ihr zustimmt.

Dieses dritte Stadium wird durch die gesellschaftliche Ent-

315

wicklung außerordentlich gefördert. In den letzten zwanzig Jahren wurden die Männer immer wieder aufgefordert, sich mit ihren Gefühlen auseinanderzusetzen und sie auszudrükken. Oft hat man sie sogar so weit gebracht, daß sie sich schämten, weil sie ihre Gefühle nicht besser ausdrücken konnten.

Wenn ein Mann zu empfindsam und emotional ist, wird die Frau ihn leid. Vor allem wenn er wütend wird, zieht sie sich nach und nach immer mehr zurück. Da sie nicht mehr offen mit ihm reden kann, weigert sie sich, überhaupt noch etwas zu sagen. Dann sitzt sie plötzlich in der Höhle, und er versucht hineinzukommen.

Wenn sie sich weigert zu reden
In meinen Seminaren erlebe ich es immer wieder, daß Männer, die sich in diesem dritten Stadium befinden, die gleichen Klagen äußern. Schauen wir uns einmal ein Beispiel an.

Als Tim sich zu Wort meldete, um uns seine Geschichte zu erzählen, war er sehr verärgert. Er beklagte sich bitter, daß er bedeutend eher bereit sei, etwas für die Beziehung zu tun, als seine Frau.

»Sie sagen, Frauen wollten reden«, sagte er wütend. »Ich würde gern mehr reden, aber meine Frau spricht nicht mehr mit mir.«

Sein selbstgerechter Tonfall gab mir einen Hinweis darauf, was wirklich los war. »Hat Ihre Frau Ihnen schon einmal gesagt, daß Sie ihr nie zuhören würden und daß sie nicht mit Ihnen reden könnte?« fragte ich ihn.

»Genau. Das ist das einzige, was sie sagt«, war seine Antwort. »Aber das stimmt überhaupt nicht. Ich höre sehr wohl zu. Ich bin derjenige, der mehr reden möchte. Ich tue all das, was ein Mann Ihrer Meinung nach tun sollte. Ich koche, putze und tue all das, was sich eine Frau wünscht. Trotzdem verbringt sie die meiste Zeit in ihrer Höhle. Mir reicht's langsam.«

»Und das ist genau der Grund, warum sie nicht mehr mit Ihnen reden möchte. Sie hören ihr nicht zu«, sagte ich.

Er bewies mir dann, wie recht ich hatte, indem er anfing, sich mit mir zu streiten. »Nein, Sie verstehen mich nicht. Ich höre ihr wirklich zu und ich helfe ihr auch, ich lasse mir von ihr erzählen, wie sie sich fühlt. Aber ich erwarte von ihr natürlich, daß sie mir auch zuhört.«

»Wahrscheinlich reden Sie mit ihr genauso, wie Sie jetzt mit mir reden«, sagte ich und ließ nicht locker. »Wenn Sie sich mit ihr streiten, will sie nicht mehr mit Ihnen reden. Selbst wenn sie eigentlich mit Ihnen reden wollte, haben Sie das Gespräch auf diese Weise abgewürgt.«

Eine Frau, die über ihre Gefühle reden möchte, kann es nicht ertragen, wenn ihr Mann in einem derart selbstgerechten und anmaßenden Ton mit ihr spricht, sie fühlt sich dann von ihm weder beschützt noch respektiert.

Wenn er emotional zu anspruchsvoll oder überempfindlich beziehungsweise leicht verletzlich ist, bekommt sie das Gefühl, daß sie sich ihm nicht anvertrauen kann.

Wenn sein Bedürfnis zu reden größer ist als ihr eigenes, fehlt ihr die Sicherheit, die sie braucht, um sich öffnen zu können. Sie kann sich dann nur noch in ihre Höhle zurückziehen.

Das hat zur Folge, daß sie sich in immer stärkerem Maße am männlichen Teil ihrer Seele orientiert, denn nur als Mann kann sie sich vor den emotionalen Angriffen und Forderungen ihres Partners schützen. Schließlich wird sie sich in ihrer Höhle so wohl fühlen, daß auch der weibliche Teil ihrer Seele dort bleiben möchte.

Warum er so wütend wird
Für einen Mann, der sich am weiblichen Teil seiner Seele orientiert, klingt es sehr unfair, wenn seine Partnerin erklärt, sie wolle nicht mit ihm reden. Wenn sie dann außerdem nicht bereit ist, sich zu entschuldigen, weil sie ihn geärgert hat, fühlt er sich ohnmächtig. Denn das, was er so dringend braucht, kann er nur bekommen, wenn sie mit ihm übereinstimmt und bereit ist, sich zu ändern. Er weiß nicht, wie leicht es für eine Frau ist, sich zu ändern, wenn sie das Gefühl hat, daß sie geliebt wird.

Wenn sie weiß, daß ihr Mann sie liebt, öffnet sie sich nach und nach immer mehr und ist dann auch bereit, bestimmte Verhaltensweisen zu ändern, die für die Partnerschaft wenig hilfreich sind. Wenn er jedoch Forderungen stellt, wird sie unweigerlich Widerstand leisten, was zur Folge hat, daß er noch wütender und herrischer wird.

Wenn er sich im dritten Stadium befindet und wütend ist, hängt das in der Regel damit zusammen, daß er das Gefühl hat, von seiner Frau nicht die Unterstützung zu bekommen, die er sich wünscht und die er seiner Meinung nach verdient hat. Es geht ihm erst wieder besser, wenn er einen Plan entworfen hat,wie er das bekommen kann, was er braucht.

Wenn er dann eine praktikable Lösung anbietet, die er selbst für vernünftig hält, orientiert er sich wieder am männlichen Teil seiner Seele und möchte das Problem lösen.

Wenn sie nicht reden möchte, während er aus vernünftigen Gründen ein Gespräch sucht, sollte er folgendes tun:

Er sollte zu ihr sagen: »Ich spüre, daß dich etwas bedrückt. Was ist los?«

Er sollte nicht sagen: »Ich habe mich geärgert und muß unbedingt mit dir reden.«

Wenn sie sagt: »Ich kann nicht mit dir reden«, sollte er »hmmm« sagen, eine Pause einlegen und darüber nachdenken, wieso er bei ihr den Eindruck erweckt hat, es sei nicht möglich, mit ihm zu reden.

Er sollte in keinem Fall sagen: »Natürlich kannst du mit mir reden. Ich bin doch derjenige, der mit dir reden will. Ich bin derjenige, der sich wünscht, daß unsere Beziehung besser funktioniert.«

Wenn sie dann sagt: »Du willst dich doch nur wieder mit mir streiten, und das möchte ich einfach nicht«, sollte er sagen: »Vermutlich hast du recht.«

Wichtig ist, daß er dabei ganz ruhig bleibt und das, was sie sagt, akzeptiert. Nur so kann er sie wieder herumkriegen. Er muß ihr zeigen, daß er sich nicht provozieren läßt und nicht gleich wieder wütend wird. Auf diese Weise kann er ihr das Gefühl der Sicherheit vermitteln, das sie braucht, um sich öffnen zu können.

Er sollte nicht sagen: »Ich will mich nicht streiten, ich möchte einfach nur reden!« Das wäre schon wieder ein Streit.

Wenn man sich mit einer Frau streitet, die nicht reden will, sieht sie darin nur eine Bestätigung ihrer Befürchtung, daß es nicht sicher ist, sich zu öffnen und mit ihm zu reden. Er muß lernen, sich zu beherrschen, denn nur dann kann er seiner Frau das Gefühl der Sicherheit vermitteln, das sie braucht, um sich ihm als Frau anvertrauen zu können. Er sollte sich mit seinen eigenen Gefühlen zurückhalten und ihr zunächst einmal aufmerksam zuhören.

Das bedeutet nicht, daß er seine Gefühle ständig unterdrükken muß. Er muß nur darauf achten, daß er seine Frau nicht noch zusätzlich mit seinen negativen Gefühlen belastet, weil sie damit überfordert wäre. Statt sich alles vom Herzen zu reden, sollte er sich in seine Höhle zurückziehen und darüber nachdenken. Und wenn er sich dann etwas beruhigt hat, sollte er sich auf die Lösung und nicht auf das Problem konzentrieren und sich überlegen, wie er am besten die Anerkennung bekommen kann, nach der er sich so sehnt.

Wenn er sich eine Liste macht

Wenn der weibliche Teil meiner Seele die Oberhand gewonnen hat und ich beginne, mir eine Liste zu machen, auf der alles steht, was meine Frau falsch macht, weiß ich ganz genau, daß ich mich im dritten Stadium des emotionalen Rollentauschs befinde. Im Gegensatz zu einer Frau, der es genügt, über ihre Liste zu reden, ziele ich dann darauf ab, daß Bonnie mir recht gibt und mir verspricht, ihr Verhalten zu ändern.

Bonnie hatte dann immer das Gefühl, mit einem Tyrannen verheiratet zu sein. Aber ich war dann einfach nicht in der Lage, mein wahres, liebevolles Ich zum Vorschein zu bringen. Der Tyrann ist der Schatten meines Selbst.

Ein Mensch, der das Gefühl hat, nicht geliebt zu werden, wird das Gegenteil von dem, was er wirklich ist. Leute, die sehr großzügig sind, werden geizig, wenn man ihre Geschenke nicht

319

anerkennt. Menschen, die normalerweise sehr offen sind, verschließen sich, wenn sie enttäuscht worden sind. Wenn jemand, der normalerweise sehr geduldig und flexibel ist, an seine Grenzen stößt, wird er ungeduldig und halsstarrig. Und so verwandelt sich auch Liebe in Haß. Wenn ein Mann oder eine Frau einen emotionalen Rollentausch durchmachen, kommt die Schattenseite ihrer Persönlichkeit zum Vorschein.

Wenn wir das Gefühl haben, nicht geliebt zu werden, werden wir das Gegenteil von dem, was wir eigentlich sind.

Um eine liebevolle Partnerschaft schaffen und erhalten zu können, müssen wir wissen, wie wir – vor allem in Krisenzeiten – unser inneres Gleichgewicht bewahren können.

Ich habe zum Beispiel manchmal das Gefühl, ein Tyrann zu sein, bemühe mich aber, so gut ich kann, dieses Gefühl unter Kontrolle zu halten. Wenn ich merke, daß der männliche und der weibliche Teil meiner Seele aus dem Gleichgewicht geraten sind, versuche ich, wieder ins Lot zu kommen. Um meine Umgebung nicht darunter leiden zu lassen, ziehe ich mich in meine Höhle zurück. Dort warte ich so lange ab, bis ich spüre, daß es mir wieder bessergeht. Dann verlasse ich die Höhle und tue etwas, wovon ich weiß, daß Bonnie mir dafür dankbar sein wird, denn das brauche ich, damit es mir wieder richtig gutgeht. Statt mich über einen Mangel an Anerkennung zu beklagen, tue ich etwas, um diese Anerkennung zu bekommen.

Mit Hilfe der neuen Methoden für ein besseres Zusammenleben lassen sich die Gefahren des emotionalen Rollentauschs nach und nach beseitigen. Im nächsten Kapitel werden wir untersuchen, wie Männer und Frauen ihr inneres Gleichgewicht wiedererlangen können. Außerdem werden wir untersuchen, wie man durch die Aufrechterhaltung des inneren Gleichgewichts die erotische Leidenschaft in der Ehe am Leben halten kann, ohne untreu zu werden.

10. KAPITEL

Liebe und Leidenschaft ein Leben lang

Die hohen Scheidungsziffern besagen nicht, daß das Interesse der Menschen an der Ehe geringer geworden ist. Sie weisen im Gegenteil darauf hin, daß wir heute bedeutend mehr von einer Zweierbeziehung erwarten als je zuvor. Wir wünschen uns ein Leben voller Liebe und möchten auch erotisch mit einem Menschen auf Dauer glücklich sein.

Den Scheidungen steht eine große Zahl von Eheschließungen gegenüber. Wenn die Leidenschaft erloschen ist, nehmen viele Männer und Frauen lieber eine Scheidung in Kauf, als daß sie bereit wären, auf diese Gefühle zu verzichten. Wir wissen alle, daß wir in einer wirklich guten Beziehung auch bedeutend glücklicher sein können. Tief in unserem Herzen spüren wir, daß eine monogame Beziehung, die von erotischer Leidenschaft geprägt ist, durchaus möglich ist, daß wir nur noch nicht wissen, wie wir dieses Ziel erreichen können.

Das riesige Angebot an Liebesromanen, entsprechenden Fernsehserien und männlich-chauvinistischer Pornographie ist nicht die Ursache, sondern nur ein Symptom dieser Unzufriedenheit. Es zeigt, wie sehr wir uns wünschen, daß die erotische Spannung in unserer Zweierbeziehung lebendig bleiben möge.

———◄○►———

Wenn die emotionalen und erotischen Bedürfnisse des Mannes in seiner Beziehung nicht befriedigt werden, wird er sehr bald unter sexuellen Zwangsvorstellungen leiden, während eine Frau in der gleichen Situation eher in die Romantik flieht.

———◄○►———

Das sind jedoch nicht unbedingt Symptome einer Störung, sondern die natürliche Folge eines tiefsitzenden Bedürfnisses nach emotionaler Unterstützung in der Partnerschaft, das nicht befriedigt wird.

Die Generation unserer Eltern

Für unsere Eltern war es ganz normal, daß die erotische Leidenschaft mit der Zeit nachließ. Dauerhafte Leidenschaft und emotionale Erfüllung waren in ihrer Generation nicht das Ziel einer Zweierbeziehung. Damals ging es hauptsächlich um lebenswichtige Dinge, Erotik und Romantik waren nebensächlich. Das ist auch der Grund, warum meine Mutter meinen Vater bewundert hatte: Trotz seiner Affäre mit der anderen Frau, und obwohl er sich schon seit langer Zeit nicht mehr um ihre erotischen Bedürfnisse gekümmert hatte, hatte er sie nicht verlassen.

Damals hatten sich die meisten Menschen damit abgefunden, daß sich die Leidenschaft nach den Flitterwochen oder spätestens, wenn Kinder kamen, abkühlte.

Ich kann mich noch gut daran erinnern, daß es auch für uns als Teenager ganz normal war, daß sich die Leidenschaft in der Ehe nach einer gewissen Zeit abkühlte. Obwohl man an nichts anderes denken konnte, hatte man vor der Ehe kaum eine Möglichkeit zum Sex. Wenn man dann endlich verheiratet war, konnte man, sooft man wollte, miteinander schlafen, aber aus irgendeinem geheimnisvollen Grund wollte man es dann plötzlich gar nicht mehr so oft.

Als ich auf dem College war, erzählte irgendein Lehrer uns folgende Geschichte.

»Wenn du verheiratet bist, kannst du davon ausgehen, daß du ziemlich oft mit deiner Frau schläfst. Nimm eine leere Flasche und steck jedesmal, wenn du mit ihr geschlafen hast, eine Bohne hinein. Nach einem Jahr solltest du dann jedesmal eine Bohne herausnehmen. Wenn es dir gelingt, die Flasche leer zu bekommen, hast du viel Glück gehabt.«

Auf diese Weise wollte er uns klarmachen, daß wir nicht damit rechnen sollten, daß die erotische Spannung in einer Beziehung lange andauert. In den meisten Gesellschaften sind Männer und Frauen fremdgegangen, um den Verlust der erotischen Spannung auf diese Weise auszugleichen. Der Fortbestand der Familie war weitaus wichtiger als die Frage, wer mit wem geschlafen hat.

Wenn Männer fremdgehen

Früher war es so, daß eine Frau die Affären ihres Mannes stillschweigend akzeptierte, vorausgesetzt, er verhielt sich dabei einigermaßen diskret. Auch meine Mutter hat so reagiert.

Meine Eltern liebten sich, obwohl mein Vater eine Geliebte hatte. Irgendwie hat meine Mutter es geschafft, ihn trotzdem zu lieben und bei ihm zu bleiben. Es gab jedoch in ihrer Beziehung keine Erotik mehr.

Da heute immer mehr Frauen in der Lage sind, für sich selbst zu sorgen, erwarten sie von ihrem Partner mehr, als daß er ihnen nur hilft, die Familie zu versorgen. Die Frau von heute möchte von ihrem Partner emotional unterstützt werden und braucht die besondere erotische Befriedigung, die nur eine monogame Beziehung bieten kann. Wenn ihr Mann zu seiner erotischen Befriedigung eine andere Frau braucht, wird sie sich einem anderen Mann zuwenden, von dem sie leidenschaftlich begehrt wird. Viele Frauen haben inzwischen aus Mangel an erotischer Spannung in ihrer Ehe einen Weg beschritten, der früher den Männern vorbehalten war: Sie gehen fremd.

Wenn Männer und Frauen fremdgehen, wollen sie letzten Endes damit ihre Sehnsucht nach Liebe stillen. Auch wenn dieses Verlangen durch eine Affäre vorübergehend befriedigt wird, entfernen wir uns dadurch immer weiter von unserem eigentlichen Ziel, eine glückliche Beziehung zu unserem Partner aufzubauen. Wenn er oder sie fremdgehen, wird die Möglichkeit, daß beide in leidenschaftlicher Liebe zusammenwachsen, erheblich eingeschränkt.

Eine Beziehung ist eine Investition

Jede Beziehung ist eine Investition. Wir geben unserem Partner etwas und hoffen, im Laufe der Zeit mehr wieder zurückzubekommen. Zu Anfang mag es schwierig sein, die emotionale Unterstützung zu bekommen, die wir suchen, aber mit der Zeit wird das immer leichter.

------◄○►------

Wenn man fremdgeht, ist das so, als würde man seine gesamten Ersparnisse in Las Vegas verspielen. Dann ist alles weg, und man muß wieder ganz von vorn anfangen.

------◄○►------

Dabei ist es unerheblich, ob er oder sie dahinterkommen oder nicht. Der Betrogene spürt in jedem Fall intuitiv, daß er für seinen Partner nicht mehr etwas Besonderes ist. Und ohne dieses Gefühl können weder Liebe noch Erotik gedeihen, und es kann Jahre dauern, bis es sich wieder einstellt.

Das soll nicht heißen, daß jede Affäre zum Bruch einer Ehe führen muß. Ich habe vielen Ehepaaren helfen können, ihre Ehe nach und nach wiederzubeleben. Wenn der Betroffene seinem Partner vergeben kann, stärkt das die Liebe und die Bindung zwischen beiden.

Die Affäre wird dann zu einem Wendepunkt. Sie öffnet beiden Partnern die Augen, so daß sie endlich offen über die Probleme sprechen können, die sich im Laufe der Jahre entwickelt haben. Wenn der eine dem anderen verzeiht und beide darüber reden, wie sehr der Betrogene verletzt wurde, werden sie aufs neue motiviert, die notwendigen Veränderungen durchzuführen. Viele Ehepaare haben auf diese Weise noch einmal einen Neuanfang gewagt und sich danach leidenschaftlicher geliebt und eine größere Intimität erlebt als je zuvor.

Erst wenn sie glauben, ihren Partner für immer zu verlieren, erkennen manche Menschen, wie sehr sie ihn lieben. So wie

Menschen, die fast einmal gestorben wären, hinterher bedeutend stärker am Leben hängen, können Ehepartner durch eine Affäre wieder zueinander finden.

Das soll nicht heißen, daß wir das Risiko eingehen sollten, unserem Partner das Gefühl zu geben, er werde betrogen oder zurückgewiesen, nur um die Beziehung wiederzubeleben. Es gibt andere Möglichkeiten. Wenn wir die neuen Methoden für ein besseres Zusammenleben anwenden, können wir die erotische Spannung wiederbeleben, auch wenn wir glauben, sie sei schon tot.

Die sechs Geheimnisse einer erotischen Beziehung

Wie wir die neuen Methoden auf diese sieben Geheimnisse der Erotik beziehen können, werden wir im folgenden ausführlich besprechen.

1. Gegensätze ziehen sich an

Der wichtigste Aspekt der gegenseitigen Anziehung besteht darin, daß wir verschieden sind. So wie der positive und negative Pol eines Magneten sich gegenseitig anziehen, hängt auch die gegenseitige Anziehung in einer Partnerschaft davon ab, daß sich der Mann auf seine Männlichkeit und die Frau sich auf ihre Weiblichkeit besinnt. Wenn wir uns selbst aufgeben müssen, nur um dem anderen zu gefallen, stirbt die Leidenschaft. Wir müssen versuchen, unsere Unterschiede zu überbrücken, ohne unser wahres Ich zu verleugnen, nur dann wird die gegenseitige Anziehung von Dauer sein.

Ein Mann fühlt sich von seiner Frau am stärksten angezogen, wenn sie ihm das Gefühl vermittelt, ein richtiger Mann zu sein, so wie sie möchte, daß er sie spüren läßt, daß sie eine richtige Frau ist. Wenn wir immer darauf achten und einen Rollentausch vermeiden, wird die gegenseitige Anziehung von Dauer sein.

Und diese Anziehung ist nicht nur körperlich. Solange die erotische Spannung erhalten bleibt, wachsen auch unsere Neugier und unser Interesse an unserem Partner immer weiter. Wir stellen zu unserer eigenen Überraschung fest, daß wir auch nach langer Zeit immer noch wissen möchten, was unser Partner denkt, fühlt und tut.

Um die erotische Spannung zu erhalten, müssen wir unsere Geschlechtsunterschiede betonen. Wenn wir uns, nur um unserem Partner zu gefallen, ständig anpassen müssen und nicht wir selbst sein können, bedeutet das den Tod der Leidenschaft.

◄○►

Mit Hilfe der neuen Methoden des besseren Zusammenlebens können wir kleine Veränderungen durchführen, ohne uns selbst verleugnen zu müssen. Wir können unser Potential dadurch sogar noch besser ausschöpfen.

◄○►

Die wichtigsten Unterschiede, die wir betonen müssen, beziehen sich auf unser Geschlecht. Wenn ein Mann für seine Frau attraktiv bleiben will, muß er in enger Verbindung mit dem männlichen Teil seiner Seele stehen und seine Männlichkeit auch nach außen hin zeigen. Obwohl es nicht schaden kann, wenn er auch seiner weiblichen Seite Ausdruck verleiht, darf das jedoch nicht dazu führen, daß er im Interesse der Beziehung zu seiner Frau seine männliche Seite unterdrückt, denn dann wird sie ihn sehr bald kaum noch besonders attraktiv finden.

Für die Frau gilt das gleiche. Wenn sie ihre Attraktivität nicht einbüßen will, muß sie ihre weibliche Seite kultivieren. Sie kann zwar auch die Eigenschaften des männlichen Teils ihrer Seele nach außen sichtbar werden lassen, wenn ihm jedoch ihre weibliche Seite fehlt, wird er sich von ihr abwenden.

Was eine Frau tun kann, um den weiblichen Teil ihrer Seele zu unterstützen

Abgesehen davon, daß sie im Sinne der neuen Methoden eines besseren Zusammenlebens ihrem Mann helfen sollte, ihr zu helfen, muß eine Frau – verheiratet oder unverheiratet – unbedingt dafür sorgen, daß ihre weibliche Seite zu ihrem Recht kommt. Hier eine Zusammenstellung der verschiedenen Dinge, die sie tun kann:

1. Sie sollte sich mehr Zeit nehmen, um in einer nicht zweckorientierten Weise über die Probleme zu reden, mit denen sie am Tag konfrontiert wurde. Sie sollte bei einem Spaziergang oder beim Essen mit jemandem reden, der nicht gleich versucht, ihre Probleme zu lösen.

2. Besonders gut sind Massagen oder Gymnastik einmal pro Woche. Nichtsexuell berührt zu werden, wirkt sehr entspannend und steigert in angenehmer Weise das Bewußtsein für den eigenen Körper.

3. Sie sollte Freunde oder Verwandte anrufen oder besuchen und sich nicht durch beruflichen Druck oder die Hausarbeit daran hindern lassen, mit ihren Freunden zu reden.

4. Beten, Meditieren, Joga, Tagebuch führen oder Gartenarbeit sind regelmäßige Tätigkeiten, für die immer Zeit übrig sein muß. Im Idealfall sollte sie sich zweimal täglich zwanzig bis dreißig Minuten gönnen, die nur ihr gehören und in denen sie nichts anderes zu tun hat.

5. Sie sollte ihren Arbeitsstil so verändern, daß er dem weiblichen Teil ihrer Seele gerecht wird. Lernen Sie, die Hilfe anderer Menschen anzunehmen, und nicht um jeden Preis selbständig und unabhängig sein wollen. Lassen Sie den Mann den Karton tragen oder die Tür für Sie aufhalten. Stellen Sie Fotos von Ihrer Familie und von Ihren Freunden auf Ihren Schreibtisch. Soweit das möglich ist, sollten Sie sich mit Blumen und andern schönen Dingen umgeben.

6. Lassen Sie sich von Freunden, Freundinnen und von den Mitgliedern Ihrer Familie mindestens viermal pro Tag in den Arm nehmen.

7. Nehmen Sie sich die Zeit, sich bei den Menschen, die Ihnen geholfen haben, in schriftlicher Form zu bedanken. Schreiben Sie kleine Dankeschönzettelchen.

8. Wenn Sie von der Arbeit nach Hause fahren, sollten Sie öfter einmal eine andere Strecke nehmen, nicht immer die kürzeste.

9. Tun Sie so, als seien Sie als Touristin in Ihrer eigenen Heimatstadt, und machen Sie regelmäßige Mini-Urlaube. Versuchen Sie auch, einmal von zu Hause wegzukommen und eine neue Umgebung zu genießen, machen Sie Urlaub.

10. Nehmen Sie an einer Gruppentherapie teil oder gehen Sie zu einem Psychotherapeuten. Dort können Sie Ihre Gefühle ohne Rücksicht auf Ihr berufliches Image frei ausdrücken.

11. Reservieren Sie sich einen Tag pro Woche für sich selbst. Gehen Sie ins Kino, ins Theater oder bleiben Sie zu Hause und nehmen Sie ein langes, warmes Bad. Legen Sie eine gute Platte auf, zünden Sie ein paar Kerzen an, lesen Sie ein gutes Buch oder träumen Sie. Nehmen Sie sich die Zeit, einmal das zu tun, was Sie am liebsten tun.

12. Schreiben Sie alles, was Sie noch tun müssen, auf einen Zettel, und setzen Sie als Überschrift in großen Buchstaben darüber: »Dinge, die nicht sofort erledigt werden müssen.« Reservieren Sie sich mindestens einen Tag im Monat, an dem Sie sich ausruhen und keine Probleme lösen. Wenn Sie Kinder haben, nehmen Sie sich einen freien Tag, an dem jemand anders auf Ihre Kinder aufpaßt und Ihren Haushalt versorgt.

Sie können natürlich nicht von einem Tag auf den anderen dies alles tun – das wäre entschieden zuviel. Hängen Sie sich irgendwo einen Zettel hin und übernehmen Sie nach und nach die Vorschläge, die darauf stehen. Wenn eine Frau in der heutigen Zeit nicht ganz bewußt etwas für ihre weibliche Seite tut, wird sie sich automatisch an ihrer männlichen Seite orientieren und ohne es zu wissen nicht nur die Beziehung zu ihrem Partner sabotieren, sondern auch die zu sich selbst.

Was er tun kann, um seine männliche Seite zu stärken

In meinen Seminaren werde ich häufig gefragt, was ein Mann tun sollte, um seine männliche Seite weiterzuentwickeln – vor allem, wenn er nicht in einer Zweierbeziehung lebt und keine Frau hat, von der er Anerkennung bekommt, die er braucht.

Sowohl verheiratete als auch unverheiratete Männer können viel tun, um stark zu bleiben. Hier sind zwölf Vorschläge, von denen Sie sich diejenigen aussuchen können, die Ihnen am meisten zusagen:

1. Nehmen Sie an sportlichen Wettkämpfen teil. Sie können auf eine spielerische Weise Ihre Neigung, mit anderen zu rivalisieren, kanalisieren und fühlen sich dann im Beruf nicht mehr so stark unter Druck. Es befreit Sie von dem Gefühl, sich ständig nur an den Kriterien Ihres Berufs messen lassen zu müssen. Auch wenn Sie sich im Fernsehen sportliche Wettkämpfe ansehen oder zu einem Spiel gehen, hat das die gleiche kathartische Wirkung.

2. Schauen Sie sich Actionfilme an. Für einen erwachsenen Mann ist es gesund, Gewalt auf einer großen Leinwand zu erleben, vor allem wenn die Darstellung geschickt gemacht ist und es letzten Endes darum geht, andere Menschen zu beschützen. Filme wie *Rocky, Der Terminator* oder *Universal Soldier* geben Ihnen Gelegenheit, Ihre eigene Aggressivität zu erleben und zu kanalisieren. Wenn Kinder im Kino oder im Fernsehen mit solchen Gewaltdarstellungen konfrontiert werden, hat das die entgegengesetzte Wirkung: Es erzeugt in ihnen noch mehr Gewalt.

3. Ziehen Sie sich hin und wieder in Ihre Höhle zurück. Wenn Sie allein sein wollen und Ihre Batterie wieder aufladen müssen, sollten Sie lernen, nein zu sagen, ohne dabei Schuldgefühle zu haben. Sie sollten sich nicht verpflichtet fühlen zu reden, wenn Sie keine Lust dazu haben. Das heißt nicht, daß Sie nie reden sollen, sondern nur, daß Sie sich die Zeit dazu sorgfältig aussuchen sollten.

Wenn Sie sich nur selten in Ihre Höhle zurückziehen, sollten Sie sich dazu zwingen, auch wenn Sie sich dort einsam fühlen. Früher gehörte es zu den Mannbarkeitsritualen, daß der Knabe eine Woche allein in der Wildnis zubringen mußte und dort fastete. Durch das Alleinsein löste er sich von der Mutter und vom weiblichen Teil seiner Seele, so daß er den Mann in sich entdecken konnte.

Ein Mann kann seine männliche Kraft nur dann erleben, wenn er sich bewußt in Situationen begibt, wo er seine Kräfte einsetzen muß. Mut kann sich nur entwickeln, wenn man sich in Situationen begibt, die Mut verlangen.

4. Wenn Sie einen Sexualpartner haben und Ihnen etwas an einem besseren Kontakt zum männlichen Teil Ihrer Seele liegt, sollten Sie sich beherrschen und nicht masturbieren. Das soll keine moralische Forderung sein, denn Masturbation ist an sich nichts Schlimmes, aber sie fördert eher die weibliche als die männliche Seite. Übertriebene Masturbation führt beim Mann zur Dominanz der weiblichen Seite. Wenn Sie zur Zeit nicht in einer Zweierbeziehung leben, sollten Sie sich auch im Hinblick auf oberflächliche Sexualkontakte zurückhalten. Sexuelle Abstinenz ist ein sehr gutes Mittel, um männliche Kraft zurückzugewinnen, wenn man sich vorher zu stark an der weiblichen Seite orientiert hat.

Wenn eine sexuelle Entspannung nötig sein sollte, findet sie auf natürliche Weise im Schlaf statt. Regelmäßige kalte Duschen, Sport und spirituelle Übungen wie Beten, Meditieren oder Joga können einem Mann helfen, seine sexuellen Bedürfnisse so lange zu sublimieren, bis er einen Partner gefunden hat. Außerdem stärkt die Abstinenz seine Motivation, einen geeigneten Partner zu finden.

Während dieser Zeit sollte er pornographische Magazine oder Filme meiden, die zu einer sexuellen Überreizung führen könnten. Gegen eine mäßige Stimulation ist jedoch nichts einzuwenden, denn das erinnert Sie immer wieder daran, was Sie verpassen, und fördert so Ihre Motivation.

5. Absolvieren Sie einmal pro Woche ein Muskeltraining wie zum Beispiel Gewichtheben, Joggen, Fahrradfahren, Bergsteigen, Schwimmen usw. Achten Sie darauf, daß Ihre Mus-

keln mindestens einmal pro Woche bis zur Erschöpfung angespannt werden. Versuchen Sie, Ihre Grenzen auszudehnen.

6. Achten Sie darauf, daß Ihr Leben nicht zu bequem wird. Unternehmen Sie jede Woche etwas, das Sie zwingt, Ihren inneren Schweinehund zu überwinden, sei es, daß Sie früher als gewöhnlich aufstehen, um ein bestimmtes Projekt fertigzustellen, oder daß Sie länger aufbleiben, um ganz sicher zu sein, daß Sie Ihr Bestes gegeben haben. Unterwerfen Sie sich einer bestimmten Disziplin, um Ihre männliche Kraft aufzubauen.

7. Versuchen Sie, jede Woche irgend etwas besonders Nettes zu tun – für einen Menschen, an dem Ihnen etwas liegt, oder für einen völlig fremden. Wenn eine ältere Person einen Sitzplatz sucht, bieten Sie ihr Ihren eigenen an. Wenn Sie Auto fahren, sollten Sie anderen Platz machen und vom Gas gehen. Seien Sie freundlich und großzügig.

Wenn jemand Ihre Hilfe braucht, sollten Sie ihm helfen, auch wenn Sie sich gerade ausruhen wollten. Ich will damit nicht sagen, daß Sie das jedesmal tun sollten, aber doch hin und wieder einmal.

8. Wenn Sie wütend sind oder sich geärgert haben, sollten Sie andere nicht darunter leiden lassen. Atmen Sie statt dessen tief durch. Zählen Sie beim Einatmen bis fünf und beim Ausatmen ebenfalls bis fünf. Wiederholen Sie das Ganze zehnmal und fangen Sie dann wieder von vorne an, bis Sie nicht mehr wütend sind.

9. Machen Sie sich eine Liste, auf der alles steht, was Sie besonders gern tun würden. Halten Sie sich jede Woche eine bestimmte Zeit für Ihr Hobby frei. Tun Sie etwas, das Ihnen das Gefühl vermittelt, kompetent und Herr der Situation zu sein.

10. Wenn etwas erledigt werden muß, das weder viel Zeit noch viel Energie erfordert, sollten Sie es sofort tun. Sagen Sie sich immer wieder »Tu es jetzt!«.

11. Wenn Sie Angst haben, etwas zu tun, das Ihnen eigentlich guttun würde, sollten Sie sich zu Ihrer Angst bekennen und

es trotzdem tun. Sie sollten auch in einem vernünftigen Rahmen bereit sein, Risiken einzugehen. Es ist besser, etwas zu versuchen und es nicht zu schaffen, als es gar nicht erst zu versuchen.

12. Lernen Sie, sich zu beherrschen, wenn Sie wütend sind. Sie können das Gefühl entweder in eine konstruktive körperliche Tätigkeit umwandeln oder es Ihrem Tagebuch anvertrauen. Versuchen Sie, dahinterzukommen, warum Sie so wütend sind. Wenn Sie Ihrem Ärger unbedingt Luft machen wollen, sollten Sie das möglichst in ruhigem Ton tun. Sprechen Sie mit fester, selbstbewußter Stimme und versuchen Sie nicht, den anderen einzuschüchtern.

Reden Sie mit Freunden über Ihre Gefühle oder gründen Sie eine Männergruppe. Machen Sie sich nicht ausschließlich von Frauen abhängig, wenn Sie Ihre Gefühle zum Ausdruck bringen wollen. Vielen Männern hilft es, wenn sie an Versammlungen der »Männerbewegung« teilnehmen, Gedichte lesen, antike Mythen vortragen, tanzen, singen oder trommeln.

Mit Hilfe solcher Methoden können Männer, die in einer Zweierbeziehung leben, dafür sorgen, daß sie nicht zu sehr zu ihrer weiblichen Seite abdriften. Einem unverheirateten Mann können sie helfen, seine männliche Seite so zu stärken, daß sich eine Frau von ihm angezogen fühlt, die ihn dann so unterstützen kann, daß er gleichzeitig stark und sensibel sein kann.

2. Veränderung und Weiterentwicklung

Wenn man lange Zeit mit ein und derselben Person zusammenlebt, kann das auf die Dauer sehr langweilig werden, es sei denn, die beiden Partner machen ständig gewisse Veränderungen durch. In der Ehe ist es für beide Partner wichtig, daß der eine für den anderen stets lebendig bleibt. Wenn man sich sein Lieblingslied hundertmal hintereinander anhören muß, wird man es leid.

Daß unsere Kinder größer werden, ist offensichtlich. Wir müssen jedoch auch emotional, geistig und spirituell ständig wachsen und uns weiterentwickeln und immer darauf achten, daß wir nicht zuviel aufgeben oder uns selbst verleugnen. Wenn eine Partnerschaft uns in unserer Entwicklung behindert, verschwindet nach und nach auch die erotische Spannung.

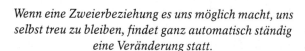

Wenn eine Zweierbeziehung es uns möglich macht, uns selbst treu zu bleiben, findet ganz automatisch ständig eine Veränderung statt.

Wenn Sie Ihren Partner lieben, heißt das noch lange nicht, daß Sie immer mit ihm zusammensein müssen. Wenn man zu lange zusammen ist, kann die Beziehung ihren Reiz verlieren. Es gibt dann kaum noch Überraschungen oder Geheimnisse. Wenn Sie sich dagegen mit anderen Freunden treffen, können Sie immer wieder neue Impulse in die Partnerschaft bringen. Deshalb sollten Sie gewisse Dinge ohne Ihren Partner unternehmen oder zumindest nicht mit Ihrem Partner allein. Zum Beispiel kann man sich regelmäßig mit einem anderen Ehepaar zum Essen verabreden.

Gute Kommunikation
Wenn eine Frau sich nicht sicher genug fühlt, um über ihre Gefühle reden zu können, wird sie nach einer gewissen Zeit gar nichts mehr sagen. Sie muß genau wissen, daß sie nicht zurückgewiesen, unterbrochen oder lächerlich gemacht wird, nur dann kann sie sich in einer Zweierbeziehung wirklich entfalten. Mit der Zeit wird das Vertrauen zu ihrem Partner dann immer größer, vor allem, wenn er ein guter Zuhörer ist.

Sehr häufig finden Männer es sehr langweilig, wenn ihre Frauen ihnen ihren Tagesablauf in allen Einzelheiten erzählen, denn Sie sind im Grunde nur daran interessiert, was letzten Endes dabei herauskommt. Wenn ein Mann gelernt hat, seiner Frau aktiv zuzuhören, wird sie ihm sehr dankbar sein, und ihn wird das Zuhören nicht mehr anstrengen, sondern er wird es als ein wichtiges Ritual der gegenseitigen Unterstützung betrachten. Je besser die Kommunikation ist, um so leichter wird es ihr fallen, sich weiterzuentwickeln.

Ein großes Maß an Anerkennung

Wenn einem Mann in einer Zweierbeziehung die Anerkennung fehlt, kann auch er sich nicht weiterentwickeln. Er weiß möglicherweise nicht einmal, warum das so ist, aber jedesmal wenn er nach Hause kommt, wird das Gefühl der Distanz zu seiner Partnerin stärker. Er ergreift kaum noch die Initiative, sondern läßt alles nur noch im alten Trott weiterlaufen.

Meine Beziehung zu Bonnie hat auf mich eine belebende Wirkung, weil sie nie von mir verlangt, daß ich irgend etwas im Hause tue. Ich empfinde keine der Hausarbeiten, für die ich mich verantwortlich fühle, als Last. Für sie sind das Geschenke, die ich ihr mache, und sie ist mir dankbar dafür. Aus dem Grund macht es mir Spaß, so etwas zu tun, und ich habe nie das Gefühl, dazu gezwungen zu sein.

Routine ist der größte Feind der Erotik. Selbst wenn man sich in seinem gewohnten Trott wohl fühlt, sollte man hin und wieder ausbrechen. Selbst Dinge, die an sich albern sind, können einen Augenblick unvergeßlich machen. Als ich zum Beispiel im letzten Urlaub meine ganze Familie vor dem Washington Monument fotografiert habe, habe ich mich auf den Bürgersteig gelegt, um das Foto aus dieser Position zu schießen. Alle haben gelacht und erinnern sich noch heute gern an diesen Augenblick. Jede Kleinigkeit, mit der man die Routine unterbricht, ist gut.

Letzten Endes lebt die Erotik jedoch von der Liebe, die beide Partner füreinander empfinden. Wenn zwei Menschen zusammenleben, lachen, weinen und lernen, werden ihre Liebe und ihr Vertrauen mit der Zeit immer größer, und das wirkt sich auch auf die erotische Spannung positiv aus.

3. Gefühle, Bedürfnisse und Verletzlichkeiten

Wir müssen lernen zu spüren, daß unser Partner uns liebt. Wenn wir Angst haben, uns zu unseren Gefühlen zu bekennen, werden wir sehr bald den Kontakt zur Erotik verlieren. Frauen haben ein großes Bedürfnis, über ihre Gefühle zu reden, und möchten, daß man ihnen zuhört. Nur dann fühlen sie sich in einer Zweierbeziehung lebendig. Für Männer ist es dagegen wichtiger, das Gefühl haben zu können, etwas für ihre Partnerin getan zu haben.

Wenn ein Mann nicht mehr den Wunsch verspürt, gut zu seiner Partnerin zu sein, wird seine gesamte Zärtlichkeit unterdrückt. Und wenn eine Frau sich nicht sicher genug fühlt, um offen über ihre Gefühle reden zu können, beginnt auch sie, ihre Gefühle zu unterdrücken und sich zu verschließen.

Wenn Menschen ihre Gefühle längere Zeit unterdrücken, beginnen sie, Mauern um ihre Herzen zu errichten. Jedesmal, wenn eine Frau sich mißachtet oder geringschätzig behandelt fühlt, wird die Mauer höher. Und jedesmal, wenn der Mann versucht, etwas für sie zu tun, und ebenfalls das Gefühl hat, nicht beachtet, kritisiert oder gemaßregelt zu werden, oder wenn sie alles, was er für sie tut, als selbstverständlich betrachtet, setzt auch er einen weiteren Stein auf seine Mauer.

Solange die Mauer unser Herz noch nicht ganz umschließt, spüren wir zwar noch so etwas wie Liebe. Wenn das jedoch geschehen ist, sind wir von unseren Liebesgefühlen vollständig abgeschnitten.

Wenn man die Leidenschaft wiederbeleben will, muß man diese Mauer Stein um Stein wieder abtragen. Und jedesmal, wenn wir mit Hilfe der neuen Methoden einen Stein abgetragen haben, dringt ein Lichtschein durch. Dann wird uns plötzlich bewußt, wie groß der Rest der Mauer ist, und wir haben wieder das Gefühl, ausgeschlossen zu sein. Wenn wir jedoch miteinander reden und uns gegenseitig akzeptieren, wird die Mauer ganz allmählich wieder verschwinden. Erst dann sind unsere Gefühle wieder frei.

Es tut weh
Wenn wir nicht die Liebe bekommen, nach der wir uns sehnen, sondern von unserem Partner verletzt werden, tut uns das sehr weh. Viele Ehepaare betäuben diesen Schmerz. Sie sagen sich: »Das ist nicht so schlimm, das macht mir nichts aus.« Sie schotten sich ab und glauben, sich auf diese Weise schützen zu können. »Da ich ihm nicht vertrauen kann und nicht glaube, daß er tatsächlich für mich da ist, verlasse ich mich auch nicht auf ihn.«

Es ist nicht leicht, neben jemandem zu liegen, den man nicht erreichen kann. Das tut weh. Manche Menschen greifen in dieser Situation zu Drogen, um sich zu betäuben. Sie können damit zwar den Schmerz betäuben, töten jedoch gleichzeitig auch alle erotischen Gefühle. Nur wenn es uns gelingt, uns dem anderen wieder in Liebe zuzuwenden, und wenn wir wissen, wie wir um das bitten müssen, was wir uns von ihm wünschen, können wir den Schmerz wirksam bekämpfen.

Sonst verschwindet allmählich auch die erotische Spannung. Wir verlieren den Kontakt zu unseren eigenen erotischen Gefühlen und wissen selbst nicht mehr, was uns fehlt.

Wenn ein Mensch nicht weiß, was er tun muß, um von seinem Partner die Liebe zu bekommen, nach der er sich sehnt, kann es passieren, daß er nach einer gewissen Zeit gar nichts mehr empfindet. Und dann verschwindet allmählich auch die erotische Spannung.

Wieder Vertrauen gewinnen
Frauen, die in einer Zweierbeziehung leben, fällt es besonders schwer, sich wieder zu öffnen, wenn sie vorher enttäuscht wurden und sich ungeliebt vorkommen. Es ist von ganz entscheidender Bedeutung, daß sie versuchen, ihrem Partner trotz allem zu vertrauen und offen zu bleiben, denn sonst verlieren sie den Kontakt zu ihren eigenen Empfindungen und wissen schließlich selbst nicht mehr, was ihnen fehlt.

Man darf von seinem Partner nicht erwarten, daß er vollkommen ist, sondern muß fest daran glauben, daß man mit der Zeit lernen wird, wie man ihm helfen kann, damit er einem das geben kann, was man sich von ihm wünscht. Wenn eine Frau erkannt hat, daß ihr Mann anders ist als sie, kann sie wieder darauf vertrauen, daß er sie liebt, auch wenn er seine Liebe anders ausdrückt, als sie es tun würde.

Wenn sie das erkannt hat, kann sie ihm mit Hilfe der neuen Methoden helfen, damit er lernt, wie er sie erfolgreich unterstützen kann.

Wenn ein Mann die Mauer, die sein Herz umgibt, niederreißen will, muß er an seiner Liebesbeziehung arbeiten. Er darf nie vergessen: Die erotische Spannung wiederzubeleben, ist harte Arbeit. Mitunter hat er dabei das Gefühl, ein schweres Gewicht heben zu müssen.

Sobald die Mauer um sein Herz verschwunden ist, fällt ihm alles bedeutend leichter. Wenn seine Frau jedoch alles, was er für sie tut, für selbstverständlich hält, beginnt die Mauer wieder zu wachsen.

Solange er jedoch ganz bewußt etwas für sie tut und spürt, wie dankbar sie ihm dafür ist, wächst die Mauer einen Augenblick lang nicht mehr weiter. Wenn es ihm jedoch an Entschlußkraft fehlt und die Mauer plötzlich wieder höher zu sein scheint, wird er müde werden und sich am liebsten ganz lange in seine Höhle zurückziehen.

Erst wenn ihm bewußt geworden ist, welche Mühe es kostet, sein Herz wieder zu öffnen, verläßt er die Höhle und überwindet seine Trägheit. Dann wird er erkennen, daß er tatsächlich schon stärker geworden ist, und weiß, daß der Rest des Weges weniger steinig sein wird. Nur weil er etwas für seine Frau getan hat, wird er nach und nach mehr Kraft bekommen, als er je besessen hat.

Gesunde Abhängigkeit

Während wir uns in Liebe und gegenseitigem Vertrauen weiterentwickeln, offen miteinander umgehen und uns unsere gemeinsamen Bedürfnisse besser bewußt machen können, werden wir gleichzeitig auch verletzlicher. Wir erkennen, wie sehr wir den anderen brauchen und erleben auch unsere Leidenschaft intensiver.

Am Anfang unserer Ehe war Bonnies Anerkennung für mich noch nicht so wichtig. Mit der Zeit fand ich es dann jedoch zunehmend angenehmer, wenn sie mir für irgend etwas, was ich für sie getan hatte, dankbar war. Sie verschönte mir damit den Tag, und wenn wir miteinander schlafen, spüre ich, wie sehr ich sie brauche.

Nachdem ich mich jahrelang ständig bemüht habe, immer für sie dazusein, erlebt auch sie, wie sehr sie mich und meine Liebe braucht. Je mehr sie sich auf meine Hilfe verlassen kann, um so stärker werden die Gefühle, die sie für mich empfindet. Aber Bonnie ist gleichzeitig auch eine Realistin. Sie weiß genau, daß ich nicht vollkommen bin und nicht immer für sie dasein kann.

Bonnies Abhängigkeit von mir ist gesund, weil sie sich nur auf das bezieht, was ich ihr wirklich geben kann. Sie kann es sich leisten, verletzlich zu sein, und ich bekomme dadurch das Gefühl, daß ich in ihrem Leben eine wichtige Rolle spiele.

◄○►

Der Umstand, daß man seinen Partner braucht und abhängig von ihm ist, kann die erotische Spannung erhöhen, vorausgesetzt, er kann uns das geben, was wir brauchen.

◄○►

Es wäre naiv, von unserem Partner zu erwarten, daß er uns immer die Liebe gibt, die wir brauchen. Es gibt Situationen, in denen er uns nichts abgeben kann. Wir dürfen dann nicht immer noch mehr von ihm verlangen. (Das ist so, als würden wir zu einem Menschen, der an einen Rollstuhl gefesselt ist, sagen: »Wenn du mich wirklich lieben würdest, würdest du aufstehen und gehen.«) Manchmal kann der Partner das, was wir von ihm erwarten, einfach nicht leisten. Wenn wir dann trotzdem auf unseren Forderungen beharren, werden wir nicht nur ihn, sondern auch uns selbst enttäuschen. In einem solchen

Fall ist die Abhängigkeit von unserem Partner zu groß, so daß wir letzten Endes unser Vertrauen verlieren werden und ihn nicht mehr lieben.

Je glücklicher wir miteinander sind, um so mehr können wir uns darauf verlassen, daß unser Partner immer für uns dasein wird. Selbst wenn er uns einmal enttäuschen sollte, wissen wir, daß er alles getan hat, was in seiner Macht stand, und dann fällt es uns nicht mehr schwer, ihm zu verzeihen.

4. Persönliche Verantwortung und Selbstheilung

Wenn es uns gelingt, uns nach und nach immer mehr zu öffnen, und wenn unsere emotionalen Bedürfnisse in der Zweierbeziehung befriedigt werden, tauchen die alten unbefriedigten Gefühle aus der Vergangenheit allmählich auf. Sie geben sich natürlich nicht sofort zu erkennen und sagen: »Hallo, hier bin ich, ich bin deine Wut auf deinen Vater«, sondern sie richten sich zunächst gegen unseren Partner.

Paradoxerweise beeinträchtigen die unverarbeiteten Gefühle aus der Vergangenheit, die sich auf Liebesenttäuschungen in der Kindheit beziehen, unsere Stimmung am ehesten dann, wenn wir besonders geliebt werden. Von einem Augenblick auf den anderen kann sich unsere Leidenschaft in eine solche Wut verwandeln, daß wir an Scheidung denken. Derartige Ausbrüche rechtfertigen wir oft mit dem Verhalten unseres Partners, obwohl der überhaupt nichts damit zu tun hat.

So komme ich zum Beispiel gut gelaunt nach Hause und werde von meiner Frau mit den Worten begrüßt: »Du hast vergessen anzurufen und zu sagen, daß du später kommst. Ich wußte überhaupt nicht, was los war.« Natürlich bin ich von einer derart negativen Begrüßung nicht gerade begeistert und hasse es, bemuttert zu werden. Wenn ich dann jedoch richtig wütend werde, mich in meine Höhle zurückziehe und tatsächlich gleich an Scheidung denke, geht diese überzogene Reaktion ausschließlich auf mein Konto.

Tief in Ihrer Seele ist eine Verletzung, die geheilt werden

339

muß. Es ist absolut falsch, dem Partner die Schuld zuzuweisen, die Wunde wird dadurch nur noch schlimmer.

———◄◦►———

Wenn Sie vorher gut gelaunt waren und Ihr Partner Ihnen mit einer einzigen Bemerkung den ganzen Tag verderben konnte, liegt das in der Regel an Ihnen selbst. Tief in Ihrer Seele ist eine Verletzung, die geheilt werden muß.

———◄◦►———

Wenn plötzlich Gefühle aus der Vergangenheit auftauchen, fühlen wir uns auf eine sonderbare Weise unwohl. Wir fühlen uns irgendwie schuldig, kritisiert und abgelehnt, zweifeln womöglich an uns selbst, sind verärgert, verwirrt und leiden unter einer Ambivalenz der Gefühle. Wir reagieren dann vorübergehend wieder wie ein Kind, das nicht weiß, wie es sich verhalten soll. Wenn solche Gefühle auftauchen, müssen wir uns ganz besonders bemühen, verständnisvoll zu sein und anderen Menschen zu verzeihen.

Wir dürfen nicht von unserem Partner erwarten, daß er uns die liebevollen Eltern ersetzt, die wir womöglich als Kind nicht gehabt haben. Das wäre das Ende einer erotischen Beziehung. Wir müssen statt dessen selbst die Rolle der Eltern übernehmen oder und in einer Psychotherapie vorübergehend Ersatzeltern suchen. Wir müssen uns selbst »beeltern« und dürfen das in keinem Fall unserem Partner überlassen.

Sobald wir feststellen, daß wir unseren Partner für unser Unglück verantwortlich machen wollen, müssen wir uns klarmachen, daß das ein sicheres Zeichen dafür ist, daß wir wieder »alte Geschichten aufwärmen«. Obwohl wir in dieser Situation glauben, wir würden mit Recht mehr von unserem Partner verlangen, sollten wir uns zurückhalten. Wir müssen erkennen, daß die Zeit gekommen ist, uns selbst zu heilen. Wir müssen lernen, uns selbst Trost zu spenden, den unsere Eltern uns nicht geben konnten.

Wenn wir von unserem Partner erwarten, daß er dafür sorgt,

340

daß es uns wieder bessergeht, weisen wir ihm die Rolle unserer Eltern zu. Wir sind dann nicht bereit, uns selbst zu verändern, sondern erwarten von ihm, daß er uns diese Arbeit abnimmt. Aber die Abhängigkeit, in die wir auf diese Weise geraten, ist eine Falle. Wir müssen uns selbst beeltern und unseren Partner entlasten, in keinem Fall dürfen wir ihm die Schuld an unserer unglücklichen Kindheit geben.

Das Gefühl der Ohnmacht
Das Gefühl der Ohnmacht ist ein weiteres Zeichen dafür, daß wir uns mit unserer Vergangenheit auseinandersetzen.

Wenn wir glauben, die Kontrolle über uns selbst verloren zu haben, und statt dessen versuchen, einen anderen Menschen unter unsere Kontrolle zu bringen, ist das ein Zeichen dafür, daß wir uns mit unserer Kindheit auseinandersetzen.

Als Kind waren wir auf Gedeih und Verderb von unseren Eltern abhängig und waren nicht in der Lage, selbst dafür zu sorgen, daß wir das bekamen, was wir gern haben wollten und brauchten. Als Erwachsene haben wir heute natürlich bedeutend mehr Möglichkeiten.

Selbst wenn Sie die neuen Methoden für ein besseres Zusammenleben anwenden, kann es durchaus sein, daß Sie manchmal das Gefühl haben, daß es nicht so läuft, wie Sie sich das vorgestellt haben, und daß Sie nie das bekommen werden, was Sie sich gewünscht haben. Wenn ein solches Gefühl auftaucht, müssen wir es akzeptieren und Verständnis für uns selbst haben. Gleichzeitig müssen wir uns jedoch vor Augen führen, daß wir nicht wirklich ohnmächtig sind. Dabei wird die Beurteilung der gegenwärtigen Situation allerdings durch das alte Gefühl erschwert. Wenn wir die Methode der Selbstheilung anwenden, werden wir jedoch sofort erkennen, welche Möglichkeiten einem Erwachsenen zur Verfügung stehen.

Ungeduld

Wenn wir unsere Herzen öffnen, werden wir mehr Geduld mit uns selbst und mit unserem Partner haben. Wenn uns plötzlich ein starkes Gefühl der Ungeduld überkommt, ist das ein Zeichen dafür, daß uns unsere Kindheitserinnerungen den Blick auf die Realität verstellen.

Als Erwachsene haben wir gelernt, daß wir geduldig warten müssen, bis unsere Wünsche in Erfüllung gehen. Geduld ist ein Zeichen von Reife. Wenn wir plötzlich ungeduldig werden, verlieren wir unseren klaren Blick und verlangen mehr, als möglich ist.

Statt zufrieden zu sein, weil ein bestimmter Fortschritt erreicht wurde, sind wir frustriert, weil uns alles viel zu langsam geht. Bei jedem Rückschlag vergessen wir, welche Fortschritte wir bereits gemacht haben.

Gewöhnlich machen die Männer, die an meinen Seminaren teilgenommen oder meine Bücher gelesen haben, eine Veränderung durch. Wenn dieser Prozeß dann nach einer gewissen Zeit stagniert, sagen sich manche Frauen: »Ich habe es ja gewußt, ihm liegt nicht viel daran. Er ist wieder genauso wie früher.« Und diese negative Beurteilung hindert sie daran, ihm so zu helfen, daß er ihr auch in Zukunft helfen kann.

Wenn er ihr seine Hilfe anbietet, sagt sie verächtlich: »Ich warte erst einmal ab, ob du das auch wirklich tust, bevor ich in Begeisterung ausbreche«, und das ist die beste Möglichkeit, ihm jede Motivation zu nehmen.

Wenn eine Frau die Geduld verliert, verlangt sie von ihrem Partner, daß er sich endgültig ändert. Ihr ist nicht klar, daß er sich mitten in einem Prozeß befindet, um ihr die Hilfe geben zu können, die sie braucht. Statt zu resignieren oder immer mehr von ihm zu verlangen, sollte sie selbst etwas tun, um eine neue Einstellung zu gewinnen, und sich nicht darauf versteifen, ihren Mann zu ändern.

Wenn unsere Herzen verschlossen sind, ist es unsere Aufgabe, sie wieder zu öffnen. Wir sind keine Kinder mehr. Als Erwachsene sind wir selbst für unsere Beziehung verantwortlich.

Das plötzliche Wiederauftauchen unserer Kindheitserinnerungen läßt uns diese Verantwortung vergessen. Wir glauben dann, der andere sei schuld. Trotzdem müssen wir uns wieder darauf besinnen, daß wir erwachsene Menschen sind, denn nur so können wir uns von diesen unreifen Gefühlen befreien. Wenn wir unter dem Eindruck von Gefühlen aus der Vergangenheit stehen, die unsere Herzen verschließen, stirbt die Liebe zu unserem Partner. Dieser negative Prozeß besteht aus sechs Aspekten.

1. Verlust des Vertrauens. Es fällt uns plötzlich schwer zu glauben, daß unser Partner wirklich sein Bestes gibt und uns liebt. Plötzlich zweifeln Sie an seinen guten Absichten. Obwohl dieser Mensch sein Leben aufs Spiel setzen würde, um Sie aus einer Gefahr zu retten, glauben Sie, er liebe Sie nicht mehr.

Einer Frau fällt es in der Regel schwerer, mit diesen Gefühlen fertig zu werden. Um sich in solchen Zeiten selbst »beeltern« zu können, muß sie sich langsam wieder öffnen und sich zunächst einmal um sich selbst kümmern. Vorübergehend muß sie sich unabhängig davon machen, daß ihr Partner ihr hilft, den weiblichen Teil ihrer Seele zu stärken. Indem sie selbst die Verantwortung für dieses »Beeltern« übernimmt, kann sie sich von den alten Gefühlen befreien, auch wenn sie immer noch ihrem Partner die Schuld an allem gibt. Letzten Endes wird sie sich wieder daran erinnern, daß er sie liebt und sein Bestes für sie tut. Und jedesmal, wenn dieser Prozeß abläuft, wird ihr Vertrauen zu ihm wieder größer.

2. Verlust der Liebe. Sie haben plötzlich das Gefühl, als wären Ihnen die Bedürfnisse und Gefühle Ihres Partners völlig gleichgültig. Sie rechtfertigen sich selbst, indem Sie sich sagen, daß er Sie schlecht behandelt hat. Der Mensch, für den Sie Ihr Leben aufs Spiel setzen würden, scheint Ihnen plötzlich nichts mehr zu bedeuten.

In der Regel fällt es einem Mann schwerer, sich von diesen Gefühlen zu befreien. Um sich selbst beeltern zu können, muß er sich nach und nach wieder öffnen und er darf sich dabei nicht vom Vertrauen seiner Partnerin abhängig machen.

In solchen Zeiten sollte ein Mann Dinge unternehmen, die seine männliche Seite stärken. Wenn er die Verantwortung übernimmt und sich selbst beeltert, werden die negativen Gefühle automatisch verschwinden. Auch wenn er ihr immer noch Vorwürfe macht, wird er sich wieder daran erinnern, wie sehr er seine Frau liebt. Und jedesmal, wenn dieser Prozeß abläuft, wird seine Liebesfähigkeit stärker.

3. Verlust der Anerkennung. Obwohl Sie früher Ihrem Schicksal dafür gedankt haben, daß Sie so glücklich waren, haben Sie plötzlich das Gefühl, daß die Beziehung Ihnen nichts mehr geben kann. Sie haben den Eindruck, Sie müßten immer mehr tun, während die anderen überhaupt nichts mehr tun. Dieser plötzliche Gedächtnisschwund hat zur Folge, daß Sie sich benachteiligt fühlen und Ihren Partner für absolut undankbar halten.

In der Regel fällt es einer Frau schwerer, mit dieser Tendenz fertig zu werden. Um sich in solchen Zeiten wieder beeltern zu können, muß sie sich nach und nach wieder öffnen, sich selbst ernst nehmen und unterstützen und den weiblichen Teil ihrer Seele stärken.

Auch wenn sie ihrem Partner immer noch Vorwürfe macht, wird sie sich daran erinnern, wie sehr er sie respektiert und unterstützt. Jedesmal, wenn dieser Prozeß abläuft, wird ihre Fähigkeit, ihn anzuerkennen, größer.

4. Verlust des Respekts. Obwohl Sie noch vor ein paar Minuten davon überzeugt waren, daß Sie Ihren Partner lieben und ihm helfen wollen, haben Sie plötzlich das Gefühl, Sie müßten ihn mit Liebesentzug bestrafen.

Derselbe Mann, der täglich acht Stunden arbeitet, um Geld zu verdienen und seiner Frau ein Geschenk kaufen zu können, wird von einem Augenblick auf den anderen wütend, weil er zum Beispiel seine Socken aufheben soll, obwohl er genau weiß, daß er ihr damit einen Gefallen tun würde.

In der Regel fällt es den Männern schwerer, gegen diese Tendenz anzugehen. Um sich in solchen Zeiten wieder beeltern zu können, muß er sich ganz allmählich wieder öffnen und selbst dafür sorgen, daß er für das, was er tut, die entsprechende Anerkennung bekommt. Er darf sich in keinem Fall abhängig davon machen, daß er diese Bestätigung von seiner Frau bekommt.

Als nächstes sollte er die männliche Seite seiner Seele stärken. Wenn er sich selbst wieder beeltert, wird er sich sehr bald wieder daran erinnern, wie sehr er seine Partnerin liebt und wie gern er ihr jeden Wunsch erfüllt hat, auch wenn er ihr immer noch Vorwürfe macht.

Wichtig ist, daß er nicht das Gefühl hat, er müsse sich ihr zuliebe selbst verleugnen, denn das würde ihn nur noch weiter schwächen. Jedesmal, wenn er vorher etwas für sich selbst getan hat und wieder zu ihr zurückkommt, um ihr zu helfen, lernt er, daß er ihr einen Gefallen tun kann, ohne sich deshalb gleich selbst verleugnen zu müssen. Wenn wir unser Verhalten verändern, heißt das nicht, daß wir uns nicht treu bleiben. Wenn sich der Mann das immer vor Augen führt, wird er flexibel genug sein, um eine Situation zu schaffen, die beiden Partnern gerecht wird.

5. Verlust der Akzeptanz. Plötzlich fallen einem alle möglichen Dinge auf, die der Partner, der Mensch, den man einmal für vollkommen gehalten hat, falsch macht oder die geändert werden müßten. Sie unterliegen plötzlich der Zwangsvorstellung, Sie müßten ihn ändern, einen besseren Menschen aus ihm machen oder ihn sogar rehabilitieren.

Die Person, die Sie gerade noch geliebt und akzeptiert haben, wollen Sie einen Augenblick später in die Wüste schicken, weil sie einen Fehler gemacht hat. Eine Frau glaubt in einer solchen Situation, ihr Mann hätte es besser wissen müssen. Sie vergißt dabei, daß er vom Mars stammt und nicht ohne weiteres versteht, was sie braucht.

Normalerweise fällt es Frauen schwerer, mit diesem Problem fertig zu werden. Um sich in einer solchen Situation selbst wieder beeltern zu können, muß sich eine Frau nach und nach öffnen und in sich hineinhorchen, damit sie versteht, was sie empfindet, und sie muß ihre eigenen Bedürfnisse akzeptieren. Wenn sie nicht mehr glaubt, ihn um jeden Preis ändern zu müssen, wird es ihr schon bessergehen.

Auch wenn sie ihm immer noch Vorwürfe macht, muß sie versuchen, sich selbst wieder zu beeltern, denn dann wird sie sich daran erinnern, was ihr Partner alles richtig macht, und daß er immer bereit war, auf ihre Wünsche einzugehen, wenn sie ihn auf eine positive Weise um etwas gebeten hat. Jedesmal, wenn dieser Prozeß abläuft, wird ihre Fähigkeit, sich selbst und ihren Partner mit all seinen Fehlern zu akzeptieren, größer.

6. Verlust des Verständnisses. Es kann sein, daß wir gelegentlich an der Echtheit der Gefühle unseres Partners zweifeln und seinen Schmerz nicht ernst nehmen. Obwohl er der Mensch ist, den wir am meisten lieben, und wir ihn unter Einsatz unseres eigenen Lebens retten würden, wenn er körperlich bedroht würde, verlieren wir in solchen Fällen sehr schnell die Geduld oder das Interesse. Wir geraten sehr leicht in eine Abwehrhaltung und fühlen uns angegriffen, obwohl unser Partner nur über seine Gefühle reden möchte.

Männern fällt es schwerer, damit fertig zu werden. Wenn sich ein Mann in solchen Zeiten selbst wieder beeltern möchte, muß er sich ganz allmählich wieder öffnen und sich selbst bestätigen, wenn seine Partnerin das schon nicht tut.

Er sollte sich mit freundlichen Worten bei ihr entschuldigen, sich in seine Höhle zurückziehen und sich dort um den männlichen Teil seiner Seele kümmern. Wenn er selbst die Verantwortung für sein Wiederbeeltern übernimmt, wird er seine negative Einstellung aufgeben und darüber nachdenken, was sie ihm eigentlich sagen wollte, und kann sich dann Gedanken darüber machen, wie er ihr am besten helfen kann.

Wichtig ist, daß er in aller Ruhe darüber nachdenkt, was sie wohl empfindet, ohne gleich den Druck zu spüren, direkt darauf zu reagieren oder etwas dazu sagen zu müssen. Wenn eine Frau möchte, daß ihr Mann ihr zuhört, kann sie nichts Besseres tun, als ihm zu sagen, daß er nichts zu sagen braucht. »Ich hätte gern, daß du einmal über das, was ich dir zu sagen habe, nachdenkst. Aber du brauchst jetzt nichts zu sagen«, ist eine gute Formulierung.

Wir öffnen unsere Herzen

Wenn ein Mensch das Gefühl hat, daß er nicht die Liebe bekommt, die er braucht, und seinem Partner deshalb Vorwürfe macht, ist das ein deutlicher Hinweis darauf, daß ihm etwas fehlt, was sein Partner ihm zu dieser Zeit einfach nicht geben kann. Wenn er jedoch bereit ist, sich selbst zu helfen, beschäftigt er sich nicht mit den Problemen seines Partners, sondern kann die Situation auf einer tieferen Ebene analysieren. Auf diese Weise wird er neue Kraft schöpfen, um wieder zu seinem Partner zurückkehren zu können. Dann wird er wieder mehr geben können, statt immer mehr nehmen zu wollen.

Wir dürfen uns nicht in eine negative Einstellung hineinsteigern und lieblos reagieren, sondern sollten die Zeit nutzen, um uns selbst zu heilen. Statt unserem Partner Vorwürfe zu machen und darauf zu warten, daß er sich ändert, sollten wir versuchen, uns selbst zu ändern. Wenn wir offen sind und dem anderen verzeihen können, werden wir neue Wege finden, um das Problem zu lösen, das uns zu Anfang soviel Kummer bereitet hat.

Einen »Gefühlsbrief« schreiben

Ich habe die Methode, mit der ich mich von meinen negativen Gefühlen befreie, »Gefühlsbrief« genannt. Ich kann in nur wenigen Minuten meinem Partner verzeihen und wieder nett zu ihm sein.

Ich habe über zwölf Jahre lang verschiedene Versionen dieser Technik ausprobiert und kann sagen, daß sie mir auch heute noch enorm hilft, wenn ich das Gefühl habe, nicht sehr liebevoll zu sein. Die Methode eignet sich sowohl für Männer als auch für Frauen.

Wenn ein Mann einen solchen »Gefühlsbrief« schreibt, stärkt er nicht nur die Fähigkeit, seine Gefühle besser kontrollieren zu können, sondern es hilft ihm auch in einer Phase, in der er sich am weiblichen Teil seiner Seele orientiert und gern möchte, daß ihm jemand zuhört. Statt seine Partnerin mit negativen Gefühlen zu belasten, schreibt er sie sich von der Seele und kommt auf diese Weise schneller zum Ziel, als wenn er geredet hätte.

Ein Mann kann die Methode vor allem dann anwenden, wenn er mit jemandem über seine Gefühle reden möchte, aber feststellt, daß der Zeitpunkt nicht günstig ist. Wenn er gefühlvoller ist als seine Frau und verletzlicher ist als sie, wird sie gezwungen, sich am männlichen Teil ihrer Seele zu orientieren – darüber haben wir bereits gesprochen. Um dieser Gefahr aus dem Weg zu gehen, sollte er folgende drei Schritte unternehmen.

Die Übung eignet sich genausogut für eine Frau, die über ihre Gefühle reden möchte, deren Partner sich jedoch gerade in seiner Höhle befindet und ihr nicht zuhören kann. Statt ihm Vorwürfe zu machen oder von ihm zu verlangen, daß er sich ändert, sollte auch sie diese Methode lernen, damit sie erst einmal zur Ruhe kommen kann, bevor er wieder aus seiner Höhle herauskommt.

Wir werden jede einzelne Phase unter die Lupe nehmen.

Erster Schritt. Schreiben Sie das, was Sie Ihrem Partner gern gesagt hätten, auf. Sie können ihm ruhig Vorwürfe machen und Kritik äußern.

Halten Sie fest, was Sie ärgert, was Sie traurig macht, wovor Sie Angst haben und was Ihnen leid tut. Nehmen Sie sich ein paar Minuten Zeit, um sich über diese Gefühle klarzuwerden. Selbst wenn Sie manche zur Zeit gar nicht empfinden, sollten Sie sich fragen, wie Sie reagieren würden, wenn Sie sie hätten. Wenn Sie zum Beispiel nicht wütend sind, sollten Sie schreiben: »Wenn ich ein cholerischer Mensch wäre, würde ich jetzt sagen ...« Nehmen Sie sich für jedes einzelne Gefühl etwa zwei Minuten Zeit.

Nach etwa acht Minuten sollten Sie sich noch zwei Minuten lang damit beschäftigen, das aufzuschreiben, was Sie sich wünschen, was Ihnen fehlt und was Sie erwarten. Nach etwa zehn Minuten sind Sie fertig und können den Brief unterschreiben. Versuchen Sie, sich an die zeitliche Begrenzung zu halten, es sei denn, es macht Ihnen viel Spaß und Sie haben das Gefühl, sich auf diese Weise innerlich befreien zu können. Wenn Sie ein wenig Übung haben, wird das automatisch der Fall sein.

Zweiter Schritt. Jetzt schreiben Sie einen Brief, der an Sie selbst gerichtet ist und in dem all die Dinge stehen, die Sie gern von Ihrem Partner hören würden. Stellen Sie sich vor, Sie hätten Ihrem Partner den ersten Brief vorgelesen und er hätte Ihnen auch aufmerksam zugehört. Schreiben Sie den Brief so, daß Sie selbst das Gefühl haben, daß er Ihnen tatsächlich zugehört hat.

Zuerst sollte er Ihnen danken, daß Sie ihm so offen geschrieben haben, was Sie empfinden. Lassen Sie ihn dann schreiben, daß er Sie versteht. Zum Schluß sollte er Sie um Verzeihung bitten, weil er eingesehen habe, daß er Fehler gemacht hat, und Ihnen versprechen, sich in Zukunft mehr um Sie zu kümmern. Selbst wenn Ihr Partner in Wirklichkeit nicht so positiv reagieren würde, sollten Sie ihn in Ihrer Phantasie einen solchen Brief schreiben lassen.

Nehmen Sie sich für diesen Antwortbrief etwa drei Minuten Zeit, obwohl es natürlich nicht schlimm ist, wenn Sie etwas länger brauchen. Die Tatsache, daß Sie die Worte zu Papier gebracht haben, die Sie von Ihrem Partner gern hören würden, reicht schon, um Ihre Stimmung zu verbessern. Selbst wenn er das in Wirklichkeit gar nicht geschrieben hat, wird es Ihnen guttun.

Dritter Schritt. Der dritte Schritt besteht darin, daß Sie sich drei Minuten Zeit nehmen, um Ihrem Partner zu antworten, und zwar so, wie Sie es tun würden, wenn er sich tatsächlich in dieser Weise bei Ihnen entschuldigt hätte. Sie sollten dabei so genau wie möglich auf die Einzelheiten eingehen und Ihrem Partner verzeihen. Schreiben Sie: »Ich verzeihe Dir, daß Du . . .«

349

Wenn es Ihnen immer noch schwerfällt zu verzeihen, sollten Sie sich klarmachen, daß Sie damit nicht ausdrücken wollen, daß das, was er getan hat, in Ordnung ist. Wenn Sie ihm verzeihen, bringen Sie klar zum Ausdruck, was er falsch gemacht hat, strafen ihn dafür aber nicht mehr mit Liebesentzug, sondern zeigen ihm, daß Sie ihn verstehen und Mitleid mit ihm haben.

Verzeihen heißt nicht, daß das Problem damit aus der Welt geschafft wäre. Es bedeutet nur, daß Sie sich nicht verschließen, sondern auf eine liebevolle Weise mit diesem Problem umgehen. Wenn Sie sich über Ihren Partner geärgert haben und er nicht bereit ist, mit Ihnen zu reden, sollten Sie diese Übung machen und einen solchen »Gefühlsbrief« schreiben. Sie werden feststellen, daß es Ihnen sofort große Erleichterung verschafft. Es wird Ihnen dann bedeutend leichter fallen, geduldig auf eine Gelegenheit zu warten, um mit Ihrem Partner über Ihre Gefühle, Gedanken und Wünsche zu reden. Und das kann für Sie, für Ihren Partner und für die Beziehung nur von Nutzen sein.

5. Liebe, Romantik und Monogamie

Um Liebe geben und empfangen zu können, müssen wir bereit sein, die Verantwortung für unsere Aktionen und Reaktionen zu übernehmen. Wenn wir gar nicht wissen, wie unser Partner geliebt werden möchte, kann es passieren, daß wir kostbare Gelegenheiten verpassen.

Eine Frau fühlt sich von ihrem Mann vor allem dann geliebt, wenn sie von ihm Unterstützung und Hilfe bekommt. Es kommt nicht so sehr darauf an, was er tut, viel wichtiger ist, daß er zuverlässig ist. Eine Frau fühlt sich geliebt, wenn sie spürt, daß die Liebe ihres Mannes beständig ist.

Ein Mann, der kein Verständnis für die Seele einer Frau hat, gibt sich die größte Mühe, um sie bei einer bestimmten Gelegenheit mit einer großen Sache glücklich zu machen, und beachtet sie dann wochenlang kaum noch. Eine gute Kommunikation ist die gesunde Grundlage einer Liebesbeziehung, die

Romantik ist das Dessert. Der Weg zum Herzen einer Frau führt über die vielen kleinen Aufmerksamkeiten, die sie von ihrem Mann erwartet. Hier ist eine kurze Liste von zwanzig Vorschlägen, mit denen er eine romantische Atmosphäre schaffen kann und die ich selbst ausprobiert habe.

1. Schreiben Sie ihr hin und wieder einen Liebesgruß.
2. Bringen Sie ihr Blumen mit.
3. Bringen Sie ihr Schokolade mit.
4. Bringen Sie ihr eine kleine Überraschung mit, und sagen Sie ihr, daß Sie an sie gedacht haben.
5. Nehmen Sie sie hin und wieder einmal in den Arm.
6. Seien Sie zärtlich zu ihr, ohne gleich mit ihr ins Bett zu wollen.
7. Zünden Sie beim Abendessen oder im Schlafzimmer eine Kerze an.
8. Legen Sie die Lieblingsplatte Ihrer Frau auf.
9. Achten Sie darauf, was sie anhat, und machen Sie ihr ein Kompliment.
10. Merken Sie sich, in welchem Restaurant sie am liebsten ißt und was ihr am besten schmeckt.
11. Planen Sie bestimmte Dinge voraus.
12. Schalten Sie während der Werbung den Ton Ihres Fernsehes ab. Statt mit der Fernbedienung über die Programme zu gehen, sollten Sie sich in dieser Zeit mit Ihrer Frau unterhalten.
13. Schauen Sie sie an, wenn sie mit Ihnen redet.
14. Unterbrechen Sie sie nicht und beenden Sie nicht ihre Sätze.
15. Achten Sie darauf, wann sie sich ärgert, und nehmen Sie sie in den Arm.
16. Helfen Sie ihr, wenn sie müde ist.
17. Helfen Sie ihr bei der Hausarbeit.
18. Rufen Sie sie an, wenn Sie zu spät nach Hause kommen.
19. Rufen Sie sie an, um ihr zu sagen, daß Sie sie lieben.
20. Planen Sie kleine Feiern und unternehmen Sie hin und wieder einmal etwas Besonderes.

Romantische Rituale

Wenn ein Mann seine Frau mit kleinen Aufmerksamkeiten verwöhnt, will er damit sagen: »Ich liebe dich, ich verstehe, was du fühlst, und weiß, wie du bist. Ich bin froh, daß ich etwas für dich tun kann. Du bist nicht allein.« Damit stillt er die Sehnsucht seiner Frau nach Romantik. Wenn er so etwas aus freien Stücken tut, ohne daß sie ihn erst darum bitten muß, spürt sie, daß er sie wirklich liebt. Sollte er diese kleinen Liebesbeweise einmal vergessen, wird eine kluge Frau ihn ganz behutsam daran erinnern, ohne dabei fordernd zu klingen.

Ein Mann braucht andere Dinge, um sich von seiner Frau geliebt zu fühlen. Für ihn ist es wichtig, daß sie ihm immer wieder sagt, wie glücklich er sie macht, denn wenn es ihr gutgeht, fühlt er sich geliebt. Selbst wenn sie sich über das schöne Wetter freut, schreibt er sich das zu einem Teil zu. Ein Mann ist am glücklichsten, wenn seine Frau zufrieden ist.

Sie fühlt sich umworben, wenn er ihr Blumen, Schokolade und ähnliches mitbringt, für ihn hat die Anerkennung seiner Frau die gleiche Bedeutung. Wenn er sie mit kleinen Aufmerksamkeiten verwöhnt und sie ihm zeigt, wie dankbar sie ihm dafür ist, versetzt ihn das in eine romantische Stimmung.

Die wenigsten Frauen wissen, daß es für einen Mann das größte Zeichen der Liebe ist, wenn seine Frau ihn spüren läßt, daß er sie glücklich gemacht hat.

Fast alle Liebesrituale basieren darauf, daß der Mann gibt und die Frau empfängt.

Wenn sie sich über das freut, was er für sie getan hat, fühlt er sich geliebt. Wenn er etwas für sie tun kann, öffnet er sich, um ihre Liebe empfangen zu können. Eine Frau sollte immer darauf achten, wann ihr Mann etwas richtig gemacht hat, damit sie ihn loben kann. Sie macht einen großen Fehler, wenn sie so etwas als selbstverständlich betrachtet.

Ein Mann fühlt sich geliebt, wenn er spürt, daß er etwas

bewirkt hat, mit dem er seiner Frau helfen konnte, und daß sie durch ihn etwas gewonnen hat. Sie kann ihm jedoch ihre Liebe auch dadurch beweisen, daß sie seine Fehler möglichst verharmlost und zum Beispiel sagt: »Das ist doch nicht so schlimm« oder »Das geht schon in Ordnung«. Wenn sie ihre Enttäuschung auf diese Weise herunterspielt, wird er in Zukunft bedeutend eher bereit sein, ihre Wünsche zu erfüllen.

Monogamie und Leidenschaft

Obwohl Frauen auch Romantik brauchen, um das Gefühl zu haben, geliebt zu werden, ist die Monogamie doch der wichtigste Aspekt einer Intimbeziehung. Ein Mann kann eine Frau auf eine romantische Weise umwerben, wenn er ihr jedoch nicht treu ist, können sich bei ihr keine leidenschaftlichen Gefühle entwickeln. Und es gibt nichts, das einer Frau mehr bedeutet, als wenn ein Mann sie und nur sie leidenschaftlich begehrt.

Mit zunehmendem Alter wird die Fähigkeit einer Frau, Leidenschaft zu empfinden und auszudrücken, größer, vorausgesetzt, sie kann sich darauf verlassen, daß ihr Partner immer für sie da ist. Sobald sie spürt, daß sie mit anderen Frauen verglichen wird und möglicherweise sogar mit ihnen in Konkurrenz treten muß, kann sie sich nicht mehr hingeben.

Wenn sie merkt, daß ihr Mann fremdgeht, oder auch nur den Verdacht hat, zieht sie sich zurück. Sie ist eine zarte Blume, die ihre Blüten ohne das klare, saubere Wasser der Monogamie nicht entfalten kann.

————◄○►————

Wenn der Mann sich vorbehaltlos zu seiner Frau
bekennt und ihr sagt, daß er mit ihr alt werden möchte,
gibt er ihr das Vertrauen, das sie braucht, um tief in
ihrem Inneren die Glut der sexuellen Leidenschaft
entdecken zu können.

————◄○►————

In der Einleitung habe ich bereits erwähnt, daß ich meiner Frau zu Beginn unserer Ehe versprochen habe, ihr immer treu zu bleiben, denn das war für Bonnie sehr wichtig. Je öfter ich seitdem der Versuchung widerstanden habe, um so größer ist meine Leidenschaft für Bonnie geworden. Also profitiert nicht nur sie von der Monogamie, sondern auch ich selbst.

Ich gebe Bonnie das Gefühl, daß sie etwas ganz Besonderes ist, und sie läßt mich wissen, daß ich für sie mit der Zeit eine immer wichtigere Person werde. Aber nicht nur sie vertraut mir, sondern auch die Leute vertrauen mir, mit denen ich arbeite. Mir ist klar, daß der große Erfolg meiner Bücher damit zusammenhängt, daß die Leute spüren, daß sie mir vertrauen können. Wenn ein Mann das Vertrauen seiner Frau und seiner Familie besitzt, spüren auch andere Menschen, daß er ein zuverlässiger Mensch ist. Sexuelle Monogamie stärkt die Persönlichkeit eines Mannes und läßt ihn auch in den Augen anderer Menschen als vertrauenswürdig erscheinen.

In seinem Bestseller *Think and Grow Rich* hat Napoleon Hill mit fünfhundert erfolgreichen Amerikanern gesprochen, weil er wissen wollte, welche Eigenschaften für ihren Erfolg verantwortlich gewesen waren. Erstaunlicherweise lebten alle befragten Männer in einer monogamen Beziehung, die zum Teil seit über dreißig Jahren bestand, und waren sexuell sehr aktiv.

Diese erfolgreichen Männer hatten gelernt, wie man mit ein und derselben Frau über Jahrzehnte hinweg eine leidenschaftliche Beziehung aufrechterhalten kann. Sie brauchten nicht den Reiz einer außerehelichen Affäre, um wieder sexuell lebendig zu werden. Liebe und Sexualität gehörten für sie zusammen.

Wenn jemand diese simple Wahrheit kennt, wird er im Leben Erfolg haben. In einer dauerhaften monogamen Beziehung, die vor allem erotisch-sexuell befriedigend ist, hat die Frau Gelegenheit, ihre Sexualität weiterzuentwickeln, und der Mann wird feststellen, daß er auch in seinem Beruf erfolgreicher ist.

Ich bin davon überzeugt, daß auch Frauen lernen können, ihre berufliche Karriere mit einer auf Dauer sexuell befriedigenden Beziehung zu verbinden. Auch sie werden in ihrem Beruf effizienter sein und mehr Einfluß gewinnen.

Seit Bonnie spürt, daß sie mich sexuell immer glücklicher macht, und ich mich voll auf unsere monogame Beziehung konzentriere, ist sie bedeutend zufriedener und ruht mehr in sich. Selbst wenn wir nicht zusammen sind, spürt sie die besondere sexuelle Verbindung, die nur zwischen uns beiden besteht. Meinen Verstand und meinen Geist kann ich mit vielen anderen Menschen teilen, aber meine sexuelle Kraft ist nur für Bonnie da.

Romantik für die Frau, Sex für den Mann

Genauso wichtig wie die Romantik für die Frau ist, ist die sexuelle Befriedigung für den Mann. Er braucht immer wieder die Bestätigung, daß seine Frau gern mit ihm schläft. Eine sexuelle Zurückweisung verletzt sein Selbstbewußtsein.

Ich will damit nicht sagen, daß die Frau verpflichtet ist, jederzeit mit ihrem Mann ins Bett zu gehen, nur weil er es so möchte. Sie sollte nur darauf achten, beim Thema Sexualität besonders sensibel zu sein. Wenn er die Initiative ergreift und sie keine Lust hat, sollte sie nicht einfach nur nein sagen, sondern ihm das auf eine andere Weise klarmachen. Sie könnte zum Beispiel sagen: »Ein Teil von mir möchte gern mit dir schlafen, aber ich glaube, wenn wir das Ganze etwas verschieben, wird es uns mehr Spaß machen.« So nimmt sie Rücksicht auf seine Gefühle und stößt ihn nicht vor den Kopf, so daß er keine Angst hat, auch beim nächsten Mal wieder die Initiative zu ergreifen.

Wie eine gute Kommunikation und eine romantische Atmosphäre die wichtigsten Voraussetzungen für ihre Liebe sind, ist es die sexuelle Erfüllung für den Mann.

6. Freundschaft, Selbständigkeit und Leidenschaft

Wenn wir unsere Gefühle unterdrücken, ist Freundschaft eine leichte Sache. Wenn einer der beiden Partner bereit ist, sich zugunsten der Beziehung selbst zu verleugnen, wird man immer gut miteinander auskommen – aber die Erotik stirbt.

Man hört zwar immer wieder, daß Frauen »sich selbst aufgeben«, um ihrem Partner zu gefallen, aber wir dürfen die Augen nicht davor verschließen, daß auch Männer häufig einen großen Teil ihres Selbsts opfern. Viele Männer halten sich zurück, weil sie einen Konflikt scheuen. Wenn die Kommunikation zwischen zwei Menschen, die sich sehr lieben, nicht gut ist, werden sich beide für die Freundschaft entscheiden und ihre Gefühle opfern. Ihnen ist nicht klar, daß sie nicht nur ihre negativen Gefühle unterdrücken können, sondern letzten Endes überhaupt nichts mehr empfinden werden.

Wenn eine Frau einen Mann liebt, aber keine der neuen Methoden für ein besseres Zusammenleben anwendet, um ihm so zu helfen, daß er ihr helfen kann, schadet sie nur der Beziehung. Ein Mann kann sich mit einer Frau nur dann wohl fühlen, wenn er ihre Bedürfnisse voll und ganz befriedigen kann. Wenn sie nur so tut, als sei sie glücklich, wird er das vielleicht glauben und nie erfahren, was er in Wirklichkeit verpaßt.

Um in einer Zweierbeziehung in wirklicher Freundschaft miteinander leben zu können, muß man einen Ausgleich zwischen Abhängigkeit und Selbständigkeit schaffen. Wir haben bereits festgestellt, daß wir unseren Partner brauchen und daß das die Grundlage der erotischen Leidenschaft ist. Wenn wir jedoch in Zeiten, in denen unser Partner uns nur wenig geben kann, unselbständig sind, werden unsere Bedürfnisse nicht befriedigt werden.

Sobald wir jedoch gelernt haben, Verantwortung für uns selbst zu übernehmen und uns selbst zu heilen, sind wir in der Lage, uns um uns selbst zu kümmern, wenn unser Partner dazu nicht in der Lage ist. Der beste Test für eine Liebe besteht darin, daß wir unserem Partner ein Freund sind und ihm etwas geben können, ohne zu erwarten, dafür gelobt zu werden. Das fällt uns leichter, wenn wir nicht zu abhängig von ihm sind und wenn wir immer wieder erlebt haben, daß er für uns da war. Wenn wir darauf vertrauen, daß unsere Bedürfnisse zu einem anderen Zeitpunkt befriedigt werden, werden wir in Zeiten, in denen unser Partner nicht in der Lage ist, uns etwas zu geben, nicht soviel von ihm verlangen.

Leichtigkeit und Lebensfreude

Ein Mann ist fast immer angeödet, wenn seine Frau sagt, »man müsse an der Beziehung arbeiten«. Er möchte nicht daran arbeiten, er möchte sie einfach nur leben.

Ein Mann, der in einer Zweierbeziehung lebt, möchte hin und wieder das Gefühl haben, im Urlaub zu sein und sozusagen nichts falsch machen zu können. Am liebsten möchte er dann, daß man ihm sagt, er solle so bleiben, wie er ist, und niemand erwarte von ihm, daß er sich ändere. Wenn seine Frau sagt: »Das ist doch nicht so schlimm« oder »Das geht schon in Ordnung«, ist er erleichtert, denn wenn sie ihre Probleme auf die leichte Schulter nimmt, hat er das Gefühl, erfolgreich gewesen zu sein.

Für eine Frau bedeutet Freundschaft dagegen, daß er ihr entspannt zuhört, wenn sie sich aufgeregt hat. Wenn er nur ein kleines bißchen Mitgefühl zeigt und das Ganze nicht auf sich bezieht, kann sie sich von diesem Gefühl lösen, ohne eine Szene machen zu müssen.

Für eine Frau bedeutet Freundschaft, daß ihr Partner sich hin und wieder Mühe gibt und ihr hilft oder ihr zumindest seine Hilfe anbietet. Für einen Mann bedeutet Freundschaft, daß seine Frau versucht, nicht zuviel von ihm zu verlangen oder zu erwarten.

Man sollte jedoch nie versuchen, die Stimmung seines Partners zu verändern. Genausowenig darf man es immer auf sich beziehen, wenn er sich einmal nicht so fühlt, wie wir es gerne hätten. Wenn man das erst einmal begriffen hat, kann sich eine Beziehung in positiver Weise verändern.

Im nächsten Kapitel werden wir über das siebte Geheimnis einer dauerhaften leidenschaftlichen Beziehung reden, über eine Partnerschaft, die im Dienst eines höheren Ziels steht. Gemeinsam werden wir die Tanzschritte für eine dauerhafte Intimbeziehung lernen und eine für beide Teile positive Partnerschaft beschreiben, in der nicht nur die erotische Spannung aufrechterhalten bleibt, sondern die außerdem dazu beitragen kann, daß die Welt ein bißchen besser und liebevoller wird.

11. KAPITEL

Tanzschritte für den Reigen
des intimen Lebens

Mir bereitet es immer ein besonderes Vergnügen, ältere Ehepaare beim Tanzen zu beobachten. Die meisten von ihnen machen dabei einen so glücklichen Eindruck. Sie wissen genau, was sie zu tun haben. Er beherrscht alle Schritte, und sie vertraut darauf, daß er sie dahin führt, wo sie hin will. Sie schmilzt buchstäblich in seinen Armen, und er hält sie charmant und selbstbewußt fest. Ein solches Selbstvertrauen entsteht erst nach jahrelanger Praxis.

Wenn zwei Leute sich ineinander verlieben, sind sie bereit, alles zu tun, damit ihre Beziehung ein Erfolg wird. Das Problem ist jedoch, daß die Tanzschritte von früher nicht mehr in die heutige Zeit passen. Die Musik hat sich verändert, also müssen sich auch die Tanzschritte verändern. Wenn wir nichts über die neuen Methoden wissen, wird jenes strahlende Licht der Liebe, das wir zu Anfang sehen, mit der Zeit immer mehr verblassen.

Wenn ein Mann weiß, wie eine Frau geliebt werden möchte, besteht kein Zweifel, daß seine Liebe sie in den siebten Himmel befördern kann. Genauso kann umgekehrt die Liebe einer Frau dem Mann helfen, fest mit beiden Beinen auf der Erde zu stehen. Wenn sie die neuen Methoden gelernt hat, kann sie ihm als Spiegel dienen, in dem er seine eigenen Qualitäten erkennen kann. Sie kann ihn so motivieren, daß er sich von seiner besten Seite zeigt.

Das wohlverdiente Geschenk der Liebe

Die zärtliche und manchmal starke Liebe meiner Frau hat mein Selbstgefühl und meine Fähigkeit, mich zu entspannen, enorm beeinflußt. Sie hat mir geholfen, mein wahres, liebevolles Ich zu entdecken.

Sie kritisiert mich beispielsweise nie, wenn ich einmal etwas vergessen habe, und sie verliert nie die Geduld mit mir. Das ist ihre zärtliche Liebe. Statt jedoch zu resignieren und alles selbst zu machen, weiß sie, wie sie sich durchsetzen kann, ohne dabei zu anspruchsvoll zu wirken. Das ist ihre starke Liebe. Im Gegensatz zu vielen anderen Frauen gibt sie nie auf. Sie hört nicht auf, die neuen Tanzschritte zu üben.

Obwohl Bonnies Liebe ein Geschenk ist, das ich mir verdient habe, gibt sie es mir aus freien Stücken. Sie ist immer bereit, abzuwarten und gewisse Dinge aufzuschieben, sie bereitet mich vor, wenn sie möchte, daß ich ihr zuhöre und auf ihre Bitten reagiere. Sie läßt nicht locker, sondern bittet mich immer wieder in einer nichtfordernden Weise um Hilfe. Durch ihr Verhalten hat sie mir die Möglichkeit gegeben zu erkennen, wie wichtig die Liebe ist und wie ich sie bekommen kann.

Die Entwicklung, die wir beide durchgemacht haben, ist das Ergebnis harter Arbeit. Heute ist alles bedeutend leichter. Es gibt zwar immer wieder besondere Herausforderungen, aber da wir die neuen Methoden gelernt haben, wachsen wir immer enger zusammen und können uns bei unserer Entwicklung gegenseitig helfen und miteinander reden.

Ich habe besonderen Wert darauf gelegt, den männlichen Teil meiner Seele weiterzuentwickeln, um meine Kommunikation verbessern zu können, und habe gelernt, auszuweichen und mich nicht provozieren zu lassen. Sie hat den weiblichen Teil ihrer Seele kultiviert, um mir helfen zu können, sie glücklich zu machen. Sie hat gelernt, abzuwarten, mich vorzubereiten, Dinge aufzuschieben und nicht lockerzulassen – das ist das Geheimnis unseres Erfolgs.

Obwohl keiner von uns beiden diese Fertigkeiten vollkommen beherrscht, machen wir von Tag zu Tag weitere Fortschritte. Es fällt uns nicht mehr schwer, sie anzuwenden, weil wir genau wissen, daß sie funktionieren, und auch weil wir wissen, welchen Kummer es bereitet, wenn man sie außer acht läßt. Manchmal ist Bonnie sehr hilfsbereit, dann wieder kann sie mir nur wenig geben. Selbst wenn wir beide innerlich leer sind, wissen wir, daß wir jederzeit einen neuen Anfang machen können, und das gibt uns neue Kraft.

Wenn ich mich in meine Höhle zurückgezogen habe und Bonnie von mir nicht das bekommt, was sie braucht, gerät sie nicht in Panik und fühlt sich auch nicht verantwortlich, denn sie weiß, daß es das beste ist, abzuwarten und mir Zeit zu lassen. Sie übt ständig, wie sie mich am besten vorbereiten und ihre Bitten in der unverfänglichsten Weise äußern kann und wie sie hinterher am besten ihre Dankbarkeit ausdrückt.

Sie versucht gar nicht erst, mich zu ändern oder unsere Beziehung zu verbessern, sondern besinnt sich auf ihre weiblichen Fähigkeiten, läßt mir Zeit und holt mich schließlich ganz liebevoll aus meiner Höhle heraus.

Zwei Schritte vor und zwei zurück

Wenn die Frau beim Tanzen zwei Schritte nach hinten macht, kann der Mann zwei nach vorn machen, und umgekehrt. Dieses Geben und Nehmen ist auch der Grundrhythmus einer Zweierbeziehung.

Gelegentlich gehen beide zwei Schritte nach hinten und kommen dann wieder zusammen. In jeder Zweierbeziehung gibt es Zeiten, in denen beide Partner einander wenig geben können. Dann müssen sich beide zurückziehen, um neue Kräfte zu sammeln.

Beim Tanzen läßt sich die Frau in die Arme des Mannes gleiten und entfernt sich dann wieder von ihm. In einer guten Zweierbeziehung läuft das gleiche Verhaltensmuster ab. Sie ist froh, ihren Mann zu sehen, und kommt in seine Arme. Dann macht sie eine Pause, bereitet ihn vor, geht auf Distanz und spricht anschließend mit ihm über ihre Gefühle: eine Art Kreisbewegung.

Bei einer anderen Gelegenheit hält er sie im Arm, sie gleitet zurück und taucht nach unten. Auch eine Frau, die über ihre Gefühle reden möchte, kann in dieser Weise nach unten wegtauchen. Wenn er sie gut festhält, kann sie sich fast bis auf den Boden ducken und dann die Freude erleben, wieder nach oben zu kommen.

Beim Tanzen dreht sich in der Regel die Frau, und der Mann bleibt stehen. Genauso ist es, wenn sie über ihre Gefühle redet und er sich mit seinen Gefühlen zurückhält, damit sie spürt, daß er ihr aufmerksam zuhört. Es kommt natürlich auch vor, daß sich beide drehen, aber wie beim Tanzen müssen sie sich erst voneinander entfernen, bevor sie wieder zusammenkommen können.

Der Mann führt beim Tanzen, und das vermittelt ihm ein Gefühl der Unabhängigkeit und Selbständigkeit. Die Frau hilft ihm, sie zu unterstützen, ihr bei den Schritten zu helfen, die sie gern machen möchte, und befriedigt dabei ihr Bedürfnis nach Kooperation.

Die Partnerschaft pflegen

Auf unserer langen Reise dürfen wir nie vergessen, wie verschieden wir sind, und müssen diese Verschiedenheit respektieren, denn sie ist die Voraussetzung für die erotische Leidenschaft zwischen den Geschlechtern. Wir verbinden uns mit einem anderen Menschen, weil wir uns von ihm angezogen fühlen, weil er anders ist als wir selbst und uns ergänzt.

Zu Anfang war Bonnie und mir überhaupt nicht bewußt, wie verschieden wir sind. Wir waren damals völlig darauf fixiert, wie ähnlich wir uns waren. Wir waren beide sehr spirituell, hatten Spaß am Sex, wanderten gern, waren begeisterte Tennisspieler, gingen gern ins Kino, hatten viele gemeinsame Freunde, nahmen beide alles nicht so schwer und interessierten uns für Psychologie. Die Liste der Gemeinsamkeiten war erfreulich lang.

Erst als wir verheiratet waren, wurde uns bewußt, wie verschieden wir waren. Ich war eher reserviert, Bonnie sehr emotional. Ich war ehrgeizig und zielstrebig, für sie war die Beziehung das wichtigste. Sie diskutierte gern über alle möglichen Probleme, ich löste sie lieber oder schob sie auf. Außer diesen und den anderen geschlechtsspezifischen Unterschieden, die seit eh und je die Spannung zwischen Mann und Frau erzeugen, gab es noch zahlreiche andere, die nicht unbedingt etwas mit der Geschlechtszugehörigkeit zu tun hatten.

Sie schlief lieber in einem kalten Schlafzimmer, ich bin einem warmen. Sie liebte Antiquitäten, ich liebte High-Tech und die Moderne. Sie glich ihr Konto immer auf den Pfennig genau aus, ich rundete eher ab und hatte nur einen vagen Überblick. Sie stand gern früh auf, ich ging gern spät ins Bett. Sie aß lieber zu Hause, ich ging lieber aus. Sie hielt sich immer an die Geschwindigkeitsbegrenzung, ich fuhr gern schnell. Sie war sparsam, ich eher ein Verschwender. Sie brauchte Zeit, bevor sie sich entscheiden konnte, bei mir ging das in der Regel ziemlich schnell. Sie pflegte die Kontakte zu alten Freunden, ich lernte lieber neue Leute kennen. Ich bin sehr ehrgeizig, sie ist mit ihrem Leben zufrieden. Ich habe eine Schwäche für elektronische Finessen, sie liebt ihren Garten und die Natur. Sie geht gern ins Museum, ich liebe elegante Hotels. Mir gefallen neue Häuser besser, ihr alte, romantische. Ich habe gern einen weiten Blick über die Landschaft, sie ist gern im Wald.

Obwohl alle diese Unterschiede Konflikte erzeugen könnten, bieten sie gleichzeitig auch die Möglichkeit zusammenzuwachsen. Wenn wir in einer Zweierbeziehung leben, fühlen wir uns im allgemeinen von einem Menschen angezogen, der bestimmte Eigenschaften hat, die entweder in uns schlummern oder die bei uns selbst noch nicht in Erscheinung getreten sind. Wenn unser Partner anders ist als wir selbst, fühlen wir uns instinktiv zu ihm hingezogen, weil er uns helfen kann, unser inneres Gleichgewicht zu finden. Und das fördert die erotische Anziehung.

Nachdem wir etwa ein Jahr verheiratet waren, wurde ich zum erstenmal damit konfrontiert, wie verschieden wir beide waren. Ich wollte einen neuen Fernseher mit einem größeren Bildschirm kaufen, denn ich habe eine Schwäche für die moderne Technik. Bonnie hatte nicht viel dafür übrig. Ihr paßte es nicht, sich jeden Tag das Riesending im Wohnzimmer ansehen zu müssen.

Für mich war das eine schwierige Situation. Um sie glücklich zu machen, hätte ich etwas aufgeben müssen, das mich glücklich gemacht hätte. Damals erlebte ich zum erstenmal, wie man seine Differenzen so beilegen kann, daß beide gut dabei wegkommen.

Innerlich war ich wütend, aber ich beherrschte mich und gab mir Mühe, eine Lösung zu finden. Solange ich noch glaubte, wir könnten beide das bekommen, was wir uns wünschten, verwandelte sich meine Frustration nicht in Wut auf sie.

»Einerseits würde ich gern deine Wünsche respektieren«, sagte ich schließlich zu ihr. »Andererseits möchte ich aber auch gern einen größeren Fernseher haben. Ich habe lange genug gewartet, bis ich mir so etwas leisten kann. Ich möchte aber auch, daß du eine Wohnung hast, die dir gefällt. Was kann man da machen?«

Bonnie sagte: »Ich hätte nichts gegen einen großen Fernseher, wenn er in einem Schrank steht, der vorn zwei Türen hat, die man zumachen kann. Wenn du nicht fernsiehst, kann ich die Türen zumachen und muß ihn mir nicht immer ansehen.«

Ich war sofort einverstanden, und wir suchten uns einen passenden Schrank aus. Ich dachte zuerst, das wäre eine Kleinigkeit, aber wir stellten sehr bald fest, daß wir im Hinblick auf Möbel einen völlig verschiedenen Geschmack hatten.

Ich suchte einen High-Tech-Schrank aus, in den meine gesamte Stereoanlage hineinpaßte. Ihr gefiel ein Schrank mit Glasregalen und Lampen, in dem sie ihr Porzellan und ihre Kristallsachen unterbringen könnte. Leider war er aber für das Fernsehgerät, das ich mir kaufen wollte, zu klein.

Wochenlang waren wir auf der Suche nach einem Schrank, der uns beiden gefiel. Ich war nahe daran zu explodieren, hielt mich aber tapfer zurück und verbarg meine Frustration. Das war eine sehr schwere Zeit. Insgeheim warf ich Bonnie damals vor, stur und dickköpfig zu sein, so gefiel sie mir überhaupt nicht. Ich dachte vorübergehend sogar an Scheidung.

Später wurde mir klar, wie sehr man in einer solchen Situation zur Übertreibung neigt. Ich hielt sie für stur, und sie hielt mich für stur. Ich wollte meinen großen Fernseher, und sie wollte, daß man ihn nicht sieht. Ich wollte einen Schrank, in dem auch noch meine Stereoanlage Platz hätte, sie wollte etwas, um ihr Kristall und andere schöne Sachen unterbringen zu können.

Wir standen kurz davor, uns gegenseitig zu hassen, da fanden wir endlich den Schrank, der uns beiden gefiel. Es war wie ein Wunder. Wir mußten allerdings drei Monate warten, bis er endlich geliefert wurde. Die ganze Angelegenheit hätte kaum schlimmer sein können, aber als der Schrank dann kam, waren wir beide sehr zufrieden.

»Beziehungsmuskeln« entwickeln

Was wir letzten Endes bekamen, war bedeutend besser als alles, was ich allein gekauft hätte. Ich hatte mir die größte Mühe gegeben, etwas zu finden, was Bonnies Geschmack und ihren Wünschen entsprach, und hatte dadurch etwas erreicht, das bedeutend wertvoller war als alles, was ich allein geschafft hätte. Wir hatten uns beide in Geduld geübt, waren flexibel geblieben und konnten auf diese Weise unsere Beziehung festigen.

Das Erlebnis wurde zu einem Symbol für alle unsere zukünftigen Konflikte. Selbst wenn es so aussah, als könne ich nicht das bekommen, was ich mir gewünscht hatte, wußten wir beide ganz genau, daß wir uns am Ende doch beide unsere Wünsche erfüllen könnten, vorausgesetzt, wir verloren nicht die Geduld. Obwohl mir die Glasregale zu Anfang nicht besonders gefielen, finde ich sie inzwischen auch sehr schön. Und Bonnie ist begeistert von dem 90 cm großen Bildschirm.

Als wir das Problem gemeinsam gelöst hatten, spürte ich, daß wir uns bedeutend nähergekommen waren. Unser gegenseitiges Vertrauen war gewachsen. Die Kraft, die Geduld, das Vertrauen und die Flexibilität, die wir eingesetzt hatten, um eine solche, für beide Teile positive Lösung zu finden, machten es uns in Zukunft leichter, ähnlichen Herausforderungen zu begegnen.

Das höhere Ziel der Partnerschaft

Partnerschaft ist das siebte Geheimnis einer dauerhaften und erotisch befriedigenden Beziehung. Eine Partnerschaft, in der Mann und Frau ihre Erfüllung finden, setzt voraus, daß beiden klar ist, daß jeder von ihnen unter Partnerschaft etwas anderes versteht.

Eine Frau fühlt sich ihrem Mann partnerschaftlich verbunden, wenn beide gemeinsam ein Ziel anstreben. Es gibt keine Hierarchie und keinen Chef. Alle Entscheidungen werden gemeinsam getroffen und alle Informationen untereinander ausgetauscht.

Für einen Mann bedeutet Partnerschaft etwas völlig anderes. Er braucht seine eigene Sphäre, wo allein er zu bestimmen hat, und überläßt ihr ebenfalls einen eigenen Bereich, der nur ihr untersteht. Er mag es nicht, wenn sie ihm sagt, was er zu tun hat, und er mischt sich nicht in ihre Angelegenheiten ein. Beide haben unterschiedliche Aufgaben und Verantwortungsbereiche, sind aber Partner, die gemeinsam dafür sorgen, daß das Notwendige getan wird.

Wenn Mann und Frau diesen Unterschied erkannt haben, können sie die Partnerschaft schaffen, die sie sich immer gewünscht haben. Wenn man den Geschlechtsverkehr als Metapher benutzt, liegt die Lösung auf der Hand. Beim Sex verläßt der Mann seine eigene Welt und dringt in ihre ein. Das verschafft beiden großen Lust. Dann zieht er sich wieder in seine Welt (oder in seine Sphäre) zurück, und sie bleibt in ihrer Welt. Und so geht das ständig hin und her, immer wieder dringt er in ihre Welt ein und zieht sich dann wieder zurück. Jeder kann einen mehr oder weniger abgegrenzten Bereich haben, wobei

365

der Mann sich gelegentlich in ihren Bereich begibt und ihr dort als Gleichgestellter hilft. Wenn man sich an diesem Modell orientiert, kann man eine Partnerschaft schaffen, die beiden Teilen gerecht wird.

Wenn er gelernt hat, in ihrer Sphäre zu arbeiten und mit ihr zu kooperieren, wird er sie nach und nach auch in seine Sphäre einführen. Man kann diese Erkenntnis als allgemeine Orientierungshilfe benützen, vor allem, wenn ein Ehepaar zusammenarbeitet.

Wenn eine Partnerschaft gedeihen soll und nicht nur als Selbstzweck dient, muß sie einen übergeordneten Sinn haben. Wenn die erotische Leidenschaft wachsen soll, müssen beide Partner ein gemeinsames Interesse haben, das diesem Zweck dient.

Jeder von uns wird mit bestimmten Begabungen geboren, und für jeden hat das Leben einen Sinn, der über unser persönliches Glück hinausreicht. Das, was wir tun, ist vielleicht nicht gerade weltbewegend, aber es hat eine Bedeutung. Auch unsere Liebe muß auf höhere Ziele gerichtet sein, wenn sie gedeihen soll.

Kinder sind eine natürliche Erfüllung dieses Bedürfnisses. Als Team beschenken sich die Eltern gegenseitig, um dann gemeinsam ihre Kinder beschenken zu können.

Wenn die Kinder groß sind und das Haus verlassen, müssen die Eltern ein neues Ziel oder einen neuen Sinn finden. Wenn wir als Partner der Familie, der Gemeinschaft oder der Welt dienen, wird unsere Liebe immer stärker werden.

Die Kraft der Vergebung

Wenn wir unsere Herzen öffnen und ein Leben voller Liebe leben wollen, müssen wir vor allem lernen zu verzeihen. Denn wenn wir unserem Partner einen Fehler verzeihen, werden wir ihn nicht nur wieder lieben, sondern können uns selbst auch verzeihen, daß wir nicht vollkommen sind.

Wenn wir einem Menschen, zu dem wir eine Beziehung

haben, nicht verzeihen können, wird unsere Liebe auch in allen anderen Beziehungen bis zu einem gewissen Grad eingeschränkt sein. Wir können zwar immer noch andere Menschen lieben, aber diese Liebe ist eingeschränkt. Wenn das Herz einem Menschen gegenüber blockiert ist, schlägt es auch für alle anderen schwächer. Verzeihen bedeutet, den Schmerz loszulassen.

Erst wenn wir anderen vergeben haben, können wir wieder lieben und Liebe empfangen. Wenn wir uns jedoch verschließen, können wir nur verlieren.

Je mehr Sie jemanden lieben, um so intensiver werden Sie leiden, wenn Sie ihm nicht verzeihen können. Viele Menschen wurden sogar bis zum Selbstmord getrieben, nur weil sie einem Mensch, den sie liebten, nicht verzeihen konnten. Der größte Schmerz, den wir empfinden können, entsteht, wenn wir nicht in der Lage sind, einen geliebten Menschen zu lieben.

Diese Qual kann einen Menschen um den Verstand bringen und ist für alle möglichen Gewalttaten und den ganzen Wahnsinn in unserer Welt und in unseren Beziehungen verantwortlich. Der Schmerz, der dadurch entsteht, daß man seine Liebe zurückhält, läßt viele Menschen drogensüchtig und gewalttätig werden.

Obwohl wir den anderen Menschen lieben, sind wir unversöhnlich und verbittert und können ihm einfach nicht verzeihen. Und je liebesfähiger wir sind, um so größer ist der Schmerz, der dadurch entsteht, daß wir nicht vergeben können.

Lernen zu verzeihen

Wenn unsere Eltern uns beigebracht hätten, jemandem zu verzeihen, der einen Fehler gemacht hat, wären wir heute dazu in der Lage. Wenn wir erlebt hätten, wie sie sich gegenseitig verziehen hätten, wüßten wir heute, wie wir uns in einer solchen Situation zu verhalten haben. Wenn man uns selbst immer wieder unsere Fehler verziehen hätte, könnten wir heute nicht nur anderen Menschen verzeihen, sondern wir hätten auch aus erster Hand erleben können, wie sehr dieses Verhalten andere Menschen verändern kann.

Da unsere Eltern sich gegenseitig nicht verzeihen konnten, mißverstehen wir heute leicht, was das eigentlich bedeutet. Wenn man uns verzeiht, gehen wir automatisch davon aus, daß das, was wir getan haben, gar nicht so schlimm gewesen wäre.

Nehmen wir einmal an, ich verspäte mich, und Sie sind deshalb wütend auf mich. Wenn ich Ihnen dann einen triftigen Grund oder eine gute Entschuldigung anbiete, werden Sie eher bereit sein, mir zu verzeihen. Ich könnte Ihnen zum Beispiel erklären, mein Wagen sei auf dem Weg explodiert, deshalb käme ich zu spät. Dann wären Sie sicher bereit, meine Verspätung zu entschuldigen. Noch besser wäre es, wenn der Wagen, der neben meinem fuhr, in die Luft geflogen wäre und ich angehalten hätte, um ein sterbendes Kind zu retten. Wenn ich für meine Verspätung eine so »gute« Entschuldigung hätte, würden Sie mir sofort verzeihen. Wahre Verzeihung wird jedoch gefordert, wenn etwas wirklich Schlimmes passiert ist oder man einen anderen Menschen verletzt hat, ohne daß es dafür einen triftigen Grund gibt.

Wahre Vergebung bedeutet, daß man einem Menschen, der einen schweren Fehler gemacht hat, erklärt, daß man ihn trotzdem immer noch liebt und respektiert. Das soll allerdings nicht heißen, daß man sein Verhalten billigt.

Wenn man in dieser Weise verzeiht, bedeutet das, daß man den Fehler zur Kenntnis genommen hat und hofft, daß der andere ihn wiedergutmacht oder zumindest nicht wiederholt.

Viele der folgenden sechzehn Aussagen treffen zu, wenn man einem Menschen wirklich verzeiht. Bevor Sie die Liste durchlesen, sollten Sie einmal an eine Situation denken, in der Sie nicht imstande waren zu verzeihen. Während Sie die Sätze durchlesen (laut oder leise), sollten Sie sich die Person vorstellen, die Sie verletzt hat.

1. Was du getan hast, war allein deine Schuld, nicht meine.
2. Ich bin nicht für das verantwortlich, was du getan hast.

3. Was du getan hast, war falsch. Ich habe es nicht verdient, daß du mich so behandelst.

4. Du hattest keinen Grund, so etwas zu tun.

5. Dafür gibt es keine Entschuldigung, und ich bin auch nicht bereit, mir so etwas noch einmal gefallen zu lassen.

6. Ich finde das überhaupt nicht gut.

7. Das hat sehr weh getan.

UND

8. Ich möchte nicht den Rest meines Lebens damit verbringen, dich dafür zu bestrafen.

9. Auch wenn du so etwas Schlimmes getan hast, weiß ich im Grunde meines Herzens, daß du in Wirklichkeit kein schlechter Mensch bist.

10. Ich bin bereit, den Teil deiner Persönlichkeit zu suchen, der unschuldig ist und versucht, sein Bestes zu geben. Niemand ist schließlich vollkommen.

11. Ich werde dir meine Liebe nicht vorenthalten.

12. Ich will dir meine Liebe schenken, aber ich muß mich auch schützen, damit mir so etwas nicht noch einmal passiert.

13. Es wird eine gewisse Zeit dauern, bis ich dir wieder vertrauen kann, aber ich bin bereit, dir noch einmal eine Chance zu geben.

14. Möglicherweise werde ich dir keine neue Chance geben, aber ich wünsche dir trotzdem, daß du bei den anderen mehr Glück hast.

15. Ich löse mich von meinen Schmerzen. Du bist nicht mehr dafür verantwortlich, wie es mir geht. Ich verzeihe dir und wünsche dir alles Gute.

16. Ich bin selbst dafür verantwortlich, wie ich mich fühle. Ich bin eine liebenswerte Person, und man kann mich so lieben, wie ich bin.

Wenn ein Mensch gelernt hat zu verzeihen und seine Gefühle auch in Worte kleiden kann, ist ihm und dem anderen eine Last von der Seele genommen. Die einfachen Worte: »Ich verzeihe dir«, konnten schon oft das Leben und die Beziehungen vieler Menschen auf eine dramatische Weise retten.

Jeder von uns besitzt die Kraft zu verzeihen, aber wir müssen es üben. Zu Anfang dauert es lange. Wir versuchen, unserem Partner zu vergeben, und machen ihm dann am nächsten Tag trotzdem wieder Vorwürfe. Das ist ganz normal. Es dauert eine gewisse Zeit, bis man gelernt hat zu verzeihen, aber wenn man diese neue Fähigkeit immer wieder übt, wird das Verzeihen schließlich eine natürliche Reaktion.

Sie sollten sich zunächst ein paar Sätze aufschreiben, die Ihnen bei dieser Aufgabe helfen können: »Niemand ist vollkommen, ich verzeihe dir, daß du unvollkommen bist. Was du getan hast, war falsch. Niemand hat es verdient, daß man ihn so behandelt, wie du mich behandelt hast. Was du getan hast, war nicht richtig, aber ich verzeihe dir. Ich verzeihe dir, daß du nicht vollkommen bist. Ich verzeihe dir, daß du mir nicht die Liebe und den Respekt gegeben hast, die ich verdient habe. Ich verzeihe dir, daß du es nicht besser gewußt hast. Ich wünsche dir, daß du von anderen Menschen mit dem Anstand und Respekt behandelt wirst, die jedes menschliche Wesen verdient hat. Ich verzeihe dir, daß du einen Fehler gemacht hast.«

Die Botschaft der Verzeihung

Christus hat den Menschen verziehen. Um den Tod und die Schmerzen überwinden zu können, muß man verzeihen können. Seine Worte waren: »Vater, vergib ihnen, denn sie wissen nicht, was sie tun.« In diesem einfachen Satz verbirgt sich das Geheimnis der Vergebung.

Wenn wir erkannt haben, daß unser Partner oder andere Menschen, die uns verletzt haben, nicht gewußt haben, was sie taten, können wir ihnen auch verzeihen.

Ich kann mich noch gut daran erinnern, wie ich zum erstenmal eine so vorbehaltlose Verzeihung erlebt habe. Als meine Tochter zwei Jahre alt war, spielte sie am Tisch mit ihrem Essen herum. Ich sagte ihr mehrmals, sie solle das lassen, aber sie hörte nicht auf. Einen Augenblick später hatte sie die Spaghetti in der Hand und streute sie über den ganzen Teppich.

Innerlich war ich wütend, weil sie eine solche Schweinerei veranstaltet hatte und ich alles wieder saubermachen mußte. Gleichzeitig verzieh ich ihr jedoch. Ich war zwar wütend, aber mein Herz war geöffnet und von Liebe erfüllt.

Ich fragte mich, wie so etwas möglich war, und erinnerte mich dann daran, daß Christus gesagt hat: »Vater, vergib ihnen, denn sie wissen nicht, was sie tun.«

Es fiel mir in dem Augenblick leicht, ihr zu verzeihen, denn sie wußte mit Sicherheit nicht, was sie tat, als sie die Spaghetti auf den Boden fallen ließ. Wahrscheinlich glaubte sie, auf diese Weise ein Kunstwerk zu schaffen. Ihr war nicht bewußt, welche Schwierigkeiten sie mir damit bereitet hatte.

Als Eheberater habe ich immer wieder erleben müssen, daß Menschen sich ziemlich lieblos verhalten, weil sie es nicht anders gelernt haben. Sie sind nachtragend, ohne dabei eine böse Absicht zu verfolgen. Wenn man ihnen einen besseren Weg zeigt, sind sie sofort bereit, ihn zu beschreiten. Im Grunde seines Herzens möchte niemand wirklich böse sein und den anderen damit strafen. Die meisten Menschen können nicht anders reagieren, wenn sie von einer anderen Person respektlos behandelt werden.

Das, was ich in meinen Büchern über den Unterschied zwischen Männern und Frauen geschrieben habe, hat vielen Menschen helfen können, weil ich ihnen den Gedanken der Verzeihung nahegebracht habe.

Ich möchte ausdrücklich niemandem Vorwürfe machen. Ihr Vater und Ihre Mutter tragen keine Schuld. Sie konnten nicht wissen, daß Ihnen eines Tages im Umgang mit Ihrem Partner bestimmte Erfahrungen fehlen würden. Den Männern wird kein Vorwurf daraus gemacht, daß sie vom Mars kommen – und Frauen nicht ohne weiteres verstehen. Und die Frauen können nichts dafür, daß sie von der Venus stammen – und die Männer nicht verstehen. Wir haben Schwierigkeiten, weil »wir nicht wissen, was wir tun«. Wenn wir uns diese Erkenntnis

371

immer wieder vor Augen führen, wird es uns leichter fallen, uns selbst und unseren Partnern zu verzeihen.

Jedesmal, wenn Sie einem anderen Menschen verzeihen, frohlocken die Engel im Himmel. Wenn Sie sich für die Liebe entscheiden und Ihr Herz nicht verschließen, tragen Sie dazu bei, daß ein Funke des himmlischen Lichts die Finsternis unserer Welt erhellt. Und Sie nehmen anderen Menschen eine Last ab und helfen ihnen, auch verzeihen zu können.

Wenn Männer und Frauen in ihrer Beziehung zueinander versagen, ist das in den seltensten Fällen darauf zurückzuführen, daß sie sich nicht lieben. Jeder von uns wird mit Liebe in seinem Herzen geboren und hat in dieser Welt eine Aufgabe. Wir leiden in unseren Beziehungen, weil wir nicht wissen, wie wir andere Menschen spüren lassen können, daß wir sie lieben.

Mitunter findet die Liebe keinen Ausdruck, weil sie tief im Inneren eines Menschen vergraben ist oder in der Festung unseres Herzens eingesperrt ist. Wir verstecken uns hinter einer hohen Mauer, um Schmerz zu vermeiden, und sperren damit auch die Liebe aus.

Viele Menschen sind in sich selbst gefangen. Sie wissen nicht, wo sie die Liebe finden können, die sie mit einem anderen Menschen teilen können. Wir vergeuden im Laufe eines Lebens unendlich viel Liebe, nur weil man uns nie beigebracht hat, wie man miteinander redet und liebevoll miteinander umgeht.

Grund zur Hoffnung

Wir haben wahrscheinlich zum erstenmal in der Geschichte der Menschheit ein Stadium erreicht, in dem wir das Problem der Liebe lösen können. Das ist ein Hoffnungsschimmer für die Beziehungen der Menschen untereinander und für die Welt. Bisher ging es auf unserem Planeten immer nur um das nackte Überleben. Erst ganz allmählich bekam die Liebe im Laufe der letzten Jahrtausende einen höheren Stellenwert. Sie ist inzwischen für uns alle zu einer treibenden Kraft geworden. Die weitverbreitete Unzufriedenheit zwischen Männern und

Frauen, die in Zweierbeziehungen leben, ist ein Zeichen dafür, daß die Welt mehr Liebe braucht. Die Schmerzen der ganzen Nation sind auch die Schmerzen, die jeder einzelne von uns empfindet, wenn er seine Liebe nicht mit einem anderen Menschen teilen kann.

Wir können unsere Augen nicht mehr länger davor verschließen. Im Grunde unseres Herzens sehnen wir uns alle nach Liebe. Die Veränderung hat schon begonnen, und die Liebe ist bereits da.

Weil wir inzwischen Dinge gelernt haben, die unsere Mütter uns nicht beibringen konnten und unsere Väter nicht wußten, sind wir jetzt bedeutend besser vorbereitet und wissen, wie wir unseren Partner lieben können. Mit ein bißchen Übung wird das unsere Beziehungen dramatisch verbessern.

Ich hoffe, daß Sie Ihrem Partner nicht nur verzeihen können, wenn er oder sie diese neuen Methoden einmal vergißt oder nicht anwendet, sondern daß Sie auch imstande sind, sich selbst und Ihren Eltern zu vergeben.

Selbst wenn unsere Eltern uns mehr beigebracht hätten, wären unsere Partnerschaften nicht vollkommen; das dürfen wir nie vergessen. Selbst die intelligentesten und erfolgreichsten Leute haben Schwierigkeiten mit ihrem Intimpartner und mit ihrer Familie. Niemand sollte sich schämen, wenn er etwas Neues lernen oder einüben muß. Uns allen fehlt die Praxis. Obwohl wir als liebesfähige Wesen auf die Welt kommen, müssen wir die Kunst des Liebens erst noch lernen.

Etwas in der Welt verändern

Wenn es uns gelungen ist, die Geheimnisse der erotischen Leidenschaft zu ergründen, und wir unseren Partner mit Nachsicht behandeln, schaffen wir nicht nur für uns selbst eine liebevolle Atmosphäre, sondern haben auch etwas erreicht, was die Welt ein klein wenig verändern wird.

Wenn man die neuen Methoden für ein besseres Zusammenleben anwendet und lernt, wie man Gegensätze harmonisch miteinander vereinen kann, ist das nicht nur eine Voraussetzung für eine gute Zweierbeziehung, sondern trägt indirekt auch dazu bei, eine friedlichere Welt zu schaffen.

Stellen Sie sich eine Welt ohne durch Scheidung zerrüttete Familien vor oder eine Welt, in der sich Nachbarn nicht mehr hassen. Eine solche Welt ist möglich. Jeder einzelne Schritt, den Sie in Ihrer Beziehung tun, bringt uns diesem Ziel, Frieden und Wohlstand für alle zu erreichen, ein wenig näher.

Es ist naiv zu glauben, wir könnten für den Frieden in der Welt sorgen, wenn wir uns nicht einmal mit den Leuten vertragen können, die wir lieben. Wenn erst einmal alle unsere Staatsmänner liebevolle Ehemänner und Familienväter sind, die in ihrem eigenen Haus dafür sorgen, daß jeder zu seinem Recht kommt, haben sie auch gelernt, Verhandlungen über den Frieden in der Welt zu führen.

Wenn wir lernen, wie man die Gegensätze zwischen Männern und Frauen ausgleichen kann, verringern wir auch die globalen Spannungen und verschaffen uns und anderen Menschen die Möglichkeit, mit anderen Rassen und Kulturen in Frieden zu leben.

Wenn wir voneinander lernen, daß die Unterschiede, die zwischen uns bestehen, nur oberflächlicher Natur sind und wir im Grunde unseres Herzens alle gleich sind, können wir Konflikte und Kriege überwinden, unsere Probleme mit einem neuen Bewußtsein angehen und die Unterschiede respektieren und ausgleichen.

Wie in einer Beziehung zwischen Mann und Frau liegt die Lösung nicht darin, Unterschiede zu leugnen. Das Konfliktpotential läßt sich nur auflösen, wenn man sich gegenseitig respektiert und Möglichkeiten sucht, die unterschiedlichen Bedürfnisse zu befriedigen.

Mit jedem manchmal schmerzlichen oder schwierigen Schritt, in unserer persönlichen Beziehung eine Lösung zu finden, ebnen wir für andere den Weg in eine harmonischere Welt. Alle Ihre Versuche und Bemühungen erleichtern es anderen Menschen, Ihnen nachzueifern.

Ich danke Ihnen, daß ich Sie ein Stück Ihres Weges in dieser

Welt begleiten durfte. Ich wünsche Ihnen und den Menschen, die Ihnen nahestehen, ein Leben voller Liebe, und uns allen, daß wir eine Welt voller Liebe erleben.

Männer sind vom Mars, Frauen von der Venus

JOHN GRAY

Männer sind anders. Frauen auch.

320 Seiten · ISBN 3-442-12487-5

Messerscharfe Analysen, anschauliche Fallbeispiele und erfolgreich erprobte Lösungsmodelle verdichten sich in diesem Buch zu einer Art »Gebrauchsanweisung«, die jede Frau zum richtigen Umgang mit ihrem Partner und jeder Mann zum besseren Verständnis seiner Gefährtin braucht.

JOHN GRAY

Mars, Venus & Eros
Frauen lieben anders. Frauen auch.

224 Seiten · ISBN 3-442-13936-8

»Mars, Venus & Eros« klärt darüber auf, wie Sie ein besserer Liebhaber bzw. eine bessere Geliebte werden können, wie Sie die Leidenschaft wieder zum Leben erwecken und in einer monogamen Beziehung lodern lassen können, ohne daß sie je erlöscht. John Gray zeigt in diesem Buch, wie man dafür sorgen kann, daß Sex nicht zur Routine wird und wie man aus *la différence* das Beste macht.

GOLDMANN VERLAG

PARTNERSCHAFT/SEX

11020

10005

10750

10092

Mosaik

PSYCHOLOGIE/LEBENSHILFE

10773

10775

10769

10768

Mosaik

KÖRPERSPRACHE –
UNSER ELEMENTARSTES
KOMMUNIKATIONSMITTEL

Samy Molcho ist einer der berühmtesten Pantomimen
und Spezialist für Körpersprache.

Anschaulich vermittelt er die Grundlagen der
Körpersprache, damit wir lernen können, sie bei
anderen zu entziffern und selbst wirkungsvoll
einzusetzten – im Beruf wie im Privatleben.

Alle lieferbaren Titel:

• Körpersprache (12667)

• Partnerschaft und Körpersprache (12718)

• Körpersprache im Beruf (12733)

• Körpersprache der Kinder (12731)

Sämtliche Bände enthalten
zahlreiche Fotos.

GOLDMANN

SAMY
MOLCHO

GOLDMANN

*Das Gesamtverzeichnis aller lieferbaren Titel erhalten Sie
im Buchhandel oder direkt beim Verlag.*

Taschenbuch-Bestseller zu Taschenbuchpreisen
– Monat für Monat interessante und fesselnde Titel –
∗
Literatur deutschsprachiger und internationaler Autoren
∗
Unterhaltung, Thriller, Historische Romane
und Anthologien
∗
Aktuelle Sachbücher, Ratgeber, Handbücher
und Nachschlagewerke
∗
Esoterik, Persönliches Wachstum und
Ganzheitliches Heilen
∗
Krimis, Science-Fiction und Fantasy-Literatur
∗
Klassiker mit Anmerkungen, Autoreneditionen
und Werkausgaben
∗
Kalender, Kriminalhörspielkassetten und
Popbiographien

Die ganze Welt des Taschenbuchs

Goldmann Verlag · Neumarkter Str. 18 · 81673 München

Bitte senden Sie mir das neue kostenlose Gesamtverzeichnis

Name: _____

Straße: _____

PLZ / Ort: _____